タイ王国大使館　品川区上大崎3-14-6　1899/10/19　1952　ゴ：4　母：3　ア：1　暗く厳かな雰囲気。一見するとドールハウスのような建物だが、細部の意匠はタイの寺院に類似。全体的に象を連想させるカラーリングだ。

アフガニスタン大使館　港区麻布台2-2-1　ゴ：5　母：5　ア：1　2002　2008年新築、渋谷区西原より移転。一般人はまず通らない場所に。宮殿建築の屋上は要人が手を振りそう。撮影の3日前にカブールで銃撃戦3人死亡。

インド大使館
東京都千代田区麹町 5-7-2 麹町 MT31 ビル
1952 ゴ：3 母：1 ア：4
7階が大使館、1階にビザ受付。裏に軽トラの屋台村

シンガポール共和国大使館
港区六本木 5-12-3
1960年代後半 ゴ：1 母：3 ア：2
鳥居坂を上ると現れる高い木に囲まれた平べったい建物

インドネシア共和国大使館
品川区東五反田 5-2-9
1958 ゴ：2 母：1 ア：3
蟹の甲羅みたいなデザイン。会社っぽい雰囲気のビル

スリランカ民主社会主義共和国大使館
港区高輪 2-1-54
1950年代前半 ゴ：1 母：2 ア：3
珍しく隣が交番。ワンルームマンションっぽい外観

カンボジア王国大使館
港区赤坂 8-6-9
1994 ゴ：5 母：3 ア：1
巨大なレリーフはバイヨンの四面像。キリン自販機あり

大韓民国大使館
港区南麻布 1-2-5
1887/9/20 1965 ゴ：2 母：2 ア：1
7階建てのシンプルなデザイン。正門付近は駐停車禁止

中華人民共和国大使館
港区元麻布 3-4-33
1877/12/28　1973　ゴ：1　母：5　ア：1
じっと眺めていると中国の中に見えてくる真四角ビル

バングラディシュ人民共和国大使館
目黒区目黒 4-15-15
1972　ゴ：5　母：2　ア：2
ドールハウスのような洒落た洋館、表札もでかくて立派

ネパール連邦民主共和国大使館
世田谷区等々力 7-14-9
1956　ゴ：1　母：1　ア：1
目立たなさナンバー1。エベレストがある国とは思えない

東ティモール民主共和国大使館
千代田区六番町 3-4　六番町ハウス 1F
2006　ゴ：1　母：1　ア：2
国旗の掲揚はない。グレーの鉄製玄関ドアが武骨な印象

パキスタン・イスラム共和国大使館
港区南麻布 4-6-17
1950年代　ゴ：4　母：1　ア：2
向いはフィンランド大使館。入口にコーラの自販機あり

フィリピン大使館
港区六本木 5-15-5
1944/2/29　1956　ゴ：1　母：4　ア：2
旧大使館をなんとかしてほしい。領事部前には常に行列

ブルネイ・ダルサラーム国大使館
品川区北品川 6-5-2
1986　ゴ：2　母：2　ア：1
周辺はソニー関連施設が多い。気のせいかデザイン酷似

ミャンマー連邦大使館
品川区北品川 4-8-26
1943/10/26　1954　ゴ：1　母：4　ア：2
門から建物まではかなりの距離。市役所の様なイメージ

ベトナム社会主義共和国大使館
渋谷区元代々木町 50-11
1975　ゴ：3　母：1　ア：2
広い庭と垢ぬけた外観。周辺は交通量少ない住宅地

モルディブ共和国大使館
港区麻布台 1-9-10MINT ビル 8F
2007　ゴ：1　母：1　ア：1
交差点角。1階にゴルフ店、奥の左側はロシア大使館

マレーシア大使館
渋谷区南平台町 20-16
1950年代後半　ゴ：3　母：1　ア：2
フロアによって微妙に異なる格子模様の壁が美しい

モンゴル国大使館
渋谷区神山町 21-4
1973　ゴ：3　母：1　ア：1
松濤パインクレストマンション内、JTの飲料自販機あり

●東京大使館大図鑑

ラオス人民民主共和国大使館
港区西麻布 3-3-22
1956　ゴ：3　母：2　ア：2
愛想無くロールスロイスのフロントグリルを連想させる

在東京ガイアナ共和国名誉総領事館
渋谷区神宮前 6-5-3 イベリアビル 6F
ゴ：4　母：1　ア：5
とにかく若者多し。地下に安くて人気の古着チェーン店

アルゼンチン共和国大使館
港区元麻布 2-14-14
1952　ゴ：1　母：1　ア：2
サークル状の壁面で構成された外観。巨大アンテナあり

キューバ共和国大使館
港区東麻布 1-28-4
1955　ゴ：3　母：1　ア：1
夜になると東京タワーの赤いシルエットが窓に映る

在東京アンティグア・バーブーダ名誉総領事館
品川区西五反田 2-19-3 第一生命ビル 8F 山銀通商株式会社内
ゴ：1　母：1　ア：2
山銀通商はイギリスやジャマイカへの中古車輸出業

コロンビア共和国大使館
品川区上大崎 3-10-53
1955　ゴ：1　母：1　ア：2
主な輸出品目の花と革命家シモン・ボリバルの胸像あり

港区西麻布 4-12-24 第 38 興和ビルディング

ウルグアイ東方共和国大使館	9F908 号室	1955
エクアドル共和国大使館	8F806 号室	1957
エルサルバドル共和国大使館	8F803 号室	1960
グアテマラ共和国大使館	9F905 号室	1964
コスタリカ共和国大使館	9F901 号室	1964
ドミニカ共和国大使館	9F904 号室	1952
ニカラグア共和国大使館	9F903 号室	1960
ハイチ共和国大使館	9F906 号室	1959
パナマ共和国大使館	9F902 号室	1953
ベネズエラ・ボリバル共和国大使館	7F703 号室	1952
ベリーズ共和国大使館	9F907 号室	2001
ボリビア共和国大使館	8F804 号室	1959
ホンジュラス共和国大使館	8F802 号室	1964
イエメン共和国大使館	8F807 号室	1981

　7階から9階の3フロアに、合計すると1億600万人の人口となる14カ国の大使館が入る、大使館界の丸井のような「第38興和ビルディング」。ほとんどが中南米の国で、主要言語もスペイン語。このビル内はスペイン語が飛び交っていると思われる。

　意外に黒人種の国はハイチ共和国のみで、白人・インディオ・メスティーソ・混血・欧米系と多様。最も人口が多いのは産油国であるベネズエラ・ボリバルの2164万人、逆に少ないのはベリーズ共和国の21万人。

　歩道に面した壁面には各国の国旗を掲げるための金属製ポールが14本並ぶが、午後4時頃には全て同時に引き降ろされる。他にスイスの製薬会社などが入居

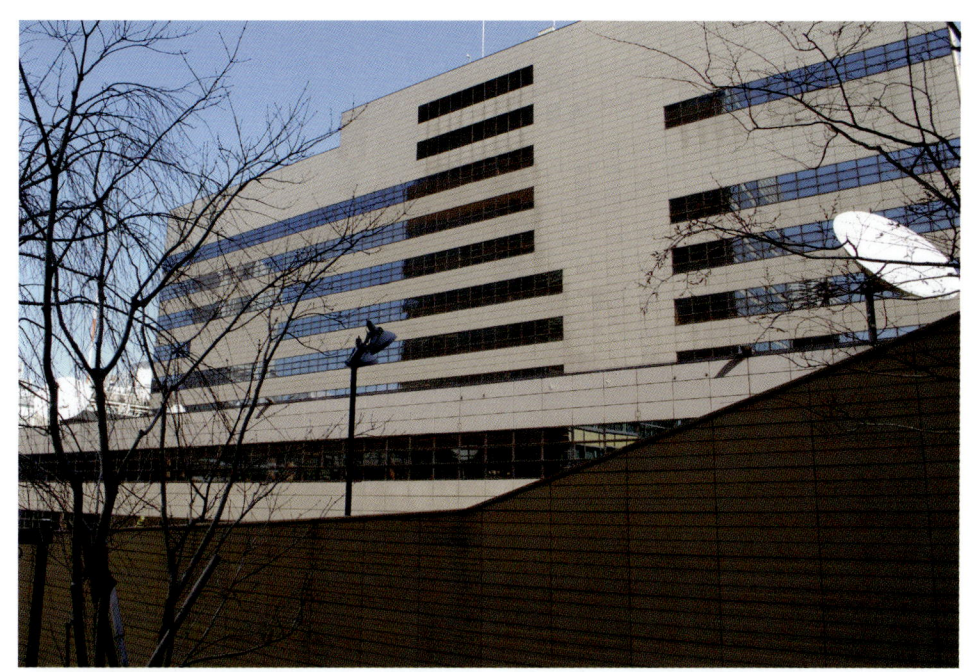

アメリカ合衆国大使館　港区赤坂1-10-5　1859/11/5　1952　ゴ：2　母：5　ア：3　ホテルオークラ隣、多数の警察官が警備。水平基調のモダンなスクエアデザインが合衆国らしい。横から見ると平べったい

カナダ大使館　港区赤坂7-3-38　1952　ゴ：5　母：5　ア：5　もうとにかく変なデザインの屋根に注目。バブル期に千葉にあった屋内スキー場を彷彿させるデザイン。こんな奇抜な建物に対抗できるのは江戸東京博物館くらい

ジャマイカ大使館
港区愛宕 1-1-11 虎ノ門八束ビル 4F
1992　ゴ：1　母：1　ア：2
ビルのガラスが再開発の進む周辺の街並みを映し出す

パラグアイ共和国大使館
品川区西五反田 3-6-33
1959　ゴ：3　母：1　ア：2
打ちっぱなしの一戸建てに年季の入った日産車が収まる

在東京セントビンセント及びグレナディーン諸島名誉総領事館
千代田区麹町 1-8-3 半蔵門ハイム 5F
ゴ：3　母：1　ア：2
半蔵門近くの一階が薬局のマンション。国旗掲揚はない

ブラジル連邦共和国大使館
港区北青山 2-11-12
1897/9　1952　ゴ：4　母：3　ア：2
映画のスクリーンのような横長の壁に黄色のアクセント

チリ共和国大使館
港区芝 3-1-14 日本生命赤羽橋ビル 8F
1953　ゴ：2　母：1　ア：2
1階に伏見三寶稲荷神社、自然保護団体の WWF ロゴマーク

ペルー共和国大使館
渋谷区東 4-4-27
1952　ゴ：1　母：4　ア：1
ロビーに素焼きの壺や縦笛がディスプレイされている

●東京大使館大図鑑

メキシコ共和国大使館
千代田区永田町 2-15-1
1952　ゴ：3　母：5　ア：1
雪が積もったらどうするのか聞きたい逆三角屋根の形状

アゼルバイジャン共和国大使館
目黒区東が丘 1-19-15
2005　ゴ：2　母：3　ア：4
駒沢公園のすぐ近く、以前はガーナ大使館だった場所

アイスランド共和国大使館
港区高輪 4-18-26
2001　ゴ：4　母：3　ア：1
レンガ作りのクリーンな外観。外ナンバーはアウディA4

イタリア大使館
港区三田 2-5-4
1867/6/13　1952　ゴ：　母：　ア：
1965年竣工。ほとんど見ることはできない

アイルランド大使館
千代田区麹町 2-10-7　アイルランドハウス
1973　ゴ：3　母：1　ア：2
玄関に人の背丈ほどの灯篭が飾ってあり、親しみがわく

ウクライナ共和国大使館
港区西麻布 3-15-6
1994　ゴ：3　母：2　ア：2
3階建て。ごく普通の一軒家に見えるが生活感はない

アルバニア共和国大使館　中央区築地 6-4-8 北國新聞ビル 4F　2005　ゴ：1　母：1　ア：3　中央区唯一の大使館。
北國新聞東京支社ビル 4 階。手前は築地市場。なおアルバニア共和国は石川県金沢市に名誉領事館を置いている

英国大使館　千代田区一番町 1　1859/6/28　1952　ゴ：5　母：5　ア：5　昭和 5 竣工の石張り建築は建物も
樹木も門もすべて左右対称レイアウト。千鳥ケ淵を前に望む立地に、当時からの英国と日本の関係が垣間見える

ウズベキスタン共和国大使館
目黒区下目黒 5-11-8
1996　ゴ：2　母：3　ア：2
玄関に子供を抱いた女性に見える像が飾られている

オランダ王国大使館
港区芝公園 3-6-3
1952　ゴ：3　母：3　ア：3
弓型のビル。門からは 100m ほど離れほとんど見えない

エストニア共和国大使館
渋谷区神宮前 2-6-15
1996　ゴ：3　母：2　ア：2
窓がゲジゲジ眉毛顔似。車庫にアメ車とレンジローバー

カザフスタン共和国大使館
目黒区碑文谷 5-9-8
1996　ゴ：2　母：2　ア：2
屋上の看板に薄く BEBE DORE GROUP と読める文字あり

オーストリア共和国大使館
港区元麻布 1-1-20
1869/9　1955　ゴ：5　母：2　ア：1
都心の一等地にプール付き大使館、ゴージャス度は満点

在東京キプロス共和国名誉総領事館
千代田区有楽町 1-5-1　日比谷マリンビル 7F
ゴ：1　母：1　ア：1
愛媛の造船会社が所有のマリンビル。他にタイ国際航空

ギリシャ大使館
港区西麻布 3-16-30
1960　ゴ：1　母：1　ア：2
内階段部分がシースルーな開放感あふれるデザイン

スイス大使館
港区南麻布 5-9-12
1952　ゴ：1　母：1　ア：2
レンガ造りの端正なフォルム、屋上にクモの巣アンテナ

グルジア大使館
千代田区紀尾井町 3-3　南部ビル 3F
2007　ゴ：1　母：1　ア：2
世界最大の化学品メーカー BASF の日本法人が入るビル

スウェーデン王国大使館
港区六本木 1-10-3-100
1952　ゴ：4　母：2　ア：1
大使館・領事部・商事部・レジデンス。屋根は緑化済み

クロアチア共和国大使館
渋谷区広尾 3-3-10
1993　ゴ：3　母：3　ア：3
国旗を掲げるためにデザインされたバルコニーが面白い

スペイン大使館
港区六本木 1-3-29
1952　ゴ：2　母：1　ア：3
よく見えない。ベージュ壁と茶色の瓦は門と同じつくり

キルギス共和国大使館　目黒区下目黒 5-6-16　2004　ゴ：3　母：1　ア：1　ネームプレートと旗が結構目立つ。玄関スペースが広いのが羨ましい。目黒区ナンバーの原付バイクはホンダ DIO

タジキスタン共和国大使館　目黒区自由が丘 1-2-7 国際パレス 104 号室　2007　ゴ：1　母：1　ア：1　104 号室は道に面した部屋ではないようだ。ロビーは豪華な造り。男が出てきて黒のトヨタ・クラウンに乗り込み去って行った

スロバキア共和国大使館
港区元麻布 2-11-33
1993　ゴ：3　母：2　ア：1
すっきりしたデザインに大きめのバルコニーがアクセント

チェコ共和国大使館
渋谷区広尾 2-16-14
1993　ゴ：4　母：2　ア：1
中央玄関は奥行があり、幻想的な照明の演出が施される

スロベニア共和国大使館
港区南青山 7-14-12
1993　ゴ：2　母：2　ア：1
「見て聞いて味わって感じて」の観光ポスターが入口に

デンマーク王国大使館
渋谷区猿楽町 29-6
1952　ゴ：3　母：2　ア：3
左の植え込みに、犬の散歩マナーの注意書きがあった

セルビア共和国大使館
品川区北品川 4-7-24
1975　ゴ：1　母：1　ア：1
警察署のロケに使えそう。旧式のクーラーが窓に見える

ドイツ連邦共和国大使館
港区南麻布 4-5-10
1867/2/11　1952　ゴ：1　母：5　ア：3
武骨な要塞のような造りだが、奥にテニスコートがある

●東京大使館大図鑑

サンマリノ共和国大使館　港区元麻布 3-5-1　2002　ゴ：3　母：1　ア：1　中国大使館北東の傾斜地にある船首部の様な鋭角三角形の家。国名や水色のラインと相まって海のイメージを連想するがサンマリノに海岸線はない

ポーランド共和国大使館　目黒区三田 2-13-5　1920/8　1957　ゴ：3　母：5　ア：2　真上から見るとPOLANDの「P」に見える。地下に約100人が収容できる多目的ホールあり。自国旗とEU旗を併掲

ノルウェー王国大使館
港区南麻布 5-12-2
1952　ゴ：1　母：5　ア：2
デコボコした建物が並ぶ様は、母国の海岸線を思わせる

フィンランド大使館
港区南麻布 3-5-39
1957　ゴ：1　母：3　ア：2
石垣にレンガで瓦屋根の和風と洋風のハイブリッドな塀

ローマ法王庁大使館
千代田区三番町 9-2
1952　ゴ：4　母：5　ア：2
真っ直ぐに伸びる石畳を隔て左に大使館、右に大使公邸

フランス大使館
港区南麻布 4-11-44
1860/5/27　1952　1952　ゴ：1　母：3　ア：3
南側 700 坪の広大な敷地に新しい大使館を建設中

ハンガリー共和国大使館
港区三田 2-17-14
1960　ゴ：1　母：2　ア：3
右が大使館、中央が居住者用、左の鉄柵が領事部入口

ブルガリア共和国大使館
渋谷区代々木 5-36-3
1960　ゴ：3　母：5　ア：1
逆凸型の建築はハイとイイエが逆ジェスチャーの影響か

ベラルーシ共和国大使館
港区白金 4-14-12 白金 K ハウス
1995　ゴ：2　母：3　ア：2
国旗脇の楕円バルコニーは記念撮影用に作ったと思われ

ポルトガル大使館
千代田区麹町 3-10-3 神浦麹町ビル 5F
1953　ゴ：2　母：1　ア：2
日本医療器材工業会が入るビル。正月には松飾があった

ボスニア・ヘルツェゴビナ大使館
千代田区六番町 3-4
1999　ゴ：2　母：4　ア：1
壁もカーテンも真っ白。隣は落語家の三遊亭圓歌事務所

在東京マケドニア旧ユーゴスラビア共和国名誉総領事館
千代田区平河町 1-8-9 半蔵門 KD ビル 6F
ゴ：1　母：1　ア：1
6F の表札は水野清事務所。水野清氏は名誉総領事

ベルギー王国大使館
港区芝公園 1-7-13 芝大門フロントビル
1870/10　1952　ゴ：1　母：1　ア：1
麹町に新大使館を建設中のため、一時的に移転している

在東京マルタ共和国名誉総領事館
渋谷区西原 1-35-15 かすがマンション 304 号室日本政治総合研究所
ゴ：1　母：1　ア：1
名誉総領事は日本政治総合研究所理事長・白鳥令氏

在東京モナコ公国名誉総領事館
千代田区丸の内 2-3-1 三菱商事株式会社内
ゴ：1　母：1　ア：5
三菱商事本社ビル内。東京駅丸の内南口から歩いて 3 分

ルーマニア大使館
港区西麻布 3-16-19
1960　ゴ：3　母：1　ア：2
出窓がおしゃれだけど塀のせいで開放的な雰囲気はない

ラトビア共和国大使館
渋谷区神山町 37-11 プリマヴェーラ神山 A 号
2006　ゴ：3　母：3　ア：2
手入れの行き届いた植木の上に国旗が EU 旗とともに掲揚

ルクセンブルク大公国大使館
千代田区四番町 8-9 ルクセンブルグハウス 1F
1987　ゴ：1　母：3　ア：3
12 階建てマンションと一体となっている珍しい大使館

リトアニア共和国大使館
港区元麻布 3-7-18
1999　ゴ：3　母：3　ア：1
周辺を歩いていると住民が英語で会話する声が聞こえた

ロシア連邦大使館
港区麻布台 2-1-1
1873/11　1956　ゴ：2　母：5　ア：1
整然とした窓とボリュームある低階層がホテルを髣髴

駐日欧州委員会代表部
1974　千代田区三番町 9-15 ヨーロッパハウス
ゴ：1　母：5　ア：1
ベレー帽の傭兵のような方が常駐警備、近寄り難い印象

在東京ツバル名誉総領事館
港区北青山 1-2-3 青山ビル 13F
ゴ：1　母：1　ア：5
青山一丁目交差点付近ビルの最上階。奥にホンダ本社

在東京キリバス共和国名誉総領事館
港区北青山 1-2-3 青山ビル 13F
ゴ：1　母：1　ア：5
地下と一階に喫茶店などが入る 13 階建てビルの最上階

ニュージーランド大使館
渋谷区上山町 20-40
1952　ゴ：3　母：1　ア：3
以前はとなりに第 92 代首相麻生太郎が住んでいた

在東京ソロモン諸島名誉総領事館
諸島千代田区平河町 2-16-15 北野アームス 10F
ゴ：5　母：1　ア：2
アパートメントホテル内。料金は月 35 万円から 100 万

パプアニューギニア大使館
港区三田 1-4-28 三田国際ビル 3F313 号
1975　ゴ：1　母：1　ア：3
この周辺では群を抜く超高層ビル。結構国旗が目立つ

オーストラリア大使館　港区三田2-1-14　1955　ゴ：5　母：5　ア：2　金色の柱の上部、檻の中にはカンガルーと鶴。自国と日本を表現していると思われる。左右対象は徹底。「オーストラリア大使館」の文字も門の両側に

フィジー諸島共和国大使館　港区麻布台2-3-5 ノア・ビィルディング14F　1981　ゴ：1　母：1　ア：1　口紅みたいな形のビル。入り口のアーチの高さは3階に相当。強烈なデザインだが1974年竣工の古顔。飯倉交差点角

パラオ共和国大使館
新宿区片町 1-1 パレクリスタル 201
1999　ゴ：2　母：3　ア：3
交差点の角の形状がそのまんま垂直に伸びた壁のビル

アラブ首長国連合大使館
首長国連邦渋谷区南平台町 9-10
1973　ゴ：3　母：5　ア：1
レゴで作ったような大味の建物と目の細い門のギャップ

マーシャル諸島共和国大使館
新宿区南元町 9-9 明治パークハイツ 101 号
1991　ゴ：1　母：1　ア：1
101 号室がどれかは分からなかった。普通のマンション

イスラエル大使館
千代田区二番町 3
1952　ゴ：1　母：1　ア：3
麹町の日テレの隣。ずーっと奥の樹木の向こうが大使館

ミクロネシア連邦大使館
港区赤坂 1-14-2 霊南坂ビルディング 2F
1989　ゴ：1　母：1　ア：1
霊南坂はホテルオークラとアメリカ大使館の間にある坂

イラク共和国大使館
港区高輪 2-16-11
2004　ゴ：1　母：4　ア：2
エネオスのガソリンスタンドを曲がる。行き止まりの所

イラン・イスラム共和国大使館 港区南麻布3-13-9 1954 ゴ：5 母：4 ア：2 以前は向かいにあったが新築移転。旧大使館は東京イラン人学校。その北側に大使公邸。色も形も穏やかな印象の建物が夕日に輝いていた

クウェート国大使 港区三田4-13-12 1962 ゴ：5 母：5 ア：2 立体でテトリスしてゲームオーバーになったところを目撃してしまったような衝撃を味わえる。国旗の奥に青空が見えるし、屋上にダメ押しのもう一部屋

オマーン国大使館
渋谷区千駄ヶ谷 2-28-11
ゴ：1　母：1　ア：2
ピンクな横長の建物。大使の名前も長い。屋根は台形

シリア・アラブ共和国大使館
港区赤坂 6-19-45 ホーマット・ジェイド
1978　ゴ：3　母：3　ア：2
ホーマット・ジェイドは興和のマンションブランド名

カタール国大使館
港区元麻布 2-3-28
1979　ゴ：5　母：5　ア：2
左に大使公邸、右に大使館のドア。どちらも金色に輝く

トルコ共和国大使館
渋谷区神宮前 2-33-6
1925/7/8　1952　ゴ：3　母：3　ア：2
入口からは生い茂った樹木に遮られて大使館は見えない

サウジアラビア王国大使館
港区六本木 1-8-4
1958　ゴ：4　母：4　ア：2
いわゆるアラブの富豪とはこの国の人を指すのだろうか

バーレーン王国大使館
港区赤坂 1-11-36 レジデンスバイカウンテス 720 号
2005　ゴ：　母：　ア：
2 階にグルジア大使館、4 階レバノン共和国大使館入居

ヨルダン・ハシェミット王国大使館
渋谷区神山町 39-8
1974　ゴ：3　母：2　ア：2
近所のラトビア共和国同様、植木がキレイ。業者は一緒？

エジプト・アラブ共和国大使館
目黒区青葉台 1-5-4
1953　ゴ：5　母：5　ア：4
積み木を積み上げたような建物。入口にスフィンクス

レバノン共和国大使館
千代田区永田町 2-17-8 千代田ハウス 5F
1957　ゴ：1　母：1　ア：1
社団法人全国石油協会と**パレスチナ代表事務所**が入る

エリトリア国大使館
港区白金台 4-7-4　白金台 ST ビル第 401 号室
2003　ゴ：1　母：1　ア：1
1 階鮨屋 2 階歯科医。階段踊り場に国旗が掲揚されている

アルジェリア民主人民共和国大使館
目黒区三田 2-10-67
1964　ゴ：3　母：3　ア：1
円柱の上に箱が乗る。入口アーチの意匠が凝っている

ギニア共和国大使館
渋谷区鉢山町 12-9
1972　ゴ：2　母：1　ア：2
電柱に 1 億 2000 万円のマンション広告が貼ってあった

アンゴラ共和国大使館 世田谷区代沢2-10-24　2000　ゴ：4　母：3　ア：5　茶色い3階建ての建物が大使館で、奥の白い建物は東京聖三一教会。京王井の頭線・池之上駅から徒歩10分

エチオピア連邦民主共和国大使館 港区高輪3-4-1　高輪偕成ビル2F　1957　ゴ：1　母：1　ア：1　1階にスリーエフがあるビルの2階。エチオピア帝国はかつて、日本の皇室と婚姻関係を結びそうになるぐらい仲が良かった

ガーナ共和国大使館
港区西麻布 1-5-21
1960　ゴ：2　母：2　ア：2
への字の３階建て。奥は駐車場として無理があると思う

コートジボワール共和国大使館
渋谷区上原 2-19-12
1969　ゴ：5　母：5　ア：3
給水タンク塔が青空に映える。門庭広くゆったり

ガボン共和国大使館
世田谷区東が丘 1-34-11
1968　ゴ：3　母：3　ア：3
この区域は緑がとても残っていて、夏はとても涼しい

在東京コンゴ共和国名誉総領事館
千代田区平河町 2-11-5 今泉ビル 2F
　　　　ゴ：1　母：1　ア：1
２階の表札にはコンゴとともに株式会社サンリツの文字が

ケニア共和国大使館
目黒区八雲 3-24-3
1979　ゴ：2　母：2　ア：1
門の奥に黒の BMW7 シリーズが。建物は簡素な造り

コンゴ民主共和国大使館
台東区浅草橋 5-8-5
1967　ゴ：1　母：1　ア：1
台東区唯一の大使館。同時に最も東にある大使館でもある

ザンビア共和国大使館
品川区荏原 1-10-2
1975 ゴ：3 母：2 ア：2
ユニークなデザイン、著名な建築家の設計と思われる

スーダン共和国
目黒区八雲 4-7-1
1973 ゴ：3 母：3 ア：3
ゴルフ練習場向い。お昼休みの人気司会者が近所との噂

ジブチ共和国大使館
目黒区下目黒 5-18-10
1989 ゴ：5 母：5 ア：1
この付近の坪単価は 250 万前後。2 階への外階段がリッチ

セネガル共和国大使館
目黒区青葉台 1-3-4
1975 ゴ：2 母：2 ア：2
珍しく中で事務をする人が見えるオフィスっぽい大使館

ジンバブエ共和国大使館
東京都港区白金台 5-9-10
1982 ゴ：1 母：3 ア：2
屋上には 4 階からはしごで登るらしい。国旗のポール高い

タンザニア連合共和国大使館
世田谷区上用賀 4-21-9
1970 ゴ：1 母：1 ア：1
周囲は公団や公務員宿舎が立ち並ぶ。馬事公苑のとなり

在東京中央アフリカ共和国名誉総領事館
世田谷区中町 4-38-9
ゴ：4　母：3　ア：3
巨大な国旗が歩道の頭上にはためく。樹木が花火のよう

在東京ニジェール共和国名誉領事館
港区芝公園 2-6-15
ゴ：3　母：1　ア：3
有数のウラン産出国らしく同フロアに海外ウラン資源開発

チュニジア共和国大使館
千代田区九段南 3-6-6
1977　ゴ：3　母：5　ア：3
観光立国らしくサハラ砂漠や陶器をディスプレイ

ブルキナファソ大使館
渋谷区広尾 3-1-17　広尾グリスンヒルズ 3F
1994　ゴ：1　母：1　ア：1
奥の植え込みに「ゴミ出し日厳守」の張り紙。玄関は地下

ナイジェリア連邦共和国大使館
港区虎ノ門 3-6-1
1964　ゴ：4　母：2　ア：1
20%の超急勾配、「江戸見坂」の途中に「そそりたつ」

ベナン共和国大使館
千代田区平河町 1-2-2 朝日ビル 4F
2002　ゴ：1　母：1　ア：3
2階にレンタル収納スペース。4階ベランダに国旗が

●東京大使館大図鑑

ボツワナ共和国大使館
港区芝 4-5-10 カーニープレイス芝ビル 6F
1997　ゴ：1　母：1　ア：1
同じビル内にほっかほっか亭総本部、産経新聞出版など

マリ共和国大使館
品川区上大崎 3-12-9
2002　ゴ：2　母：1　ア：1
2008年1月までパラグアイ共和国大使館だった建物

マダガスカル共和国大使館
港区元麻布 2-3-23
1969　ゴ：2　母：3　ア：1
玄関に地図が彫られた石が置いてある

南アフリカ共和国大使館
千代田区平河町 2-1-1 オリケン平河町ビル 3・4F
1992　ゴ：1　母：1　ア：1
オリエンタル白石という建設会社のビル。入口に国旗

マラウイ共和国大使館
港区高輪 3-4-1 高輪偕成ビル 7F
1992　ゴ：1　母：1　ア：3
9階建てビルの7階。国旗は1階の入口に掲揚されている

モザンビーク共和国大使館
港区三田 3-12-17 芝第三アメレックスビル 6F
1993　ゴ：2　母：1　ア：4
バルコニーに国旗掲揚。夜は車の流れのみで静かな場所

在東京モーリシャス共和国名誉領事館
港区虎ノ門 2-1-1 株式会社商船三井内
ゴ:1 母3: ア:2
名誉領事の生田正治は、商船三井の会長を務めていた

大リビア・アラブ社会主義人民ジャマヒリーヤ国人民事務所
渋谷区代官山町 10-14
1971 ゴ:3 母:4 ア:3
門の手前、左側の大使館専用ゴミ箱がなんか怖かった

モーリタニア・イスラム共和国大使館
品川区北品川 5-17-5
1989 ゴ:1 母:3 ア:1
煙突は暖炉用だろうか。あっさりとしたイメージの建物

リベリア共和国大使館
世田谷区深沢 4-11-7
ゴ:1 母:1 ア:2
壁のピンクと BMW のボディカラーがなんともミスマッチ

モロッコ王国大使館
港区南青山 5-4-30
1965 ゴ:1 母:3 ア:1
場所が難解。骨董通りを曲がり路地の行き止まりに

レソト王国大使館
港区赤坂 7-5-46U&M 赤坂ビル 3F
2006 ゴ:2 母:1 ア:3
地下1階から2階まで賃貸オフィス。およそ80坪

ウガンダ大使館　渋谷区鉢山町9-23　1994　ゴ：2　母：3　ア：2　この建物は左右に二世帯が入居し、ウガンダ大使館は手前。巨大なエアコンの室外機はウガンダ側だけにある。煙突が古めかしい

カメルーン共和国大使館　世田谷区野沢3-27-16　1988　ゴ：2　母：2　ア：2　左側が領事部。まるで鏡に映ったような左右対称の造り。ドイツ植民地からイギリスとフランスの植民地に分かれ、その後連合して一国家となる

ルワンダ共和国大使館　世田谷区深沢1-17-17 アネックス深沢A棟　2005　ゴ：4　母：5　ア：2　テニスクラブの向いのため住宅地だが結構にぎやか。夕方には外ナンバーの日産シーマが停まっていた。

建設中のベルギー大使館

東京大使館大図鑑

撮影者：藤原健一　携帯電話：080-5295-5997　以下のサイトを運営している。
自販機テレビ　http://jihankitv.com/　コインランドリー刑事　http://cldeka.com/

年数は建物の建てられた年ではなく、大使館が設立された年。
年が二つある大使館は長期の休館後の再開年。
ゴ＝ゴージャス度　母＝母国度　ア＝アクセス度　五段階で評価。

　撮影する前に調べてみると、確かに台東区・千代田区・中央区・渋谷区・新宿区・港区・世田谷区・品川区・目黒区の九つの区に世界中の大使館が構えられていました。中でも約半数は港区にあり、特に六本木や赤坂、地名に「麻布」と付く場所に集中していることが分かりました。坂の多い東京のなかでもこの周辺はとくに起伏に富んでいて、大使館めぐりはなかなか良い運動になります。

　大使館に近寄りがたい印象を持つ一番の理由は、門の外で常駐警備を実施していることだと思うのですが、アメリカ、ロシア、イラク、中国、韓国は警備が厳重でした。ただ、日本の警察官の方だったので、日本の法律と日本語が通じますし、身分を明かして目的を説明すれば、不当に監禁されることなどもないので安心なのでした。しかし、撮影は基本的に素早く撮影して足早にその場を離れる、というスタイルを取りました。パキスタン、イラク、アフガニスタンなど、本国でのテロ事件が多い大使館の撮影には、特に神経を使いましたが、どうしてもこの日本でテロが起こるなどということは想像することができず、結局緊張感のない写真になってしまいました。

　さて、そんな大使館の多い界隈を歩いていると、青地に白文字で「外」と書かれたナンバーの車をよく目にします。大使館職員や大使の乗る、いわゆる外交官ナンバーの車です。日本の政治家は黒塗りの大型セダンですが、外交官車両は色も車種も様々で、カローラ、マーチ、アルファード、ステップワゴン、ブルーバード、ローレルなどおなじみの車がほとんどです。しかしながら、外交官特権により事故や違反などの際に運転者が責任を問われることはないため、ぶつけられたりはねられたりした場合、泣き寝入りするしかない可能性があるとのこと。ちなみに、千代田線の赤坂駅前で外交官ナンバーのベンツが駐車禁止ステッカーを貼られてるのを目撃しました。おそらく罰金は払わなくても良いのでしょうけど、取り締まりをした方はさぞかし勇気のある方とお見受けしました。

　今回は全部で159か国の大使館と領事館を撮影させていただきましたが、東京で世界一周を体験できるとは思ってもいなかったため、本当にありがたい仕事でした。撮影の都合上、大使館の方とは誰ともお話できなかったのが心残りですが、テレビニュースなどで国名が出てくると、その国の駐日大使館の建物を思い起こしたりして、なんだか楽しみが増えたような気がします。

コンゴ民主共和国

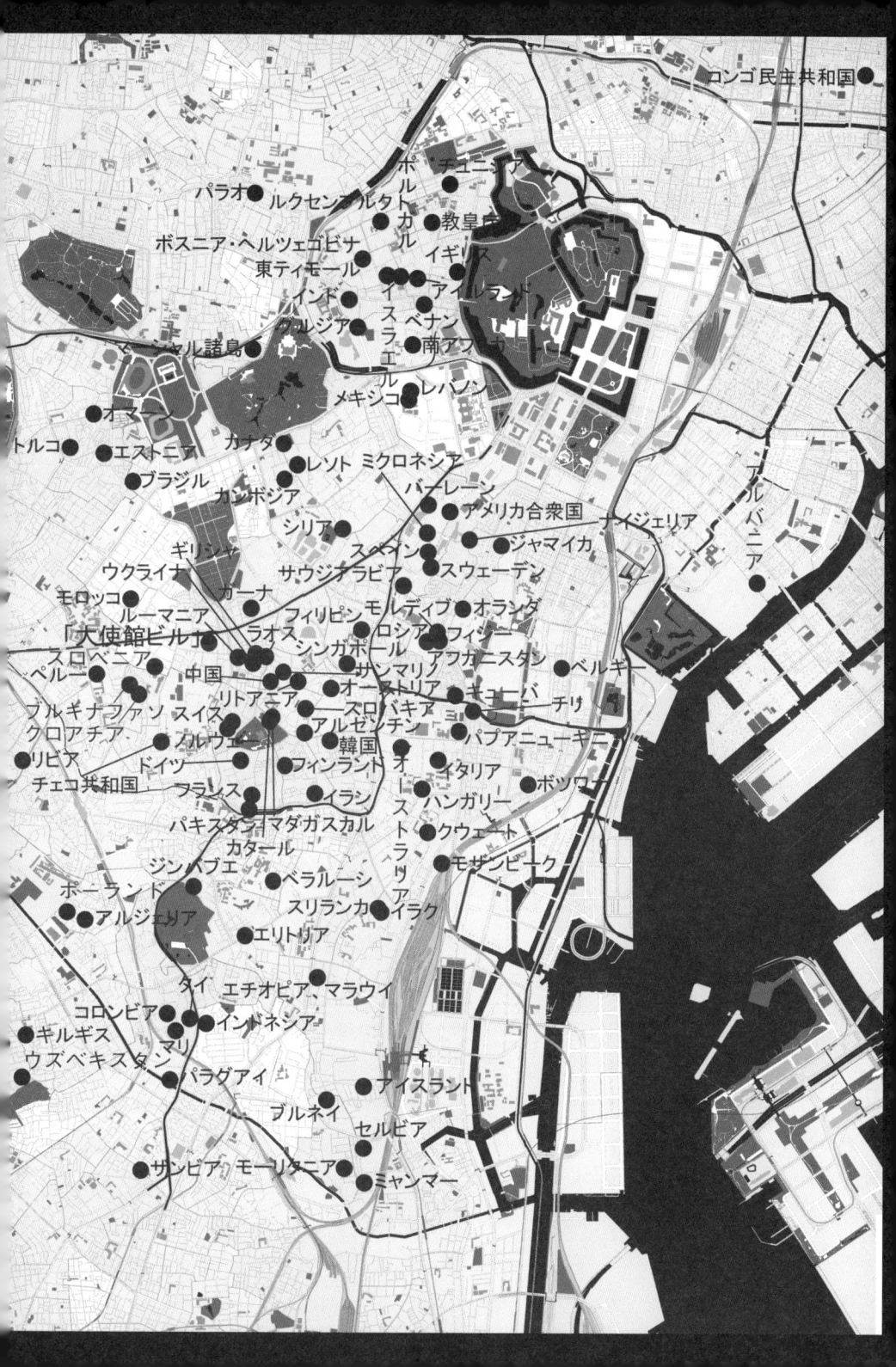

チュニジア
パラオ
ルクセンブルク ポルトガル
教皇庁
ボスニア・ヘルツェゴビナ イギリス
東ティモール イタリア
インド アイルランド
ジョージア ベナン
イスラエル
マーシャル諸島 南アフリカ
メキシコ レバノン
オマーン カナダ
トルコ エストニア
ブラジル レソト ミクロネシア
カンボジア バーレーン
シリア アメリカ合衆国 ナイジェリア
ギリシャ スペイン ジャマイカ アルバニア
ウクライナ サウジアラビア スウェーデン
モロッコ ガーナ
ルーマニア フィリピン モルディブ オランダ
「大使館ビル」 ラオス ロシア フィジー
スロベニア シンガポール アフガニスタン ベルギー
ペルー 中国 サンマリノ
ブルキナファソ スイス リトアニア オーストリア キューバ チリ
クロアチア ノルウェー スロバキア パプアニューギニア
リビア ドイツ アルゼンチン 韓国
チェコ共和国 フランス フィンランド オー イタリア ボツワナ
イラン スト ハンガリー
パキスタン マダガスカル ラ クウェート
カタール リ モザンビーク
ジンバブエ ア
ポーランド ベラルーシ
アルジェリア スリランカ イラク
エリトリア
タイ エチオピア マラウイ
コロンビア インドネシア
キルギス マリ
ウズベキスタン パラグアイ アイスランド
ブルネイ セルビア
ザンビア モーリタニア
ミャンマー

ロ シ ア
中 華 人 民 共 和 国
モンゴル
カザフスタン
ウズベキスタン
トルクメニスタン
キルギス
アフガニスタン
パキスタン
イラン
イラク
サウジ
アラビア
オマーン
イエメン
トルコ
シリア
ヨルダン
インド
ネパール
ブータン
バングラデシュ
スリランカ
ミャンマー
ラオス
タイ
カンボジア
ベトナム
マレーシア
シンガポール
インドネシア
ブルネイ
フィリピン
台湾
大韓民国
日本
オーストラリア
パラオ
東ティモール
モルディヴ
セイシェル
コモロ
マダガスカル
モーリシャス
フィンランド
スウェーデン
ノルウェー
イギリス
アイルランド
デンマーク
ドイツ
ポーランド
ベラルーシ
ウクライナ
フランス
スペイン
ポルトガル
イタリア
モロッコ
アルジェリア
チュニジア
リビア
エジプト
(西サハラ)
モーリタニア
マリ
ニジェール
チャド
スーダン
エリトリア
エチオピア
ソマリア
ケニア
セネガル
ギニア
シエラレオネ
リベリア
ブルキナファソ
ガーナ
ナイジェリア
カメルーン
中央アフリカ
コンゴ
コンゴ民主
共和国
ガボン
ウガンダ
タンザニア
アンゴラ
ザンビア
マラウイ
モザンビーク
ジンバブエ
ボツワナ
ナミビア
南アフリカ
スワジランド
レソト
モスクワ
サンクト・ペテルブルグ
オムスク
ノボシビルスク
エカテリンブルク
イルクーツク
ヤクーツク
ハバロフスク
ウラジオストク
アスタナ
ウランバートル
ペキン
テヘラン
カブール
イスラマバード
ニューデリー
カトマンズ
ムンバイ
(ボンベイ)
チェンナイ
(マドラス)
チョントゥー
ホンコン
ナンキン
タイペイ
東京
ソウル
リヤド
カイロ
ハルツーム
アディス・アベバ
モガディシュ
ナイロビ
ダル・エス・サラーム
キンシャサ
ルアンダ
ルサカ
ハラーレ
ハボローネ
プレトリア
ケープ・タウン
ヴィクトリア
アンタナナリボ
ポートルイス
パース
アデレード
メルボルン
キャンベラ
レイキャビク
ロンドン
パリ
マドリード
リスボン
ラバト
トリポリ
マスカット
ジャカルタ
スリ・ジャヤワルダナプラ・コッテ
マレ
ポート・モレスビー

グリーンランド
(デンマーク)

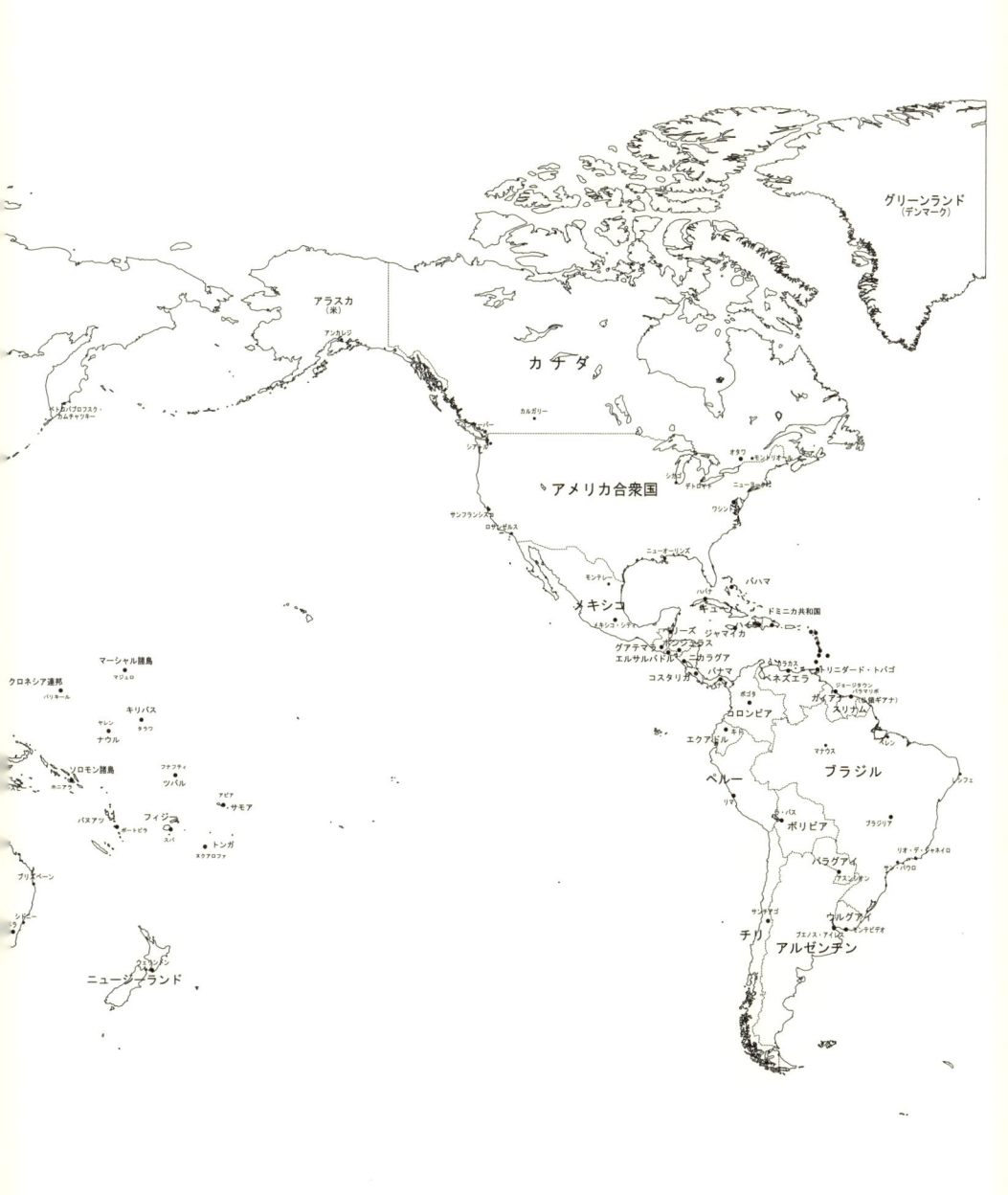

アラスカ
(米)

アンカレジ

カナダ

バンクーバー
カルガリー
シアトル
サンフランシスコ
ロサンゼルス

オタワ モントリオール
デトロイト ニューヨーク
ワシントン
アメリカ合衆国
ニューオーリンズ
モンテレー
メキシコ・シティ
メキシコ
ハバナ バハマ
キューバ
ベリーズ ジャマイカ ドミニカ共和国
グアテマラ ホンジュラス
エルサルバドル ニカラグア
コスタリカ パナマ トリニダード・トバゴ
カラカス
ベネズエラ
ボゴタ ジョージタウン
コロンビア ガイアナ
パラマリボ
スリナム
(仏領ギアナ)

エクアドル
マナウス

ペルー
リマ ブラジル
ラパス
ボリビア
ブラジリア
パラグアイ リオ・デ・ジャネイロ
アスンシオン サンパウロ
サンティアゴ
ウルグアイ
チリ ブエノスアイレス モンテビデオ
アルゼンチン

トロペトロパブロフスク・
カムチャツキー

マーシャル諸島
ミクロネシア連邦 マジュロ
パリキール
キリバス
ヤレン タラワ
ナウル
フナフティ
ソロモン諸島 ツバル
ホニアラ アピア サモア
バヌアツ
ポートビラ フィジー
スバ トンガ
ヌクアロファ

ブリスベン
シドニー

オークランド
ニュージーランド
ウェリントン

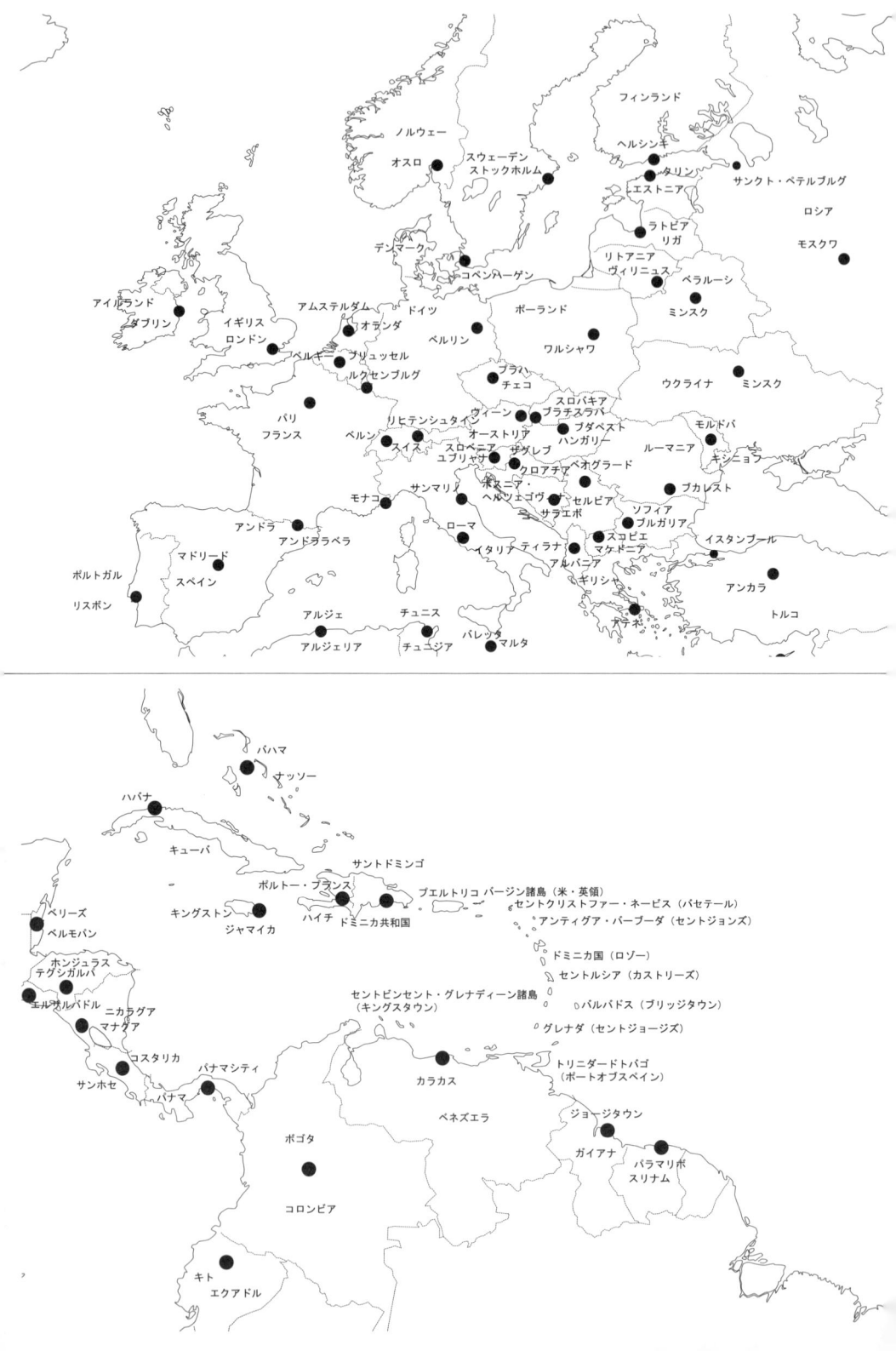

ヨーロッパ

- ノルウェー / オスロ
- スウェーデン / ストックホルム
- フィンランド / ヘルシンキ
- エストニア / タリン
- ロシア / サンクト・ペテルブルグ / モスクワ
- ラトビア / リガ
- リトアニア / ヴィリニュス
- ベラルーシ / ミンスク
- デンマーク / コペンハーゲン
- アイルランド / ダブリン
- イギリス / ロンドン
- オランダ / アムステルダム
- ベルギー / ブリュッセル
- ルクセンブルグ
- ドイツ / ベルリン
- ポーランド / ワルシャワ
- チェコ / プラハ
- スロバキア / ブラチスラバ
- ウクライナ / ミンスク
- フランス / パリ
- スイス / ベルン
- リヒテンシュタイン
- オーストリア / ヴィーン
- ハンガリー / ブダペスト
- モルドバ / キシニョフ
- ルーマニア / ブカレスト
- スロベニア / リュブリャナ
- クロアチア / ザグレブ
- セルビア / ベオグラード
- ボスニア・ヘルツェゴヴィナ / サラエボ
- モナコ
- サンマリノ
- イタリア / ローマ
- アンドラ / アンドララベラ
- スペイン / マドリード
- ポルトガル / リスボン
- ブルガリア / ソフィア
- マケドニア / スコピエ
- アルバニア / ティラナ
- ギリシャ / アテネ
- トルコ / イスタンブール / アンカラ
- アルジェリア / アルジェ
- チュニジア / チュニス
- マルタ / バレッタ

中米・カリブ海・南米北部

- バハマ / ナッソー
- キューバ / ハバナ
- ジャマイカ / キングストン
- ハイチ / ポルトープランス
- ドミニカ共和国 / サントドミンゴ
- プエルトリコ
- バージン諸島（米・英領）
- セントクリストファー・ネービス（バセテール）
- アンティグア・バーブーダ（セントジョンズ）
- ドミニカ国（ロゾー）
- セントルシア（カストリーズ）
- セントビンセント・グレナディーン諸島（キングスタウン）
- バルバドス（ブリッジタウン）
- グレナダ（セントジョージズ）
- ベリーズ / ベルモパン
- ホンジュラス / テグシガルパ
- エルサルバドル
- ニカラグア / マナグア
- コスタリカ / サンホセ
- パナマ / パナマシティ
- ベネズエラ / カラカス
- トリニダードトバゴ（ポートオブスペイン）
- ガイアナ / ジョージタウン
- スリナム / パラマリボ
- コロンビア / ボゴタ
- エクアドル / キト

大使館国際関係史

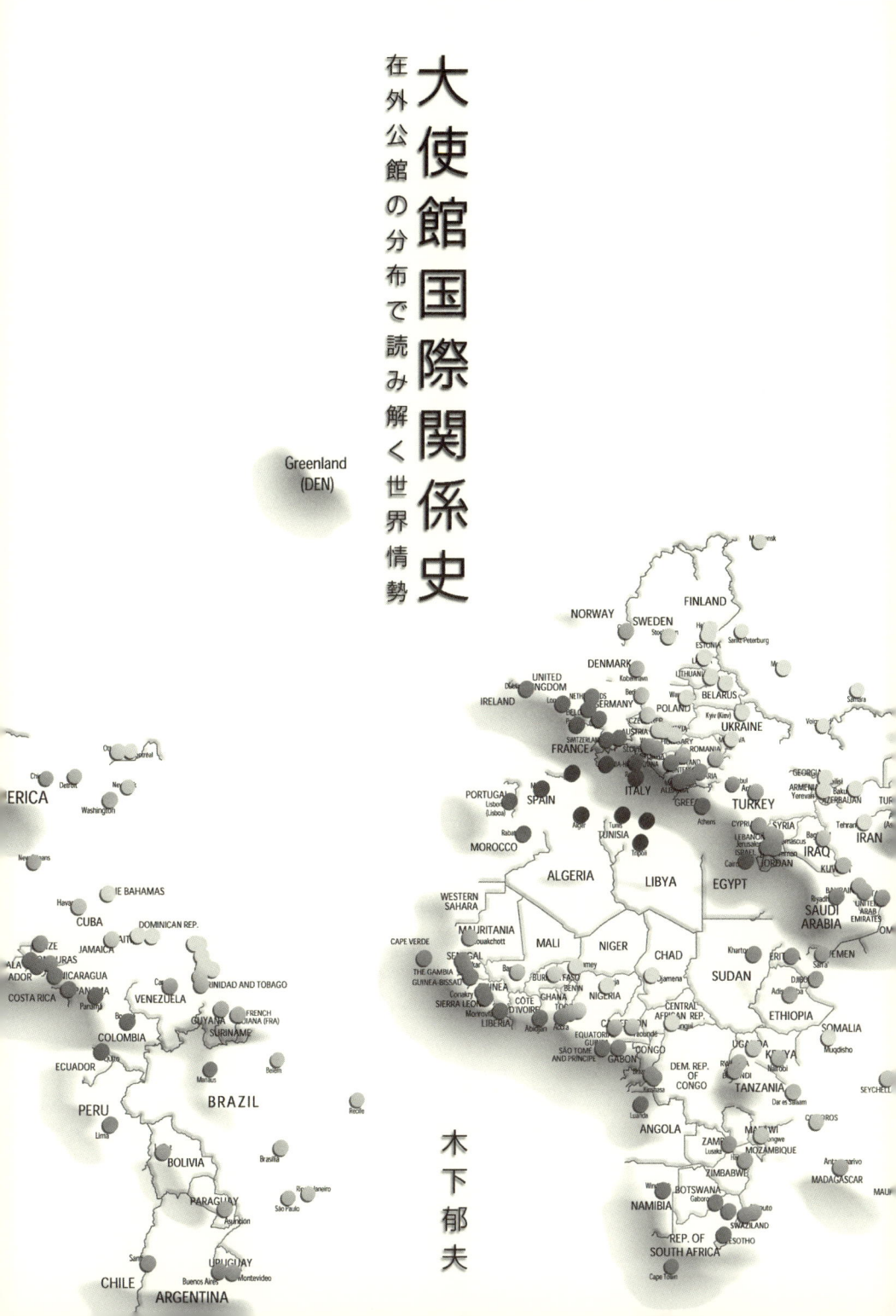

在外公館の分布で読み解く世界情勢

木下郁夫

1		東京大使館大図鑑
43		**序章　国際社会の解剖**
45		外交の進化——古今東西大使館設置数ランキング
51		**第1章　ヨーロッパでの出発**
52		起源——イタリア都市国家からナポレオンまで
55		ウィーン会議——使節団長の階級
57		ドイツ連合——極小国の延命措置
62		ベルリン会議——大国の支配・バランス・協調
64		民主化——貴族の退場
67		**第2章　ヨーロッパの拡大**
68		相互依存——国際化バロメータとしての領事機関
71		ベレポック——外交の都パリ
73		イギリス帝国——世界の6分の1を領有した重荷
77		帝政ロシア——「鉄のカーテン」以前
79		第一次世界大戦——中立国による利益保護
83		革命外交——「共産主義者の陰謀」と「女性大使」
87		スペイン内戦——外交団の洞が峠
88		第二次世界大戦——英独外交戦
91		**第3章　ヨーロッパの転回**
92		冷戦——ハルシュタイン・ドクトリン
94		大使館——小国差別の終わり
96		高等弁務官——コモンウェルス（英連邦）という家族
99		KGB——諜報と防諜
101		デタント——両独間基本条約下の常駐代表部
103		冷戦終結——ドイツ統一とソ連崩壊
105		欧州連合——世界2位の在ブリュッセル外交団
109		外交ネットワークの諸パターン——国際構造が分かる
111		**第4章　米州の独立**
112		共和国——独立13邦の民兵外交
113		モンロー・ドクトリン——争乱の19世紀
118		フロンティア——西部開拓とアメリカ的生活様式

| 122 | 自由主義——ラテンアメリカにおける貿易と移民
| 125 | 棍棒外交——合衆国、大国に昇格
| 129 | パンアメリカニズム——善隣外交と真珠湾

| 135 | **第5章　米州の支配**
| 136 | 国際連合——ニューヨークに出現したフラットな世界
| 140 | CIA——スパイという万能な（？）奥の手
| 142 | キューバ革命——カストロと冷戦
| 146 | テロ支援国家——指定解除が進行中
| 149 | トランスナショナリズム——ロビイストとしての大使

| 153 | **第6章　中東の転落**
| 154 | レバント——治外法権の蔓延
| 155 | 東方問題——スエズ運河と保護国化
| 158 | 「中東」——白人流国盗り物語

| 163 | **第7章　中東の激動**
| 164 | ナセリズム——アラブ・ナショナリズムとスエズ戦争
| 167 | イスラエル——国家承認への遠い道
| 174 | 国際テロリズム——大使館攻撃の傾向と対策
| 176 | 石油——イスラム革命と反革命
| 180 | ならず者国家——サダム・フセインの野望
| 182 | 文明の衝突——「シオニスト」と「テロリスト」

| 187 | **第8章　中国の復活**
| 188 | 半植民地化——広州・上海・北京・天津・満州
| 193 | ナショナリズム——主権国家への脱皮
| 195 | 満州国——ヨーロッパへの窓
| 197 | 新中国——「一つの中国」に向けて
| 200 | 強盛大国——ナショナリズムか、トランスナショナリズムか

| 205 | **第9章　アジア太平洋の断層**
| 206 | パクス・ブリタニカ——海の大動脈
| 211 | 大東亜共栄圏——工作拠点に仕立てられた在外公館
| 215 | 中立非同盟——ネルーの朝鮮戦争
| 221 | ASEAN——中国による革命輸出

226	黙示録──殺戮のベトナム戦争
228	人権外交──アジアにおける民主化の波
232	カウンターテロリズム──宗教対立の果て
236	アジアは一つ──渦に輪郭はない

243	**第 10 章　日本の挑戦**
244	攘夷──開国・維新・文明開化
248	居留地──不平等条約時代とその後
252	大使交換──日露戦争の一戦果
255	東京──戦前の大公使館
259	海外発展者──世界を闊歩した日本人
264	武官府──多機能化した大使館
268	西側の一員──冷戦構造への順応
275	危機管理──平和国家も楽じゃない
280	国際化──現代における在日大使・領事機関

285	**第 11 章　アフリカの新生**
286	暗黒大陸──「文明国」になれなかった現地勢力
288	コモディティ──独立をかけた戦い
292	アフリカの輪──アラブ世界からの影響
297	モンスター──カダフィ大佐の友人達
301	アパルトヘイト──南アフリカとイスラエルの外交的抹殺
304	破綻国家──紛争・貧困・抑圧下の大使館

309	**第 12 章　教皇庁・極小国**
310	教皇庁──世界最小国家は仮の姿
316	聖ヨハネ騎士団（マルタ騎士団）──国連にもオブザーバー
317	ルクセンブルク、リヒテンシュタイン、モナコ、サンマリノ、アンドラ──外交権復活の傾向
318	ハワイ王国──商人外交官の国
320	小島嶼国──市町村規模の国家も

323	**結論**
326	**データについて**
328	**注**

序　章　　国　際　社　会　の　解　剖

本書は外交・領事関係の全身解剖である。

　解剖の対象は抽象的な消化や呼吸のような概念でなく、皮膚、肉、血、骨のような物体である。骨に大腿骨と耳小骨があり、神経に大脳と運動神経があるように、在外公館にも大使館と名誉領事館がある。国際社会の解剖では、メスやハサミは使わない。文献資料だけに依拠しても、大使館や領事館のような公館がどこにあり、それらにどのような人々が出入りしているか、といったことは究明できる。得られた結果をもとに、解剖学では人体模型や統計図表で人体構造を表現する。本書も外交・領事関係をできるだけ可視化して、全貌が分かるよう努めている。

　構造についての知識を抽象的な概念で説明しようとすれば、それは立派な生物学である。特に、生殖、免疫、循環、呼吸、消化、情報伝達、内分泌、運動といった機能と構造との関係が重要である。国際社会でも、国家間の敵対と友好を調節し、戦争に至るか、また平和に至るかの事態の推移に大使館は影響を与えている。この活動はさしずめ「神経伝達物質」や「ホルモン」を相手政府に対して分泌するようなものである。政治がグローバライズした今日では、景気、環境、紛争、貧困など在外公館が対処する争点は多様化している。こうした事象の解明には国際関係論が携わる。

　しかし、組織の原理にあたる「DNA」が世界政体と生物とで根本的に相違することには注意が要る。正常な国際社会では、部分部分が中枢に対して独立している。つまり、生物では脳が全身を支配するのに対して、例えば、アメリカ合衆国の大統領も、国際連合の事務総長も、ある主権国家に対しては命令ではなく説得や調整ができるだけである。国々が協力することはあったとしても、それは利害が一致するときのみである。個人を対象にした「パブリック・ディプロマシー」（公衆外交）や企業を巻き込む経済外交の比重が増しても、国家の中心性は揺るがない。また生物では、胃が食物を消化し、足が体を支えるように、諸器官が機能分化している。ところが、ドイツ、アメリカ合衆国、中国といった国際社会の構成要素は、どれも国益を追求する似た者同士である。それらは富や力を等しく欲するので、これらを巡る競争が日々繰り広げられている (1)。

　得られた生体のメカニズムについての知識を治療に応用することを医学という。生物学をやるのも医学をやるのも、ともに大学で専門教育を受けた人々である。ところが、政治家、官僚、シンクタンク、NGO（非政府組織）、活動家といった国際関係の実践者は、その専門教育を受けないのが普通である。ここに、理論家である学者と実践者の間に知識のギャップが生じている。そして、ことに外交という分野については、実践者である外交官が知識を暗黙知として蓄える一方で、公の場でそれが議論されることはあまりない。この弊害は日本において甚だしい。

　以上をまとめると、国際社会についても、構造が分かれば、それがどのような機能を果たすかを事実と照合しながら推測できる。構造と機能がどのように連関するかのメカニズムが分かれば、戦争その他の国際問題に対する処方箋を書くことができる。

　そればかりでない。恐竜の化石が発掘されれば、骨の一部からでも想像図が描かれ、生活さえ推測される。同じように、過去の外交関係を再構成して、それが当時の世界全体のなかでど

のように機能していたかを推測することが可能である。例えば、昔は公使館というものが存在したし、弁理公使という使節団長がいた。しかし、それらは人間の尾骨やエラのように退化してしまった。なぜであったろうか。こうしたことも、本書において明らかにされる。

　生物の進化を知ることが、人間とは何であるか、を哲学する糸口になるように、外交の進化を知ることは国際社会とは何かの認識を深めるヒントになる。公使館の絶滅には東側諸国や第三世界が大きな役割を演じた。旧来の西ヨーロッパ中心の外交史では、こうした重要なことが黙殺されてしまっている。

外交の進化──古今東西大使館設置数ランキング

　手始めに、2006年に各国がどれだけの外交使節を送ったかをまとめた**表0—1**を見よう。ここに登場するのは194の国家と8235の大使及び臨時代理大使である。

　外交使節の数は、我々が大国と見なす国ほど多いことが認められる。トップ10では、ヨーロッパがフランス、ドイツ、ロシア、イギリス、イタリアと5か国を占めて最多である。これに続くのは、アジアが中国、日本、インドと3か国であり、ほかには米州からはアメリカ合衆国、中東からはエジプトが上位進出を果たしている。他方、少ないのは、ツバルやバヌアツのように、小島が国家を形成した極小国である。

　どこの地域に使節団が接受（受け入れられることを専門用語でこのように呼ぶ）されているかを、上位からS、A、B、C……と大学の成績のように順位付けてみた。大国は概ねバランスよくどの地域にも派遣しているが、ロシアは米州、エジプトは米州とヨーロッパ、インドは米州・ヨーロッパ・アフリカが弱点であることが発見できる。中位以下では、自国の所在する地域内、つまり近隣諸国に対して重点的に使節団が派遣される傾向があると分かる。

　一挙に、今から約150年前の十九世紀の半ばに遡る。現代と比べると、使節団を外国の首都に駐在させる国の数は3分の1に過ぎなかった。しかも、それらはヨーロッパと米州の国ばかりで、ほかはトルコ、イラン、ハワイの名が見えるだけである。日本は開国の直後であった。近代外交の中枢はヨーロッパであり、その制度が一応の完成を見たのも、ナポレオン後の国際秩序を打ち立てたウィーン会議においてであった。第1章に「ヨーロッパでの出発」という題を付けたのは、こうした理由による。

　表0—2には、見慣れぬドイツやイタリアの小国が散見されるのに気付かれたであろうか。これらは領邦国家といって、国民国家に脱皮しきれていない、封建主義の名残である前近代的な存在であった。ことに聖界の最高権威である教皇庁は旧体制において絶大な影響力を及ぼした。これについては他の極小国と合わせて第12章「教皇庁・極小国」で取り上げられる。

　19世紀の後半には、世界は帝国主義の時代を迎え、ヨーロッパは未曾有の繁栄を謳歌した。当時は、外交使節の階級が大きな意味を持ったことが**表0—3**から読み取れる。例えば、ベルギーは派遣した外交使節の数が6位と健闘しながら大使を交換していなかったので、大国と見なされなかった。真の大国は、大使を交換し、かつ派遣使節数が上位であるという2条件を満たさなければならなかった。その地位を占めたのは、アメリカ合衆国を除くと、フランス、ド

表0—1 外交使節を派遣した数および地域（2006年）

順位	国	総計	米州	ヨーロッパ	アフリカ	中東	アジア	太平洋	順位	国	総計	米州	ヨーロッパ	アフリカ	中東	アジア	太平洋	順位	国	総計	米州	ヨーロッパ	アフリカ	中東	アジア	太平洋
1	アメリカ合衆国	163	S	S	S	S	S	S	66	イエメン	46	D	D	B	S	C	D	133	トルクメニスタン	19	G	G	F	E	C	D
2	フランス	158	S	S	S	S	S	S	66	ウルグアイ	46	A	C	E	D	D	A	134	キルギスタン	18	G	E	F	E	C	D
3	中国	155	S	S	S	S	S	S	69	アンゴラ	45	C	C	S	D	D	D	134	ナミビア	18	D	E	C	G	E	D
4	ドイツ	144	S	S	S	S	S	S	69	パナマ	45	S	D	F	E	D	A	134	ネパール	18	G	F	F	E	C	D
4	ロシア	144	A	S	S	S	S	S	69	バングラデシュ	45	D	D	B	S	A	D	134	リベリア	18	G	G	B	E	F	D
6	イギリス	138	S	S	S	S	S	S	72	イラク	43	D	D	E	S	D	A	138	アイスランド	17	E	E	F	F	F	D
7	日本	127	S	S	S	S	S	S	72	カタール	43	D	C	E	S	B	D	138	チャド	17	G	G	B	D	H	D
8	エジプト	122	A	S	S	S	S	A	72	ヨルダン	43	D	D	E	S	C	A	138	ニジェール	17	E	G	C	D	G	D
9	イタリア	120	S	S	S	S	S	A	75	エクアドル	42	A	C	F	E	D	A	138	バーレーン	17	G	G	F	B	F	D
10	インド	112	A	A	S	S	S	A	75	ガーナ	42	D	D	A	D	D	D	138	ルワンダ	17	E	G	C	E	E	D
11	オランダ	106	A	S	S	S	A	A	75	スリランカ	42	D	D	C	E	C	A	143	ブルンジ	16	E	F	C	E	F	D
12	教皇庁	106	A	S	S	B	S	D	75	ベラルーシ	42	D	C	E	D	C	D	143	赤道ギニア	16	E	F	C	G	G	D
13	キューバ	103	A	S	A	B	S	D	79	ボスニアヘルツェゴビナ	40	D	C	F	D	F	A	145	シエラレオネ	15	G	F	C	D	G	D
13	スペイン	103	S	S	S	A	A	A	80	アフガニスタン	37	E	D	F	B	A	D	145	マダガスカル	15	E	F	D	F	F	D
15	カナダ	98	S	A	A	A	S	A	80	ケニア	37	D	D	A	D	D	D	147	ガンビア	14	E	G	D	D	G	D
16	ブラジル	97	S	A	A	C	A	A	80	コートジボワール	37	D	D	A	D	D	D	147	ジャマイカ	14	B	G	E	G	F	D
16	韓国	97	A	A	A	B	S	A	80	コスタリカ	37	S	D	F	E	D	A	147	パプアニューギニア	14	E	H	F	G	F	S
18	リビア	94	B	C	A	S	A	D	80	スロベニア	37	D	C	F	D	E	A	147	ベリーズ	14	C	G	F	F	E	D
19	トルコ	93	B	S	C	S	S	S	80	セネガル	37	D	D	A	D	D	D	151	カーボベルデ	13	E	E	E	G	G	D
20	イラン	92	B	A	A	S	S	A	80	ニュージーランド	37	C	C	C	F	C	S	151	ジブチ	13	G	H	D	D	F	D
20	ポーランド	92	B	S	C	C	B	D	87	カザフスタン	35	G	C	E	D	C	D	151	タジキスタン	13	G	F	F	E	D	D
22	スイス	89	A	A	A	B	S	A	87	グアテマラ	35	A	D	F	E	D	D	151	マラウイ	13	H	G	C	G	F	D
22	ルーマニア	89	B	S	C	C	A	D	87	ドミニカ共和国	34	S	D	F	E	D	D	151	モーリシャス	13	G	G	C	E	F	A
24	スウェーデン	86	A	S	A	C	A	A	90	ジンバブエ	33	D	D	A	E	D	D	151	中央アフリカ	13	G	G	C	E	G	D
24	チェコ共和国	86	A	S	B	A	A	A	91	オマーン	32	G	D	C	S	C	D	157	トーゴ	12	E	G	C	F	G	D
26	ベルギー	85	A	A	A	B	A	B	91	キプロス	32	E	B	F	D	F	D	157	レント	12	G	F	F	F	F	D
27	インドネシア	84	B	A	B	D	S	S	91	ホンジュラス	32	A	D	F	D	E	D	159	ギニアビサウ	11	E	F	F	F	G	D
28	ナイジェリア	82	B	C	S	B	B	D	91	リトアニア	32	D	C	F	D	E	A	160	ガイアナ	10	C	H	F	F	F	D
28	ノルウェー	82	A	S	A	B	B	A	95	アゼルバイジャン	31	E	C	F	C	D	D	160	スリナム	10	C	H	F	G	G	D
30	オーストリア	80	B	S	B	C	B	A	95	アルバニア	31	D	C	F	D	F	D	160	フィジー	10	G	H	F	G	D	S
30	南アフリカ	80	B	S	S	C	B	D	95	エチオピア	31	E	E	B	C	D	D	160	ボツワナ	10	G	G	D	G	G	D
32	ギリシャ	79	B	S	B	B	A	C	95	カメルーン	31	D	D	A	D	D	F	164	トリニダード・トバゴ	9	C	H	E	G	F	D
32	ブルガリア	79	B	S	C	C	A	D	95	ギニア	31	E	F	A	D	F	D	165	スワジランド	8	G	H	D	G	F	D
34	アルジェリア	78	B	A	S	B	B	C	95	ブルネイ	31	E	F	F	E	A	A	166	アンドラ	7	G	F	G	F	G	H
35	ベネズエラ	78	S	B	C	D	B	D	101	エルサルバドル	30	A	E	F	F	D	A	166	サンマリノ	7	I	E	F	H	G	D
36	アルゼンチン	77	S	A	B	B	S	D	101	ガボン	30	D	D	B	D	E	D	166	モナコ	7	I	E	F	H	G	D
37	サウジアラビア	76	C	B	B	S	A	C	101	ボリビア	30	A	D	F	D	E	D	166	東ティモール	7	G	H	E	G	E	A
37	パキスタン	76	C	B	B	S	A	D	101	ミャンマー	30	D	F	F	E	D	D	171	サントメプリンシペ	6	G	H	E	G	E	A
37	ハンガリー	76	B	S	C	B	A	D	105	マリ	29	D	F	B	C	G	D	171	パナマ	6	D	H	F	G	G	D
40	イスラエル	75	A	A	E	S	B	D	105	モーリタニア	29	E	F	A	C	G	D	173	アンティグア・バーブーダ	5	E	G	F	H	F	D
40	モロッコ	75	B	A	B	S	A	D	107	ウズベキスタン	28	E	D	F	C	D	D	173	セントクリストファー・ネービス	5	D	H	F	G	F	D
42	ウクライナ	73	C	S	C	B	B	D	107	グルジア	28	G	C	F	D	F	D	173	ソロモン諸島	5	D	H	F	G	F	S
42	ポルトガル	72	B	A	A	C	B	D	107	ニカラグア	28	A	D	F	E	D	D	173	バルバドス	5	D	H	F	G	F	D
42	マレーシア	72	C	B	B	B	S	A	107	マケドニア	28	E	B	F	D	F	D	173	マーシャル諸島	5	G	I	F	G	E	A
45	オーストラリア	71	C	B	B	B	S	S	111	エストニア	27	E	B	F	E	E	D	173	リヒテンシュタイン	5	G	E	F	G	F	D
46	デンマーク	70	B	A	A	C	B	D	111	ラトビア	27	E	C	F	D	D	D	179	サモア	4	G	I	F	G	F	S
47	フィンランド	69	B	A	A	C	B	D	113	パラグアイ	26	A	D	E	G	E	D	179	セントビンセント・グレナディーン	4	E	H	F	G	F	D
48	メキシコ	69	S	B	C	C	B	A	113	モザンビーク	26	D	D	C	D	E	A	179	セントルシア	4	G	H	F	G	F	D
49	チリ	66	S	B	E	E	B	A	115	アルメニア	25	D	C	F	C	D	D	179	ドミニカ	4	G	H	F	G	F	D
50	北朝鮮	66	C	B	A	C	S	D	115	カンボジア	25	E	E	F	F	D	D	179	パラオ	4	G	I	F	F	F	D
51	セルビア	62	B	B	A	C	B	D	115	ザンビア	24	D	F	B	E	F	D	179	ブータン	4	I	I	F	F	F	D
51	タイ	62	C	B	B	D	S	A	117	シンガポール	24	G	F	F	E	A	A	179	モルディブ	4	G	H	F	G	F	D
53	レバノン	62	B	B	B	S	A	D	117	モンゴル	24	G	E	F	E	C	D	186	セイシェル	3	G	I	F	F	F	D
54	チュニジア	59	B	B	A	S	D	D	117	ラオス	24	E	E	F	F	D	A	186	トンガ	3	G	I	F	G	F	S
55	フィリピン	59	B	C	E	E	A	A	121	エリトリア	23	G	F	D	C	E	D	186	ミクロネシア	3	G	I	F	G	F	A
56	スロバキア	57	C	A	B	A	A	A	121	コンゴ	23	D	F	B	D	F	D	189	コモロ	2	G	I	E	D	H	D
56	ペルー	57	S	B	E	E	A	A	121	ブルキナファソ	23	G	F	B	E	F	D	189	ナウル	2	G	I	F	G	F	S
58	クウェート	56	C	C	C	S	B	D	121	タンザニア	22	E	F	B	D	F	D	189	モントセラト	2	G	H	F	G	F	D
59	シリア	54	C	B	C	S	B	D	124	ベナン	22	E	G	B	D	F	D	192	ツバル	1	I	I	F	G	G	S
60	台湾	52	C	D	S	S	B	A	124	台湾	22	A	D	W	E	A	A	192	バヌアツ	1	I	I	G	G	G	S
61	アイルランド	51	C	A	B	D	D	A	127	ハイチ	21	A	F	E	G	G	D									
61	スーダン	51	D	D	A	S	A	D	128	ウガンダ	20	E	F	D	D	F	D		総計	8235	1339	2789	1224	1282	1417	184
63	クロアチア	49	C	A	F	D	D	D	128	ソマリア	20	I	H	D	B	F	D									
64	コロンビア	48	S	D	E	E	B	A	128	マルタ	20	D	D	E	D	E	D									
65	コンゴ民主共和国	47	D	D	A	D	D	D	128	モルドバ	20	G	C	F	E	F	D									
66	アラブ首長国連邦	46	D	D	A	S	A	D	128	ルクセンブルク	20	E	C	F	E	F	D									

注　大使と代理大使。Sは1—20位、Aは21—40位、Bは41—60位、Cは61—80位、Dは81—100位、Eは101—120位、Fは121—140位、Gは141—160位、Hは161—180位、Iは181—193位。実館が置かれない国への兼任は除外する。「データについて」を参照。

イツ、イギリス、イタリア、スペイン、ロシア、オーストリア・ハンガリーとヨーロッパ諸国であった。ヨーロッパの栄光とこの裏面である植民地主義、そして大戦と革命への急変は第2章「ヨーロッパの拡大」で論じられる。

その間、米州、そして一握りではあるがアジア、の国々が国際関係の独立した主体として現れた。第4章「米州の独立」はヨーロッパに対する従属から自立した米州の物語である。一方、第6章「中東の転落」では、オスマン帝国とその周辺が主権を骨抜きにされ、植民地化された経過を追った。

第二次世界大戦によって、合衆国が覇権を手中にした。その主導のもとニューヨークには国際連合が設立され、世界は一つになると思われた。ところが実際には、米ソ間の対立が深まり、冷戦が世界を二分した。大使館の周囲ではスパイが暗躍し、分断国家は対立政権より多くの国から承認を獲得しようと励んだ。この様子は第3章「ヨーロッパの転回」と第5章「米州の支配」において描かれる。冷戦後、ヨーロッパはEU（ヨーロッパ連合）を軸として統合を進めたものの、合衆国は反米主義とテロリズムに悩まされている。

エジプト、イスラエル、インドのようなアジア・アフリカ諸国が活発な外交を始めたのも冷戦期であった。脱植民地化と東西の代理戦争において、それらは言語に絶する辛酸をなめた。第7章「中東の激動」、第9章「アジア太平洋の断層」、第11章「アフリカの新生」では、こうした苦難とそこから脱しようとした非西洋の国家と人民の努力を中心に述べる。半植民地化を克服し、次代の超大国と目されるほどの急成長を遂げながら、未だに「一つの中国」を巡る論争が続く中国については、特別に第8章「中国の復活」の一章を設けた。

読者にとって最も関心があるのは日本であろう。開国、大使交換、復興、国際化と、外交関係でも近代日本は刮目すべきパフォーマンスを示した。しかし、ともすれば日本特殊論に陥って自己中心になることは自戒した方がよい。役所やマスコミに踊らされても神風は吹かないことを、国民は肝に銘じるべきである。その為にも、客観的で世界的な視野を持った外交の知識が必要である。これらの思いを込めて、第10章「日本の挑戦」を執筆した。

表0—2　外交使節を派遣した数および地域（1860年）

順位	国	総計	米州	ヨーロッパ	中東	アジア	順位	国	総計	米州	ヨーロッパ	中東	アジア	順位	国	総計	米州	ヨーロッパ	中東	アジア
1	イギリス	43	S	S	S	S	23	メキシコ	9	S	B	A	S	40	聖ヨハネ騎士団	3	C	C	A	S
2	フランス	42	S	S	S	S	25	アルゼンチン	7	S	C	A	S	48	エルサルバドル	2	B	E	A	S
3	プロイセン	37	S	S	S	S	25	ギリシア	7	C	B	S	S	48	オルデンブルク	2	C	D	A	S
4	アメリカ合衆国	32	S	A	S	S	25	バーデン	7	C	B	A	S	48	ザクセン・アルテンブルク	2	C	D	A	S
5	ロシア	31	A	S	S	S	28	グアテマラ	6	A	C	A	S	48	ザクセン・マイニンゲン	2	C	D	A	S
6	ブラジル	30	S	S	A	S	28	ナッサウ	6	C	B	A	S	48	スイス	2	C	D	A	S
7	オーストリア・ハンガリー	28	A	S	S	S	28	ヘッセン選帝侯国	6	C	B	A	S	48	チリ	2	B	E	A	S
8	スペイン	23	S	S	S	S	31	エクアドル	5	A	C	A	S	48	ハイチ	2	C	D	A	S
9	スウェーデン	21	A	S	S	S	31	ハンブルク	5	C	C	A	S	48	ブラウンシュバイク	2	C	D	A	S
9	ベルギー	21	A	S	S	S	31	ブレーメン	5	B	C	A	S	48	ホンジュラス	2	C	D	A	S
11	イタリア(サルディニア)	20	S	S	S	S	34	イラン	4	C	C	S	S	48	モデナ	2	C	D	A	S
11	バイエルン	20	C	S	A	S	34	コスタリカ	4	B	C	A	S	48	ロイス弟系	2	C	D	A	S
13	ポルトガル	19	S	S	S	S	34	ニカラグア	4	B	C	A	S	59	ウルグアイ	1	B	F	A	S
14	オランダ	17	B	S	S	S	34	ベネズエラ	4	B	C	A	S	59	ドミニカ共和国	1	C	E	A	S
14	ザクセン	17	B	S	A	S	34	メクレンブルク・シュベリン	4	C	B	A	S	59	パルマ	1	C	E	A	S
14	両シチリア	17	A	S	S	S	34	リューベック	4	C	B	A	S	59	ハワイ	1	B	F	A	S
17	デンマーク	14	B	S	A	S	40	コロンビア	3	B	D	A	S	59	ブエノスアイレス	1	C	E	A	S
17	教皇庁	14	B	S	S	S	40	ザクセン・コブルクゴータ	3	C	C	A	S	59	フランクフルト	1	C	E	A	S
19	ハノーファー	12	B	S	A	S	40	ザクセン・バイマルアイゼナハ	3	C	C	A	S		総計	637	118	495	20	4
20	トルコ	11	C	A	S	S	40	サンマリノ	3	C	C	A	S							
21	ビュルテンベルク	10	C	A	A	S	40	トスカーナ	3	C	C	A	S							
21	ヘッセン大公国	10	C	A	A	S	40	ボリビア	3	A	E	A	S							
23	ペルー	9	S	B	A	S	40	メクレンブルク・シュトレリッツ	3	C	C	A	S							

注　Sは1—10位、Aは11—20位、Bは21—30位、Cは31—40位、Dは41—50位、Eは51—60位、Fは61—64位。実館が置かれない国への兼任は除外する。「データについて」を参照。

表0—3　外交使節を派遣した数および地域（1910年）

順位	国	総計	米州	ヨーロッパ	アフリカ	中東	アジア	大使級	全権公使級	弁理公使級	代理公使級
1	アメリカ合衆国	43	S	S	S	S	S	S	S	S	C
1	フランス	43	S	S	S	S	S	S	S	S	A
3	ドイツ	40	S	S	S	S	S	S	S	S	C
4	イギリス	38	S	S	S	S	S	S	S	S	A
5	イタリア	36	S	S	S	S	S	S	S	S	A
6	ベルギー	34	S	S	S	S	A	S	S	S	S
7	スペイン	31	S	S	S	S	S	B	S	S	
8	ロシア	29	B	S	S		S	S	A	A	
9	オーストリア・ハンガリー	28	A	S	S	S	S	S	B	C	
9	ブラジル	28	S	A	S	B	A	S	S	S	C
11	オランダ	24	A	S	S		S	A	A		
12	アルゼンチン	19	A	S	S			B	A	A	
12	ポルトガル	19	B	S	S			B	A	A	
14	チリ	17	S	B	S		B	B	A		
14	トルコ	17	C	S	S	A	B	B	B	C	
14	メキシコ	17	A	S	S		B	A	A		
14	日本	17	A	A	S		B	A	A		
18	ペルー	16	A	S	S		B	A	C		
19	キューバ	15	A	S	S		A	C	S	S	
20	スウェーデン	14	C	A	S		A	A	A	C	
20	ニカラグア	14	A	S	S		A	A			
22	ウルグアイ	12	B	A	S			A	A	A	
22	グアテマラ	12	A	S	S	B	A	C	A	S	
22	コロンビア	12	A	S	S			A	A	A	
22	ユーゴスラビア	12	C	A	S		A	A	B	C	
26	イラン	11	C	A	S	A	B		B	C	
26	ノルウェー	11	B	B	S	B	A	A	B	A	
26	ブルガリア	11	D	A	S	A	B	A	C		
26	ルーマニア	11	D	A	S	A	B	A	A	B	C
26	中国	11	C	B	S	B	A	A	B	B	A
31	ギリシア	10	C	B	S	A	B	A	B	C	
31	スイス	10	B	B	S		A	A	B	A	A
31	デンマーク	10	C	B	S	A	B	A	B	S	C
34	エクアドル	9	A	D	S	B	A	C	A	A	
34	コスタリカ	9	A	D	S		A	A	B	S	
36	エルサルバドル	8	A	D	S		A	A	B	S	
36	教皇庁	8	B	C	S	B	A	A	C		
38	ドミニカ共和国	7	B	C	S		A	A	C	A	
38	パナマ	7	A	D	S		A	A	A	C	
38	ボリビア	7	A	D	S		A	A	C	A	
41	タイ	6	C	C	S	B	A	C	A		
41	バイエルン	6	D	B	S		A	A	D	A	A
41	ハイチ	6	B	D	S		A	A	C	A	
41	ベネズエラ	6	C	C	S		A	B	D	B	S
41	ホンジュラス	6	A	D	S		A	A	A	C	
41	リベリア	6	A	D	S		A	A	A	S	
47	パラグアイ	5	B	D	S		A	B	C	A	
47	モナコ	5	D	C	S		A	A	A	A	
49	ルクセンブルク	3	D	D	S			A	B		
50	サンマリノ	1	D	D	S						
50	モンテネグロ	1	D	E	S						
50	聖ヨハネ騎士団	1	D	D	S	B	A	D	B	C	
	総計	779	261	430	7	39	42	97	558	58	66

注　Sは1—10位、Aは11—20位、Bは21—30位、Cは31—40位、Dは41—50位、Eは51—52位。
実館が置かれない国への兼任は除外する。「データについて」を参照。

表0—4 外交使節を派遣した数および地域（1967年）

順位	国	総計	米州	ヨーロッパ	アフリカ	中東	アジア	太平洋	順位	国	総計	米州	ヨーロッパ	アフリカ	中東	アジア	太平洋	順位	国	総計	米州	ヨーロッパ	アフリカ	中東	アジア	太平洋
1	アメリカ合衆国	115	S	S	S	S	S	S	46	ガーナ	39	C	B	S	B	B	S	93	モンゴル	15	D	C	C	D	B	B
2	フランス	113	S	S	S	S	S	S	48	サウジアラビア	38	C	S	C	A	S	A	B	94	イエメン・アラブ共和国	14	C	E	E	B	D	B
3	イギリス	104	S	S	S	S	S	S	49	パナマ	36	S	B	D	C	C	B	94	カンボジア	14	F	D	D	D	A	S
4	西ドイツ	96	S	A	S	A	S	S	50	アルジェリア	35	C	B	A	A	B	D	94	タンザニア	14	C	D	D	E	B	B
5	イタリア	94	S	S	S	S	S	S	50	エクアドル	35	S	B	C	C	D	B	97	ルクセンブルク	13	C	B	D	D	D	S
6	エジプト	83	A	S	S	S	S	S	50	タイ	35	S	B	C	C	S	S	97	東ドイツ	13	D	C	D	D	D	S
7	ベルギー	82	S	S	S	S	S	S	50	モロッコ	35	C	B	A	S	B	B	99	ソマリア	12	D	D	C	B	D	B
8	ソ連	81	B	S	S	S	S	S	55	イラク	34	D	B	C	B	S	B	99	チャド	12	D	D	B	D	D	B
8	日本	81	S	S	S	B	S	S	55	エチオピア	31	C	B	A	B	B	D	99	ラオス	12	D	E	D	E	A	S
10	オランダ	77	A	S	S	B	S	S	56	シリア	30	D	B	B	A	B	B	102	モーリタニア	11	D	D	B	C	D	B
11	イスラエル	71	S	A	S	D	A	B	56	ナイジェリア	30	C	B	A	B	D	B	103	アイスランド	10	C	C	D	D	D	B
11	インド	70	A	S	A	S	S	D	58	フィリピン	29	B	B	D	D	S	S	103	コンゴ	10	C	D	B	D	D	B
12	スイス	70	A	S	S	B	A	B	58	グアテマラ	28	B	B	D	C	D	B	103	ニジェール	10	E	D	C	D	D	B
14	チェコスロバキア	69	B	S	S	B	S	B	59	チュニジア	28	C	B	B	B	B	B	103	中央アフリカ	10	D	D	B	D	D	B
15	ブラジル	65	S	S	A	A	A	S	59	韓国	28	B	C	A	C	A	S	107	キプロス	9	C	D	D	C	D	B
15	ユーゴスラビア	65	A	S	A	A	S	B	62	コスタリカ	27	A	C	D	C	D	B	107	ネパール	9	D	D	D	C	D	B
17	スウェーデン	64	S	S	S	S	A	B	62	ハイチ	27	B	C	D	C	D	B	107	ブルンジ	9	D	D	B	D	D	B
17	スペイン	64	S	S	A	B	A	B	64	ドミニカ共和国	26	B	C	C	C	D	B	110	シエラレオネ	8	D	D	B	D	D	B
19	アルゼンチン	62	S	S	B	C	B	B	64	スーダン	25	C	C	B	B	D	B	110	ブルキナファソ	8	E	D	B	D	D	B
20	カナダ	61	A	S	A	B	A	S	65	ボリビア	25	B	C	D	D	D	B	110	ベナン	8	E	D	C	D	D	B
20	ポーランド	61	B	S	A	B	S	B	65	リベリア	25	C	C	S	C	D	B	113	ウガンダ	7	D	D	B	D	D	B
22	トルコ	59	B	S	S	A	A	B	68	コンゴ民主共和国	24	C	B	A	C	D	B	113	ザンビア	7	D	F	B	D	D	B
23	デンマーク	55	A	S	A	A	A	B	69	ミャンマー	22	D	C	D	C	S	B	113	トーゴ	7	D	D	B	D	D	B
24	インドネシア	53	B	S	B	B	S	B	70	エルサルバドル	22	A	B	D	D	E	B	113	トリニダード・トバゴ	7	B	E	D	D	D	B
24	オーストリア	53	B	S	A	B	A	B	70	ニカラグア	22	A	C	D	D	D	B	113	マダガスカル	7	D	D	B	D	D	B
24	台湾	53	A	S	D	B	S	B	70	パラグアイ	22	A	C	D	D	D	B	118	ケニア	6	D	D	B	D	D	B
27	メキシコ	50	S	A	C	C	B	B	70	ホンジュラス	22	A	C	D	D	D	B	119	ガボン	5	D	E	C	D	D	B
28	チリ	49	S	A	C	A	C	A	70	ヨルダン	22	D	C	D	A	D	B	119	シンガポール	5	D	D	D	D	D	B
28	パキスタン	49	C	S	A	A	S	B	70	リビア	22	D	C	D	A	D	B	119	マラウィ	5	D	D	B	D	D	B
28	ブルガリア	49	B	S	A	A	A	B	76	セネガル	21	D	B	B	B	D	B	119	ルワンダ	5	D	D	B	D	D	B
31	ハンガリー	48	B	S	A	A	A	B	76	南ベトナム	21	D	C	D	D	B	S	123	ジャマイカ	4	C	F	D	D	D	B
31	教皇庁	48	S	S	B	A	B	B	78	クウェート	20	E	C	D	A	D	B	123	モナコ	4	F	E	D	D	D	B
33	レバノン	46	B	S	A	A	A	B	78	スリランカ	20	D	C	C	C	A	S	125	ガンビア	3	F	E	D	D	D	B
33	中国	46	D	S	A	B	A	B	78	マリ	20	C	E	A	D	D	B	126	ガイアナ	2	C	F	D	D	D	B
35	ギリシア	45	B	A	B	A	A	B	78	マルタ	20	C	C	D	D	D	B	126	サンマリノ	2	F	E	D	D	D	B
36	ウルグアイ	44	A	A	D	B	D	B	82	アフガニスタン	19	D	C	D	C	A	B	126	ボツワナ	2	F	F	D	D	D	B
36	キューバ	44	C	S	C	C	C	B	82	アルバニア	19	D	C	D	D	B	B	126	モーリシャス	2	F	F	D	D	D	B
36	フィンランド	44	B	S	B	B	A	B	82	北ベトナム	19	D	C	D	D	A	B	126	モルディブ	2	F	F	D	D	D	B
36	ルーマニア	44	B	S	A	A	A	B	82	マレーシア	19	D	C	D	D	A	S	126	レソト	2	F	F	D	D	D	B
40	ペルー	43	S	A	C	C	B	B	86	アイルランド	18	C	B	E	D	E	B	132	バルバドス	1	F	F	D	D	D	B
41	イラン	41	B	S	B	S	A	B	86	南アフリカ	18	B	B	E	D	D	B	132	リトアニア	1	F	F	D	D	D	B
41	ノルウェー	41	B	S	B	B	A	B	88	ギニア	17	C	E	A	C	B	B	132	リヒテンシュタイン	1	F	F	D	D	D	B
41	ポルトガル	41	A	S	A	B	A	B	88	北朝鮮	17	C	D	B	C	B	B	132	聖ヨハネ騎士団	1	D	F	D	D	D	B
44	コロンビア	40	S	B	C	C	C	B	90	カメルーン	16	D	E	B	D	D	B		総計	4262	914	1452	613	633	587	63
44	ベネズエラ	40	A	A	D	D	D	B	90	コートジボワール	16	D	D	B	D	D	B									
46	オーストラリア	39	C	B	A	C	S	S	90	ニュージーランド	16	D	D	D	E	A	S									

注　Sは1—20位、Aは21—40位、Bは41—60位、Cは61—80位、Dは81—100位、Eは101—120位、Fは121—135位
実館が置かれない国への兼任は除外する。「データについて」を参照。

●序章　国際社会の解剖

第 1 章　ヨーロッパでの出発

ヨーロッパの外交を国別に論じることはできない。諸国の外交はもつれ合い、解くことができないからである。さらにそれらは縒り合って、地球全体の外交のたて糸を成してきた。ヨーロッパで起きた現象は世界にスピンオフする。今後ともヨーロッパが中心でいられるかは分からない。しかし、未来に向けて踏み出す我々にとっての出発点である。

起源——イタリア都市国家からナポレオンまで

ルネサンスといえば、自由な芸術の開花が近代の幕開けを告げた現象として知られている。その真っ盛りの時間と場所、つまり15世紀のイタリア都市国家に、外交の起源はあるとされる。近代外交の特徴は、他国への外交使節団の常駐である。当時、フランス、スペイン、ドイツといった周辺大国が、分裂状態にあったイタリアを支配しようと食指を動かした。都市国家の側は相互に連絡を密にすることによってこれに対処しようとした。初めての常駐使節と目されているのが、ミラノの支配者フランチェスコ・スフォルツァから、フィレンツェの支配者コシモ・デ・メディチに遣わされた使者、ニコデモ・トランケディニ・ダ・ポントレモリ、である。滞在期間は1440年代から1460年代にかけて17年に及んだ。しかし、彼の地位は私的なものと見なされている。つまり、ミラノ公国でなく、スフォルツァ家の個人的な使者であったとされる。国家の公式手続きによる任命はその世紀も末になって制度化された。次の世紀になると、常駐代表の慣行は、主立ったヨーロッパ諸国に普及した(2)。

常駐使節に「全権」を与え、相手の首都で交渉させる理由は、何より国益に叶うからである。交渉には情報が大事であるから、普段から現地でその収集に努め、良好な関係を官民の要人と培うがよい。非公式な食事でも、国祭日（ナショナルデー）のパーティでも、オフレコの会話でなければ聞き出せないこともある。イギリスに、「よいディナーを出せない男がよい外交官だなんて思いもよらない」と口を滑らせ、笑い者になった外交官がいたほどである(3)。ディナーはあくまで手段であってそれ自体が目的でないはずであるが、つい本末転倒をしてしまうほど、食は外交に貢献するのであろう。とはいえ、わざわざ大臣を会食の為に外遊させる訳にもいかない。官僚に出張させておくのが現実的な方策と考えられ、近代外交は発展した。

常駐使節団の意義はほかにもある。外交使節団というものは、極論すれば、存在するだけで友好の証になる。どの国がどの階級の使節をどの首都に派遣するか、は重要である。さらに、そうした二国間関係の集積として、あまたの平等な主権国家同士の間に、国際社会が織りなされる。このネットワークがどのようなパターンを形成するかを観察することで、国際構造そのものが分かってしまう。次の7パターンが特定できる。

表1—1　外交ネットワークの諸パターンⅠ

富士山型　ピラミッド型　スポーク型　山脈型　地滑り型　渓谷型　平皿型

注　●は大使級、◎は全権公使級。

それぞれが何を意味するか、それは追々分かるであろう。
では、こうした外交のパターンを形作ってきた要因は何かというと、威信、イデオロギー、連合、戦争、ナショナリズムの6つを挙げることができる。
威信について説くことから、ヨーロッパ外交についての筆を起こしたい。封建時代には、絶対的権威がしもじもの席次を定めていた。日本であれば天皇家、摂関家、将軍が、侍従や伊豆守などといった官職の補任を取り仕切ったようにである。ヨーロッパでは官職に基づく家格の高低もないではないが（例えば神聖ローマ帝国の）、皇帝、王、大公、公などといった爵位が重要であった。アーネスト・M・サトウの『外交慣行案内』に引用された教皇ユリウス二世による1504年の席次は、あまりにも有名である。それを転載すると、

神聖ローマ帝国皇帝、ローマ人の王、フランス王、スペイン王、アラゴン王、ポルトガル王、イングランド王、シチリア王、スコットランド王、ハンガリー王、ナバラ王、キプロス王、ボヘミア王、ポーランド王、デンマーク王、ブルターニュ公、ブルゴーニュ公、バイエルン公……(4)

と、上から教皇、皇帝、国王、公……の順であった。つまり、キリスト教という同質的なイデオロギーに基づく威信のヒエラルヒー（階層秩序）ができていた。三十年戦争とそれを終わらせたウェストファリア条約で、これが取り返しの付かないほど破壊されてしまった。どういう訳か破門の杖をかざしても教皇の雷撃は不信心者に落ちなくなり、皇帝を脅かすスウェーデンやフランスのような大国が現れた。そうなると、ほぼ同等の力を持った諸国間で、大使の間の席次争いが激化した。王号の古さを持ち出す者もいた。西暦482年に即位したフランク王クローヴィスの後継者を自負したフランスが首位であり、718年のスペイン（アストゥリアス王国）、827年のイングランド、1000年のハンガリー、1015年のデンマーク……、と続くという説を持ち出す者もいた。話は逸れるが、ならば、皇紀二千数百年を数える日本の圧勝ではないか、というと、そう甘くはない。十三世紀から続くトルコのオスマン朝は、1856年のパリ条約により初めてヨーロッパ公法に組み込まれ、19番目の席次とされたように。
深刻な席次争いの例としては1661年、ロンドンで起きたフランスとスペインの刃傷沙汰で、死人が出たことが有名である。ようやく百年後に成立した解決では、到着の日付が早い方が上

位を占め、ナポリとパルマの宮廷において、及び、同日到着の場合だけフランスを上位とすることになった。これは、スペインでハプスブルク家が断絶し、両国ともにブルボン家の君主となったことにより可能となったことであった。家系図上、嫡流にあたったフランスを立てることで落ち着いた訳である。教皇と皇帝はそれでも不動の首席と次席であり、論争は同輩の王国間、公国間や、上下関係のはっきりしない肩書の持ち主の間で行われた。しかし、1805年のアウステルリッツの戦いで神聖ローマ帝国がナポレオンに敗れ、翌年、滅亡するとついに封建秩序は瓦解した(5)。

表1—2 ナポレオン最盛期のヨーロッパにおける外交使節の派遣・接受状況（1812年）

		フランス	オーストリア	ロシア	プロイセン	ウェストファリア	バイエルン	ザクセン	ビュルテンベルク	デンマーク	フランクフルト	バーデン	ヘッセン大公国	スウェーデン	ナポリ	スペイン	サルディニア	スイス	トルコ	イギリス	ビュルツブルク	メ・シュベリン	シチリア	ナッサウ	ルッカ	ホ・ジグマリンゲン	総計	大使級
接受国	フランス		●	●	◎	◎	◎	◎	◎	◎	◎	◎	◎	◎	●	●	◎	◎	●		◎	◎					59	5
	オーストリア	●		◎	◎	◎	◎	◎	◎	◎	◎	◎	◎	◎	×	◎	×	◎	×	×						×	45	1
	ウェストファリア	◎	◎		◎		◎	◎	◎	◎	◎	◎	◎														33	0
	ロシア	●			◎	◎	◎	◎	◎	◎	◎	◎	◎	×		◎											32	1
	バイエルン	◎	◎	◎	◎	◎		◎	◎		◎	◎	◎														30	0
	プロイセン	◎	◎	◎		◎	◎	◎	◎	◎		◎	◎	◎	×												25	0
	デンマーク	◎	◎	◎	◎	◎	◎	◎			◎	◎	◎	◎													24	0
	フランクフルト	◎	◎	◎	◎	◎	◎	◎	◎	◎		◎															24	0
	ビュルテンベルク	◎	◎	×	◎	◎	◎	◎		◎	◎	◎															22	0
	ザクセン		◎	◎	◎	◎	◎		◎	◎	◎	◎															22	0
	バーデン	◎	◎	◎	◎	◎	◎	◎	◎		◎																21	0
	ナポリ	◎	◎	◎		◎	◎																			◎	18	0
	スペイン	●		◎		◎	◎																				16	1
	ヘッセン大公国	×	◎		◎	◎				◎														◎			16	0
	スイス	◎	◎	◎	◎		△		◎																		14	0
	スウェーデン	◎	◎	×	◎			◎																			13	0
	メ・シュベリン	×	△	◎	◎													◎									12	0
	ビュルツブルク	◎	◎		◎			◎																			12	0
	トルコ	×	◎		△			×		×										×							9	0
	ダンツィヒ		△	△		△	△																				6	0
	イギリス													◎							◎						6	0
	総計	48	45	37	37	36	35	33	30	30	27	18	15	11	10	8	7	6	5	4	4	3	3	3	3	1		
	大使級	3	1	1	0	0	0	0	0	0	0	0	0	0	1	1	0	0	1	0	0	0	0	0	0	0		

注　●（大使級）＝4点、◎（全権公使級）＝3点、△（弁理公使級）＝2点、×（代理大公使級）＝1点。「データについて」を参照。なお、「メ」はメクレンブルク・シュベリンの、「ホ」はホーエンツォレルンの略。

フランス革命は君主制イデオロギーからの決別であった。1792年にルイ十六世は廃位され、翌年、処刑された。フランスの外交使節団には、本国からの帰国命令が出され、また接受国からアグレマン（同意）を拒否されたこともあった。ローマではフランス外交官が、アビニョンなど教皇領の併合や革命下の反教権主義に憤激した群衆に刺殺された。新憲法制定までは大公使を外国に派遣しないとフランスは決定した。「自由な諸国民」であるスイスとアメリカ合衆国だけが例外とされ、フランス使節団がいたのは両国とトルコ、デンマーク、スウェーデンに

限られた (6)。フランス軍は国外に転戦し、自国をモデルとした姉妹共和国を各地に樹立していった。例えば、ケルキュラ（コルフ）などギリシア人の島々をトルコの支配下から取り上げて、七島共和国（Septinslar Republic）を打ち立てた。この国の全権公使は、宗主国の地位は保ったオスマン帝国の首都コンスタンティノープルに送られた。

　ところが、革命の落とし子であったはずのナポレオンは、外交について見る限り、旧体制の忠実な継承者であった。皇帝に即位した彼は、今の目から見れば異様な国境線をヨーロッパに引いた。フランスはオランダ、ベルギー、ドイツ、スイス、イタリア、スペインなどを蚕食し、ボナパルト家の一族が各地の王に据えられた。外交使節団の派遣・接受を示した**表1—2**に、彼のヨーロッパ支配術が如実に表れている。大使の交換はフランス宮廷とのものに限られ、特に、親族や配下にあたるスペインとナポリが優遇された。一度は失墜したオーストリアは復権し、皇女マリー・ルイーゼはナポレオンに嫁いだ。しかし、旧神聖ローマ帝国の大部分はライン連合（同盟）を形成し、オーストリアから切り離された。かくしてドイツは分割統治の憂き目に遭ったものの、プロイセン、バイエルン、ザクセン、ビュルテンベルクは余力を残したまま、一定の外交関係を維持した。イギリスは決してナポレオンと和解しない宿敵であり、政治的にも経済的にもヨーロッパ大陸から排除された。

　こう見ると、ナポレオンの新秩序は、ボナパルト家を頂点とする事実上のヨーロッパ帝国であったことが分かる。ロシアとトルコのみが、せいぜい対等と見なされたといってよい。彼は、皇族と新たに貴族となった臣下に諮るだけで事を処理しようとした。彼は、自分以外の全君主を軽蔑していた。パリ駐在の外交団は罵倒の対象であった。彼らはスパイに過ぎないのでなるべく近づけないように、とナポリ王に封じた股肱の将軍ジョアシャン・ミュラにナポレオンは助言した。これは外交、ひいては主権国家システムの否定にさえ繋がりかねない態度であった。人間ならばこれほどの侮辱に耐えられない。ロシア遠征が失敗であったと判明すると、イギリス、教皇庁、亡命貴族はもちろん、面従腹背の友好国さえナポレオンに刃を向けた。「不可能」をフランス語でないと述べたのは、ちょうどその頃であった (7)。

ウィーン会議――使節団長の階級

　戦後処理の為ヨーロッパ諸国は、ウィーンで1814年から翌年にかけて会議を開いた。そこで決まったことの一つに、外交使節席次規則がある。これで、席次争いを明文の規則で縛ろうとした。ただし、無から有を生んだという訳でない。数百年に亘り培われた慣行にわずかばかりの微調整を加えた程度の改革であった。同じ階級の使節間でどちらを上席にするかは、家系が嫡流であるか、王号が古いか、同盟しているかとは無関係になった。すなわち、任地到着の公式な通告の日付が早い方が、上席を占めることになった。例外は教皇の使節だけであって、彼を首席とするカトリック国のしきたりは残してよいとされた。同階級のライバルに差を付ける努力の余地は、一人の使節が長期間一つのポストに居座ることしかなくなった。

　しかし、階級間の上下関係は残された。ウィーンの席次規則では、大使、公使、代理大使・代理公使の序列が付けられた。依然、各国が虎視眈々と国際的地位を上げようと機会を窺って

いた。

　それぞれの階級について吟味しよう。

　大使級には、一般の大使（ambassador）、教皇大使（nuncio）、既に廃れた教皇特使（legate）が並べられた。教皇特使の原義は、古代ローマで地方の諸都市とローマとがやり取りした代表のことである。奇妙な話であるが、この語は公使館（legation）と同源である。よく特命全権大使という呼称が使われる。「特命」と「全権」という符牒は席次規則に記載がない。かつて「特命」は「常命」より格上であることを示したが、今日、それに意味があるとは思えない。「全権」は、外国との約束を取り決める権限を委任されていることである。

　ほかにも、特派大使と待命大使という名称がある。特派大使は臨時の任務を目的とする者、待命大使は次の任務に就くまで待機中の者であり、本書で扱う常駐外交使節団でない為、以下では必要に応じて言及する。

　公使は複雑である。まず、一般の公使（minister）と教皇公使（internuncio）に大別される。ただし、オーストリアの駐トルコ公使にも例外として"internuncio"が二百年に亘り（1657年〜1856）用いられた。見慣れぬ肩書は、オスマン帝国と関係が深く、常に首席を占めたフランスの大使と天秤にかけられることを避ける為の便法であったとされる (8)。

　ウィーン席次規則では、派遣使節（envoy）が、公使・教皇公使と同格とされた。日本語訳から、この語は消えている。しかし、"minister"が大臣や牧師も意味するので、欧米のマスコミは"envoy"の方を使節一般の意味で多用する。元来、公使（minister）は格式の高い言葉でなく、十八世紀初頭には使臣一般を指した。それに対し、派遣使節のうち特命派遣使節（envoy extraordinary）は、全権公使より上席であった。ところが、規則で両者が同階級に統合されたことにより、それらを合体した形態の特命全権公使（envoy extraordinary and minister plenipotentiary）が普及している。*Almanach de Gotha* を繰る限り、合体が進行したのは1820年代のごく短期間であった。ただし、用例の初出は、十七世紀後半に遡るという (9)。このように特命全権公使は本来、「特命派遣使節兼全権公使」が正確な訳である。ちなみに、特命全権大使は英語でも"ambassador extraordinary and plenipotentiary"であるから問題はない。

　代理大使または代理公使は、公使級より低い最下位の使節団長の階級である。それは２種類に分けられる。本任代理公使（chargé d'affaires *en titre*）は、両国の関係がそうした低級のものであると合意され、納得のうえで派遣される。その為「本任代理大使」という日本語訳はよろしくない。他方、臨時代理大公使（chargé d'affaires *ad interim*）は、大公使が不在の間だけ次席の館員が事務を代行する場合の呼称である。大使が死亡して後任が直ちに任命されるような場合、代行は短期で終わるが、相手国への不満があって本国がなかなか次の大使を赴任させないようなときは数十年も「臨代」が続くことがある。厳密には本任と臨時は別種の階級と見なされるが、不満表明の意図が込められた臨代は実質的に本任と変わらない。

　ウィーン会議から３年後、ドイツの町アーヘン（フランス語ではエクスラシャペル）で開かれた会議において、弁理公使席次規則が付加された。これは、弁理公使（minister resident）の席次を全権公使と代理大公使の中間に指定するものである。外交上の重要性を持たない商業拠点に

送られる使節がこのポストに任命される傾向があった。日本との通商を開いたタウンゼンド・ハリスは普通、公使と表現されるが、正確には弁理公使であった。単に"resident"（駐在官）という階級もあったが、アーヘン以降はもっぱらドイツの小領邦に派遣される外交官に対して細々と使われるのみになった。今は、弁理公使も駐在官も絶滅してしまった。

　もう一つ、外交事務官（diplomatic agent）という肩書がある (10)。これは国際法の埒外であるものの、実質的には外交使節の任務を遂行する領事官がこの肩書を帯びた。彼らはアジア・アフリカの半文明国やヨーロッパでもオスマン帝国の属国などとの交渉事に携わった。

　ウィーン外交使節席次規則は長らく外交関係における最も基本的な条約国際法であったが、1961年、ウィーン外交関係条約によって置き換えられ、今日に至る。これは領事関係条約とともに、それまでの慣行を集大成した法典であり、筆者はよくできていると思う。

ドイツ連合――極小国の延命措置

　ウィーン会議で作られた秩序をウィーン体制という。その趣旨は、ナポレオンのように権力を一極集中するのでなく、数個の大国が対等な立場でヨーロッパの諸問題を処理していこうということにあった。1840年における外交使節団の交換状況が**表1―3**である。オーストリア、フランス、イギリス、ロシアは大使を交換し、相互に大国と認めあった。これに、軍事力に秀でたプロイセンを加えた五大国が、「ヨーロッパ協調」や「バランス・オブ・パワー」と呼ばれる体制の主役達であった。

　正統主義といって、革命前の君主が旧領で復位することが体制のもう一つの趣旨であり、ナポレオンがなぎ倒した諸家が再興された。しかし、ドイツの将来をどうするかにはもう少し知恵を絞る必要があった。かつてそこには諸領邦を糾合した神聖ローマ帝国があった。しかし、ウィーン体制の立役者といわれるクレメンス・W・L・メッテルニヒによると、それまで皇帝が持っていた主権を構成する権利の幾つかは、既に諸領邦に分与されてしまっていた。とはいえ大半の領邦は、主権国家という名に恥じないだけの実力を有さなかった。このような弱体な領邦をまとめてナポレオンはライン連合にしたものの、これは強国のオーストリアとプロイセンから分割して統治する為の方便で、事実上は彼の保護領になった。結局、液状化したドイツはオーストリアとプロイセンの両雄が杭となって始めて直立できる国家連合として再建された。しかし、帝国の残滓はヘッセン選帝侯という称号のように、新体制下も消滅しなかった。同選帝侯はアーヘン会議で、王号を称したいと申し出たにも拘わらず拒否され、存在もしない神聖ローマ皇帝の選挙権保持者という時代錯誤の称号で我慢しなければならなかった (11)。

表1—3　正統主義時代のヨーロッパにおける外交使節の派遣・接受状況（1840年）

		派遣国 非ドイツ連合																				
		フランス	イギリス	ロシア	オランダ	サルディニア	スウェーデン	デンマーク	両シチリア	教皇庁	ベルギー	スペイン	ポルトガル	トルコ	ギリシア	トスカーナ	マルタ騎士団	ルッカ	スイス	サンマリノ	モデナ	ワラキア
接受国	フランス		●	●	◎	●	◎	◎	●	◎	◎	●	◎	●	◎	×			×			
	イギリス	●		●	◎	◎	◎	◎	◎		◎	◎	◎	●	◎							
	ロシア	●	●		◎	◎																
	教皇庁	●		◎	◎				◎		◎		●							×	×	
	オランダ	◎	◎	◎		◎	◎	◎	×													
非ドイツ連合	トルコ	●	●	◎		×	×	△	△		△	×			◎	×						×
	スイス			◎	◎				●			◎										
	デンマーク	◎	◎	◎			◎				×	×										
	サルディニア	◎	◎	◎					◎	×												
	スウェーデン	◎	◎	◎				◎			×	×					×					
	両シチリア	●	◎	◎		◎				●												
	ベルギー	◎	◎				×	×		◎		×	△		△							
	トスカーナ	△	◎	◎		×	×		×	×												
	ギリシア	△	◎	◎			×				×	×										
	スペイン	●	◎			×	×				×		◎		◎							
	ポルトガル	◎	◎			×	×				◎											
	クラクフ					△																
	パルマ																					
	ルッカ	△							×													
	オーストリア	●	●	●	◎	◎			●	◎			●		×	◎	×	×				
	プロイセン	◎	◎	◎	◎	◎			◎			◎			×							
	バイエルン	◎	◎	◎		◎		◎														
	ハンブルク	△	×	△	△		×	△														
	ビュルテンベルク	◎	◎	◎	△																	
ドイツ連合	ザクセン	◎	◎	◎																		
	ヘッセン選帝侯国	◎			◎																	
	バーデン	△	×	△																		
	フランクフルト				×																	
	ハノーファー	◎	◎		△																	
	ナッサウ				◎																	
	ヘッセン大公国	△																				
	メ・シュトレリッツ																					
	メ・シュベリン																					
	ザ・バイマル	△																				
	ホ・ジクマリンゲン																					
	ホ・ヘヒンゲン																					
	総計	83	65	59	43	33	29	28	25	24	21	18	17	15	12	5	3	3	2	1	1	1
	大使級	9	4	3	0	1	0	0	1	3	0	1	3	0	0	0	0	0	0	0	0	0

注　●（大使級）＝4点、◎（全権公使級）＝3点、△（弁理公使級）＝2点、×（代理大公使級）＝1点。
「データについて」を参照。なお、「メ」はメクレンブルク・シュベリン、「ザ」はザクセン、
「ホ」はホーエンツォレルン、「ア」はアンハルトの略。「ザ・バイマル」は正式にはザクセン・バイマルアイゼナハ。

	派遣国																														
						ドイツ連合																								総計	大使柄
	オーストリア	プロイセン	バイエルン	ビュルテンベルク	ハノーファー	ヘッセン大公国	ザクセン	バーデン	ヘッセン選帝侯国	ナッサウ	ハンブルク	メ・シュベリン	ザ・コブルクゴータ	ザ・バイマル	ザ・アルテンブルク	ホ・ヘヒンゲン	ブレーメン	リューベック	ア・ケーテン	ア・デサウ	ア・ベルンブルク	ザ・マイニンゲン	シュバルツブルク	ブラウンシュバイク	ホ・ジクマリンゲン	ロイス弟	メ・シュトレリッツ	フランクフルト	リッペ・デトモルト		
	●	○	○	○	△	△	○	△	×	×	△	△			△		△	△									×	△		84	7
	●	○	○	○	○		△			×																				57	4
	●	○	○	○	○		×																							40	3
	●	×	○	×	△		×					×																		38	3
	○	○		△	△		△		○																					34	0
	○	○																												32	2
	○	○	○																											29	2
	×	○						△							△	△														28	0
	○	○	△																											25	1
	○	○																												25	0
	○	○																												23	2
	○	○																												22	0
	○	○																												18	0
	○	△	×																											17	0
																														16	1
																														11	0
	△	△																												6	0
	○																													3	0
																														3	0
		○	○	○	○	○	○	×	△	△	△	×	×	×	×		×	×	×	×	×	×	×	×	×					85	5
	○	○	○	○	○	○	△	△	△	△	△			△	△		△	△	△	△	△	△	△	△	△					85	5
	○	○		○	△	○	×	×	△	○			○																	37	0
	○	○	△		△						×																			21	0
	○		○			×	△	○																						23	0
	○	○		○						×	×																			20	0
	○	○	○	○		○																								21	0
	○	○	×	○																										15	0
	△	△		△	◎	×																						×		12	0
	○	○		○																										17	0
	△		○		○																									11	0
	○		○				○																							11	0
	○																													3	0
	○																													3	0
																														2	0
	×																													1	0
	×																													1	0
	88	64	39	35	25	18	14	13	13	11	8	8	5	5	4	4	4	4	3	3	3	3	3	3	3	2	2	1			
	4	0	0	0	0	0	0	0	0	0	0	0	0	0	0	0	0	0	0	0	0	0	0	0	0	0	0	0			

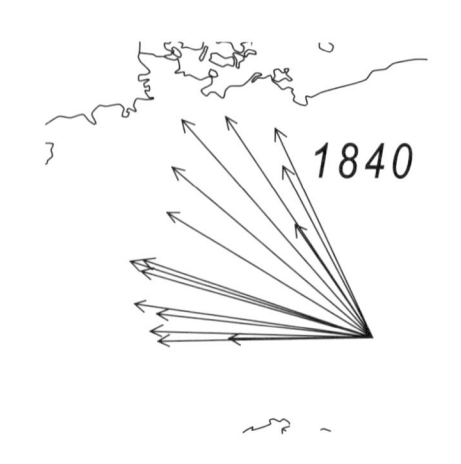

図1—1　ハブとしてのウィーン

　ドイツ連合は「ドイツ連邦」と訳されることがあるものの、今でいうと国連のようなもので、アメリカ合衆国やスイスのような連邦ではなかった。フランクフルトに置かれた連合議会に、諸邦は代表を派遣した。しかし、国家の規模がバーデンやヘッセンより小さい極小国は、対外主権を行使しなかった。自転車の車輪に喩えるなら、**図1—1**のように、オーストリアというハブから伸びたスポークが、極小国を繋ぎとめてドイツをまとめていた。小国の側は軍事大国のプロイセンにも外交使節団を派遣して保険をかけた。つまり、ドイツ連合は二つの車輪に支えられた為に、軸が曲がって両輪が別の方向に向いたとき、瓦解する運命にあった。

　外交権は、主権の重要な要素である。イタリアでも、極小国は自前の外交使節団さえ出せず、大国に外交を代行してもらった。1840年には、ナポレオンの皇后であったマリア・ルイザ（イタリア語）がパルマ大公として存命であり、トスカーナとともに外交をオーストリアに委託した。ルッカの外交は、サルディニアが代行した。とはいえ小国にも、（総）領事の任命にかけては健闘したものがあった。1860年、ドイツの商都のうち、ハノーファーは世界6位、ハンザ都市ハンブルクは7位の任命数を誇った。

　しかしついに、ドイツ連合にも終幕のときが来た。プロイセンは、オーストリアとの普墺戦争とフランスとの普仏戦争に勝利して、ドイツ帝国（ライヒ）の盟主となった。諸邦は、外交権と軍事権をプロイセン王に献上し、国際関係のプレイヤーとして消滅した。しかし、それらは、なおも自治を認められ、皇帝の外交権を侵さない限りで、外交使節団を交換した。雄藩、バイエルンに至っては、オーストリア、イタリア、教皇庁、スイスに全権公使を派遣した。

　接受については人口数万の極小国さえ続けた。**図1—2**は、あたかも諸邦がなおも主権国家であるかのような幻覚を与える。しかし、それは見かけ上に過ぎなかった。大概は、ベルリンやドレスデンに常駐する使節が暇を見付けて小邦の宮廷にでかけ、信任状を捧呈しただけというのが実態であった。外交使節が常駐地以外の国でも認証されることを兼任といい、ある公

●第1章　ヨーロッパでの出発

館が所在国以外をも所轄にすることを兼轄という。兼任しても使節団長の身は一つであるから、一つの公館でしか執務できない。「実館」とはそうした実物の公館のことである。信任状を捧呈しただけの国にも、実館があって代理大公使が駐在する場合はある。しかし、代理大公使さえいない虚構の公館が名目的に存在することになっているという場合も、またあるのである。

地図に見えるように、実館だけを取り出すともはやベルリンの優位は動かしがたく、ほかではバイエルンの首都、ミュンヘンが注意を惹くに過ぎなかった。ザクセン・コブルク・ゴータにいたイギリス弁理公使は、主君のビクトリア女王がその公子、故アルバートを夫としていた縁で駐在したと想像される。イギリス王室は女王が亡くなると、この男系の家名をとって、英語でサックス・コバーグ・ゴータ家と名乗ることになった。しかし、第一次世界大戦でドイツが敵となったので、さらにウィンザー家と改称された。

統一を成し遂げると小邦との「外交」にプロイセンは無関心となった。とはいえ、物語もなくはなかった。取るに足らないはずの駐オルデンブルク公使は、出世街道の一里塚であった。というのも、同地は東京―京都間ほどもベルリンから離れておらず、出張して、外務省で所要を足したり、皇帝に謁見したりすることが容易であったからである。ヴィルヘルム二世の寵臣で、のちに同性愛疑惑で世間を騒がせたフィリップ・ツー・オイレンブルク大公は、バイエルンでの公使ポストが空席になるまでオルデンブルクで待機した(12)。

こうした外交関係は、盲腸のように無用の長物であった。しかし、使節団の存在は、国制の本質が君主間の結合であったことを的確に表現した。それは一枚岩の中央集権国家でなく領邦のモザイクであった。こうした中世以来の伝統が現代の地方分権に脈々と生きているという。

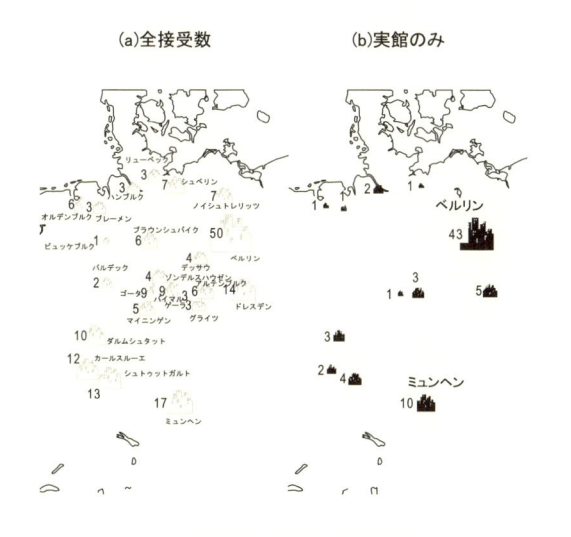

図1―2　ドイツ帝国諸邦の外交使節団接受数（1900年）
　　　　出所　「データについて」を参照

ベルリン会議——大国の支配・バランス・協調

　ウィーン体制を崩壊させたのが1848年の革命であったことは、高校レベルの知識である。しかし、世界秩序の革命は数年後のクリミア戦争によって確定した。

　戦争の原因は、ロシア皇帝ニコライ一世がオスマン帝国の支配を決意したことにあった。この野望を挫く使命を与えられたのが、イギリスの駐トルコ大使、ストラトフォード・ド・レドクリフ子爵（ストラトフォード・カニング）であった。彼は、十九世紀前半の有名な外相、ジョージ・カニングのいとこであり、コンスタンティノープル在勤の長い熟練外交官であった。トルコにおけるイギリス優位の象徴であったレドクリフは、ツァーリ（ロシア皇帝）の憎悪を掻き立てた。20年ほど前には、駐露大使への任命をロシアに拒否されたこともあった。

　ロシアは正教の擁護者を自認し、トルコに無理難題を突き付けた。憂慮した主要国は、会議を開いて「ウィーン・ノート」と呼ばれる仲介案を取りまとめた。それは、トルコのスルタンが正教徒の地位改善をニコライ一世に約束する内容で、ツァーリの同意も取り付けていた。これで平和は保たれた、という安堵が広がったものの、なぜかスルタンが和平案を拒否してしまった。レドクリフ子爵の焚き付けがあったといわれる。イギリス本国からも、ウィーン・ノートに従うように、という訓令が彼のもとに届いていた (13)。子爵とトルコ政府だけが妥協を望まなかったにも拘わらず、その後の展開は彼らの思い通りになった。怒りに任せて宣戦布告したトルコに対し、ロシアは黒海での海戦で痛撃を与えた。もはやエスカレーションは止められず、英仏の艦隊はボスポラス・ダーダネルス海峡に入り、十九世紀中葉を代表する戦争が始まった。なお、この際、交戦諸国は敵地の自国領事館を閉鎖しなかった (14)。

　昔日の大使が、本国から独立して行動し、いかに重大な事態を招いたかの顕著な例として、レドクリフの行動は知られている。彼は優れた見識、技術、運を備えた大外交官であったろう。しかし、勝利したから良かったものの、20万人もの戦死者を出した戦争の原因を作った責任は、一個人に引き受けられるものなのであろうか。

　もはやレドクリフのような例はでない、といわれる。電信がヨーロッパの都市間で開設されたのはまさに1850年代であった。十九世紀初頭には、騎乗のメッセンジャー（外交伝書使）またはクーリエが、在外公館を巡回して書類を集配した。ロンドンからウィーンには1、2週間、そこからコンスタンティノープルにはさらに2週間かかったという。1840年代、これは鉄道に代わられ、時を置かず電信が普及した。電線を引けば大使は操り人形に過ぎないといわれる (15)。本国の訓令に逆らったことを報告すれば、翌日には叱責の公電が来信しているであろう。大外交官の見識や技能は、今や宝の持ち腐れどころか人生をふいにしかねない。念の為述べておくと、すべての通信が電気信号で安全に送受信できる訳でないので、今でもメッセンジャーは外交封印袋（外交行嚢）を集配している。

　フランス皇帝ナポレオン三世は、クリミア戦争とイタリア解放戦争の成功で増長したのが災いし、メキシコ遠征で躓き、プロイセンとの会戦で捕虜になった。残ったものは、統一したイタリアとドイツであった。地名をとって、フランス外務省はケ・ドルセー、イギリス官庁街はホワイトホールと呼ばれるように、ローマのクィリナーレとベルリンのヴィルヘルムシュト

●第1章　ヨーロッパでの出発

ラーセが伊独外交の通称となった。ここに、オーストリア、フランス、ロシア、ドイツ、イギリス、イタリア、トルコが大国として出揃ったことになる。

さらに、スペインが1880年代後半、大国に列した。イギリス政府は気乗りしなかったものの、オーストリア・ハンガリー、イタリア、ドイツが既に承認していた為、顔に泥を塗るのかと自国の尊厳に拘泥するスペイン側の主張に屈服した(16)。スペインというと、大航海時代以来、大国であったかのような印象を受けるものの、十九世紀においては、伝統勢力と新興勢力との抗争によって荒廃していた。カトリック教会の支配に挑戦した外来の自由主義思想は、それを支える社会基盤が未成熟であった為、伝統勢力を圧倒できなかった。それでも、王政は両者間に折り合いを付けようと努力し、国際社会に自国を大国と認めさせるところまで漕ぎ着けた。

ドイツ統一は、大国と小国の峻別を完成するという画期的な意味を持った。大国とは、相互に大使を交換する国々であった。それらは**表1—4**において、左上の隅にほぼ正方形を成している。ほかの組み合わせにおいては、概ね公使級が交換された。排他的な大国のインナー・サークルは、第一次世界大戦まで、自分達の協調によって平和を演出してみせようとした。しかし、最も細心の注意を払ったことは、他国の足を引っ張り、自国の利益をごり押しすることであった。それが、バランス・オブ・パワー（勢力均衡）と後世、賞賛されることになったのは、どの一国も他のすべてを敵にまわして戦争できなかった状況ゆえの幸運であった。

表1—4　ドイツ統一後のヨーロッパにおける外交使節の派遣・接受状況（1879年）

		派遣国																							総計	大使級
		オーストリア	フランス	ロシア	ドイツ	イギリス	イタリア	スペイン	ポルトガル	ベルギー	トルコ	オランダ	スウェーデン	教皇庁	デンマーク	ギリシア	バイエルン	スイス	ルーマニア	モナコ	聖ヨハネ騎士団	セルビア	ルクセンブルク	サンマリノ		
接受国	オーストリア		●	●	●	●	●	●	◎	◎	●	◎	◎	◎	◎	◎	◎	◎	◎	◎		◎			61	7
	フランス	●		●	●	●	●	●	◎	◎	●	◎	◎	●	◎	◎	◎	◎	◎	◎			×	×	58	8
	ロシア	●	●		●	●	●	◎	◎	◎	●	◎	◎		◎	◎	×	◎	◎						49	6
	ドイツ	●	●	●		●	●	◎	◎	◎	●	◎	◎	◎	◎	◎	◎	◎	◎				×		49	6
	イタリア	●	●	●	●		●	◎	◎	◎	●	◎	◎		◎	◎	×	◎	◎	×					49	5
	イギリス	●	●	●	●	●		◎	◎	◎	●	◎	◎		◎	◎	×	◎	◎						43	6
	トルコ	●	●	●	●	●	●	◎	◎	◎		◎	△		◎	◎		△	◎			△			43	5
	ベルギー	◎	◎	◎	◎	◎	◎	◎	◎		◎	◎	◎	●	◎	◎	×	◎							35	1
	スペイン	◎	◎	◎	◎	◎	◎		◎	◎	◎	◎	△	◎	◎	◎		×							34	2
	ポルトガル	◎	◎	◎	◎	◎	◎	◎		◎	△	◎	△	●	◎	◎									32	1
	スウェーデン	◎	◎	◎	◎	◎	◎	×	◎	◎		◎		◎	●										31	0
	教皇庁	●	●		◎		●	●	●									◎		△					27	4
	オランダ	◎	◎	◎	◎	◎	◎	◎	◎	◎			●		◎										27	0
	スイス	◎	◎	◎	◎	△	◎	×	×	◎		◎			◎										23	1
	ギリシア	◎	◎	◎	◎	◎	◎			◎	×			◎	◎										22	0
	デンマーク	◎	◎	◎	◎	◎	◎			◎		◎	◎												21	0
	セルビア	△		△		◎	△				◎								◎						9	0
	ルーマニア	◎		△																					5	0
	総計	57	54	52	51	47	47	37	34	34	33	30	28	23	21	17	14	12	12	7	3	2	2	1		
	大使級	7	9	6	6	6	5	2	1	0	5	0	0	5	0	0	0	0	0	0	0	0	0	0		

注　●（大使級）＝4点、◎（全権公使級）＝3点、△（弁理公使級）＝2点、×（代理大公使級）＝1点。
「データについて」を参照。なお、オーストリアはオーストリア・ハンガリーの略。

ヨーロッパ協調の好例は、1878年に行われたベルリン会議である。露土戦争に勝ったロシアは、トルコの領土を切り取り、同じスラブ語系で東方正教徒であるブルガリア人の強力な国家を作ろうとした。日本が満州国を中国から独立させ、勢力範囲の拡大を企てたのと似ている。これによってトルコが弱体化するのを恐れたイギリスは、ロシア・トルコ間のサンステファノ条約に反対した。こうした暗雲のなか、ドイツ宰相、オットー・フォン・ビスマルクは、「正直な仲買人」の役割を志願し、ベルリンに集った七大国代表中でホスト役を務めた。イギリス代表のベンジャミン・ディズレーリ首相を始め、ヨーロッパの大政治家達が勢揃いした。しかし、ロシア代表、アレクサンドル・M・ゴルチャコフは車椅子に乗り、ビスマルクは「リウマチ・睡眠不足・難聴」に悩まされ、オーストリア・ハンガリーの外相ジュラ・アンドラーシは吐血するなど、代表達の体調は必ずしも万全でなかった。彼らを助けたのは各国の駐独大使達であった。ヨーロッパ外交の奥行きと知恵が第一次大戦までの平和と安定を支えた(17)。

　用語の面では、ベルリン会議は一時代の終わりであった。以後、"congress"という重厚な語は、国際会議の意味では使われなくなる。今この語から想起されるのは、アメリカ合衆国の議会に代表される国内の議会である。それにとって代わった"conference"は、小国を巻き込む実務的な会議というニュアンスを漂わせる。

民主化――貴族の退場

　旧外交では、外交官は貴族の職業であった。「大貴族は大使の職に向いている。名前が堂々としていて、人に尊敬されるからである」(18) という十八世紀の教えは、百年後も守られた。ハロルド・ニコルソンの有名な解説によると、旧外交とは絶対君主の掌中に実権が握られた外交であった。であれば当然、絶対君主の廷臣であり、また友人である貴族達が陽のあたる出世街道を歩むことになる。法的に身分制がなくなっても、これを変えるのは難しい。例えばドイツにおいて、宰相達は外交官への縁故採用に気後れしなかった。ビスマルクの息子は外相にまで栄達し、クロードビヒ・ツー・ホーエンローエは、縁故主義（nepotism）の語源が甥（nephew）であることを知ってか、甥達の面倒を見た。ベルンハルト・フォン・ビューローは、父が外相であった。「コネ」により採用試験を免除されるといった手心が加えられた例は枚挙に暇がなく、歴代の宰相達は筆記試験よりディナーでの社交術を外交官の重要な資質とした。縁故が利く限り、平民が出世を遂げることは至難である。貴族主義の惰性を止める意識的な改革がなされるどころか、俸給とは独立した収入を要件とする財産資格が外交職を狭き門にした (19)。

　旧外交の人事は、定例の人事異動という我々に馴染み深い概念を否定した。貴族文化の色濃い国では、長期在任の例が第一次大戦まで散見される。一例を挙げれば、ジャンバティスト・ノトンという貴族がいた。彼はルクセンブルクに生まれ、まだオランダに支配されていたベルギーの大学に学び、そこで弁護士となった。1830年にベルギーが独立すると彼は建国に参加し、憲法制定や国王擁立の功労者となった。その後、位人臣を極め、首相に至った。1845年に選挙に敗れると、ベルリン駐在の特命全権公使となった。男爵を授爵され、貴族に列せられた。ここまでは何ということはない立身出世話である。しかしその後、没するまで36年の間、駐

プロイセン公使と駐独公使に在任し続けたところが注目される。ベルリンが大使を迎えるようになるまでは、外交団長であった。晩年には、子息の家に王が行幸するほど信頼は厚かった[20]。ちなみに一族のパトリック・ノトン男爵は大阪総領事として大阪万博に携わったのち、駐日大使や駐伊大使を務めた。著書に『能楽師になった外交官』（大内侯子、栩木泰訳、中央公論新社、1999年）がある。長期在任ということではデンマーク王国も典型的であり、ゲブハルト・レオン・モルトケフィットフェルトは30年余り駐仏全権公使を務めた。政権交替とともに党人を任命する国や、官僚的な人事慣行が発達した国では、こうはいかない。君主国の旧外交であったればこそ、長期に亘る在任が可能であった。

　政治社会の民主化とともに、外交官は公務員へと変質した。公務員制度改革に初めて手を付けたのはナポレオンであった。それには軍人と聖職者に加え、国家の新たな柱を作る意図があった。彼の外務大臣であったタレイランは職員に昇任の道を閉ざさず、やる気を与えることを進言した。旧体制のキャリア形成では、どこかで身分という壁にぶちあたったものである。1871年に政治学私立学校が設立されると、実務に即した科目を設置したことから、外交官はほとんど同校出身者となった[21]。これは、能力主義と年功序列に基づく官僚制の導入を意味した。ブルジョワジーが外交職に進出した。フランス外交官における人事異動の速さは、その時期の*Gotha*データを筆者が入力したときにも気付かされた。

　外交を、「貴族のアウトドア休息の巨大なシステム」と定義した庶民政治家ジョン・ブライトの国であるイギリスではどうであったろう。1815年から1860年にかけてのあらゆる職階の外交官についての調査では、貴族出身者が52パーセントであり、名門パブリック・スクールのイートン校出身者は49パーセントに及んだ。特にヨーロッパ在勤者で、貴族の割合が高かった。公務員一般の人事に能力主義を導入するきっかけとなったノースコート・トレベリアン報告（1853年）が出されたときには、人脈重視の採用・昇進は世論の攻撃を受けていた。外務公務員の採用試験は、既に指名された者だけに課される適性試験として、1856年に導入された。随員は従来、無俸給であったが、そのなかから二等書記官と三等書記官を分離させ、本省の昇任システムに組み込む改革も行われた。これらの結果、貴族出身者の割合は、1861年から1914年の期間では、38パーセントに低下した。しかし、ユダヤ人、有色人種、異教徒の排除を可能とする口述試験は、なかなか廃止されなかった[22]。

第2章　ヨーロッパの拡大

相互依存——国際化バロメータとしての領事機関

　ヨーロッパが最も繁栄した時代といえば、十九世紀から二十世紀への変わり目であった。それまでの1世紀にヨーロッパが経験した劇的な社会経済の変化を映し出したのは、領事官の増加であった。

　領事官は、在外自国民の利益を現地で保護することに特化した官員である。相手政府と両国関係について交渉する任務がないことが外交官と違う。もちろん国民を保護するには、当局への働きかけが必要である。しかし、条約上の権利・義務といった関係の枠組みまで変えさせることは仕事でない。

　領事館始め領事機関は「町役場」に喩えられるという。出生や結婚など、戸籍に関わる登録や証明書の発行は、両者に共通する事務である。疾病、貧困、教育などの問題で、国民が駆け込む先であることも似ている。国内では県が窓口であるパスポートとビザの発行も扱っている。逮捕されたり、裁判にかけられたりした場合、自国ではどこの役所も世話を焼いてくれないが、領事館は可能な範囲内でやってくれる。さらに、現地の経済や社会について報告したり、国際理解を促進したり、自国の国家代表や軍艦の訪問時に応対したりもする。自国民の求めに対し、「ノー」というより「直観的に『イエス』」と答えることが円滑な業務遂行のコツであるという (23)。

　領事官の歴史は、海運と深い関係がある。今でも、外国における自国籍の船と飛行機の監督は、外交官の任務としてでなく領事官の任務として挙げられる。在外の領事官には現地での法執行権がないのが原則であるが、船と航空機に対して旗国の権利を行使する場合は例外になっている。

　領事官とは元来、外国の港で同郷の商人同士の紛争を裁く裁判官であった。現地には現地の法があるので、出身地の政府は現地の権力と交渉し、そうした吏員を任命できるようにした。外国人に治外法権を与えることが、不平等条約として一般に非難されるようになったのは近代のことである。1100年に、イタリアの都市国家ピサは東ローマ帝国との平和条約で、領事を置くことを認めさせた。ジェノバ、ベネツィア、シチリア、フィレンツェなども地中海におけるレバント貿易の拠点、コンスタンティノープル、アレクサンドリア、ダマスカスに領事を任命した。マルセイユとバルセロナも追随した。領事の駐在は東方だけでなく、18世紀までには北海沿岸を含め、全ヨーロッパに広がった (24)。

　十九世紀にどのような変化が起きたかを、10か国以上が（総）領事を任命した都市の変遷によって確認したい（**図2―1**）。1840年には、見事に海港だけがそうした都市であった。当時、大量の荷を積める交通手段といえば船であった。馬車のような陸上交通は、悪路や税関に苦戦した。物資は港に集積し、市場は賑わった。主立った港は、内陸国オーストリアの海への窓口トリエステ、ドイツ随一の商都ハンブルク、トスカーナの外港リボルノ、セーヌ川の河口港ルアーブル、大西洋貿易とワインの町ボルドーであった。これらを十九世紀前半の代表的な国際都市と呼んでよいであろう。今も昔も、領事官の存在は都市の国際化を計るバロメータであるからである。

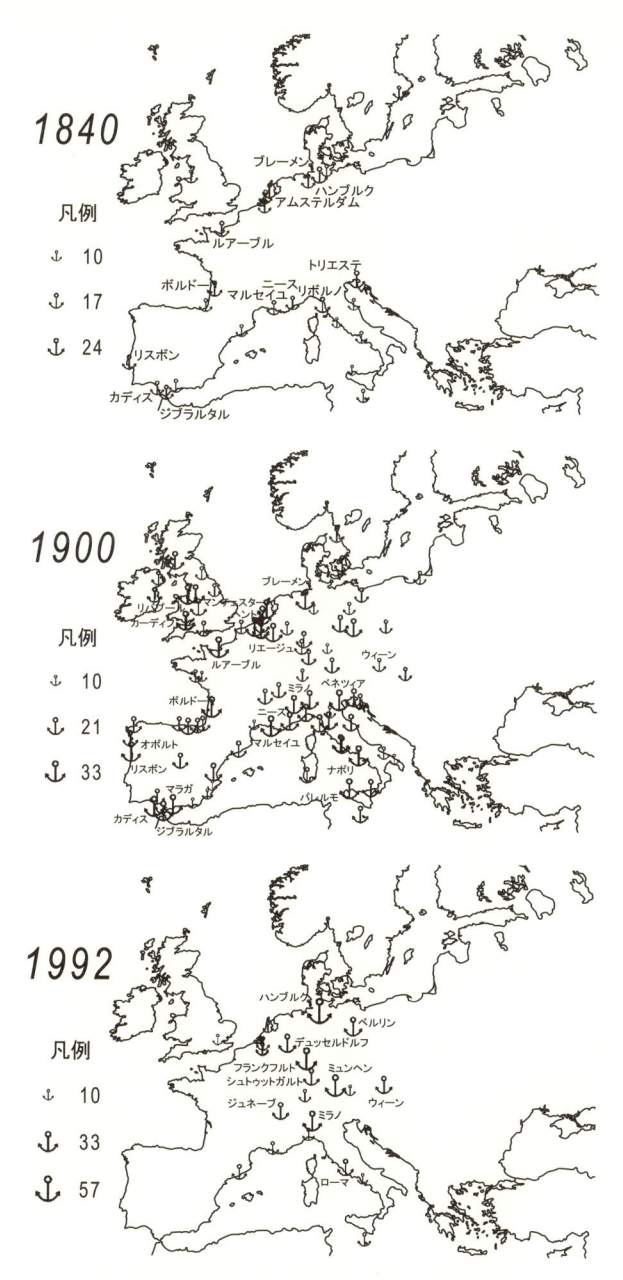

図2—1　多くの国が（総）領事を任命したヨーロッパ都市
出所　「データについて」を参照。ロシア帝国と旧ソ連を除く。アテネとその外港ピレウスは一括した。
1992年の地図ではジブラルタルは除外されている。

半世紀余りの間に、ヨーロッパは一変した。鉄道輸送が物流を内陸に引き込み、消費人口が多い大都市が国際ビジネスの波に巻き込まれた。領事任命の上位は相変わらず海港が占めたが、ミラノやマンチェスターのような内陸都市が順位を上げた。また、首位の座を奪ったベネツィアは、海港であると同時に「ベニスに死す」の小説・映画で知られる観光地であった。トマス・マンの原作は一九XX年が舞台であった。貴族であるか、ブルジョワであるかを問わず、ツーリスト達はウィーン、ベルリン、「フランスあるいはベルギーの湯治場だとかリヴィエラ海岸」で、過すようになった。思えば、トマス・クックの旅行代理店は1840年には存在しなかった。その翌年、禁酒の会合に出る為線路沿いを歩いていたとき、蒸気機関車をチャーターして、次回の参加者を割安ツアーで連れていけないか、と閃いたのがツアー旅行の起源であった [25]。それから60年間に激変が起きた。

　内陸の領事官には、首都の実力者も含まれた。名誉領事官は、専任であることを求められる本務領事官と違い、他の職業と兼職できる。その代わり、彼や彼女は、建物・書類の不可侵と免税を享受できない。1900年、ロンドン、パリ、フランクフルトに駐在したオーストリア・ハンガリーの名誉領事官は大金融家ロスチャイルド家の男爵達であった。彼らはもちろん手数料収入が目当てではなく、名誉とそれに伴う社交上の役得を得たかったのである。

　国境を跨いだのは、ヨーロッパ人だけでなかった。領事機関の設置国を世界の地域別で見ると、英仏ではラテンアメリカ諸国がヨーロッパ諸国とほぼ拮抗し、スペインとオランダではそれを凌いでいたことが分かる（**図2—2**）。旧宗主国、スペイン、とラテンアメリカの人的交流が後者の独立後も途絶しなかったことは興味深い。こうした相互依存が進んだ世界では戦争は割に合わないと考えたノーマン・エンジェルのような人が現れた。ところが10年も経たないうちに、ヨーロッパは大戦によって引き裂かれた [26]。

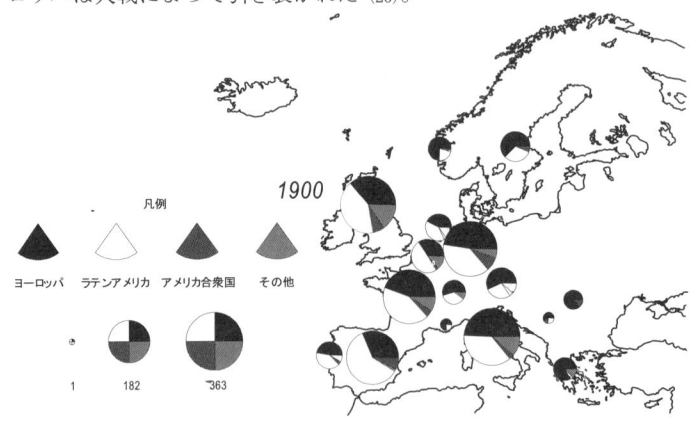

図2—2　（総）領事機関の設置国の地域分布
出所　「データについて」を参照。

現在、数的には領事官は振るわないように見える。1900年から1992年の間に、それは3分の1弱に激減した。理由の一つは、国際電話や飛行機など交通・通信手段の発達であろう。困ったことがあれば、自国に電話できるどころか、気軽に帰国できる。十九世紀末に現役の輸送手段であった帆船は退場した。蒸気船はかさばる石炭からコンパクトな重油に燃料を置き換え、少ない寄港で済むようになった。もう一つの理由は多国籍企業の隆盛である。巨大企業は自前で情報収集や駐在員へのサポートをする。よほど危険な地域でない限り、居留民団を組織する必要は減っている。文化交流についてはわずかながら光明が見える。軍事力や経済力のような物質的な力に対し、文化、思想、制度などをソフトパワーと呼んで、重視する国が増えている。フランスのアリアンス・フランセーズ、ドイツのドイツ文化センター、イギリスのブリティッシュ・カウンシル、イタリアのイタリア文化会館、合衆国のアメリカンセンターがその有力な担い手と見られている (27)。地方都市ではその運営に領事機関があたる場合がある。とはいえ全国メディアがマスコミを席巻し、世界大のインターネットが普及する時代、地方で情報発信する効果はかなり限定的であろう。

　こうしたなか、連邦国家で領事機関が健闘している。ドイツも連邦国家であるが、州都であるハンブルク、ミュンヘン、デュッセルドルフ、シュトゥットガルトと、大都市のフランクフルトとベルリンに多くの領事機関が立地したことが1992年の地図に見える。連邦国家では地方政府の権限が強いので、領事官はそれらに働きかけることが要請される。この現象を「ミニ大使館化」と呼ぶことができよう。他の連邦国家では、同じ年のオーストラリアで、シドニーに73、メルボルンに52、パースに32、ブリスベンに28、キャンベラに14、ダーウィンに12、ホバートに11の国が（総）領事館を置いていた。カナダでは、トロントに24、モントリオールに20、バンクーバーに14であった。

ベレポック――外交の都パリ

　美しい時代という意味のベレポックと呼ばれる二十世紀への変わり目に、政治外交においてもヨーロッパは輝いていた。世界における外交使節団の駐在数では、パリが45、ベルリンが39、ロンドンとワシントンが31であった。パリは米州、ヨーロッパ、中東、アフリカ、アジアの各大陸から、無比の使節団を引き寄せた。

　なぜパリなのかといえば、様々な要因が重なったからである。第一に、旧体制下のベルサイユで開花した宮廷外交の伝統である。大革命に伴って政府はパリに移り、十九世紀後半には共和制が定着した。王制が倒れたにも拘わらず、なぜか旧貴族は「侯爵」や「伯爵」を名乗り続け、外交官としての威厳を保った。

　第二の要因はリングア・フランカとしてのフランス語である。リングア・フランカは元々地中海における非公式な商業語のことであったが、今ではむしろ国際公用語を指す普通名詞として使われる。十七世紀のウェストファリア条約はラテン語で書かれたものの、十九世紀のウィーン会議最終議定書はフランス語であった。二十世紀のベルサイユ条約では英語とともに正文に採用され、国連憲章でも公式五言語の一つに定められた。フランス語は、スペイン語、ポルト

ガル語、イタリア語などラテン系の諸言語と似ている為、多くの民族にとって習得が容易である (28)。

　第三に、3つの海に開かれた地理が挙げられる。ルアーブルは北海やバルト海への窓口である。ボルドーからの大西洋航路は米州に至る。マルセイユは地中海を挟んでアフリカに向かい合い、さらにインド洋や太平洋に通じる。

　第四に、当時のフランスはイギリスに次ぐ債権国であり、特に公債発行に強かった。ロシアへの借款が露仏同盟に発展したことが示すように、融資と交換に外交上の対価が引き出された (29)。

　第五に、パリは文学、音楽、絵画、ファッション等の発信地であった。フランスは国際博覧会などあらゆる機会で国威を発揚した。世界の金持ちは、子女をパリに留学させて箔を付けた。

　パリの優位は、戦間期におけるアドルフ・ヒトラーの登場まで続いた。第一次大戦後、革命で離脱したロシアに次ぐ犠牲を払った戦勝国として、フランスは擬似的な覇権国のようにヨーロッパ政治を仕切った。ベルサイユ条約が結ばれると、パリの外交団とフランスの高官をメンバーとした大使会議は、「ヨーロッパの大国管理の執行部」としての役割を果たした。それは、戦勝国が、小国や敗戦国に講和条約の義務を守らせる為の機関であった。ダンツィヒ（グダニスク）、メーメル（クライペダ）、テッシェン（チェシン、チェスキーテシーン）のような、領土が関わる難しい問題には、ジュネーブの国際連盟よりもパリの大使会議が対応した。会議はホスト国フランスの高官が議長を務め、主要な同盟連合国とされたアメリカ合衆国、イギリス、フランス、イタリア、日本、そして関係あるときはベルギーの大使が参加した。条約を批准できなかった合衆国は、のちにメンバーから外された (30)。

　また、連盟理事会での日本代表は駐仏大使が務めた。理事会は年3回しか招集されなかったので、そのたびに大使はパリからジュネーブに移動した。現在の国連では、安全保障理事会は不定期に開かれ得る為代表はニューヨークに常駐しなければならない。駐仏大使がロシアを除くヨーロッパ大陸での最重要のポストであったことはいうまでもないが、1920年代に在任した元外相の石井菊次郎はまさに日本外交のエースであった。彼でさえ、イギリスはJ・オーステン・チェンバレン、フランスはアリスティード・ブリアン、ドイツはグスタフ・シュトレーゼマンと世界史に名をとどめる現職の首相達を繰り出してきたので軽量感はあったろう。日本の国際連盟帝国事務局もパリに置かれて、局長には全権公使級の外交官があてられた。ジュネーブには同局の出張所があるに過ぎず、そこは到底、外交の中心地とは呼べなかった (31)。

　パリ駐在の外交官で、書きとめておきたい人物がいる。何か特別な事績を残したという訳でない。彼は名をマヌエル・M・デ・ペラルタといい、コスタリカの特命全権公使であった。1880年2月19日に認証され、ごく短期の離任はありながらも、1930年頃まで約半世紀、その職にあった。パリのコスタリカ公使館は、マドリードやブリュッセルなど大陸ヨーロッパ諸国を兼轄した。ただそれだけである。パリへの常駐は主権国家にとって義務のようなものであった。

　派遣した外交使節団の数でも、1900年にはフランスが首位であった。2位はアメリカ合衆国であったが、以下はドイツ、イギリス、イタリア、ベルギーとヨーロッパ勢が上位を固めた。

他地域からは、ブラジルがやっと11位に、老大国のオスマン帝国は13位、新興の日本は14位に登場したに過ぎなかった。序章で見たように、日露戦争を経たその10年後でも、日本は14位のままであった。これは当時の国力を客観的に評価する好材料である。海軍力では世界3位に上昇しても、それだけを見てはならない。

イギリス帝国——世界の6分の1を領有した重荷

　イギリス史を語ることは、単にイギリス史を語ることではない。それは支配された諸民族の歴史であり、イギリスと関係を持った諸外国の歴史である。

　フランス革命以前、イギリスは既に植民地大国であった。しかし、その頃の経済は重商主義といって、植民地の産品を宗主国が独占して生産・流通・販売した。であるから、外国人がやってきて商売をするということは滅多になかった。航路上にある港には外国船も寄港したであろうが、度々起こる戦争で航路は断絶したので、永続的に外国人が根を降ろすことは難しかったはずである。

　ナポレオンが敗れても、穀物法と航海法によってイギリスは自国市場を保護し続けた。イギリス植民地に外国の領事官がどれだけいたかを1840年について見ると、ジブラルタル、アイルランド、マルタ、ケルキュラ（コルフ）というように、アイルランドを除いて、地中海の寄港地が目に付く程度である。つまりイギリスの植民地で、領事機関の保護を受けながら商売や労働ができた外国人はあまりいなかった。

凡例 ⚓ 1 18

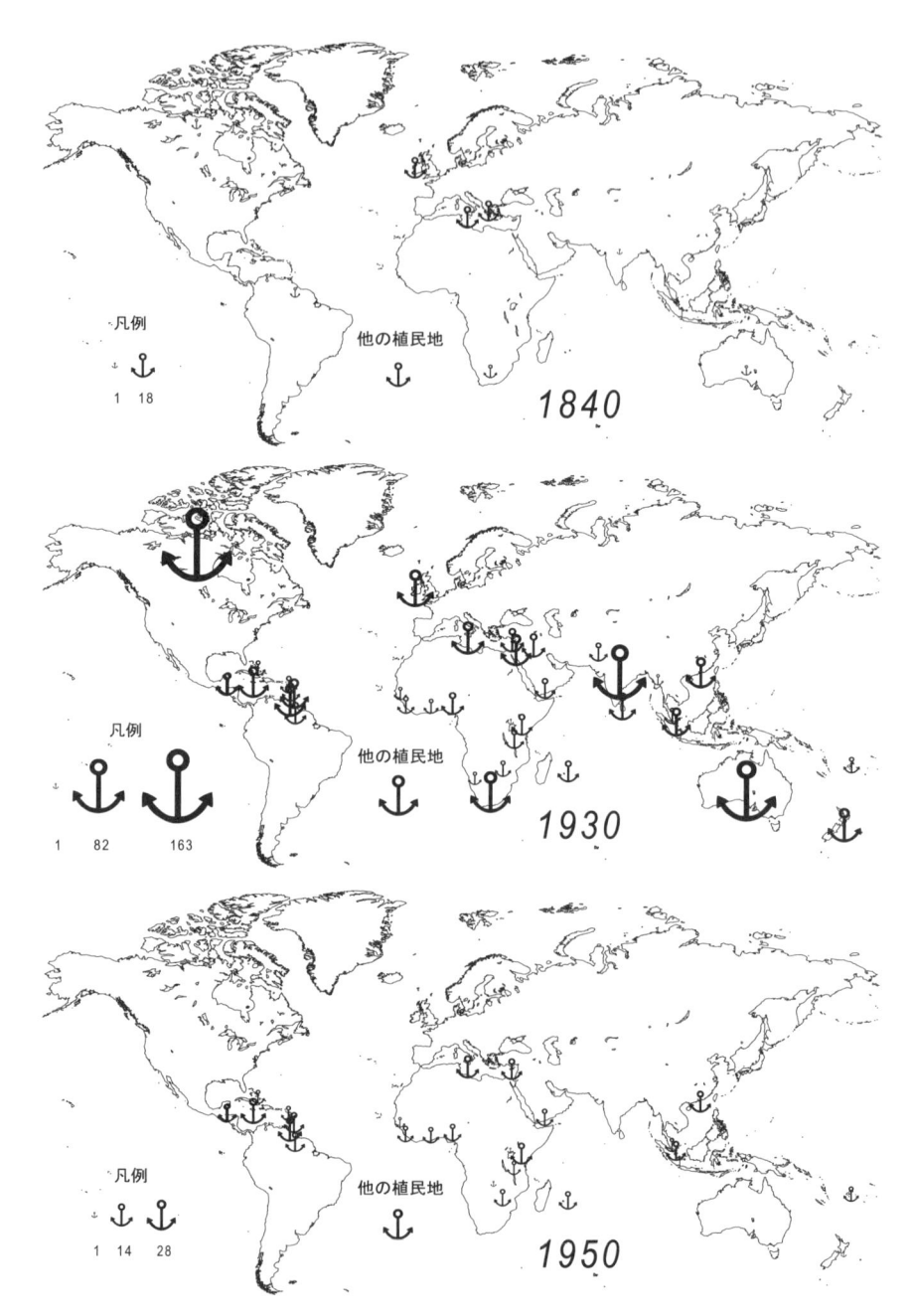

他の植民地 ⚓

1840

凡例 ⚓ ⚓ 1 82 163

他の植民地 ⚓

1930

凡例 ⚓ ⚓ 1 14 28

他の植民地 ⚓

1950

図2—3　イギリス植民地に駐在した外国の（総）領事数
注　「データについて」を参照。

●第2章　ヨーロッパの拡大

十九世紀のグローバリゼーションは、自由主義の産物であった。自由主義とは、ヒト、モノ、カネ、情報が自由に移動できることである。穀物法が廃止されたのは1846年であった。それは、工業品を輸出し、外国から様々な産品を輸入して経世済民する道をイギリスが選択した瞬間であった。反穀物法同盟を推進したリチャード・コブデンの尽力もあって、1860年には英仏通商条約が結ばれた。同様の条約は世界各国に伝播した。こうして、外国で働く自国の経営者、労働者、船員を守る為、領事官がやり取りされた。コブデンの言葉でいうと、こうした「相互に依存した」状態は平和を確かにするものであった。

表２−１　イギリス植民地に設置した（総）領事館数

1840年		1930年		1950年	
アメリカ合衆国	16	ベルギー	65	ベルギー	25
ベルギー	6	アメリカ合衆国	64	ノルウェー	25
デンマーク	5	オランダ	51	オランダ	23
オランダ	5	ノルウェー	44	デンマーク	21
ロシア	5	デンマーク	39	スウェーデン	19
スペイン	4	スウェーデン	39	ポルトガル	16
オーストリア	3	ポルトガル	36	アメリカ合衆国	14
フランス	3	イタリア	29	フランス	11
ハノーファー	3	ドイツ	28	ハイチ	7
教皇庁	3	フランス	26	パナマ	7
トスカーナ	3				
両シチリア	3				
⋮		⋮		⋮	
総計	71	総計	855	総計	231

出所　「データについて」を参照。

　自由主義のもと、世界の領事官は激増した。十九世紀後半から始まった保護貿易の時代でさえ、各国は自国市場への障壁こそ高めたものの、他国の植民地に領事官を送る衝動を抑えなかった。一方で、アフリカとアジアでは、通商・産業拠点でもない広大な土地を境界線で囲い込む動きが加速した。これが帝国主義である。
　普通、帝国主義は第一次大戦までとされるが、第二次大戦までの戦間期も、国際構造はその継続であった。むしろ、オスマン帝国とドイツの旧領を国際連盟の委任統治領として再分割したことによって、植民地領有の格差は拡大した。イギリスにとっては、金づるのインドを妨害されるリスクなしに海路と陸路でブリテン島に連結する百年来の宿願が成就した。図２—３から、植民地の急成長が確認できよう。
　領事以上の外国領事が送られた当時のイギリス支配地は、今日の国境線に直すと41か国に及ぶ。とりわけ多くを受け入れたのは、大陸・亜大陸の自治領であったカナダ、オーストラリア、インドであった。アイルランド、ニュージーランド、マルタ、トリニダードトバゴ、ジブラルタル、キングストンの諸要港、エルサレムの連盟委任統治領がこれらに続いた。対外貿易

で生計を立てる「通商国家」にとって、世界の6分の1の面積を占めたイギリスの植民地は不可欠な市場と原料供給地であった。ベルギー、オランダ、ノルウェー、デンマークは「お客さま国家」の代表的なものであった。

　強国にとっても、この植民地が垂涎の的であったことは変わらない。1930年、アメリカが（総）領事館を置いたイギリス領65都市のうち、30都市は現在のカナダに所在した。もちろん、カナダへの派遣国のなかでは首位であった。十九世紀、2位と3位の海軍国をまとめて相手にできたイギリスは第一次大戦で疲弊し、合衆国との同率首位に転落した。軒先を借りた合衆国は、その気になれば、母屋を実力で奪取できた。防備のことを考えると、植民地は故ベンジャミン・ディズレーリ首相の絶妙な比喩の通り、碾き臼を首に捲いたように邪魔であった。イギリスは、カナダ、アイルランド自由国、南アフリカから手を引き始めた。

　この年にはロンドン軍縮会議があり、日本も若槻礼次郎元総理を首席全権とする代表団を送った。一行は往路、シアトルから北米大陸に上陸して、ニューヨークから再び船に乗り、サウサンプトン経由でロンドンに至った。ロンドン海軍条約に署名して彼らは帰途に就いたが、ヨーロッパで物見遊山をしたのち、ナポリで日本郵船の北野丸に乗船した。スエズで下船したのであろう。若槻は、カイロでピラミッド（三角塔）とスフィンクス（奇身巨像）を漢詩に詠み、ラクダにまたがった写真を撮ってもらった。インド洋では蜃気楼、コロンボでは喫茶、シンガポールではゴム園見学、香港では飲酒、上海からは杭州に遠出して西湖観覧と詩作三昧で、船上での無聊を慰めた。その後、下関に寄港したのち神戸に到着し、37日に亘る旅程を終えた(32)。エジプトからシンガポールまで、帰路の大半はイギリス支配下の諸港をつたってきたことになる。軍縮会議でイギリスが執着したのは、この伸び切った帝国の生命線を守護する補助艦の保有量であった。

　第二次大戦でますます合衆国に頼るようになると、オーストラリア、ニュージーランド、インドの独立をイギリスは放任した。1950年の地図を見ると、瀕死の帝国には、なお息があった。死刑宣告は1956年であった。スエズ戦争（第二次中東戦争）に敗れたイギリスは、地中海からインド洋に抜ける運河に対するコントロールを失い、アジアとアフリカの植民地を手放すことを迫られた。翌年のマラヤ連邦とガーナの独立は、脱植民地化を象徴する出来事であった。

　イギリス以外の植民地について見よう。1930年を例に取ると、フランスは北アフリカ、カリブ、インドシナを中心とした世界第2位の帝国であった。オランダ領のインドネシアとアンティルは商業的価値が高かった。ポルトガルは衰えたとはいえ、アフリカ南部からアジアにかけての土地を支配していた。なお、ここに表れていないものの、同国はアソレスとマデイラという大西洋上の拠点を今日も領有する。日本は台湾と朝鮮を併合し、租借地であった関東州の大連にも領事を受け入れた。イタリアは地中海帝国の建設を夢見たものの、まだリビアとロードス島を領するに過ぎなかった。デンマークは合衆国にバージン諸島を売却しても、なおアイスランドとグリーンランドの主であった。コンゴはかつて経済大国であったベルギーが知謀と外交で手に入れた虎の子であった。スペインは米西戦争により昔日の植民地大国の面影を失い、モロッコの一部と赤道ギニアを維持するだけであった。カナリア諸島は固有の領土としての扱

いなので、ここには含めない。こう見ると、植民地の宗主国がいかに一握りの国々に限られたかが分かる。第一次大戦後、すべてを奪われたドイツにアドルフ・ヒトラーが現れて復讐した。公正な世界秩序を作らない限り、満足国家と不満足国家の抗争は繰り返される。

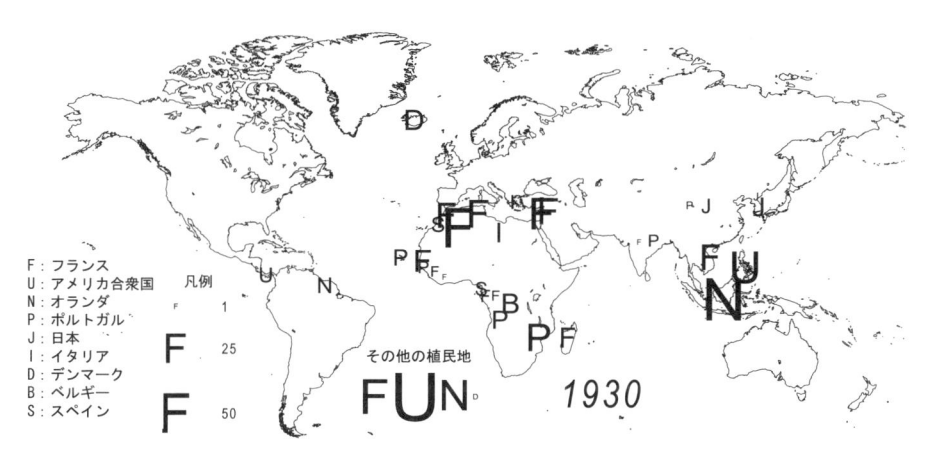

図2—4　各国植民地における（総）領事の受け入れ数
注　「データについて」を参照。

凡例
F：フランス
U：アメリカ合衆国
N：オランダ
P：ポルトガル
J：日本
I：イタリア
D：デンマーク
B：ベルギー
S：スペイン

帝政ロシア――「鉄のカーテン」以前

　ロシアといえば、まず広大な領土というイメージが湧く。領土は力の源泉である。イギリスやアメリカ合衆国といった自由主義の大国は、ロシアあるいはソビエト連邦を異質な政治体制の国と見ながらも、その国力、特にヨーロッパ政局に与える影響力に対し一目置いてきた。敬意の払い方は時代によって、過剰な警戒であったり、「敬して遠ざく」であったりした。しかし、二十世紀の地政学者達が気付いたように「ユーラシアの心臓部」は海洋大国が侵すことのできない聖域であり、一見、追い詰められたかのように見えても、扇の要にあたるその「中軸地域」を拠点として、極東にも、中東にも、ヨーロッパにも再度、進出することが可能であった(33)。

　帝政ロシアというと、「諸民族の監獄」といわれたこわもての印象もある。確かに1830年には、ポーランドのワルシャワ蜂起を鎮圧し、1849年にはオーストリアに手を貸してハンガリーの独立を制止した。「ヨーロッパの憲兵」ぶりは非常時に限らなかった。パリで、ロシア大使館は亡命中のナショナリストや革命家を監視していた。ロシアは、通信を傍受して解読するコミント（コミュニケーションズ・インテリジェンス）やシギント（シグナルズ・インテリジェンス）の先進国であった為、当時の首都サンクトペテルブルクの外国大使館が送受する書簡や電信は盗み見られた(34)。

　対照的に、平和と人道がロシア外交のセールス・ポイントであった一面もあった。1867年にペテルブルクで発せられた宣言は、不当な苦痛を与える構造をした弾丸を戦時に使用することを禁じていた。このサンクトペテルブルク宣言は、今でもポケットサイズの条約集にさえ収

録されている。その後、2回のハーグ平和会議の開催に、最後の皇帝ニコライ二世が貢献した。彼が提案した相手は、ペテルブルク駐在の外交使節団であった。参加26 か国（ドイツ、オーストリア、ベルギー、中国、デンマーク、スペイン、アメリカ合衆国、メキシコ、フランス、イギリス、ギリシア、イタリア、日本、ルクセンブルク、モンテネグロ、オランダ、イラン、ポルトガル、ルーマニア、ロシア、セルビア、タイ、スウェーデン、スイス、トルコ、ブルガリア）のうち、22 はサンクトペテルブルクに使節を常駐させていた。残りの4 か国中、スイス、モンテネグロ、タイにはロシア側が公使を送り、ルクセンブルクは在ベルギー公使館が兼轄した。ヨーロッパとアジアに参加国が偏り、米州諸国が異常に少なかったのは、ロシア外交のユーラシア的性格が反映された為である。しかし、仲裁などの平和的紛争処理に本当に熱心であったのは米州諸国であり、1901 年から翌年にかけ、第二回米州会議を開いて仲裁を議題とした。セオドア・ルーズベルト合衆国大統領は再度の平和会議を提案し、ここにヨーロッパ、アジア、米州を糾合しての第二回会議が1907 年に開かれた。

外交面の卓越に比べ、領事官の送受で帝政ロシアは見劣りがした。特にロシア・ソ連に駐在する（総）領事数では、革命以後の閉鎖性が顕著である。第二次大戦中に領事官は一掃された。1992 年には、モスクワへの駐在数は相当あったように見えるけれども、大使館の領事部や領事担当官が算入されてそうなったに過ぎない。ロシア革命は外国投資の流入を不可能にし、内戦と干渉戦争は多くの人命を奪った。その一方、工業生産には、国有化された自然資源及び生産手段と、収容所の服役者が強制投入された。資本主義の次に来たものは奴隷制であった。

1900 年の状況を示す図2—5 によると、サンクトペテルブルク、オデッサ、モスクワ、リガ、ワルシャワを中心に（総）領事館が存在した。これは、帝政ロシアが、本質的に閉鎖的な国という訳でなかったことを示す。バルト海と黒海は、北と南の海の窓口であった。商業拠点の多くは現在のロシア連邦の領土外にあった。主なものでは、バルト海の北岸にはフィンランドに属するヘルシンキとトゥルクがあり、南岸にはバルト三国領のリガ、タリン、リエパヤ、ナルバ、ピャルヌ、ベンツピルスがあった。最大の駐在地、帝都サンクトペテルブルクはもちろんロシア国内にある。黒海側ではウクライナのオデッサ、エフパトリヤ、セバストポリ、ロシアのタガンログとロストフ・ナ・ドヌー、グルジアのバトゥーミが注目を惹く。ほかでは、白海のアルハンゲリスクが認められる程度である。極東では、沿海州のウラジオストクに合衆国領事館があった。サハリンのコルサコフ（大泊）は1875 年の千島樺太交換条約によってロシア領となったが、日本はそれを手放す代わりに、領事駐在を許された。久世原領事は *Gotha* にも名をとどめたが、訪問中の作家、アントン・チェーホフと遭遇した (35)。

内陸では、モスクワの（総）領事館が最多であり、属国ポーランドの首都ワルシャワが続いた。今はそれぞれウクライナ、グルジア、アゼルバイジャンの首都になったキエフ、トビリシ、バクーも見える。バクーといえば、十九世紀後半には既に油田開発が始まり、スウェーデンのノーベル一族のような外国資本が入っていた。帝政ロシアは農業中心の開発途上国であったものの、海港や採掘場には外国人が渡来した。全体主義下の「鉄のカーテン」の向こう側を想像してはならない。

グラフ2—1　ロシア・ソ連における総領事数の推移

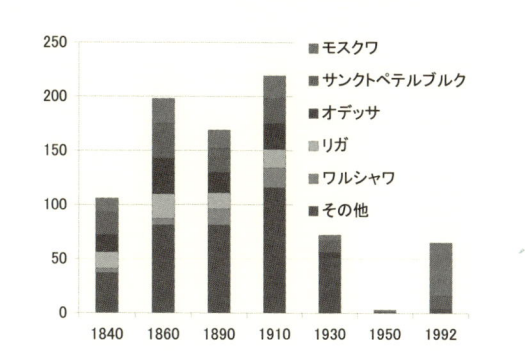

図2—5　帝政ロシアの諸都市における（総）領事館数
注　境界線は現在の国境。「データについて」を参照。

第一次世界大戦——中立国による利益保護

　外交と戦争とは、目的の継続性を強調するカール・フォン・クラウゼヴィッツの説もあるものの、状態としては反対物である。外交は「交渉による国際関係の管理」と定義される(36)。それに対し開戦とは、交渉の席を蹴って問答無用と言い放つことにほかならない。交戦中では、和を乞う国が足もとを見られて不利な条件を呑まされる。それゆえ、交戦国同士の外交交渉は途絶するのが普通である。

　第一次世界大戦においても、ドイツ、オーストリア・ハンガリー、トルコ、ブルガリアの中央同盟諸国（同盟国）と、イギリス、フランス、ロシア、アメリカ合衆国など同盟連合諸国（協商国）

表2—2 第一次世界大戦末期の外交使節の派遣・接受状況（1919年）

		派遣国 同盟連合																									
		アメリカ合衆国	フランス	イギリス	イタリア	ブラジル	ベルギー	ロシア	キューバ	ポルトガル	日本	ウルグアイ	ルーマニア	中国	ギリシア	ユーゴスラビア	ペルー	ニカラグア	ボリビア	グアテマラ	エクアドル	タイ	ハイチ	パナマ	ホンジュラス	リベリア	モンテネグロ
同盟連合	アメリカ合衆国		●	●	●	●	○	●	○	○	●	○	○	○	○	○	○	○	○	○	○	○	○	○	○	○	
	フランス	●		●	●	○	○		○	○	●	○	○	○	○	○	○	○	○	×	○	○	△	×		◎	
	イギリス	●	●		●	○	○	●	○	○	●	○	○	○	○	○	○		○		×	○	○	△	×		×
	イタリア	●	●	●		○	○	○	○	○	○	○	○	○	○	○	○		○		○	○				◎	
	ロシア	●			●	○			○		●			○	○						◎					◎	
	ブラジル	○	○	○	○		○	◎	○	●	○			○	△		○		◎					△			
	ベルギー	○	○	○	○	○		○	○	○	○	○	○	○			◎		◎		×		×	×			
	日本	●	●	●	●	○	○	●		○				○	○						◎						
	ペルー	○	○	○	○	○	△		○		○								◎		○						
	ポルトガル	○	○	○	○	○		×									◎		×				×	◎			
	キューバ	○	○	○	○	○	△				○			◎			○		◎		○			×	◎		
	ボリビア	○	△	○	○		○		×	◎				○			◎				◎						
	グアテマラ	○	○	○	○	△	△			×	○							△						△			
	中国	◎	◎	◎	◎		◎	○	○		◎	○	◎														
	ルーマニア	○	○	○	○		○	○						◎	◎												
	ウルグアイ	○	○	○	○	○		○	○		○																
	ギリシア	○	○	○	○		○	○								◎											
	タイ	○	○	○	○			○		○	○					◎											
	ユーゴスラビア		○	○	○	○		○					◎		◎												◎
	エクアドル	○	△	○	○		○				○					◎											
	モンテネグロ		○	○	○		○				○					○	○										
	パナマ	○	×	△	×				×	○								○									
	ハイチ	○	○	○					○																		
	ホンジュラス	○																×		×						×	
	ニカラグア	○																									
	リベリア	△																									
接受国	スペイン	●	●	●	●	○	○	●	○	●	○						○		○		○		△				
	アルゼンチン	●	○	○	○	○	○		○	○	○			○			○		◎	○	◎						
	オランダ	○	○	○	○	○	○	○	○	○	○			○	◎	×	○										
	スイス	○	●	○	○	○		○		○	○			○	◎	○					×						
	デンマーク	○	○	○	○							◎	○	○	○						◎						
	スウェーデン	○	○	○	○	○					○	×		×	○							○	×				
	チリ	●	○	○	○	○	○		○	○	○								◎	○	○	×					
	教皇庁		○	○	○		○			○				◎		◎											
	メキシコ	●	○	○	○	×	○		○	×	○	×		○					×		○				◎		
	コロンビア	○	○	○	○	△	×										○		○	○	○						
中立国など	ノルウェー	○	○	○	○						◎																
	ベネズエラ	○	○	○	○	△	○	△																			
	イラン	○	○	○	○																						
	ウクライナ																										
	パラグアイ	○	△	○	△	○					◎						◎										
	フィンランド	○		×																							
	コスタリカ	◎																△		◎							
	エチオピア	△	◎	○	○		×																				
	アルバニア		△	○	○										◎												
	ドミニカ共和国	◎		×					○													◎					
	ルクセンブルク		○		○	○																					
	エルサルバドル	○																×		△	○				△		
	タンジール	○				×		○																			
中央同盟	オーストリア				○							◎	○		◎		◎										
	ドイツ																										
	トルコ																										
	ブルガリア					×		○																			
	総計	130	114	109	107	87	83	72	66	59	50	46	46	45	42	37	36	31	30	22	21	18	13	13	11	6	4
	大使級	9	6	6	6	1	0	5	0	1	5	0	0	0	0	0	0	0	0	0	0	0	0	0	0	0	0

注 ●（大使級）＝4点、◎（全権公使級）＝3点、△（弁理公使級）＝2点、×（代理大公使級）＝1点。「データについて」を参照。

	スペイン	オランダ	アルゼンチン	チリ	教皇庁	メキシコ	スウェーデン	コロンビア	イラン	デンマーク	スイス	ノルウェー	パラグアイ	ベネズエラ	コスタリカ	ドミニカ共和国	フィンランド	エルサルバドル	ウクライナ	モナコ	ルクセンブルク	グルジア	聖ヨハネ騎士団	サンマリノ	ポーランド	ドイツ	オーストリア	トルコ	ブルガリア	バイエルン	総計	大使級
																										中央同盟						
	●	○	●	○		●	○	○	○	○	○	○	○	○	○	○	○	○												◎	130	10
	○		○	○		○	○	○	○	○	○	○	○	○	○	○	○	◎	○		○	×		×							116	4
	●	○	○	○		○	○	○	○	○	○	○	○	○	○	○	○	×		○											114	7
	○	○	○	○			○	○	×	○	○	○			○																	83	6
	●	○	○	○		○	○	○	○	○							○									◎			◎		82	4
	○	○	○	○	●	△	○	○		×	×	○	○						×								◎				80	3
	○	○	○	●	○	○			○		○	×									○										75	1
	○	×	○	○	○	○			○	○	×																				61	5
	○	○	○	●	○	○		○																							48	1
	○	○	○	○							×	○																			43	1
	○			○		○				○				×																	43	0
				○	○		○		○																						42	0
	○			○		○					△		○			○															38	0
	○	○			●																										37	1
	○	○						×		×							○														35	0
	○		○	○						○																					33	0
	○									×																					33	0
		○						×																							31	0
																															24	0
			○			○																									20	0
																															18	0
	×														×																16	0
					○										○																15	0
																○															8	0
																×															5	0
																															2	0
		○	●	○	●	○	○	○	○		○		○	○	×											●	●	○			108	9
	●	○		○	●	○	○	△	×	○	○	○		○												◎	○				76	3
	○		○	×	○	○			×	×	○				×						×					◎	○	○			74	0
	○	○	×	○		○															×					◎	○	×	△		70	1
	○	○					○					○				○										◎	○				66	0
	○	○				○			○		○					×										◎	○	×			64	0
	○	○	○		●																					◎	○				60	2
	●	○	○	○					○							○			○							○	●			◎	56	1
	○		○	×		×				○																○	○				52	1
	○			●								○														○					40	1
						○		○					○													◎	×				37	0
	○		×	○	○	○						×														○	○				36	0
	×	○													○											○	○	●			35	1
																○				○						○	●	○	○		19	1
		○																													19	0
				○	○			○		×		×												×		○					15	0
																×										○					15	0
																										◎	○				14	0
	×																										△				13	0
																										◎					12	0
	×										△																				11	0
																															7	0
	●	○	○		●	○	○		○	○		○											○			●	○	●	○		61	4
	●	○	○	○		○	○	○	○		○					○				×							◎	●			57	2
	○	○	○			○		○		●	△						○									●	●	○	◎		29	3
									×												○						◎				19	0
	103	75	71	63	55	52	51	50	40	35	35	35	28	27	19	17	17	16	15	9	5	3	3	1	1	68	53	33	26	8		
	9	0	2	1	10	1	0	0	1	0	0	0	0	0	0	0	0	0	0	0	0	0	0	0	0	3	4	3	0	0		

との外交関係は、参戦とともに断絶した。とはいえ、両陣営は完全に切断された訳でなかった。同盟連合諸国のなかには、ドイツにしか宣戦しなかった国があったからである。こうしたことは停戦前後の外交関係を示す**表2—2**から明らかである。

この大戦の外交ネットワークは山脈に喩えられる。当初の交戦国は、ヨーロッパと日本の数か国のみであった。様子を見ていた諸国は、1915年にイタリア、1917年にアメリカ合衆国が参戦すると、雪崩を打って連合同盟諸国の隊列に加わった。この大勢力が主峰を成した。中立諸国は、そこから降りる稜線上の峰であった。中央同盟諸国は傍らで何とか小勢力を形成した。

断交後、館員は帰国しなければならない。しかし、大使館の全書類、全備品を持参するのは至難である。後年のウィーン外交関係条約では、接受国は残された品々を尊重しなければならず、派遣国は第三国にそれらの管理を委託できるとされた。在留する一般人の保護も、第三国に委託できることになっている。

ヨーロッパの同盟に関わらない孤立主義を国是としたアメリカ合衆国は、いずれの交戦国にも偏向しない中立外交の実績があった。第一次大戦でも、利益保護を双方から委託された。ウィーン条約がなかった時代のことであるから、実施は手さぐりであった。大使は「両関係外国政府の同意に基づ」き、「公的職務」でなく「非公的周旋」でなければならない、と国務長官に釘を刺された。ロシアのペトログラード（サンクトペテルブルク）では、敵国のドイツ大使館に群衆が押し寄せ、内部まで破壊し、管理人を殺害した。ドイツの利益を守る為、合衆国の代理大使は抗議した。その3日後、今度は兵士達がオーストリア大使館に入って自動車を盗もうとした。これは、合衆国代理大使がロシア外務省に電話した為、阻止された。彼は、独墺の領事達が逮捕されたことにも抗議した(37)。現在のウィーン領事関係条約では、領事官の特権免除は出国するまで継続することになっている。

合衆国が参戦すると、別の委託先が探られた。スペイン、オランダ、スウェーデン、スイスは、ドイツのUボートによる無差別攻撃に悩まされながらも、両陣営間の結節点となった。中立国は交戦国との貿易によって、経済的損失は比較的、軽微で済んだ。

戦後に待ち受けていたものは帝国の解体であった。敗戦国オーストリア・ハンガリーの末路は悲惨であった。ウィーンにあった各国の大使館は1920年、公使館に降格され、オーストリアは大国の資格を失った(38)。ロシアを含む諸帝国の死体から、東ヨーロッパではポーランド、チェコスロバキア、ハンガリー、バルト三国が独立した。

国際的な地位の変動もやって来た。大戦では、英仏はロシアと手を結んで、初めてドイツと互角に渡り合えた。しかし、ロシアでは革命が起こり、もはや同盟は不可能となった。そのときフランスが有事に東部戦線での同盟国として期待したのが、ポーランドであった。大使交換の進捗を1929年と1939年とで比較した**表2—3**では、フランスが他国に先がけポーランドを大国に列したことが確認できる。ポーランドはスペインとともに、国際連盟理事会の「半常任理事国」になることにも成功した。通常の非常任理事国は再選が禁止されていたのを、総会の三分の二の多数をもって再選できるようにしたのが半常任理事国であった。両国は、敗戦国ドイツが加盟後いきなり常任理事国になったのを憚んで運動し、妥協としてこの地位をもぎ取っ

た。ポーランドと並び、ベルギーも第一次大戦の同盟国が優遇された例であった。どの国が大国かは、人口や領土面積のような客観的条件で決まるのでなく、アクター間の主観のぶつかり合いによって決まるのである。

フランス以外からのイニシアティブもあった。東ヨーロッパでは対独包囲網の一環として、ルーマニア、チェコスロバキア、ユーゴスラビアが小協商を、ルーマニア、ユーゴスラビア、ギリシア、トルコがバルカン協商を結成していた。これらの蝶つがい的存在であったルーマニアは、ユーゴスラビア、トルコ、そしてギリシアとの大使交換を実行した。中小国は帝国主義時代のように大国の権威の前にひれ伏すだけではなかった。しかし、依然として英仏伊独ソが多くの大使を接受し、連盟理事国に就任した。大国中心の外交構造は維持された。

表2—3 1929年と1939年のヨーロッパにおける大使交換状況

		フランス	イギリス	イタリア	ドイツ	ポーランド	ソ連	トルコ	ベルギー	ルーマニア	スペイン	スペイン国民政府	ポルトガル	ユーゴスラビア	大使級
接受国	イギリス	●		●	●	◎	◎	●	●				◎		9
	フランス		●	●	●	●	◎	●	●	◎					9
	イタリア	●	●		●	●	◎	●		◎		●			8
	ドイツ	●	●	●		●	◎	●	◎			●			8
	ソ連	●	◎	●	●	●		●				◎			7
	トルコ	●	◎	●	●		●			◎					7
	ポーランド	●	●	●	●		◎		●						6
	ベルギー	●	●	●	◎							●			5
	スペイン	●	●			◎			●						4
	スペイン国民政府												●		3
	ルーマニア	◎		◎		◎								◎	3
	スイス	●		◎											2
	ポルトガル		●	◎											2
	ギリシア										◎				1
	ユーゴスラビア									◎					1
		10	9	9	8	7	6	6	6	5	4	3	2	1	

注 ●は両方、◎は1939年のみ大使交換。
ただし、1929年にはスペイン国民政府はまだ存在しなかった。「データについて」を参照。

革命外交——「共産主義者の陰謀」と「女性大使」

1917年のロシア革命は、世界初の共産国を誕生させた。イデオロギーの対立は、国際関係を根底から変化させた。外交関係も例外ではあり得なかった。

イデオロギー対立のもたらす深刻さを最初に認識させたのは、国有化の嵐であった。国有化はレーニンが『国家と革命』のなかで、国家が死滅前にする最後の仕事としたほど、譲れない政策であった。国外の債権者が腹を立てたのは、外国資産もその例外でなく、さらに、戦前からの債務が履行されなかったことであった。イギリスによるソ連の法的承認は、債権者の反対により1924年にずれ込んだ。

イデオロギーが一層、攻撃的な性格を持ち得ることを警告したのは、同年のジノビエフ書簡事件であった。ロンドン・タイムズ紙に、コミンテルン（共産主義インターナショナル）議長、グレゴリー・ジノビエフがイギリス共産党中央委員会に宛てたとされる書簡が掲載された。それは、大衆を運動に引き込み、労働党内のシンパを動かして、ソ連に借款を与える条約の批准に

向け闘争するようプロレタリアートに命じたものであった。植民地での反帝国主義、国内でのスト、軍及び軍需産業における細胞造り、イギリス赤軍の幹部養成といった広範な事項について手を打つことが勧められた。まさに、「共産主義者の陰謀」を地で行く内容であった (39)。総選挙直前に公開されたこの捏造文書は、関係改善に前向きであった労働党政権の敗北を促したとされる。続く保守党政権のもと、英ソ関係は停滞した。

　1927年になると、国外における非合法活動の動かぬ証拠が次々と露見した。北伐下の中国では、ソ連大使館が共産党員の指導する国民党の聖域として使われていた。張作霖の奉天軍閥は、北京駐在外交団から許可を取って、約300名の警官に大使館隣の建物を捜索させ、共産党設立の功労者、李大釗とロシア人を含む容疑者を逮捕した。その最中、駐在武官の事務所から火の手が上がり、そこから機密書類が発見された。押収された文書は、イギリス、合衆国、フランスの駐在武官による吟味のうえ公表された。文書を整理した歴史家は、「世界革命」を視野に入れたソ連の支援を強調する。ソ連人顧問団による革命指導は、広東政府、上海の黄埔軍官学校、馮玉祥の国民軍など、政治・軍事を問わず、中国全土に及んでいた。李大釗は逮捕後、処刑された (40)。

　この直後、イギリスでは、ソ連の貿易会社アルコスと貿易代表部が、機密文書を入手した容疑で家宅捜査された。またもや、文書焼却の現場が押さえられ、イギリス政府は自領と南北アメリカで軍事スパイ活動が行われている証拠が見付かったと公表した。ソ連は事件を通商協定に定められた外交的免除を侵すものとして抗議した。しかし、オースティン・チェンバレン外相は外交関係の断絶を通告し、人員の国外退去を要求した (41)。

　こうして、イデオロギー対立の激化は、対ソ関係の発展を妨げた。人々の心にはソ連というと、スパイや破壊工作という認識がくっきりと刻み込まれた。

　革命後もしばらくは、外国の公館と館員が国内に残っていた。これには、革命ロシアがドイツ側に寝返らないよう監視する意図もあった。モスクワが首都になると、外交の中心地もサンクトペテルブルクからそこに移った。資本主義国は、出兵や白軍への援助など敵対的な行動を取り始めた。ボリシェビキの秘密警察チェーカーは英仏の外交官と工作員を、政権転覆を企てた容疑で逮捕した（ロックハート陰謀）。やむなく各国は、新たに独立したバルト三国の公館からソ連情報を収集した。世界の少なからぬ首都では、非革命政府のロシア人がまだ旧公館を占拠していた (42)。

　とはいえ、ソビエトは国内の平定を優先させ、対外戦争を望まなかった。その第一の表れがドイツとの講和、ブレスト・リトフスク条約であった。ところが、ボリシェビキが平和を希望したのに対して、左翼社会革命党はそれに反対していた。後者の党員が責任者であったチェーカーの部署は1918年7月、ドイツ大使のヴィルヘルム・ミルバッハ伯爵を暗殺してしまった (43)。その後、ドイツでは革命が起きて外交関係は切れたものの、つまはじき者同士は再び手を結んだ。1922年のラッパロ条約では、相互に賠償を放棄し、ドイツがソ連を国家承認して外交関係を再開することになった。その秘密附属書は、ドイツ軍をソ連で訓練するベルサイユ条約違反の約束で悪名高い。なおベルリンには、ボルガ川沿岸に住んでいたドイツ系移民達

の代表が戦間期、派遣されていた。

　不満足国家を隔離しておく危険を悟った戦勝国は、既に見た通り、ソ連を承認し始めた。合衆国も大使館を作ることになった。従来、同一都市でも大使館と領事館は分けるのが普通であったが、領事部を大使館の建物に押し込んだ。合衆国側は280室を要求したものの、ソ連は72室しか認めなかった。居住空間を節約する為に、館員は全員、独身男性にすることにした。設計を担当したロイ・W・ヘンダーソン達は、秘密警察の女性が彼らの配偶者に納まらないか心配したという (44)。

　ここで革命外交の二つのエピソードに触れておこう。第一に、ロシア革命後、ソビエトは大国と小国の差別をなくす為、大使などの階級を廃止し、全権代表と呼ぶことにした。ところがソ連は、イギリスがソ連公館を代表部や公使館と呼ぶようになると、これまでずっとロンドンに置いてきたのは大使館であると抗議した。一説によると、ジョージ五世がいとこのニコライ二世を処刑した革命政府を許さなかった為という。ソ連は信任状のなかで待遇してほしい階級を指摘することで事実上、旧外交の差別を受け入れることにした。1941年には、最高会議幹部会令によって正式に、大使、公使、代理大公使の階級が制定された (45)。

　第二に、世界初の女性大使はソ連外交の産物であった。革命家出身のアレクサンドラ・コロンタイは、建国後は一貫して外交畑を歩んだ。彼女は1923年にノルウェー、1926年にメキシコ、1927年に再びノルウェー、1930年にスウェーデンと、特命全権大使を歴任した。しかし *Almanach de Gotha* には、階級はあくまで特命全権公使で、大使は儀礼的な敬称に過ぎないと表記されている。これは、第一のエピソードで見た全権代表に希望の肩書を信任状に付すソ連のやり方をノルウェーやスウェーデンが認めず、公使として認証したことを意味するのでなかろうか。外交使節の階級は相互主義によるので、正式にはコロンタイは、全権代表や特命全権公使止まりであったことになる。彼女は国際連盟のソ連代表も務めた。「進歩的」なソ連は、外交における女性の地位向上に熱心であったと評価できるかといえば疑わしい。ソ連2人目の「女性大使」は、ずっと後になってペレストロイカが始まってから、エドゥアルド・シェワルナゼ外相に任命された駐スイス大使であったと、日本2人目の女性大使、赤松良子元駐ウルグアイ大使が記している (46)。

　このように、ソ連と世界の国々との歩み寄りは、警戒しつつのものであった。事態を打開する為ソ連が着手したのは、隣接国との友好であった。これに対し、資本主義国がソ連の周りに防波堤を張り巡らせることは、ジョージ・F・ケナンにより「封じ込め」と命名されることになった。当時からあった「防疫線」という言葉を使っても同じである。外相などを務めたマクシム・リトビノフは、封じ込め破りを企てた。猛烈な平和攻勢が近隣諸国にかけられた。成果は、西側のパリ不戦条約（ブリアン・ケロッグ条約）を模倣した1929年のリトビノフ議定書（モスクワ条約）と、1933年の侵略定義条約であった。リトアニア、ラトビア、エストニアのバルト三国、ポーランド、フィンランド、ルーマニア、トルコ、イランといった国々がそれらに参加した。二国間の中立・不侵略条約も多用された。外交使節団の派遣状況を見ても、初期のソ連が近隣諸国に重点を置いていたことは確認できる（**図2−6**）。

日本も、1925年に日ソ基本条約を結び、ソ連と国交を開いた。交渉の舞台になったのは北京であった。そこにはまだ珍しかったソ連大使館があり、もちろん日本公使館もあった。ソ連が中立条約を破棄して第二次大戦に参戦するまで断交は回避された。

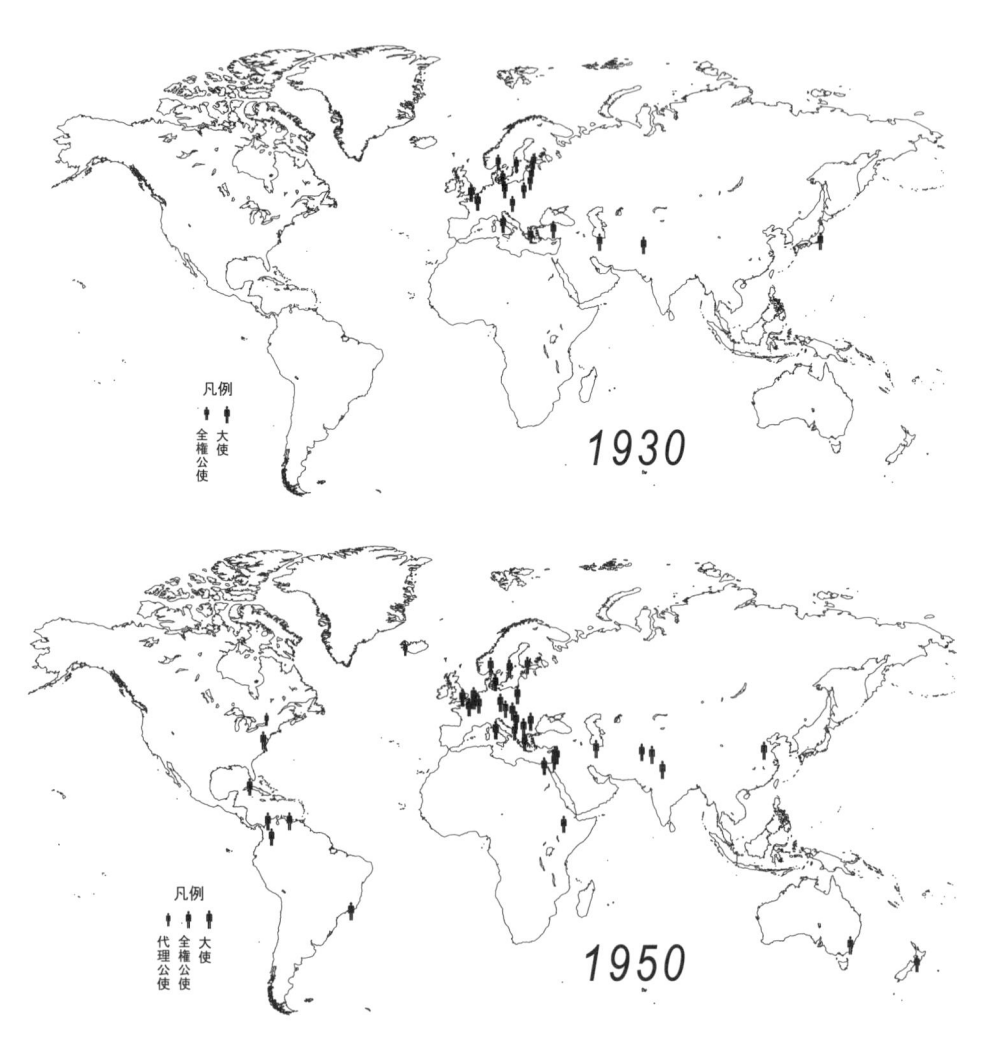

図2—6　ソ連初期の外交使節団派遣状況
出所　「データについて」を参照。

スペイン内戦——外交団の洞が峠

　大戦の前哨戦といわれるスペイン内戦では、国際社会も分裂した。ことの発端は、1936年の総選挙で人民戦線が勝利したことに保守派が脅威を感じたことにあった。モロッコに駐屯していたフランシス・フランコ将軍は本土に上陸し、内戦が始まった。共和国政府は首都マドリードの防衛に成功したものの、地中海沿岸の根拠地バレンシアに避難せざるを得なかった。他方、フランコ率いる反乱軍は西部から攻め上り、マドリードの西、サラマンカに政権を樹立した。ドイツとイタリアは年内にこれを承認し、フランコへの軍事援助を開始した。パブロ・ピカソの絵で知られるゲルニカへのドイツ軍による空爆は翌年のことであった。それは、国民軍による北部占領作戦の一環であった。

　表2—4は、1938年の年頭頃における両政権の外交使節団接受状況である。一見したところ、共和国政府が圧倒的に優勢に見えるが、詳細に観察しなければならない。共和国政府はバレンシアに見切りを付けてバルセロナに避難し、イギリス、フランス、メキシコ、中国の外交官達が従った。ところが、半数以上の使節団の避難先は国外、つまり隣接するフランスのバスク地方にあるアンダーイであった。共和国政府は、冷静な目で値踏みされていた訳である。熱心であったのは、武器を援助し、義勇兵を送ったソ連くらいであったかもしれない。

　国民政府の側には、イタリアとドイツの大使や中米の公使がおり、また1937年に政府承認を与えた教皇庁と日本の代理大使がいた。ハンガリーと満州国の外交使節団もこの後加わった。日独防共協定の締約国拡大と軌を一にする動きといえる。共和国政府を承認していた国々のなかにも、フランコの勝利を確認すると、早速承認する国が現れた。イギリスは、正式な階級と認められない「外交事務官」を早い時期から送っていたが、1939年2月、ついに国民政府を承認し、翌月、大使を任命した(47)。アンダーイ近郊のサンジャン・ド・リュズに滞在していたアメリカ合衆国大使が離任したとき、既に同国の代理大使は、マドリードを陥落させたフランコ政権への挨拶を済ませていた。それからわずか2か月後、新大使が信任状を捧呈している。その一方、1967年になっても、共和国政府の公使館がメキシコシティに置かれていたという情報もある。信じがたいことであるが、メキシコ革命の継承者達は、かつての同志を見捨てなかったのであろうか。

　中立国といっても、腹の底では政治的な思惑が渦まいている。赤十字国際委員会はスペイン内戦を端緒として、内戦への介入を本格化した。当時のジュネーブ条約で確約されていたのは、国家間戦争での安全だけであったにも拘わらずである。どのアクターにも、誠心誠意、人道問題に取り組める情勢と、そうでない情勢がある。NGO（民間組織）への期待にはこうした背景がある。

表2—4 スペイン内戦時の接受状況（1938年）

共和国政府	外交使節の階級	国民政府
アメリカ合衆国、アルゼンチン、イギリス、キューバ、ソ連、チリ、ブラジル、フランス、ベルギー、メキシコ	大使級	イタリア、ドイツ
アイルランド、オランダ、コロンビア、スイス、スウェーデン、チェコスロバキア、中国、ドミニカ共和国、トルコ、ノルウェー、パナマ、ベネズエラ、ペルー、ポーランド、ボリビア、ユーゴスラビア、ルーマニア	全権公使級	エルサルバドル、グアテマラ
エクアドル、エジプト、コスタリカ、デンマーク、ハンガリー、フィンランド	代理大公使級	教皇庁、日本
イタリア	外交事務官	イギリス

注 「データについて」を参照。

第二次世界大戦——英独外交戦

　アドルフ・ヒトラーは、外交には革新をもたらさなかった。大使昇格によって相手国の歓心を買うといった小細工を彼が弄した形跡はない。スラブ民族から土地を奪ってゲルマン民族の「生存圏」を確保するには、そうした虚栄でなく、戦争に訴えなければならなかった。しかし、ある意味、清廉で質実剛健であり、また地位に恋々としないと繰り返した彼の性格からして、上流階級のきらびやかさに目を奪われることがあろうとは、想像困難である。ナポレオンがボナパルト家を地位と名誉で飾ろうとしたのは軍事的成功の後であったから、ヒトラーがヨーロッパ征服を実現していれば、そういうこともあったかもしれない。両者は、自分は一兵士だ、というのが口癖であった点で、よく似ているのである。

　とはいえ、ヒトラーは外交の意義を否定した訳でなかった。東ヨーロッパで戦争をするには、世界大国イギリスの中立が、いや、可能ならば同盟が望ましかった。この目的に忠実なコンスタンティン・フォン・ノイラートやヨアヒム・フォン・リッベントロップのような外交官を彼は重用した。独ソ不侵略条約はポーランド侵攻に役立った。これがなければ、英仏とソ連との東西二正面作戦を強いられたかもしれなかった。ただし、不侵略条約は目的が達せられると、ただの紙きれになり、独ソ戦が始まった。十九世紀的な外交官像が、国際法を尊重し、外国暮らしの長いコスモポリタンであったとすれば、戦間期におけるそれは、指導者に絶対服従する党員であった。元々カナダでワインのセールスマンをしていたリッベントロップが出世したのは、旧外交のしきたりに対する精通によってでなく、英語がうまかったことと忠実なナチス党員であったことによった。

　ついに1939年9月のポーランド侵攻によって、第二次大戦が勃発した。ポーランドは独ソ間で分割され、やがてリトアニア、エストニア、ラトビアのバルト三国も独立を失った。ポーランドへの攻撃に伴い、直ちに英仏はドイツに宣戦を布告した。理非を糺せば、共謀したソ連も同罪のはずであった。英米は戦後も、自国に駐在するバルト三国の領事達に職務を続けさせた。ソ連の領事官がバルト出身者達をソ連人と呼んで保護を買って出ることさえ許されなかった (48)。

　ヒトラーはヨーロッパ完全制覇の一歩手前にまで至り、大ドイツ帝国（ライヒ）と国号を改めた。ベネルクス三国、フランス北部、ポーランド、チェコは自治政府の樹立を認められなかっ

●第2章　ヨーロッパの拡大

た。同じドイツ系のオーストリアはもちろんであった。これら以外の打倒された国家の断片には傀儡国家を作り、対外活動を許した。戦前にチェコスロバキアから分離独立させたスロバキア、開戦後に屈服させたデンマーク、南部フランスのビシー政権、ユーゴスラビアから独立させたクロアチアが、この範疇であった。特に、ビシー政権は両陣営にとって微妙な存在であった。イギリスは、カイロにあったビシーの領事館が枢軸国の工作拠点とならないよう、エジプトに閉鎖を要求した。他方、奉天ではビシーは日本の友好国であったはずであったのに、その領事は、捕虜となった連合国の領事官に好意を寄せ、大胆にも窓から黒板をイギリス領事館に示したり、使用人を往来させたりして連絡を取った (49)。官吏といえども、正統性のない国家には忠誠心を持ちようがなかった。

連合国側に寝返ったイタリア王国から自立させたベニト・ムッソリーニのイタリア社会共和国も、これら諸国と同列に置くことができよう。ローマにあった日本大使館も落ちぶれた独裁者に従ってベネツィアやガルダ湖ほとりのサロを転々とし、最終的に、館員は温泉地のサルサ・マッジョーレに連合国側によって抑留された (50)。

また、時勢のゆきがかりでドイツと一緒にソ連と戦った諸国があった。ハンガリー、ルーマニア、フィンランド、ブルガリアがそれであった。これらは戦後、日独同様、敗戦国の処遇を受けることになる。中立国としては、スイス、スウェーデン、スペイン、ポルトガル、アイルランド、教皇庁、トルコ、アフガニスタンがあり、枢軸国からも連合国からも外交使節団を接受した。スウェーデン人のラウル・ワレンバーグは中立を利用し、ユダヤ人救出の為に在ハンガリー大使館で働いた。しかしスウェーデン本国は、占領地ノルウェーの隣国として、ドイツの兵士と武器の輸送に協力する屈辱を強いられた (51)。ドイツは遠いアジアの大東亜共栄圏の国々とも友好関係にあり、公使館を置いた。

これに対し、イギリスは、ヨーロッパでは中立諸国とだけでなくソ連とも緊密な関係を結び、アフリカと中東からナチス・ドイツを包囲する態勢にあった。また、インド亜大陸の植民地からは蒋介石が拠点とする重慶にまで援蒋ルートを伸ばし、大西洋上のアイスランドやポルトガル領アゾレス諸島を踏み石として、米州の国々と連絡した。ただしアイルランドは、なお植民地的な響きを持っていた高等弁務官の接受を拒否し、イギリスは「代表」という低位の使節しか派遣できなかった。それは見かけのうえでは、ドイツがこの中立国に送った特命全権公使に見劣りした (52)。

ソ連はレニングラード、モスクワ、スターリングラード（ボルゴグラード）を脅かされながらも、ドイツの猛攻に耐え抜いた。首都の官庁とともに、各国の大使館は一時、モスクワから870キロメートル東南東のサマーラに移された。当時、革命家の名を取ってクイビシェフと呼ばれた同地には、敵同士であった合衆国と日本の外交官がニアミス状態にあった。

日独がインドと中東を打ち抜いて握手するのは、この地図から想像されるよりも困難であった。

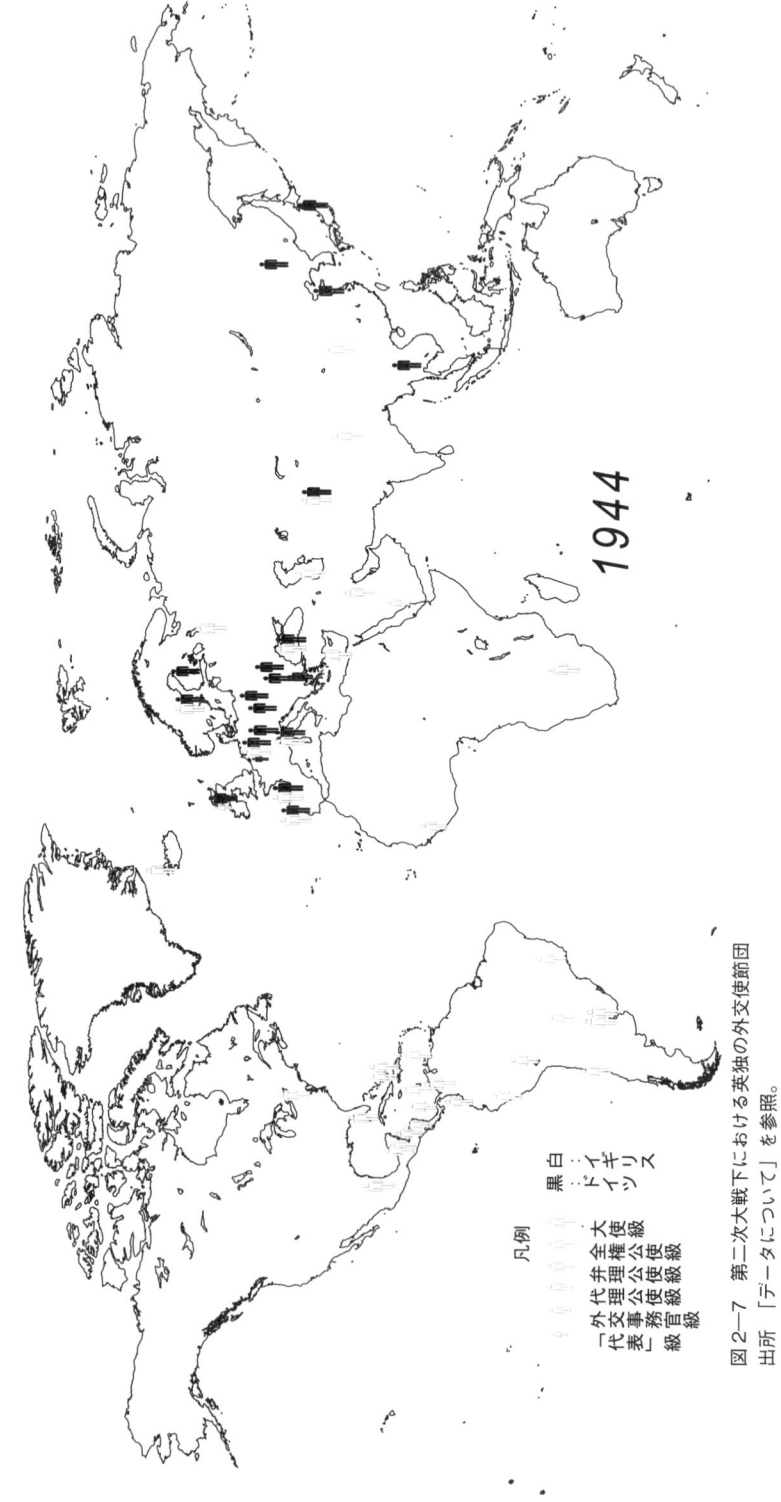

凡例　　　黒　白
　　　　　ド　イ
「外代代事務　イ　ギ
代表弁理務官　ツ　リ
表」理公級　　　　ス
級公使　　　　級
　使級
　級

図2-7　第二次大戦下における英独の外交使節団
出所　[データについて] を参照。

第 3 章　ヨーロッパの展開

冷戦──ハルシュタイン・ドクトリン

　戦後、ヤルタ体制がヨーロッパを支配した。これを外交関係の観点から見れば、主要戦勝国の仏英ソが多くの国に大使を派遣し、敗戦国のドイツは分割されて占領下に置かれたということである。他の枢軸国では、英仏は公使しか、つまりハンガリー、フィンランド、ブルガリア、ルーマニア、オーストリアに任命しなかった。ソ連は、フィンランドとオーストリアを除いてはそういうことはせず、特に衛星国には気前よく大使を派遣した。一般に、大使と公使の差別は大国自体が撤廃した。それは富士山型秩序の地滑りを意味した。

　1949年、西ドイツ（ドイツ連邦共和国）と東ドイツ（ドイツ民主共和国）が成立した。東ドイツ外務省は早速、大使をソ連、チェコスロバキア、ハンガリー、ポーランドに派遣した。これは既に行われた苦渋に満ちた譲歩の代償であった。ポーランドに対し、オーデル川とナイセ川を国境として、シロンスク（シュレジエン）などを割譲することに東ドイツは忍従していたのである。そればかりか、1954年になるまでソ連は、東ドイツの完全な主権を認めて高等弁務官を大使に切り替えようとはしなかった (53)。

　後れを取った西ドイツは、建国後しばらく、領事関係しか戦勝国に許されず、外務省と大使館の設置も1951年のことであった。ロンドンでの戦前の借家契約は切れていた。新大使館はウェストミンスター公爵家の地所であるベルグレイブ広場の美しい館を改築して1955年に開館した。なお、同じ広場に東ドイツ大使館も1973年に開館した (54)。そこは、東側諸国の大使館が集中したケンジントンからやや離れていた。他方、諸外国も西ドイツに大使館を開設した。それらの約半分は、官庁所在地であったボンの郊外、バトゴデスベルクに置かれた。

　分断の長期化は、NATO（北大西洋条約機構）への西ドイツ加盟（1955年）によって決定的になった。対抗して、ソ連と東ヨーロッパの計8か国は、ワルシャワ条約機構を同じ年に結成した。敵対する同盟間に東西ドイツは引き裂かれた。西は東をドイツ民主共和国ではなく「ソ連占領地区」と呼んだ。両者が不倶戴天の仲であることを如実に示したのが、ハルシュタイン・ドクトリンであった。それは、東ドイツを承認する国とは外交関係を断絶する西ドイツの政策であった。東ドイツに対する国家承認を抑止するその効果は絶大であった。適用された例として必ず引かれるのは、1957年におけるユーゴスラビアとの断交である。適用されなかった唯一の例外はソ連であった。NATO正式加盟から数か月後、西ドイツ宰相のコンラート・アデナウアーはモスクワを訪問し、特命全権大使の交換と大使館の設置に合意したのである (55)。

　冷戦期にヨーロッパを引き裂いたもう一本の亀裂はスペインであった。東側陣営のモンゴルが国連加盟を果たせない代償として、危うく西側陣営スペインの加盟も拒否されそうになった。この問題は実は中国情勢とリンケージしていた。台北は中国本土から逐われたにもかかわらず、外モンゴルを清朝以来の版図であると主張して、その独立を確定するモンゴルの国連加盟を認めようとしなかった。台北はまだ新規加盟に対して拒否権を行使できる常任理事国であったのである。そこで東側は盟友モンゴルの雪辱をしようと、ファシスト扱いされてスネに傷をもつフランコ体制を生贄に選んだ。1946年にはスペインの国連加盟を支持しないよう勧告した総会決議もなされていた (56)。ここで一転、意外にもラテンアメリカ諸国が旧宗主国スペインの

国連加盟支持に回り、東側の盟主ソ連もその数の力に配慮せざるを得なくなった。急転直下、加盟を1年待たされるはめになったのは結局、西側敗戦国の日本になってしまったのである。

表3-1 冷戦下のヨーロッパにおける外交使節の派遣・接受状況（1967年）

注 ●（大使級）＝4点、◎（全権公使級）＝3点、△（弁理公使級）＝2点、×（代理大公使級）＝1点。「データについて」を参照。

表3—1は、1967年のヨーロッパにおける外交関係を示す。西ドイツと東ドイツが、東西同盟間の断層であったことがよく分かる。例外は、双方に大使館を置いたソ連であった。なお、この年には、ルーマニアのニコラエ・チャウシェスク政権が西ドイツに乗り換えるドタバタがあった。ルーマニアは非同盟諸国会議にさえ代表を送った。東側諸国は「ファシズム」や「権威主義」と攻撃されたスペインとサラザール体制下のポルトガルにも大使を送らなかった。非同盟運動の盟主、チトーが率いたユーゴスラビアはソ連の衛星国に成り下がって独立を実質的に失うことを断固拒否し、コミンフォルムから除名されていた。しかし、スターリン死後はソ連と和解し、外交関係では足並みを一致させていた。敗戦国フィンランドはソ連に怯え続け、西ドイツも東ドイツも承認しなかった。小国が大国の意向に渋々追従させられることを「フィンランド化」というが、西ドイツ外務省次官のヴァルター・ハルシュタインその人がこの言葉を使ったという (57)。東側諸国は、教皇庁をも承認しなかった。「宗教はアヘンだ」と公言するマルクス主義者がキリスト教会と犬猿の仲であることに説明は不要であろう。

　神経質な外交関係は、核戦争や国内体制崩壊にまで対立がエスカレートしかねないリスクから逆算されたものであった。しかし総体として見れば、ヨーロッパはますます一体化した。アルバニアを除くワルシャワ条約機構諸国は、すべての組み合わせで大使を交換していた。NATOもほぼ完全であった。オーストリア、スウェーデン、スイス、ユーゴスラビアといった中立国は大国にひけを取らない外交力を誇った。東西ドイツとイベリア半島の亀裂は、山肌を削る渓谷であり、山塊自体を分断した訳でなかった。

大使館——小国差別の終わり

　戦後まもない1950年には、大使館は公使館より少なかった。それはちょうど、使節団長の大勢が全権公使から大使に切り替わろうとする時期にあたっていた。これ以前でも、公使より大使の方が両国の友好に繋がるなら、いっそどの国もすべての使節を大使にしてしまえば良かったのでないかと疑問が湧く。事実、大使と公使では、接受国の対応に雲泥の差があった。例えばそれより百年前、イギリスが大使館を公使館に降格させたことがあった。ところが、公使では元首に謁見できず、また第三国の大使に比べて不利であったので1860年には旧に復された (58)。

　とはいえ、大使館昇格にはデメリットもある。一番、確実なところからいえば、大使の方が高給であるので、金銭負担が上昇し、議会に予算を認めてもらう気苦労が増える。また、中小国には中小国のプライドがある。1950年には、オランダが大使を任命していなかった。それでも同国は国際司法裁判所の所在地であり、国際法や平和を大事にする国風で個性を発揮していた。福沢諭吉が「瘦我慢（やせがまん）」と呼んだのはまさにこれである。昇格の最大のデメリットは、国際秩序の攪乱である。A国の使節を大使にすると、先を越されたB国にとっては侮辱である。また、既に大使を据えているC国は、なぜA国と同列なのか、とおもしろくない。1950年でいうと、オランダ以外で大使館を持たなかった国は、アイスランド、アルバニア、シリア、モナコ、ルクセンブルク、レバノン、オーストリア、フィンランドであった。

ほとんどが敗戦国か小国かであり、こうした差別で他国は虚栄心を満たしていた。

　それにも拘わらず、外交使節の階級にはインフレーションの傾向がある(59)。**グラフ3—1**に見えるように、1967年になると弁理公使はいなくなり、全権公使もまれとなった。それを導いたのは同盟政治であった。「対等なパートナーシップ」がこの時代、流行した外交用語であった。総力戦であった冷戦を戦うには、小国の盟友にも相応の負担を求めなければならならず、おだてあけることも必要であった。大使館昇格は同盟国以外にも広がった。従来、スイスはベルンにフランス大使を迎える一方、公使しかパリに送らない変則的やり方を通していた。そうした国でも、戦後にはフランスに大使を送るようになり、1956年にはついに、公使館を大使館にする権限が議会から内閣に与えられた。平等思想が世界に行き渡ると、非友好国の公使館も昇格された。イギリスは1963年に東側のブルガリア、ハンガリー、ルーマニアの公使館を大使館に昇格させた。合衆国にとっても、断交中であった北イエメンを除き、東ヨーロッパ諸国（1964年のルーマニア、1967年のブルガリアとハンガリー）が最後の大使館昇格となった(60)。こうして公使館は消えた。

　公使が使節団の長となることは、今や臨時代理大使となる場合を除きまずない。しかし、それは大使館内のナンバー・ツーの位置付けを与えられて生き続けている。この風習は二十世紀初頭、イギリスの在仏大使館で、大使が留守になるとき、全権公使の階級を持った参事官が信任状を捧呈すれば都合が良いであろうというので始められたらしい。200人以上が働いているといわれるワシントンの日本大使館には、8人もの公使が2002年の時点でいた。そのうち1名は、特命全権公使の肩書が与えられる次席公使であった。他の公使は実際の階級は参事官であり、公使参事官とも呼ばれる(61)。

　仰々しい外交儀礼はすべての機能を失った訳でない。日本の官僚制では、本省の課長は地方自治体の部長に対応するようなことがままある。しかし、外交儀礼では、公使同士、参事官同士、書記官同士はどの国との間でも同格と扱われる。国際課題に諸国の外交官が協働して取り組むとき、同じ肩書を帯びるカウンターパートであることは相互の距離感を縮めよう。

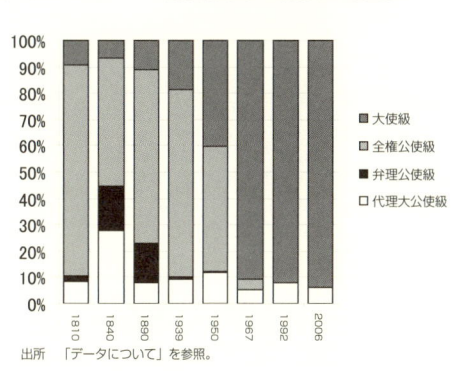

グラフ3—1　外交使節の階級の推移

出所　「データについて」を参照。

高等弁務官——コモンウェルス（英連邦）という家族

　公使館を大使館に変えたナショナリズムは、もう一つの変化をもたらした。それは高等弁務官であり、独立した旧または現イギリス諸領間に特有の使節である。ローナ・ロイドの研究に従いその過程を辿りたい。

　二十世紀初頭、イギリス植民地のなかでも、比較的に規模が大きく、自治政府を持ったカナダ（とニューファンドランド）、アイルランド、ニュージーランド、オーストラリア、南アフリカは、自治領と呼ばれていた。「君臨すれども統治せず」として知られる立憲君主制の原則が徹底されると、王または女王の代理人である総督だけが政治向きのことに携わるのは筋が通らなくなった。現地の議会で選出された首相が本国との交渉の重責を果たすのが議院内閣制における憲政の常道であるからである。そこで、本国との連絡役として、高等弁務官がやり取りされるようになった。1880年に、カナダがロンドンへの高等弁務官を任命したのが初めであり、1905年にニュージーランド、1910年にオーストラリア、1911年に南アフリカ、1918年にニューファンドランド、1922年にアイルランド自由国がこれに続いた。しかし、彼らは外交使節とは区別された。職掌は、移民・金融・通商その他利益一般を代表することであり、対応するイギリスの役所は外務省でなく植民地省、のちには自治領省、であった。イギリス本国の側もこれに応え、1928年以降、カナダ、南アフリカ、オーストラリアに高等弁務官を任命した(62)。

　第一次大戦後、帝国は既に求心力を失っていた。アイルランドと南アフリカは元々他の国家が征服されて傘下に収められた土地である。オーストラリアは日本の海軍力に恐れを抱いて、アメリカ合衆国を頼ろうとしていた。カナダには、戦勝に貢献したことによる自立した国家としての自信があった。これらにインドを含めた4国は、国際連盟の加盟国でさえあった。ついに、1931年のウェストミンスター法は自治領に完全な立法権を与え、直ちに同法を採択したカナダ、アイルランド自由国、南アフリカは主権国家の地位を獲得した。これら国家間のイギリス王冠に忠誠を誓う緩い結合は、コモンウェルス（英連邦）と命名された。それはしばしば「家族」に喩えられる。

　ところが、コモンウェルス加盟国間には、高等弁務官という外交使節の資格を持たない連絡官が往来しているに過ぎなかった。第二次大戦を経ると、カナダや南アフリカのように、大使を第三国と交換する国々が現れた。それなのに、家族の一員である高等弁務官には、外交団の末席どころかその資格もなかった。さらに、アイルランドは国制上の王との繋がりを断とうとし、インドも共和制に向かっていた。ブリテン島からの移民が多かった北米とオセアニアでも重大な変化が起きていた。大恐慌に伴い、コモンウェルスが経済ブロックを作ったことに嫉妬を感じていたアメリカ合衆国が、域内の特恵関税を廃止するよう迫ったのである。GATT（関税及び貿易に関する一般協定）のジュネーブ会議で、関税は大幅に引き下げられた。これらの遠心力ゆえに、コモンウェルスは一家離散の危機に瀕した。

　やむにやまれず、家長を自任してきたイギリスも折れ、1948年、首相会議は高等弁務官を大使と同等の階級とすることを支持した。一方で、その年にはミャンマーが、翌年にはアイルランドが、共和制への移行に伴い脱退した。ここで、「王冠への忠誠」がコモンウェルスの維

持の障害となった。それは、大統領などを元首とする国制と矛盾しかねないからである。

　1950年にはインドが共和国になる番であった。しかし、コモンウェルスからインドを抜けさせられない理由があった。両次の大戦で、帝国の防衛にインドは多大な貢献をした。イギリスは将来におけるアジア・アフリカ地域の共同防衛に対する期待ゆえに、インドとの二国間条約を検討した。ところが、インドが共和国になることによりコモンウェルスからの離脱を迫られれば、独立主権国家になった他のコモンウェルス加盟国は英印同盟の恩恵を被ることができなくなろう。そこでイギリスは、インドには引き続きコモンウェルスに加盟してもらい、有事には「家族」の道徳的絆に基づき来援してくれることを期待することにした。共和制への移行の雪崩現象を抑止する為「王冠への忠誠」を加盟要件とすることにもメリットはあったが、背に腹は代えられなかったのである。インドの方も脱退を望んでいた訳でなかったので、首相会議は、王を「独立コモンウェルス諸国の結合の象徴」と認めれば、同国は加盟国であり続けられることを了承した。これが先例となり、他の共和国も加盟国であることを許された[63]。

　次第に高等弁務官は、特権免除の享受、外交団長の就任、アグレマン同様の承認手続き、といった一般の大使と変わらない待遇を受けるようになった。しかし信任状捧呈には、例えばイギリスとオーストラリアのように、同一人物を元首とするがゆえに付きまとう困難があった。女王が女王自身に手紙を出すということは、常識では考えられない。そのような事情から、高等弁務官達はイギリス女王に謁見することはあっても信任状の捧呈は行わず、自国の首相から相手の首相に宛てた紹介状を渡す、というやり方が編み出された[64]。

　自治領省は1947年にコモンウェルス関係省に、1965年にコモンウェルス省に改称され、1968年に外務省と統合された。今でもイギリス外務省は、正式には外務コモンウェルス省という[65]。加盟国は他の外国と実際には変わるところがなくとも、高等弁務官の名称とそれが醸し出す家族的雰囲気だけは保存された。

　しかし挑戦もあった。最たるものは1961年作成のウィーン外交関係条約であったろう。会議に出された草案には、コモンウェルス内で行われている慣行と、いろいろな齟齬があった。特に、高等弁務官を大使級の使節として指定するかが議論となった。結局、第14条第1項aにおいて、大使と教皇大使と並び、「これらと同等の地位を有する他の使節団の長」を同一の階級とすることが承認された[66]。こうして、高等弁務官は国際法に根拠がある慣行となった。条約中、公使級と代理大使級には他の名称を許容する文言がないことが、この句がコモンウェルスの付けた足跡であることの証拠である。

　領事官についてはどうであろうか。かねてからカナダは物資を購入するエージェントをイギリスに送っており、1907年に貿易弁務官という名称になった。本来、コモンウェルス加盟国同士では、滞在先の政府が他加盟国国民の世話をしてくれるので、領事サービスの提供は不要であった。例えば、パスポートの発行がそうした事務であった。コモンウェルス域外の外国においても、自国の領事がいない国では、加盟国国民に対してイギリス領事が面倒を見てくれた。ところが、非白人の国であるインド、パキスタン、マラヤ、ナイジェリアなどが独立すると、それらが果たしてイギリス臣民の面倒を見てくれるのか、外国人として差別されないのか、

イギリスは不安になった。そこで同国は、首都では高等弁務官を、首都以外では副高等弁務官（deputy high commissioner）に自国民保護をさせることにした。現在も総領事館の代わりに、イギリスはラゴス、ムンバイ、コルカタ、チェンナイ、カラチに、カナダはラゴスに副高等弁務官事務所を置く。しかし、副高等弁務官でなく領事官を派遣したい、という加盟国は後を絶たず、1973年にそれを許可する決定がなされている(67)。

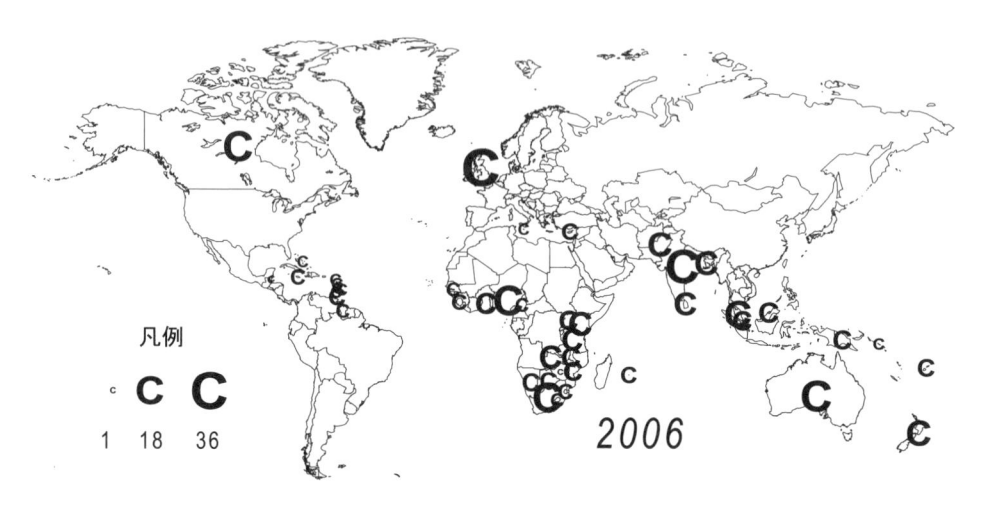

図3—1　コモンウェルス諸国が任命した高等弁務官の数
出所　「データについて」を参照。

　脱植民地化に伴い、コモンウェルスは急拡大した。1961年には11か国であったのが、1973年には3倍に膨れあがった(68)。2006年における各国の高等弁務官任命数は、**図2—3**のイギリス植民地（総）領事分布と対応するかのようである。ただし、モザンビークだけは例外的にイギリスの植民地であった過去がない(69)。コモンウェルスは、様々な法や制度を共有するばかりでなく、「オックスブリッジ、サンドハースト陸軍士官学校、シェークスピア、欽定訳聖書がすべて生粋の繋がりだ」といわれた(70)。これらはそのまま、植民地の遺産である。コモンウェルスはクリケット仲間でもある。
　しかし、コモンウェルスのもたらす身内感は文化面に止まらない。アパルトヘイトへの反対で、加盟国は目覚ましい連帯を示した。人種差別をやめない元加盟国の南アフリカへの共同行動は、家出息子を説得する家族を思わせた。人権という共通利益は、国際法による強制には馴染まないところがある。大使という他人でなく、高等弁務官という身内が「家風」として説得する方が受け入れやすいかもしれない。帝国の記憶により負の遺産だけでなく、十九世紀的文明の古き良き伝統をも連想させようとするところが、あの老大国のしぶといところである。
　こうした伝統を、王冠という象徴が引き受けている。イギリスでは現代でも、新任の大使は

2頭だての馬車に迎えられて大使公邸からバッキンガム宮殿に参上し、信任状を捧呈するという。なお日本でも、馬車のお迎えがあるのは有名である。東京駅から皇居までの指呼の間に過ぎないが (71)。

KGB——諜報と防諜

　ジョージ・F・ケナンによると、ソ連共産党の行動の源泉は、建国当初から、反革命や対外戦争で脅かされたことによる外界への恐怖心であったという。第二次大戦でナチス・ドイツを打倒したものの、戦後は広島と長崎に原爆を投下し、東ヨーロッパの共産化に反感を募らせるアメリカ合衆国の軍事力に直面した。モスクワの外国公館に対する情報収集は1920年代に始まり、大使館の使用人に内情をスパイさせていたという (72)。ケナンが1952年に駐ソ大使として着任したとき、大使館はさらに民衆から遠ざけられ、さらに当局から浸透されていた。

　例えば、戦時中までは、党と警察により公認されたモスクワ市民が館員と交流することが許されていた。しかし、それも事実上、不可能になっていた。また、盗聴装置は絶えず高度化した。ケナンのときには、室内で声がしないと作動しない為発見が困難なものが、大使の部屋の、ソ連からの贈り物であった合衆国の紋章のなかに仕込まれていた。1960年代は金属探知器に引っかからないよう竹筒に装置が隠されていた。1985年には新築中の大使館事務所から大量の盗聴装置が発見され、建設が中断された。国務省は、資材から輸入するほど神経を尖らせなければならなかった (73)。

　ケナンがこうした状況を、ナチス・ドイツによる抑留経験と比較して正直に、「街路を歩くだけの権利」しか与えられていないと発言したところ、ソ連当局によりモスクワ勤務を拒否され、離任を迫られた。とはいえ、彼は決してソ連の敵ではなかった。彼は、大使館を品位に欠ける目的に使うべきでない、という意見の主であった。駐在武官が屋上で軍事パレードでの軍用機を撮影することについての苦言がおもしろい。その写真を撮る姿をソ連側が撮影し、それをまた大使館側が撮影していたという。ケナンはそうした公館の悪用をやめるように命令した。戦争防止という、大使館の他に代えがたい有用性は、情報収集より優先すべきものであった。ところが、彼の離任後の1953年、CIA（中央情報局）の支局がモスクワ大使館内に置かれ、スパイ活動はエスカレートした。もはや何も信じられなかった。チェコスロバキアでは、合衆国大使館に対する監視は、向かいの教会の改修作業を偽装してまで行われたという話がある (74)。

　「大使は尊敬すべきスパイ」とは古い警句である (75)。冷戦下の「鉄のカーテン」は、大使館をスパイ活動に不可欠な施設とした。工作員は正体を晒せば当然、国外追放処分となる。日本のようにスパイ罪がなくても、協力者が守秘義務に違反して供述したり文書を手渡したりすれば事件になる。便宜供与に対して工作員が報酬を与えるならば、贈賄罪に問われるかもしれない。暗殺や住居侵入が犯罪であるのは言を俟たない。

　冷戦中、確実かつ合法的に滞在できる身分は、外交官、そしてソ連の場合、タス通信記者やアエロフロート職員など特定のものに限られたろう。最も確実であったのは外交官であった。しかもそれは、不逮捕などの特権免除を享受するという点でも好都合であった。それゆえ、

KGB（国家保安委員会）やGRU（参謀本部情報総局）の駐在官は、大使館員や領事館員のカバーを利用した。ただし、同じ大使館内でも、外交官と諜報将校との指揮系統は分離された。外交官のトップであり外務省の指揮下にある大使でさえ、KGBには口出しできないとされた。おそらく本当であろうが、FBI（連邦捜査局）のような防諜当局は、自国内で東側大使館員が出したゴミを調査したという (76)。

1980年代前半には、日本でもソ連絡みのスパイ事件が相次いだ。1980年に発覚した宮永事件では、自衛隊陸将補などがGRUに防衛情報を提供していた。1982年、『新時代』（ノーボエ・ブレーミャ）誌記者であったスタニスラフ・A・レフチェンコが、政治家や新聞記者をエージェントとしてリクルートしていたというレフチェンコ証言が話題を呼んだ。1983年には、一等書記官が科学技術をスパイしたビノグラードフ事件が露見した。今はもちろん違うであろうが、レフチェンコがKGB将校の身分で初来日をしたとき、麻布台にある大使館の10階と11階にKGB支局があったという (77)。

KGBは、ソ連人だけでなく衛星国の工作員をも使っていた。やはり1980年代初頭、東京に駐在した共産圏15か国の大使館員161名中、大多数が諜報部員であったという説がある。任務は主に日本の先端技術を盗むことであったという (78)。それから30年近くが経つが、今でも日本はスパイ天国なのであろうか。

では、スパイを防ぐにはどうすればよいのであろう。まず、公安による摘発が考えられる。モスクワのフランス大使館で、テレックスをソ連が傍受していたのが発覚したことがあった。フランソワ・ミッテラン大統領は激怒し、かねて内通者から得ていた資料から、KGBとGRUの将校を含む47人を国外追放した。この年、すなわち1983年に追放されたソ連の外交官は、世界全体で148人に上ったという。スパイの逮捕や追放は、それほどセンセーショナルでない日常的な事件である。日本の防衛駐在官も真偽はともかく、行き過ぎた偵察をしたとして、1987年にソ連から退去を求められた (79)。

しかし、一罰百戒で、将来の工作を完全に抑止できる訳でない。発覚は氷山の一角に過ぎないであろうし、仮に摘発できても、ソ連として見れば、何億円もの価値がある情報が得られるならば、不逮捕特権を持つKGB将校が一人国外追放を食らったところで十分、元は取れたであろうからである。

そこで冷戦中取られた対策が、外交官の人数削減である。1985年、軍事技術の漏洩に業を煮やしたアメリカ合衆国は、ソ連に減員を要求した。当時、ソ連には260名しか合衆国外交官はいなかったのに対し、合衆国には980名ものソ連外交官がいたという。同じころ、総領事館に過ぎないサンフランシスコのソ連公館には百人以上が勤務していた。海軍基地とシリコンバレーの情報が目当てであった、と憶測されていた (80)。

使節団職員の数を合理的範囲内に減らすよう要求することは、ウィーン外交関係条約第11条第1項により接受国に与えられた権利である。日本もまた、一定の国と相互主義に基づいて互いの大使館員の定員枠を設定していたが、ソ連はその対象であった。その他の制限として旅行制限がある。ソ連はモスクワから40キロメートル以内しか自由に移動できなくしたので、

日本も日本橋から40キロメートルに移動を制限した。領事官についても、日ソ領事条約によって、好ましくない人物の任命を拒否し、着任後にも帰国を求めることができるとした(81)。
　しかし、工作員の摘発や館員の人数削減を断行するには、関係悪化を覚悟する必要がある。1961年、アルバニアがソ連大使館員を告発し、大使館の減員を要求した。ソ連の側は、駐アルバニア大使を召還する対抗措置を取った。既に、中ソ論争が社会主義世界で同志達の仲を引き裂いていた。アルバニアの指導者エンベル・ホジャは、親中路線に舵を切っていた。人数削減の要求は、手切れの儀式に過ぎない場合さえある。
　大使館が行う諜報活動には、必ずしも違法でないこともある。例えば、「積極工作」は相手の行動を自らに有利に誘導すること一般を指すが、特に情報操作の意味で使われることが多い。捏造や誇張した情報によって敵を欺く「逆情報」（ディスインフォメーション）は、古来、兵法が「兵は詭道なり」と説いてきたことである。大使館はこうした工作の拠点であり続けるであろう。かつてはプロパガンダという表現が使われたが、今では「ワード・ポリティクス」という気の利いた表現もされている(82)。この無垢な新語にも、いつの日か、虚偽の情報を含む悪意のこもった諜報戦というニュアンスがこびり付かないとも限らない。旧ソ連でKGBは、あたかも、国家の真の中枢であるかのようであった。その職員としての前歴があったウラジミル・プーチンは2008年まで8年間、大統領に在任した。ソ連が解散した為、KGBは消滅し、ロシア連邦の対外諜報庁（SVR）がその一機能を担っている。それが遺産の完全なる継承者であるかは分からない。
　ケナンが嘆いた時代、スパイの国際的な規制は不可能であった。国外追放という一方的措置や、人員制限という二国間合意だけでなく、善意を蝕む行動を国際的に規制できないか、再検討する必要はないであろうか。

デタント——両独基本条約下の常駐代表部
　ドイツの分断がベルリンの壁建設と東ドイツの地位向上によって固定化すると、西では独自に事態を打開しようとする動きが現れた。1966年、それまで政権を担当してきたキリスト教民主連合／キリスト教社会連合（CDU／CSU）は、長年のライバルであった社会民主党（SPD）との大連立に追い込まれた。外相になったのはベルリン市長を勤めたSPD党首、ビリー・ブラントであった。
　ハルシュタイン・ドクトリンは、1967年までは厳格に守られた。西ドイツが90数か国に大使館を置いていたのに対し、東ドイツは13か国に過ぎなかった。その大使館はヨーロッパ以外では、中国、アルバニア、北ベトナム、モンゴル、キューバだけであり、これらは筋金入りの社会主義国であった。1969年になって、カンボジアがキューバ以来、6年ぶりに東ドイツを承認した。西ドイツは通例通りカンボジアと国交を断絶した。これがハルシュタイン・ドクトリンの最後の発動となった。この直後、東を承認した国との国交を必ずしも断絶しないことを、西は決定した(83)。カンボジアの後、イラク、スーダン、シリア、南イエメン、エジプトが東を承認した。これに先立つ1965年に東の指導者、バルター・ウルブリヒトはエジプトを訪問

して友好関係を培っていたが、詳細は第7章で述べる。

　SPDは総選挙に勝利し、1969年にブラントが首相に就任した。ウルブリヒトは、早速彼に両者間の平等な関係を設定する条約案を送付した。西ドイツが、一つの国民を強調する一方、東ドイツは主権国家間の関係を力説した。翌年には、エルフルトとカッセルで2回にわたって首相同士が会談した。ブラントの東方外交は、ソ連とのモスクワ条約と、ポーランドとのワルシャワ条約という成果を上げた。ともに、平和的紛争処理、領土保全、武力不行使を約束し、西ドイツにとっては、オーデル・ナイセ線以東の旧領を請求できなくなる代償を伴った。東ドイツの承認国は増加した。1971年末までに、アフリカ諸国を中心に29か国が承認していた。その翌年には、バングラデシュとインドが承認した。しかし、NATO、日本、ANZUSのような西側同盟国は、当事国同士の交渉が妥結するまで承認を見送った。

　両独間基本条約の仮署名に漕ぎ着けたのは、1972年11月であった。主眼は「正常な善隣関係」の樹立にあり、別個の存在としての承認を求めてきた東の目標が叶えられたものと見ることができた。また、西の領域内では西が、東の領域内では東が主権を持つことが明記された。ただし、なおも東を国家と認めない西の主張も反映され、双方は大使館でなく「常駐代表部」を設置しあうことになった。ただし、代表が肩書上、大使であったこともある。これを見届けて翌日、米仏ソ英が共同声明を発し、両ドイツの国連加盟を支持すると請けあった。同時加盟は1973年9月の総会決議で実現した。

　仮署名後、東ドイツの承認国は、パキスタンやイランのような親米国、さらに中立国のフィンランド（発効は翌年1月）とスイスなどに広がった。一ヶ月余りのち本署名が行われると、流れは勢いを増し、年末までに承認国は54か国に至った。既にNATO加盟国のベルギーは承認を済ませ、翌年にはオランダ、ルクセンブルク、デンマーク、アイスランド、ノルウェー、イタリア、イギリス、フランスが追随した (84)。5月、日本も外交関係樹立と大使交換の覚書に署名した。ハルシュタイン・ドクトリンへの回帰は、もはや不可能となった。

　東西間のすべての懸案が解決した訳でなかった。西側諸国は、西ベルリンを西ドイツの一部と見なさず、自治地区と見なしていた。同様に、東ベルリンの東ドイツへの帰属も認められないことであった。それゆえ基本条約には、ボン及び東ベルリンは「政府所在地」と表記された。東ベルリンの法的地位は未確定である、との立場は維持しながら、事実上の首都である同市に大使館を開設する矛盾を乗り越える為、西側諸国は小手先の対応をした。未解決の東ベルリンにある大使館を「在東ドイツ」大使館（Embassy in the German Democratic Republic）とする訳にいかないので、「東ドイツへの」大使館（Embassy to the German Democratic Republic）と英米は呼ぶことにした (85)。

　デタント（緊張緩和）の集大成は1975年に署名されたヨーロッパ安全保障協力会議（CSCE）の最終議定書であった。そこでは、安全保障、経済、人権の3つのバスケット（争点）での一定の見解が示された。この作成には、アルバニアを除く全ヨーロッパ諸国、アメリカ合衆国、カナダが参加した。大使と公使との峻別が消えたように、「巨頭会談」は流行らなくなっていた。中小国に発言の機会が与えられただけでなかった。ヨーロッパ中の国々が、実施の責任を市民

に対して負うことになった。もちろん、東西両ドイツとも会議に参加し、ブラントとウルブリヒトの後任、ヘルムート・シュミットとエーリッヒ・ホーネッカーがアルファベット順の座席位置で隣り合わせになった。彼らは小部屋で2回、差しで会談した(86)。

しかし、デタントの流れは水を差された。1979年のソ連によるアフガニスタン侵攻が転換点であったといわれる。ポーランドを巡っては、ゼネストのなかから発生した自主管理労組「連帯」の動向が、世界の耳目を集めた。ついに1981年、政府は戒厳令を布告し、弾圧に着手した。この直後、ポーランドの駐米大使と駐日大使がアメリカ合衆国に亡命した。駐日大使の方はズジスワフ・ルラッシュといい、欠席裁判のもと母国によって死刑判決が下された。やがてポーランドでも、ビロード革命によって共産党は権力から追われ、連帯の議長であったレフ・ワレサが大統領となった。それでも、ルラッシュの死刑判決は取り消されず、市民権も回復しなかった。2007年に76歳で没するまで、彼は祖国に帰らなかった。民主化に尽くしながら裏切り者として没した大使の遺族に、アメリカ合衆国の駐ポーランド大使は哀悼の意を表した(87)。

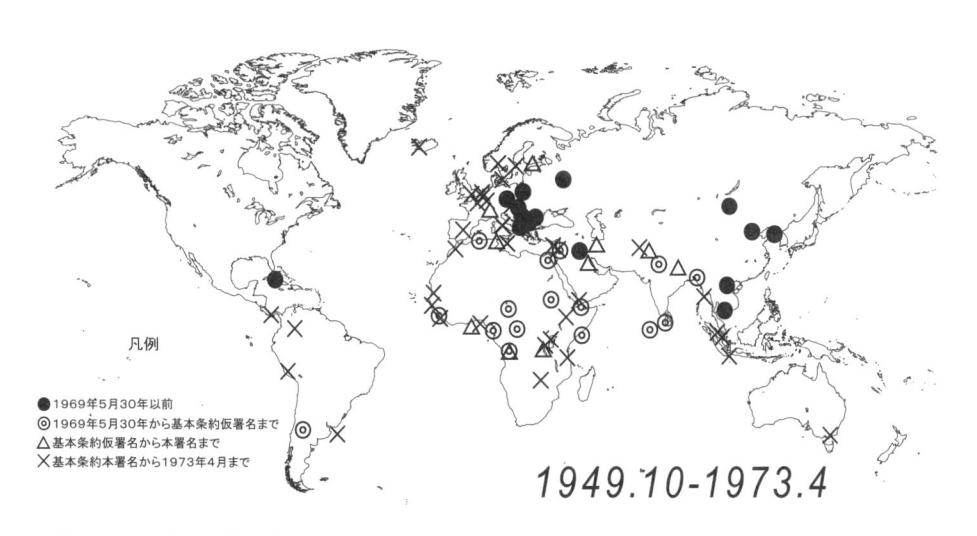

図3—2 東ドイツ承認の広がり
出所 次をもとに作成。外務省「東欧資料No.73—2 東独の外交関係設定状況」1973年2月20日。

冷戦終結——ドイツ統一とソ連崩壊

ソ連共産党のミハイル・S・ゴルバチョフ書記長のもと、新思考外交が始まった。国内改革のペレストロイカとともに、それは過去の全否定であった。1989年には、東ヨーロッパ諸国のなかに体制を自由民主主義に変化させる国が現れた。東ドイツの指導部は時流に抵抗したものの、比較的に移動が容易であったハンガリーやチェコスロバキアまで行き、そこから西側に脱出しようと試みる市民が後を絶たなかった。ブダペストやプラハの西ドイツ大使館には、東

ドイツ市民が殺到して西ドイツのパスポートを要求した。脱出は最終的には許された。かねて西ドイツは、ドイツ国民は一つとして東ドイツ居住者をも自国民と見なしていた。ただしアメリカ合衆国のように、東ドイツ市民を西ドイツ総領事が自国内で保護することを認めなかった国もあった(88)。ベルリンの壁が破られ、移動を妨げるものはなくなった。ついに12月、アメリカ合衆国のジョージ・H・W・ブッシュ大統領とゴルバチョフ書記長は嵐のマルタで冷戦の終結を宣言した。

　その余波の最大の出来事といえば、東西ドイツの再統一とソ連の崩壊であろう。ドイツ再統一は1990年10月3日であった。それは東の西への吸収という形式をとり、当初はボンに政府機関が残った為、東ベルリンの各国大使館は不要となった。日本大使館も再統一と同日、西側のベルリン自由大学近隣にあった総領事館の別館とされた。しばらくして、統一国家の外交機能が数十年ぶりにベルリンへ帰ると、日本大使館もティアガルテン公園南隣の大使館街に移転した。ここは戦前の日本大使館の跡地であり、ベルリン日独センターとして利用されていたものであった(89)。合衆国大使館もブランデンブルク門があるパリ広場の故地へと戻ってきた。

　ソ連は東ヨーロッパの民主化は容認したものの、構成国の独立まで認めて「自殺」するつもりはなかった。しかし、8月クーデターによるゴルバチョフと保守派の威信失墜によって、解体は不可避となった。1991年の9月にバルト三国が独立、12月にソ連が消滅した。バルト三国は早速同月中に国連加盟を果たし、独立国としての地歩を固めた。独立国家共同体(CIS)を結成した他の新独立国の加盟は翌年3月以降に持ち越された。ウクライナとベラルーシはソ連に属しながらも国連の原加盟国であったので、改めて手続きは取られなかった。ただし、ベラルーシは独立に先立ち、白ロシア（ビェロルシア）からの改称を通告した。

　新独立諸国(NIS)は、英米仏や北欧を手始めに大使館の開設に取りかかった。他方、1992年初頭の住所録を見ると、合衆国が早くもアルメニア、ウクライナ、カザフスタン、キルギスタン、ベラルーシへの大使を任命し、おそらく一番乗りを果たしていたことが分かる。独立を支持し、地政学上のフロンティアに関与する積極的な意思を示したのである。その為には、大使館を新築する余裕はなかった。既存の旧コムソモル（共産主義青年同盟）本部や官庁の旧庁舎などが借りあげられた。その任務を与えられたのは、ハンガリー生まれの元駐ハンガリー大使であった(90)。

　NISの首都に置かれた大使館の数では、最多はいうまでもなくモスクワである。2006年には、キエフ、アスタナ、ミンスクがこれに続いた。アスタナ（旧アクモラ）とはカザフスタンの首都であり、アルマティから1997年に遷都された。アルマティが国土の南東隅に著しく偏るのに対し、アスタナは中央からやや北東に位置する。新首都の都市計画は建築家の黒川紀章によった。住所録によると、政府に従って移転した大使館は、中国始め幾つかに過ぎないことになっているものの、実は日本大使館も2005年に移転を済ませている。アルマティに所在する旧大使館は出張駐在官事務所となった(91)。

　NISは、いつまでもこの呼称が含意するような抽象的存在ではいられない。既にCISのなかにも、覇権国ロシアと、それ対抗するGUAMの相克が起きている。GUAMとはグルジ

ア、ウクライナ、アゼルバイジャン、モルドバの頭文字を繋げたものであり、「民主主義・経済発展の為の機構」と説明書きを付けて呼ばれる。カスピ海の油田・ガス田・パイプラインを巡る利権が、この対立には絡むという。グルジアとウクライナは黒海に面している。黒海がNATOの海であるとすれば、それらには艦隊が横付けできる。ロシアがこれを拒否すれば第二次クリミア戦争にならないとも限らない。カフカスにはエスニシティを巡る紛争があまりに多い。例えばアルメニアは、ナゴルノ・カラバフの領有を争うアゼルバイジャン、そして第一次大戦期の虐殺を巡る歴史認識が食い違うトルコと大使交換をしていない。2008年夏、グルジアが、分離を求める南オセチア自治州に対して武力行使をした。ロシアも対抗して介入し、南オセチアとアブハジア自治共和国を含むグルジア領を占領した。既に、ロシアは両地域を独立国家として承認している。外交のチェス盤の次の一手は何であろうか。

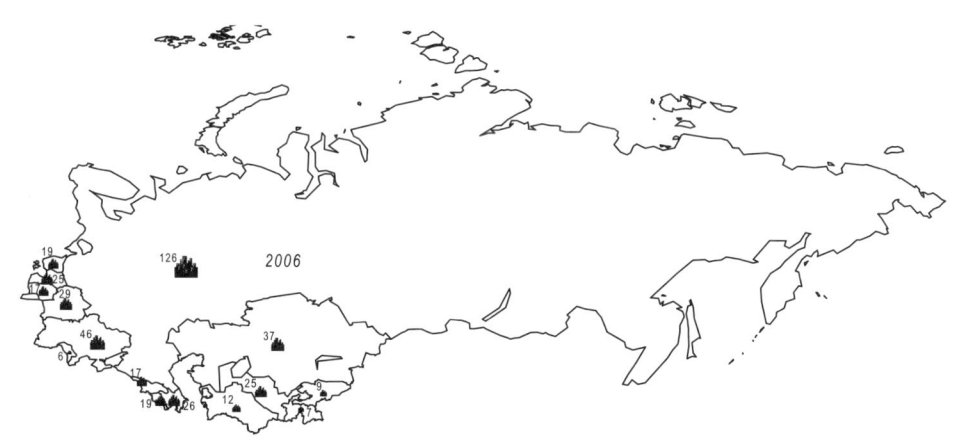

図3—3　新独立諸国の外交使節団接受数
出所　「データについて」を参照。

欧州連合——世界2位の在ブリュッセル外交団

　一つになったヨーロッパは、町内の隣人達に喩えられよう。大国も小国もなく、大使を交換しあっている。数学のグラフ理論には「完全グラフ」という概念がある。一口でいえば、すべてがすべてに対して関係を持つパターンである。ヨーロッパはこれに近づいている。つまり、ほとんどすべての国がすべての国と外交使節団を交換している。2006年を取ると、**図3—4**のように、21か国が完全グラフを成している。国名がイニシャルだけで分かりにくいのは許してもらいたい。実はあと2か国、ウクライナ、スロバキア、ノルウェー、ポルトガルのなかから加えて23か国にすることもできる。

　とりわけ、欧州連合（EU）諸国間で関係が緊密であることは**表3—2**から分かる。EUには、欧州議会があるストラスブールや欧州中央銀行（ECB）があるフランクフルトを含めて中心地が幾つかある。しかし一般には、本部があるベルギーのブリュッセルが首都と目されている。

表3—2　現代のヨーロッパにおける外交使節の派遣・接受状況（2006年）

		派遣国																			
										ヨーロッパ連合											
		フランス	イギリス	ドイツ	イタリア	ポーランド	オランダ	ギリシア	オーストリア	チェコ共和国	スペイン	スウェーデン	ハンガリー	フィンランド	ベルギー	デンマーク	ポルトガル	スロバキア	アイルランド	スロベニア	エストニア	リトアニア
接受国 / ヨーロッパ連合	フランス		●	●	●	●	●	●	●	●	●	●	●	●	●	●	●	●	●	●	●	●
	オーストリア	●	●	●	●	●	●	●		●	●	●	●	●	●	●	●	●	●	●	●	●
	ベルギー	●	●	●	●	●	●	●	●	●	●	●	●	●		●	●	●	●	●	●	●
	ドイツ	●	●		●	●	●	●	●	●	●	●	●	●	●	●	●	●	●	●	●	●
	イタリア	●	●	●		●	●	●	●	●	●	●	●	●	●	●	●	●	●	●	●	●
	イギリス	●		●	●	×	●	●	●	●	●	●	●	●	●	●	●	×	●	●	●	●
	スペイン	●	●	●	●	●	●	●	●	●		●	●	●	●	●	●	●	●	●	●	●
	ポーランド	●	●	●	●		●	×	●	●	●	●	●	●	●	●	●	●	●	●	●	●
	ギリシア	●	●	●	●	●	●		●	●	●	●	●	●	●	●	●	●	●	●	●	●
	デンマーク	●	●	●	●	●	●	●	●	●	●	●	●	●	●		●	●	●	●	●	●
	チェコ共和国	●	●	●	●	●	●	●	●		●	●	●	●	●	●	●	●	●	●	●	●
	ハンガリー	●	●	●	●	●	●	●	●	●	●	●		●	●	●	●	●	●	●	●	●
	スウェーデン	●	●	●	●	●	●	●	●	●	●		●	●	●	●	●	×	●	●	●	●
	ポルトガル	●	●	●	●	●	●	●	●	●	●	●	●	●	●	●		●	●	●	●	×
	オランダ	●	●	●	●	●		●	●	●	●	●	●	●	●	●	●	●	×	●	●	●
	フィンランド	●	●	●	●	●	●	●	●	●	●	●	×		●	●	●	●	●	●	●	●
	アイルランド	●	●	●	●	×	●	●	●	●	●	●	●	●	●	●	●	●		●	●	●
	スロバキア	●	●	●	●	●	●	●	●	●	●	×	●	●	●	●	●		●	●	●	●
	スロベニア	●	●	●	●	●	●	●	●	●	●	●	●	●	●	●	●	●		●	●	●
	ラトビア	●	●	●	●	●	●	●	●	●	●	●	●	●	●	●	●	●	●		●	●
	キプロス	●	●	●	●		●	●		●	●	●	●	●	●	●	●		●	×	●	●
	リトアニア	●	●	●	●	●	●	●	●	●	●	●	●	●	●	●	●	●	●	●	●	
	エストニア	●	●	●	●	●	●	●	●	●	●	●	●	●	●	●	●	●	●	●		●
	ルクセンブルク	●	●	●	●	●	●	●	●	●	●		●		●	●	●		●			
	マルタ	●	●	●	●		●	●		●	●		●		●	●	●					
他NATO	トルコ	●	●	●	●	×	●	●	●	●	●	●	●	●	●	●	●	●	●	●	●	●
	ルーマニア	●	●	●	●	●	●	●	●	●	●	●	●	●	●	●	●	●	●	●	●	●
	ブルガリア	●	●	●	●	●	●	●	●	●	●	●	●	●	●	●	●	●	●	●	●	●
	ノルウェー	●	●	●	●	●	●	●	●	●	●	●	●	●	●	●	●	●	●	●	●	×
	アイスランド	●	●	●	●		●				●	●		●		●						
独立国家共同体	ロシア	●	●	●	×	●	●	●	●	●	●	●	●	●	●	●	●	●	●	●	●	●
	ウクライナ	●	●	●	●	●	●	●	●	●	●	●	●	●	●	●	●	●	●	●	●	●
	ベラルーシ	●	●	●	●	●		●	×													●
	グルジア	●	●	●	●	●	●			●												●
	アゼルバイジャン	●	●	●	●	●																
	モルドバ	●	●	●		●			×													
	アルメニア	●	●	●				●														
その他	スイス	●	●	●	●	●	●	●	●	●	●	●	●	●	●	●	●	●	●	●		
	セルビア	●	●	●	●	●	●	●	●	●	●	●	●	●	●	●	●	●				
	教皇庁	●		●	●	●	●	●	●	●	●		●		●	●	●	●	●			
	クロアチア	●	●	●	●	●	●	●	●	●	●	●	●		●	●	●	●				
	ボスニア	●	●	●	●	●	●	●	●	●		●	●		●	●			●			
	マケドニア	●	●	●	●	●	●	●	●	●		●	●		●				●			
	アルバニア	●	●	●	●	●	●	●	●	●	●		●		×							
	アンドラ	●							●							●						
	サンマリノ				●																	
	モナコ	●																				
	モンテネグロ							×			●		×							×		
	総計	180	172	172	168	152	152	145	145	142	140	137	134	132	128	125	120	115	109	105	92	90

注　●（大使級）＝4点、◎（全権公使級）＝3点、△（弁理公使級）＝2点、×（代理大公使級）＝1点。
「データについて」を参照。

				派遣国																						
				その他NATO					独立国家共同体							その他										
ラトビア	キプロス	ルクセンブルク	マルタ	トルコ	ルーマニア	ブルガリア	ノルウェー	アイスランド	ロシア	ウクライナ	ベラルーシ	グルジア	アゼルバイジャン	モルドバ	アルメニア	教皇庁	スイス	クロアチア	セルビア	アルバニア	マケドニア	モナコ	サンマリノ	リヒテンシュタイン	アンドラ	総計
●	●	●	●	●	●	●	●	●	●	●	●	●	●	●	●	●	●	●	●	●	●	●	●	●	●	180
●	●	●	●	●	●	●	●	●	●	●	●	●	●	●	●	●	●	●	●	●	●	●	●	●	●	180
●	×	●	●	●	●	●	●	●	●	●	●	●	●	●	●	●	●	●	●	●	●	●	●	●	×	178
●	●	●	●	●	●	●	●	×	●	●	●	●	●	●	●	●	●	●	●	●	●	●	●	●	●	176
●	●	●	●	●	●	●	●	●	●	●	●	●	●	●	●	●	●	●	●	●	●	●	●	●	●	173
●	●	●	●	●	●	●	●	●	●	●	●	●	●	●	●	●	●	●	●	×	●	●	●	●	×	160
●	●	●	●	●	●	●	●	●	×	●	●	●	●	●	●	●	●	●	●	×	●	●	●	●	×	158
●	●	●	●	●	×	●	●	●	●	●	●	●	●	●	●	●	●	●	×	●	●					151
●	●	●	●	●	●	●	●	●	●	●	●	●	●	●	●	●	●	●	●							148
●	●	●	●	●	●	●	●	●	●	●	×	●				●	●	●	●	×						141
●	●	●	●	●	●	●	●		●	●		●		●	●	●	●	●	●							141
	●		●	●	●	●	●		●	●	×		●	●		●	●	●	●	×						138
●				●	●	●	●	●	●	×		●				●	●	●	●							135
●	●	●		●	●	●	●		●	●	●	●				●	●	●	●						×	134
●	●			●	●	●	●		●	●	●					●	●	●	●							134
●	●			●	●	●	●		●	●						●	●	●								125
●	●			●	●	●	●		●	×						●	●									118
				●	●	●	●		●	●	●					●	●	×			●					106
				●	●	●	●		●	●						●	●	×								101
					●	●	●		●	●		●	×			●		●								101
					●	●	●		●	●		●			●	●										89
●				●	●		●		●	●						●										88
●					●		●		●							●										80
					●				●							●										72
									●																	48
					●	●	●		●	●	●	●	●	●	●	●										141
				●	●	●	●		●	●	●					●										132
	×			●	●	●			●	●						●	●									129
●				●	×	●		●	●							●										110
							●		●																	32
●	●		●	●	●	●	●		●	●	●	●	●	●	●	●	●	●	●	×	●					162
●	●		●	●	●	●	●									●	●	●	●	●						136
●				●	×	×	●			●	●					●	●		●							67
				●	●					●	●				●	●										64
				●	●	●			●	●						●										56
				●	●	●			●	●																49
				●	●	●			●	●																48
	●			●	●	●			●	●						●		●	●	●		●		●		132
	×			●	×	●			●	●						●	×		●	●		●	●			115
				●	●	●			●							●			●	●	●					112
				●	●	●			×	●						●			●							109
			●	●	●	●			●	●						●	×	●	●		×					98
				●	●	●			●	●						●		●	●							80
				●	●	●			●							●	●	×	●							74
																●										12
																●										8
																										4
																										3
88	71	60	48	152	144	141	132	41	169	135	86	76	72	61	56	132	126	124	113	89	74	28	24	16	15	

この国は、十九世紀にロンドン会議という外交会議により独立が承認された。それに王制のもとに貴族外交官が栄えた伝統が加わり、外交を大事にする。各国は外交リストを発行して外交官の便宜に供しているが、ベルギーのそれは、光沢紙にアルベール二世以下の王室の写真やレストランなどの広告がカラフルに印刷された豪華版である。2006 年版では、171 人の大使が認証され、169 の大使館があることになっている。ベルギーにある大使館の数はアメリカ合衆国に次いで世界 2 位である。もちろん、中国、フランス、イギリスの上である。EU の存在感が一役買っていることは間違いない。ベルギー自体も含め、176 か国がブリュッセルに在 EU 常設代表部を置く。上げ底の外交大国でないことは、大使館と常設代表部を別の敷地に設ける国が 47 か国に上ることから明らかである。EU 代表 3 人に大使の肩書を与える国は珍しくないが、大使館の長を含めると、そうした国は 4 人の大使をこの町に駐在させることになる。ブリュッセルは、世界最多の大使がいる都市であると推測される。教皇大使がカトリック国ベルギーに対しての外交団長であるはよいとして、欧州委員会に対してもそうであることには違和感がないでもない (92)。

　域外諸国や国際機構に対しては、欧州委員会が代表部を設置している。駐日代表部は千代田区三番町にある。門には「ヨーロッパ　ハウス」と書かれている。敷地の広さでは、近所の一番町にある広壮なイギリス大使館はもちろん、隣の教皇大使館にも及ばない。

　将来、EU は超国家的機関になって、一元的に構成国間の問題を処理するかもしれない。しかし現在のところ、それは構成国の全政策を取り仕切っている訳でなく、権限ある政策分野においても、従来型外交のうえに活動する。立法機関である理事会が当該議題を担当する各国の大臣からなることからして、国益と国策のフィルタを通過しなければ EU の政策にならないことを示唆する。しかも、閣僚級の審議に上るまでの下準備段階でも国益のフィルタに通される。すなわち、加盟国の駐ブリュッセル常駐代表は欧州委員会とやり取りするだけでなく、自分達で EU の一機関である常駐代表委員会 (Coreper) を形成し、準備作業にあたっている。これは、理事会全作業量の 90 パーセントを占めるというから、極めて目が細かいフィルタである。常駐代表委員会は、ほぼ全員が特命全権大使である Coreper II と、次席代表または公使からなる Coreper I の 2 部構成である (93)。外交官はそのまま EU の官僚になり、肩書は代表部内の階級としてだけでなく EU 内の職階のようなものとして機能していることになる。

　ヨーロッパは一つ、といったが頭痛の種もある。エスニック紛争（民族紛争）は、人々のアイデンティティと国の境界線が一致しない限り、常に起こり得る。そして、完全な一致は実は不可能である。大使館はここでも舞台になった。アイルランド人は長い独立闘争の歴史を持つ。ダブリンに共和国が誕生しても、北アイルランドでは、イギリスからの離脱を求めるナショナリストと、連合の維持を望むユニオニストの双方がテロリズムに訴えた。1972 年には、カトリック系住民によるデモに対し警察が発砲した「血の日曜日」事件が起きた。3 日後、ダブリンのイギリス大使館を 2、3 万人の群衆が取り囲み、火炎瓶や石を投げ込んだ。1976 年には、イギリスの駐アイルランド大使が暗殺された (94)。

　冷戦後には、ユーゴスラビア紛争が激化した。コソボでは、セルビア人支配に反対するアル

バニア系住民達が独立闘争を繰り広げた。1998年には、セルビア警察による弾圧が激しくなり、翌年、虐殺の事実を臭わせる大量の死体が発見された。外交での決着を諦めたNATOは、ユーゴスラビアに対する空爆を始めた。ベオグラードの中国大使館が「誤爆」され、2人が死亡した。B2ステルス爆撃機で叩いたつもりであったのは、観光マップで特定した連邦供給調達部であったという。中国では「北約」(NATO) に抗議するデモが激化し、合衆国大使館は投石された。セルビアは国連とNATOにコソボの管理を引き渡したものの、最終的地位は未決着のままであった。2008年2月、セルビアとの合意も、国連安保理の決議もないまま、コソボは一方的な独立宣言をした。セルビアの群衆は、アメリカ合衆国大使館を始め、国家承認の意思を表明した諸国の在ベオグラード大使館を攻撃した(95)。

図3—4　ヨーロッパの隣人たち、2006年

外交ネットワークの諸パターン——国際構造が分かる

　以上、ヨーロッパ外交の数百年を振り返ってきた。第一次大戦までは、疑問なく世界外交の中心であり、その後も、時代を最も鮮明に映し出す鏡であった。そこに映った外交ネットワークのパターンを次章以下の議論の為に類型化しておきたい。

　二十世紀前半まで受け継がれた古典外交の基本型は、富士山型と表現できる。数個の大国の間で交わされた大使が山頂の雪の被ったところであり、以下、全権公使、弁理公使、代理大公

使と降りる縦長の秩序である。十九世紀後半、ベルリン会議のころが最もきれいな富士の姿であったかもしれない。

　ナポレオンは皇帝に即位し、ほぼ全ヨーロッパを支配した。その意味でやはり縦長の秩序であったが、さらに進んで大使の交換を独占した。あたかも彼自身が、ピラミッドのキャップストーンのように君臨し、対等な相手を許さなかった。それゆえにピラミッド型と呼ぶ。

　ウィーン会議後の秩序は基本的には富士山型であるものの、ドイツ連合によって諸極小国を延命させた為、変則的であった。すなわち、オーストリアをハブとし、そこから伸びたスポークによって、諸領邦は結び付けられた。このように、正統主義時代の外交ネットワークは、ドイツ連合内のスポーク型と、外界の富士山型を結合した形状を取った。

　大戦時に国家は3グループに分化した。交戦国間の外交関係は断絶して各首都に駐在する使節団は激減したものの、中立国が両者をリンクした。外交構造は3つの峰が、同盟A、中立国、同盟B、と並ぶ山脈のようになった。これは、同盟連合国と中央同盟国との第一次大戦でも、連合国と枢軸国との第二次大戦でもいえた。

　ヤルタ体制はヒトラーから小国を解放し、大国は自ら進んで大使館昇格を推進した。富士山型のヒエラルヒーは地滑りを起こした。「対等なパートナーシップ」は小国を同盟に引き込み、負担を分担させる為のエサであったかもしれない。趨勢であったナショナリズムの波は止まらず公使館は絶滅し、大使館だけになった。

　冷戦下の外交関係は意外にもしぶとさを見せ、東西いずれの陣営の所属国も敵陣営の国に大使館を設置できた。その意味で一つの山塊が盤踞したものの、ドイツの分断やファシスト体制の排斥は、渓谷のように山腹に亀裂を走らせた。イデオロギーで引き裂かれたライバルは、敵の味方も敵として断交するハルシュタイン・ドクトリンを採用したからである。

　現在のヨーロッパでは、外交使節団の交換はどのような二国間にも行き渡ろうとしている。それらの階級はすべて大使級であり、大国と小国の峻別は消滅した。欧州連合内には覇権国と呼び得る突出した国は見あたらず、フラットな平皿型の秩序ができている。

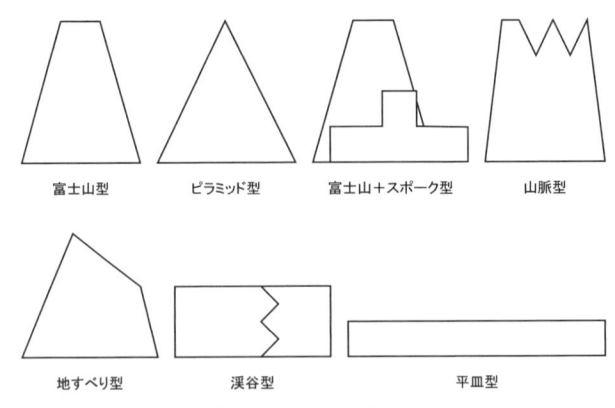

　　富士山型　　ピラミッド型　　富士山＋スポーク型　　山脈型

　　地すべり型　　渓谷型　　平皿型

図3―5　外交ネットワーク諸パターンⅡ

●第3章　ヨーロッパの転回

第 4 章　　米　州　の　独　立

新大陸と旧大陸、西半球と東半球といったように、世界を米州とヨーロッパに二分する世界観があった。「新世界より」をアントニン・ドボルザークが作曲したとき、そうした世界観は最高潮にあった。日露戦争とスエズ戦争で、アジアとアフリカが自己主張を始めると、新大陸という言葉はノスタルジックな響きを帯びた。グローバリゼーションはアメリカナイゼーションといわれる。外交でも、米州原産のものをそれと知らず我々は使うようになった。

共和国——独立13邦の民兵外交

　アメリカ合衆国（USA）が成立したとき、「13州」は存在しなかった。単に日本語の問題に過ぎないが、当時の「ユナイティッド・ステイツ」では、それぞれの「ステイト」が独立国であったからである。すなわち、USAは国家連合の段階にあった。こうした国家連合の構成国は、しばしば「邦」と訳される。「州」は誤訳といわなければならない。そういう視点に立つと、USAにも「アメリカ諸邦連合」という訳の方が適切である。他方、「州」というのは連邦下の政治単位であって、フィラデルフィアにUSAが首都を置いて連邦政府を形成するのはもう少し後であった。ワシントン特別区への遷都はさらに後であった。

　アメリカ諸邦連合の設立条約は連合規約といい、1777年に作成された。条文には議会の権限として、「大使を派遣及び接受する」の句が見える。また、1787年に署名され、USAを連邦にした憲法では、4か所にわたり「大使」と「他の公的な公使」の語が見える。始めの二つは大統領の任命権と接受についてであり、あとの二つは大使等が関わる事件に対する司法権についてである。

　憲法が国家存立の基礎である国情だけあって、大使という言葉は愛着を持たれている。呼びかけのときにも、「ミスター・アンバサダー」や「マダム・アンバサダー」という。これは合衆国から広がった慣習で、他の国では「ユア・エクセレンシー」（閣下）や単に「エクセレンシー」と呼びかける。「ユア・エクセレンシー」の方が洗練され、お高くとまった感じがする。「ミスター・アンバサダー」は田舎風で身近な印象である。

　宮廷外交と「パブリック・ディプロマシー」（公衆外交）の国柄の違いは、大公使が政治的任命職であるので、一般人で外交官経験がない者でも、大使になることにも由来する。例えば、名子役出身のシャーリー・テンプル・ブラックは国連総会への代表に起用されたのを手はじめに、国連人間環境会議への代表、駐ガーナ大使、駐チェコスロバキア大使を歴任した[96]。反面、大統領の当選に献金などの貢献をした功労者が、ハイソな社交や娯楽に満ちた生活に憧れて猟官をするのが、その弊害であるという。

　連合規約と憲法の規定にも拘わらず、ワシントンDCが初めて大使を交換したのは1893年であった[97]。それまでの百年以上、小国の立場で合衆国は外交に取り組んだ。

　独立宣言に先立ち、大陸会議は秘密エージェントをヨーロッパに送っていた。宣言後、13の旧植民地は、ベンジャミン・フランクリンほか3名をフランスに共同弁務官として派遣した。哲学者・科学者としての名声を博していたフランクリンはたちまち人気者となった。彼の尽力で1778年に両者は同盟条約を締結した。これはイギリスに対する勝利に決定的な重要性を持っ

た。ただし、弁務官という名称から分かるように、大陸会議とフランスとの関係は国家対国家の正式な関係ではなかった。

　パリは宮廷外交の中心地であった。しかし、ルイ十六世に初めて謁見したとき、フランクリン弁務官は赤茶けたベルベットのドレスに白タイツで眼鏡をかけたいでたちであった。宮廷の正装であったかつらを彼が被らなかったことが、共和制と君主制の出会いを象徴した。それでも、王はフランクリンには優しかった。フランス側は、アメリカに初の外交使節として全権公使、ジェラール・ド・レイヌバルを送った。アメリカ側もフランクリンを全権公使に任命し、1779年、彼はルイ十六世に信任状を捧呈した。もちろん、それは正式な外交使節としてであった。さすがに彼もこのときは、金モールで飾られた青の大礼服を着て、かつらも着けていた。かねてから彼の住居であったパリの西部、現在の行政区では十六区に位置するパシーのオテル・ド・バランティノワが、アメリカ初の公使館になった。1785年にパリを離れたフランクリンの後任はトマス・ジェファーソンであった (98)。

　ちなみに、合衆国の外交官制服は1817年に初めて正式にデザインされ、1937年に禁止されるまで使用された。1853年に国務長官がアメリカ市民のシンプルな服装をするよう外交官に勧告したものの、それは広まらなかったという。当時は合衆国側がヨーロッパの慣行に従った。現在、外交官の衣装がビジネスライクになったのは世界の方がアメリカナイズした一例かもしれない。在外公館についても、共和国は慎ましやかであった。外交用の不動産物件は1910年においてさえコンスタンティノープル、北京、東京、バンコクに有しただけのものであった。西洋のルールが通用する土地ではそれなりの屋敷を賃借すれば、そこに公館長が住み、数人の館員が通勤するだけで間に合った。当時の公館は事務所と公邸を分けないのが一般的であったからである。盗聴器の心配もまだなかった (99)。

　他国からも承認を得ようと、合衆国はヨーロッパ諸国に弁務官を送ったものの、「民兵外交」は当初、実を結ばなかった。オランダへの全権公使、ジョン・アダムズがようやく接受されたのは、ヨークタウンの決戦に勝利した後であった。彼はパリ条約による独立達成後、初代の駐英全権公使としてロンドンに転任した (100)。これらは全員、独立宣言に署名した「建国の父」達であり、フランクリンは憲法起草者、アダムズは第2代大統領、ジェファーソンは第3代大統領となった。

　現在の国連がそうであるように、「アメリカ諸邦連合」のような国家連合が国際問題となっている地域以外に外交使節団を常駐させるのは本来、まれなことである。ドイツ連合はフランス、ロシア、イギリスなどからの公使を接受したものの、派遣はしなかった。ただし、1848年の革命後、統一国家を目指したドイツ国民議会が数か国に公使を置こうとしたことがあった。この試みは国民議会自体が崩壊して定着しなかった。

モンロー・ドクトリン——争乱の19世紀

　米州で2番目の独立国はハイチであった。それは、フランス革命の衝撃で打ち立てられた初の黒人共和国として著名であるものの、外交的には暗闇のなかにあった。*Almanach de Gotha* に

見える初めての外交使節団は、1840年代、フランスに派遣された弁理公使であり首都、ポルトープランスへの接受はさらに遅かったようである。

　スペイン植民地の独立は、ナポレオン後における本国の混乱を尻目に行われた。密貿易で儲けてきたイギリスは、スペイン支配が回復され、フランス王家と同族のブルボン（ボルボン）家が光復するより、独立させたままにした方が通商に有利と考えた。また当時、ウィーン会議で成立した神聖同盟を口実に、フランスやロシアが米州に来寇するとささやかれていた。そうした動きに反対する為、イギリスは合衆国に共同宣言を持ちかけた。同じ共和制を採る合衆国は新興国に共感していたので、この提案を好意的に受けとめた。しかし、強者イギリスに、当時はまだ小国に過ぎなかった合衆国が追従することには、世界から犬のシッポのように見られる懸念があった。そこで、ジェームズ・モンロー大統領は一般教書演説のなかで、一方的に自国の政策を表明することにした。これが1823年のモンロー・ドクトリンであった。今後いかなるヨーロッパの国といえども自由と独立を脅かして米州に勢力を植え付けることは許されない、と確固たる意思が表明された。

　言葉だけで実行が伴わなければ、どんな高邁なドクトリンも空虚である。既に同年、合衆国はグランコロンビア、アルゼンチン、チリへの全権公使を任命していた。イギリスがこの年送ったのは弁務官に過ぎなかったから、合衆国が一歩先んじたことになる(101)。数年の間に合衆国はメキシコ、ブラジル、中米連邦、ペルーにも外交使節団を派遣した。とはいえ、軍事的には合衆国はまだ小国であったから、ヨーロッパの侵略を抑止したのは実はイギリスの海軍力であった。

　それに対し、ラテンアメリカの外交関係は**図4―1**から知られるようにほとんど没交渉であった。それは軸（ハブ）から各国へと使節が派遣されるスポーク型の秩序であった。第1章で取り上げたウィーン中心のドイツ連合を思い出させる。米州の軸となった国のなかで、公使以上を最も沢山送り込んだのは、イギリスであった。次はフランスであった。米州はヨーロッパに対して従属的な立場に置かれた。兄弟国同士の連帯が希薄であったなかで、合衆国とブラジルは目立つ存在であった。

　ブラジルはこの時代、西半球で合衆国に次いで、活発な外交を繰り広げた。ポルトガルの王家はナポレオンの侵略の手を逃れ、リオデジャネイロに避難した。やがて、王はリスボンに帰ったものの、残った王子が自立してブラジル帝国を建国した。1850年代、イギリスの外相パーマストン子爵は、「広大な帝国」であるブラジルと他のラテンアメリカ諸国を差別化し、ブラジルだけに公使を置こうとした(102)。しかし実際には、コロンビアは代理公使に降格されたものの、アルゼンチンとメキシコには全権公使が維持された。ブラジルへの全権公使だけに「特命使節」の称号が付加されたことが *Gotha* に見えるが、イギリスは春秋の筆法によって差別化の意図を表明したのかもしれない。

　合衆国とブラジル以外はドイツ連合の小領邦のように液状化していた。独立の英雄、シモン・ボリバルは、パナマで米州諸国が会議を開くことを提案した。か弱い各共和国が独力でやっていくことに、不安を感じたのであろう。そこでグランコロンビア、中米、ペルー、メキシコの

4国が、国家連合条約に署名した。しかし、これは批准されなかった。ドイツにおけるオーストリアとプロイセンのように杭となって連合を支える国が旧スペイン植民地には存在しなかった。

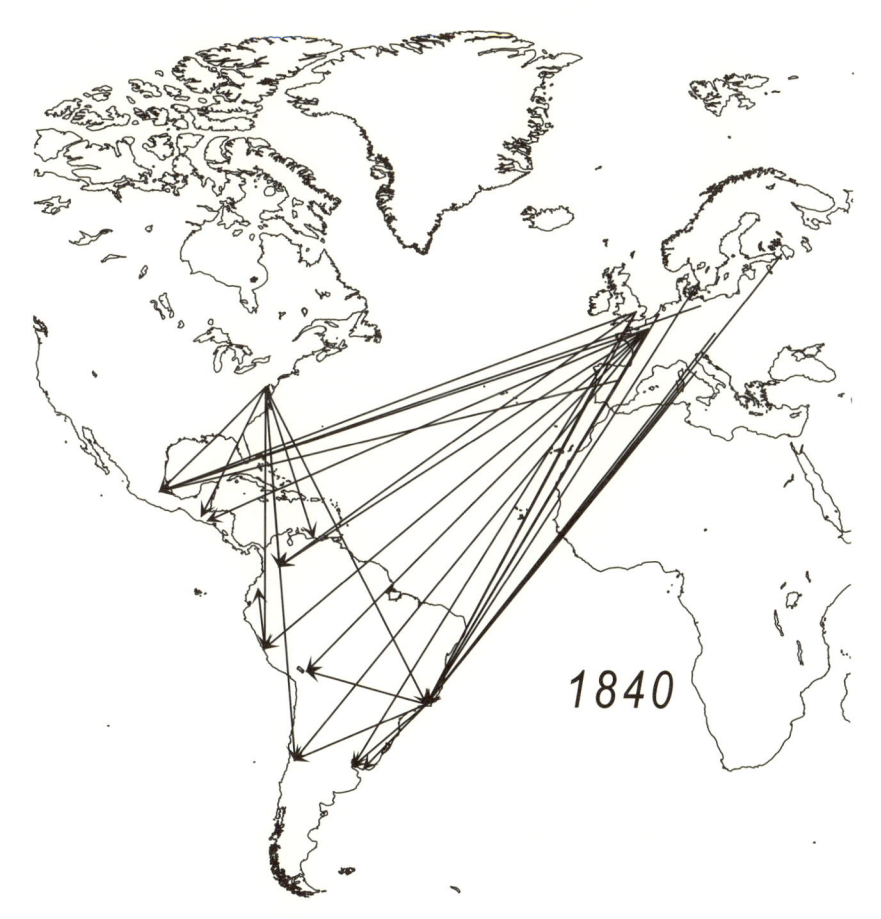

図4－1　十九世紀前半におけるラテンアメリカ諸国の外交関係
出所　「データについて」を参照。

諸国はむしろ断片化した。グランコロンビアはベネズエラ・コロンビア・エクアドルに分裂、中米連邦はグアテマラ・エルサルバドル・ニカラグア・ホンジュラス・コスタリカに瓦解、ペルー・ボリビア連合は解消した。メキシコからもテキサス共和国が分離独立した。それはワシントンに全権公使を送り、首都のオースティンにフランス代理公使を接受した。港町のガルベストンなど数都市には合衆国領事が駐在した。やがて共和国の旗の「一つ星」は、国そのものと同様、合衆国に併合されて星条旗の左上に加えられた。併合は米墨戦争の原因となった。

地域統合の思想は、北米合衆国の成功もあって、なかなか米州人の頭から拭いさられなかった。十九世紀末にも、エルサルバドル、ニカラグア、ホンジュラスの3国が合邦して「中米共和国」を形成しようとしたことがあった。新連邦は外交官と領事官を合同で派遣するとともに、フォンセカ湾上の島に新首都アマパラを建設し、そこに外国公使達を迎えようとした。しかし、数年間で構想は破談となってしまった。

　内乱の例ならば枚挙に暇がない。1860年版の Gotha では、アルゼンチンへの外交使節団はブエノスアイレスの北東400キロメートル弱のパラナに接受されていた。ブエノスアイレスは他の諸州と対立し、独立国の様相を呈していた。この年、アルゼンチン連合からの外交事務官以外、同地にいなかった為、外交関係ではアルゼンチンの圧勝であった。しかし、総領事と領事の接受では、ブエノスアイレスが勝っていた。

　忘れてならないのは、先住民は外交の対象と考えられなかったことである。外交は、主権国家同士の対等な関係に基づく。確かに米英は、先住民の長と「条約」を結んできた。しかしそれらは、いわゆる文明国との「条約」とは別種と見なされ、今日では、土地を奪い取る為の詐欺であったと広く信じられている。にも拘わらず、Gotha には、変わり種の準国家が紛れ込むことがたまにある。1850年頃、「モスキート」はロンドンに外交事務官兼総領事を置いていた。モスキート・インディアンとは、現在ではミスキート族と呼ばれることが普通である先住民であり、十九世紀前半までイギリスの保護下にあった。ところが、国家承認をする国は現れず、度々領土問題を巻き起こした。1848年、その保護者のイギリス軍と、独立を認めなかったニカラグア軍の間で大規模な衝突が起きた。Gotha に現れたのは、こうした主権の主張が行われた時期であった。事件を機会に、両国間で交渉が始まり、1860年にモスキート条約が締結された。これにより、同地に対するニカラグアの主権が承認され、そのもとに自治区が作られた。自治区は1894年に解消された (103)。

　南北戦争は結論からいえば、外交関係に何ら影響しなかった。綿花が輸入できなければ、綿製品を輸出できなくなる「世界の工場」イギリスは音を上げよう、とは南部の楽観であった。独立国の実力があるのか様子を見てからでも国家承認は遅くない、というのがイギリスの態度であった。南部はジェームズ・M・メーソンをイギリスへの弁務官に、ジョン・スライデルをフランスへのそれに任命し、旅立たせた。北軍の軍艦が沿岸をうろうろしているなか、武装した南軍の蒸気船はチャールストンを発ち、キューバで二人を降ろすことに成功した。そこから彼らはイギリスの郵便船でデンマーク領バージン諸島に渡り、イギリスのサウサンプトン港行きの蒸気船に乗り換える手はずであった。1861年11月、北軍の軍艦に郵便船は捜査され、両人は連行された。歴史に残るトレント号事件の名称は、この郵便船に由来する。イギリスの言い分では、南部を交戦団体と認め、自国の中立を宣言しているのであるから、捜査は国際法違反であった。イギリスは賠償を請求し、一時はすわ英米戦争か、と緊張感が走った (104)。二人は釈放されイギリスに到着したものの、承認は得られなかった。分離戦争に勝利したならば、独立戦争におけるフランクリンのような英雄に両人はなっていたであろう。

　領事関係は外交関係と事情を異にした。南軍に身を投じた外国の領事官もいた。南部連合に

認可状を与えられた領事官も一人だけいた。それはザクセン・コブルク・ゴータの駐ガルベストン領事であった。開戦後、既に南部にいた領事達は、そのまま支障なく仕事を続けられた。イギリスの場合、リッチモンド、チャールストン、サバナ、モバイル、ニューオーリンズ、ガルベストンに領事がいて、その他に副領事がいた。合衆国、つまり北部は、彼らの行動が南軍を利することがないか目を光らせた。一例を挙げよう。イギリスの観点からは、南部の軍艦が中立国の商船を襲わないよう国際中立法に南部を従わせることが課題であった。そこでチャールストンの領事が人を首都リッチモンドにやって交渉させたところ、合衆国が抗議した。南部と交渉することは、国家承認への第一歩と考えたからであった (105)。

　南北戦争はモンロー・ドクトリンの危機であった。メキシコに対するナポレオン三世による派兵では、当初、有効な対策が取られなかった。1864 年には、オーストリアの皇弟マクシミリアン大公が到着し、メキシコ皇帝を称した。北部のエルパソ・デル・ノルテを拠点に抵抗するベニト・P・フアレス大統領を合衆国は支援した。しかし、1866 年 10 月の時点で、外交関係は皇帝側に有利であった。駐在の使節のうち、オーストリア、フランス、イギリス、スペイン、ベルギーの特命全権公使と、イタリアとプロイセンの弁理公使はマクシミリアン側に付いていた。合衆国の特命全権公使だけがフアレス側に付いた。合衆国のウィリアム・H・スーアード国務長官は、1823 年のドクトリンに直接は言及しなかったものの、南北戦争の戦況が好転するに従って、君主制への反対を明確にしていった (106)。普墺戦争が起こるなどヨーロッパ情勢があやしくなると、フランスは撤退し、マクシミリアンは処刑された。外交関係への傷跡は深く、1880 年頃まで、フランスとイギリスはメキシコに戻れなかった。エルパソ・デル・ノルテはシウダー・フアレスと改称された。

　チンチャ島戦争の危機も、南北戦争中に芽生えていた。独立から数十年経ちながら、スペインはペルーを承認していなかった。科学的調査と称して来航したスペイン艦隊は 1864 年、肥料として重要な資源であったグアノ（鳥の糞）の産地、チンチャ島を占領した。事態は最終的に、ペルー、チリ、エクアドルが同盟を結んでの対スペイン戦争に発展した。決定的勝利を得ることができなかったスペイン艦隊は撤退した。合衆国は公平な講和の為の仲介をしたものの、実らなかった。スペインによる占領は、領土目的でなく賠償支払いに応じるまでの差し押さえに過ぎなかったということでモンロー・ドクトリンは発動されなかった。とはいえ、合衆国は事態を放置できず、1871 年の停戦協定を仲介した。双方は和解し、1880 代には外交関係が正常化した (107)。

　内患を克服した合衆国は一層、外へと目を向けるようになった。普仏戦争では、北ドイツ連合の利益保護国となった。パリのドイツ公使館には星条旗が掲げられ、二人のアメリカ人が管理にあたった。公使館前には、3 千人弱ものドイツ人が早朝から押しかけ、ビザとパスポートを求めた。合衆国公使が発行したビザは 9 千通を下らなかったという。パリの包囲の間にはコロンビア、ポルトガル、ウルグアイ、ドミニカ共和国、チリ、パラグアイ、ベネズエラの国民までその保護下に置かれた (108)。平和的な第三者こそ、初期の合衆国外交が目指した役割であった。

フロンティア——西部開拓とアメリカ的生活様式

　連邦を結成したアメリカの13州は、大西洋沿岸に固まっていた。港に着いた船から降りた移民達は、未開拓のフロンティア目指して旅立った。

　1840年において、合衆国に置かれた（総）領事館はみな沿岸にあった。テキサスと西海岸はまだ版図の外にあった。アラスカとハワイについてはいうまでもない。

　ニューヨークの商都としての地位は既に不動であった。エリー運河の開通はこの町と五大湖を水路で繋げ、ライバルであったボストンに大きく水を開けた。この運河を東西の大動脈とすれば、南北のそれはミシシッピ川であった。河口のニューオーリンズには、ニューヨークに次ぐ数の（総）領事が置かれた。3番目は旧首都のフィラデルフィア、4番目はサウスカロライナ州の港町チャールストン、5番目はメリーランド州の州都ボルティモアであった。ワシントンには公使館があり、また、すぐ近くのボルティモア港が栄えていたので、領事官はあまりいなかった。幕末の江戸と横浜の関係を想像すればよい。

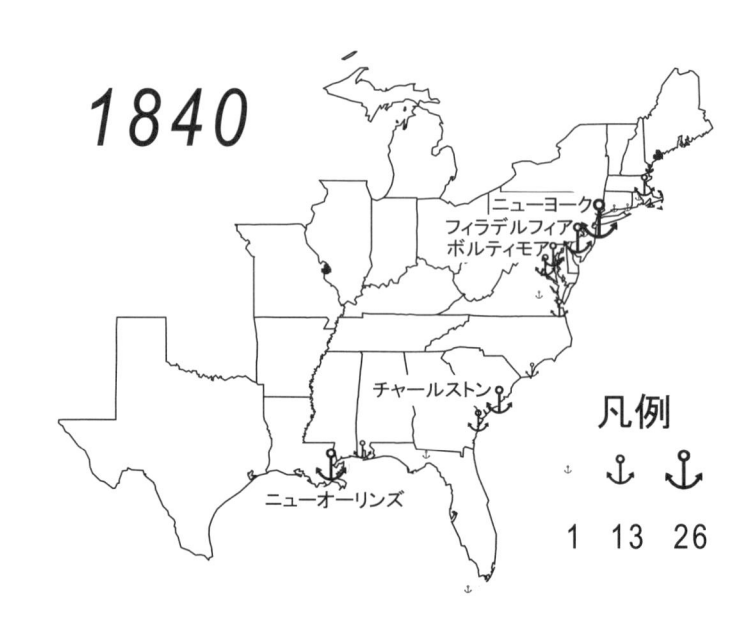

●第4章　米州の独立

1930

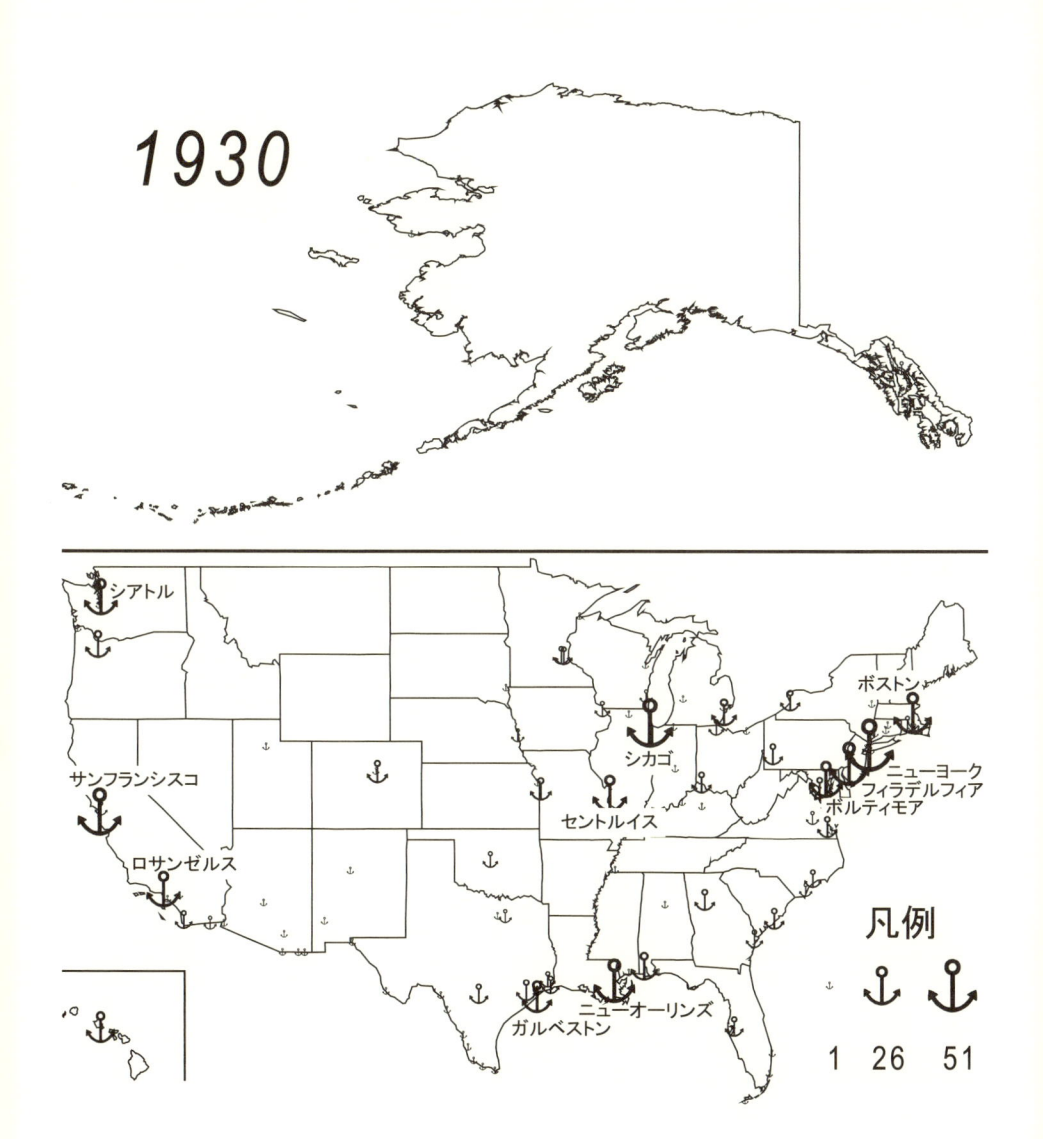

シアトル
サンフランシスコ
ロサンゼルス
ボストン
ニューヨーク
フィラデルフィア
ボルティモア
シカゴ
セントルイス
ガルベストン
ニューオーリンズ

凡例
1 26 51

1992

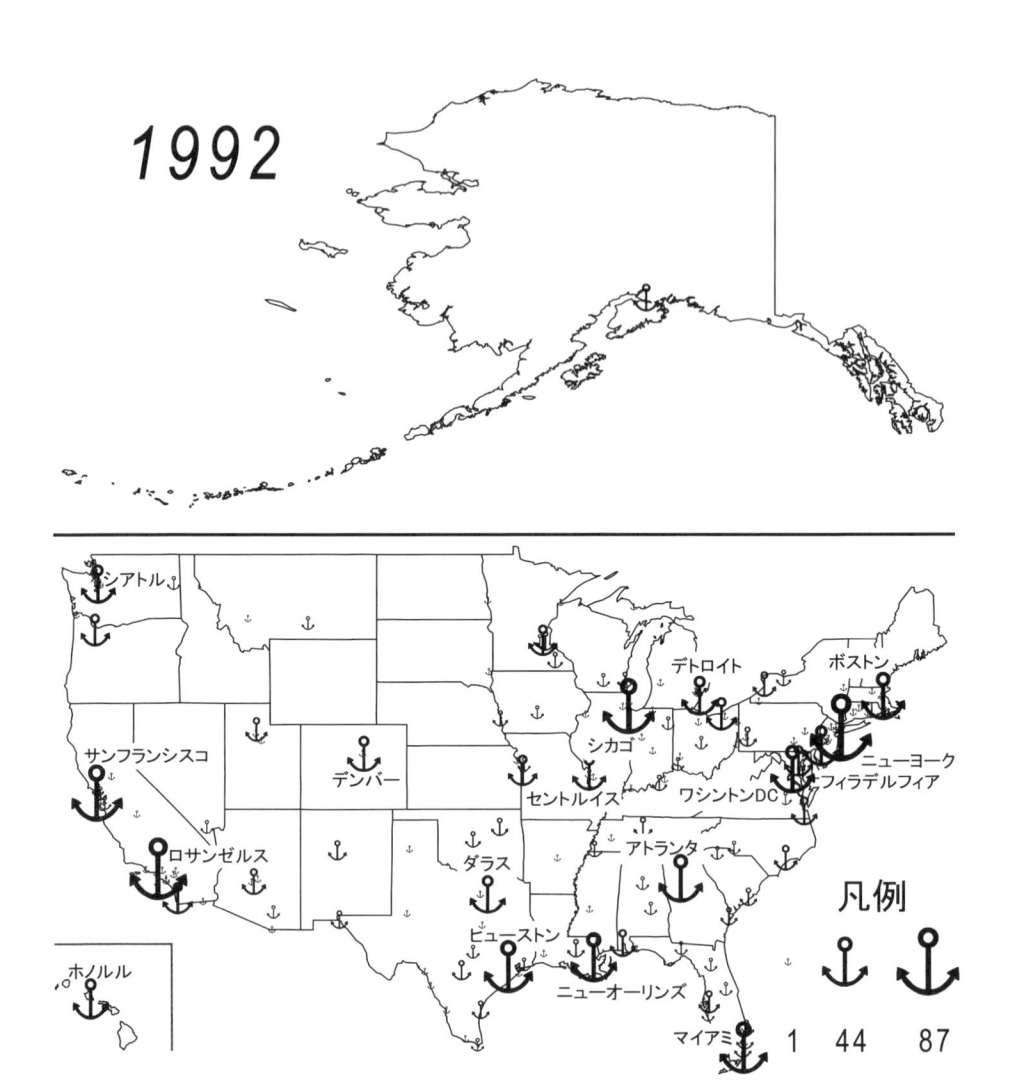

図4—2　アメリカ合衆国における（総）領事の駐在地と数
注　国境と州境は現在のもの。「データについて」を参照。

　時とともに、内陸へ、内陸へ、と新移民の定住地は西へ移った。始めは農業に従事する移民が多かった。1930年の地図では、中西部における農産物の集散地となったシカゴが、ニューヨークに次ぐ（総）領事館の所在地になっていた。その南、ミシシッピの中流に位置するセントルイスも繁栄した。西部開拓は、鉄道、鉄鋼、石油といった鉱工業の発達と歩調を合わせなければあり得なかった。その波は太平洋に到達し、海からのヒト・モノ・カネの移動と合流した。こうして、サンフランシスコ、シアトル、ロサンゼルスはアジア、ラテンアメリカ、太平洋へ

●第4章　米州の独立

の窓口として発展した。アラスカとハワイは属領になった。ホノルルやジュノー(アラスカ州都)にも領事官が置かれた。

現代でも、多くの(総)領事館が合衆国に立地することが1992年の地図から読み取れる。上位から都市名を挙げれば、ニューヨーク、ロサンゼルス、サンフランシスコ、シカゴ、ヒューストン、マイアミ、ニューオーリンズ、ワシントン、アトランタ、ボストン、ホノルル、フィラデルフィア、デトロイト、シアトル、ダラス、デンバー、セントルイスと全米に満遍なく分布する。また、名誉領事のかなりの部分が、あまり重要でない都市に居住している。ドイツ、オーストラリア、カナダのような連邦国家において、中央政府に外交官が働きかけるように地方政府に領事官が働きかける「ミニ大使館化」が見られると第2章で述べた。これは当然、合衆国にも当てはまる。

連邦制と並んで合衆国の魅力として挙げられるのは、ヒト・モノ・カネの流れに対して「開かれた社会」であることである。**表4―1**に見えるように、十九世紀前半から、合衆国は全世界の(総)領事の駐在地のなかで高い割合を占めてきた。西部開拓とともに、人々を受け入れる空間的な容量は増し、また、他の国々が全体主義に染まって国を閉じても、開かれた性格は基本的に変わらなかった。こうした条件のもと、ちょっと古い言葉になったが「アメリカ的な生活様式」というソフトパワーが、外国生まれの人々を惹き付け、未だに通商や旅行をしたいと思わせている。もちろん、合衆国が接受する(総)領事は世界一である。

一方、国境沿いに見えるメキシコの領事館は、交流の別の側面について考えさせる。元々、この地方はメキシコ領であり、今でも、ヒスパニックと呼ばれるスペイン語を話す人々が多数、居住する。しかし、あまりにも越境が激しい為、不法な移民及び薬物取引が社会問題として浮上している。ヒスパニックは、かつて武力で奪われた領土を平和的に奪回しつつあるのであろうか。ダイナミック過ぎる移動は国民国家の存立を脅かさないのであろうか。

領事官の派遣国としても、合衆国は順調な成長を見せた。次章のグラフで見るように、二十世紀前半に(総)領事館は300を越え、ピークに達した。ところが、大恐慌の1930年代と大戦の1940年代に趨勢は反転した。戦後も回復しなかった。領事官の衰退はグローバルな現象であった。象徴的にも、1992年にはアントウェルペン(アンベルス、アントワープ)、翌年にはジェノバ、1996年にはボルドー、と領事館が閉鎖されていった(109)。これらは十九世紀末には、いずれも世界屈指の商港であった。

表4―1 全世界の(総)領事数に占める合衆国駐在者の割合

年	合衆国	合衆国の割合	全世界
1840	114	6%	1767
1930	592	7%	8439
1950	565	13%	4273
1992	1110	18%	6181

注　1930年は州昇格まえのアラスカとハワイを含む。
　　1992年の全世界の数値はジブラルタルと香港を含まない。「データについて」を参照。

自由主義——ラテンアメリカにおける貿易と移民

　領事機関はラテンアメリカの旧植民地にとって目新しいものであった。なぜなら、独立直前まで、貿易は宗主国が独占したからである。確かに、イギリスは密貿易をした。スペイン海軍にそれを止める力はなかった。しかし、陸上に居留してイギリス商人が商業を営むことは許されなかった。

　ナポレオン戦争で本国が混乱し、独立運動が始まると、イギリス船による貿易は公然のものとなった。ロイヤル・ネイビーの保護のおかげで王室がリオデジャネイロに蒙塵したポルトガル領ブラジルでは、それはなおさらであった。さらに、旧スペイン領が独立を達成してしまうと、貿易ブームが到来した。ブエノスアイレスでは、ナポレオン戦争中のイギリス人居留民は 124 人（1810 年）であったにも拘わらず、1824 年には、3 千人近くに膨れあがっていた。職種でいうと、労働者と大工が最大で、あとは商人や事務員であった。港湾、農場、鉱業に多額の資本が投下された。グランコロンビアとメキシコへの弁務官と同時に、アルゼンチン、ウルグアイ、チリ、ペルーにイギリス領事が任命されたのは、こうしたときであった (110)。

　しかし、移住がもたらしたものは富だけでなかった。ロジェというフランスのブエノスアイレス副領事は、自国民が受けた帰化、兵役、税金、裁判を巡るもろもろの損害に対する賠償をアルゼンチンに請求した。独裁者として著名なフアン・マヌエル・ロサス大統領はそれらを拒否した為、フランスは 1838 年、アルゼンチン諸港を封鎖した。封鎖が経済に大打撃を与えつつあったなか、紛争を仲裁に付託する条約が翌々年に結ばれた。仲裁は基本的にヨーロッパの国際法に基づき行われるものであった。それゆえ、国際法を盾に領事官が自国民を保護したことは東半球のルールを西半球に普及させる効果を持った。ラテンアメリカは、ヨーロッパ人にとって自由で安全な土地になった。その代わり、しばしば大国が武力行使をして国際法の何たるかを教えこまねばならなかった。こうした植民地化を伴わない砲艦外交による開国を、自由貿易帝国主義と経済史家達は呼ぶ (111)。

　交流の発展を、5 か国以上の（総）領事がいた都市から確認しよう。1840 年には、ごく一握りの都市がこの基準に達した。トップはブラジルの首都、リオデジャネイロであり、2 位も同国の古都サルバドルであった。もちろん現在の首都は、内陸部のブラジリアである。オスカル・ニーマイヤーにより設計されたこの人工都市は 1960 年に完成した。日本大使館はというと 1971 年に移転を完了したが、それまでブラジリアには参事官が駐在した (112)。話を戻すと、レシフェも含めたブラジルの諸都市はみな港町であった。ブラジル以外の諸都市のうちではメキシコシティ、リマ、モンテビデオ、ポルトープランス、ブエノスアイレスは各国の首都であり、ベラクルス（メキシコ）とバルパライソ（チリ）は中南米の代表的な海港であった。

　移民のフローは二十世紀の初頭に最大値を観測し、おそらく 1930 年頃が、そのストックが極大化した時期であった。（総）領事官のピークもこの頃であった。上位は依然、各国の首都が占めた。その他で目立ったのは、コーヒー農園が移民を吸い上げたサンパウロであった。数々の海港は依然として重要であったがきりがないので、大西洋と太平洋を繋ぐマゼラン海峡の港、プンタアレナスの名だけ挙げておく。内陸にも領事機関が散見されるようになった。アルゼン

チンのロサリオ、ブラジルのマナウス、メキシコのグアダラハラは、その代表である。マナウスの領事機関は、アマゾン川の航行が1867年に外国船に開かれて以降、開設された。アマゾン川とマラニョン川をつたって、ペルーのイキトスまで遡ることができた。ロサリオはパラナ川の河港である。内陸を埠頭と繋いで移民を送り込んだのは、ラテンアメリカでも鉄道であった。アンデス山脈を越えてチリとアルゼンチンを結ぶ鉄道が走っていた。その東側の拠点、メンドーサには9か国が（総）領事を置いた。箱根にアンデスを喩えれば、この町の位置関係は小田原か三島かである。

　移民の出身地では、十九世紀前半まではドイツやイタリアのようなヨーロッパ系だけであったのが、次第に、中国や日本のようなアジア系が増加した。しかしアジア、特に中国の（総）領事館は移民の増加ほどには伸びなかった。中国人の保護を引き受けたのは、合衆国であった。1885年には、パナマ駐在総領事がこの任務を命じられ、1896年に合衆国は、中国が外交関係を持たなかったグアテマラ、ニカラグア、エルサルバドルでの利益保護国となることに同意した。第二次大戦頃、保護の範囲はコロンビア、ドミニカ共和国、エクアドル、ハイチ、ホンジュラス、ベネズエラにも及んでいた(113)。漢族の移住は、より古くから東南アジアを中心に行われていた。しかし、王朝には在外自国民を保護しなければならないという義務感がなく、その惰性が国民側の旺盛な移民熱と対照的に、保護の不足に繋がってきた。

　冷戦後、中南米とカリブは人口の移入が低調な地域になった。5か国以上から（総）領事を迎えた都市は1930年の77から1992年の54に減少した。独立国の数は増えたにも拘わらずである。ラテンアメリカにおける一人あたりのGDP（国内総生産）は二十世紀前半、南ヨーロッパと並び、東ヨーロッパに追い着こうとしていたものの、今やそれらに差を付けられ、アジアに抜かれようとしている(114)。第二次大戦後は成長が鈍化しただけでなく、1980年代の「失われた十年」には、ラテンアメリカ経済といえば、ハイパーインフレが連想された。イギリスの作家、グレアム・グリーンに『名誉領事』という小説がある。舞台は1970年頃のアルゼンチンである。移民達は同化し、その山間の町にイギリス人はもはや3人しかいなかった。イギリスの外交当局は、飛行機で首都まですぐ行けてしまうこの町の名誉領事を解任したがっていた。ところが名誉領事は、合衆国の大使と間違えられ、誘拐されてしまった。犯人達は、身柄と引き換えに、パラグアイで服役する同志の釈放を要求した。名誉領事の職がイギリス政府にとって釈放の圧力をアルゼンチン政府にかけるに値しない小物として描かれたところが、設定の妙味である。なお実際に、駐ブラジル合衆国大使が左翼ゲリラに誘拐され、現地政府に15人の政治犯を釈放させて解放された事件があった(115)。あるいは、このあたりが元ネタかもしれない。テロリストとの取引を合衆国が許していた時代の話である。

1840

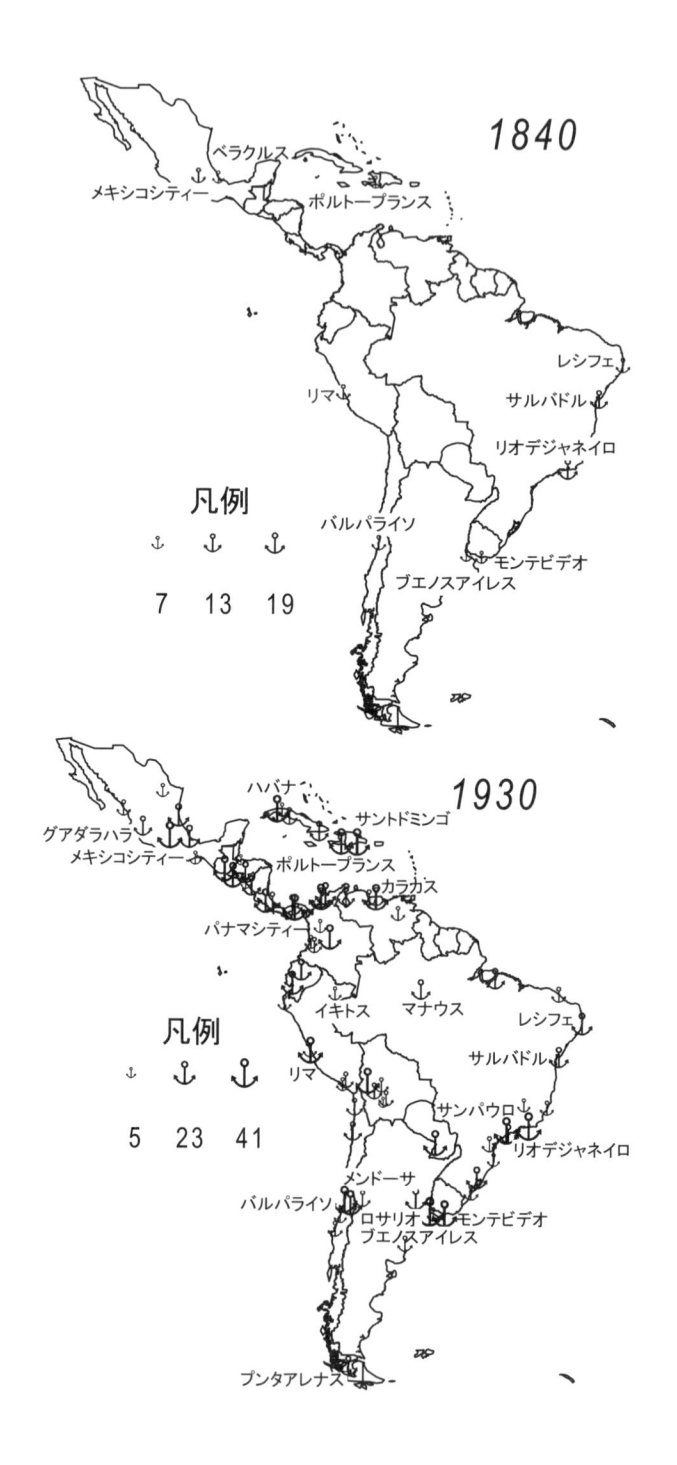

- ベラクルス
- メキシコシティー
- ポルトープランス
- レシフェ
- サルバドル
- リマ
- リオデジャネイロ
- バルパライソ
- モンテビデオ
- ブエノスアイレス

凡例
7　13　19

1930

- グアダラハラ
- ハバナ
- サントドミンゴ
- メキシコシティー
- ポルトープランス
- カラカス
- パナマシティー
- イキトス
- マナウス
- レシフェ
- リマ
- サルバドル
- サンパウロ
- リオデジャネイロ
- メンドーサ
- バルパライソ
- ロサリオ
- モンテビデオ
- ブエノスアイレス
- プンタアレナス

凡例
5　23　41

●第4章　米州の独立

図4—3　5か国以上の（総）領事が駐在したラテンアメリカ諸都市
注　域外国の属領は含まない。国境は現在のもの。「データについて」を参照。

棍棒外交——合衆国、大国に昇格

　南北戦争の痛手から再起した合衆国は、国威発揚の時代に突入した。米州の「主権者」は合衆国であると国務長官が口を滑らせたのは1890年代のベネズエラ国境事件に際してであった。この事件で合衆国は、イギリスによる南米での領土の主張に肘鉄を食らわせた。これに先立つオットセイ事件では、ベーリング海での排他的権利をやはりイギリスと争っていた。

　大使交換は、タカ派路線の外交面での表れであった。連邦議会を1893年に通過した外交領事歳出法は、大使を任命する裁量を大統領に与えた。ジェファーソン大統領の孫に、トマス・ジェファーソン・クーリッジという男がいた。駐仏公使に任命された彼は、公使の悲しみを体験した。外相との会見の為、何時間も待たされた挙げ句、後からきた他国の大使に割り込まれた。しかも合衆国公使は、「スペイン系小共和国や取るに足らない国々」より下位という「バカげた位置」に甘んじなければならなかった(116)。実際、*Gotha* をめくると、1892年11月時点で名前が現れた36名の外交使節中、クーリッジの席次は30番目から33番目の間であった。これが席次ゲームのルール上、半永久的であったことに彼は歯軋りする思いであったろう。着任したばかりの合衆国全権公使の「振りだし」は、ルクセンブルク、バイエルン、サンマリノ

といった諸小国の代理公使のすぐ上であった。彼の席次は先任の他国公使が抜けるたびに上昇したが、大統領の任期である4年ごとに交代させられてしまうのが合衆国公使の習いであった。第1章と第2章で言及した超ベテランのペラルタ（コスタリカ）とモルトケフィットフェルト（デンマーク）を逆転できる訳がない。教皇大使と7大国の大使はもちろん、「スペイン系小共和国や取るに足らない国々」よりも下であったのはこうした事情によった。今でこそ、席次など儀礼的なものに過ぎないと片付けられるが、その頃の感覚では釈然としなかったのも無理はない。

こうした思いを、パリに外遊中の上院議員達にクーリッジは訴えた。大使任命を可能とする歳出法は、彼が赴任した翌年に通過した。大国意識はワシントンのエリート達に既に共有されていた。これはドボルザークの「新世界より」が作曲された年でもあり、ヨーロッパ側でも大西洋の対岸の事情が気になり始めていた。残念ながら、彼は初の駐仏大使になれず、後任のジェームズ・B・ユースティスが栄誉に浴した。クーリッジは政権交替に伴い、1年足らずで離任しなければならなかったからである。

直ちに合衆国が大国クラブの正会員となった訳ではなかった。イギリスとドイツによる大使認証は1893年中、イタリアはその翌年であった。一方、ロシアとメキシコは1898年、オーストリア・ハンガリーは1902年、日本とトルコは1906年、スペインは1913年にずれ込んだ。

スペインとの大使交換を遅らせたものは、米西戦争の遺恨であった。この戦争で合衆国は、一級の植民地大国にのし上がった。スペイン領であったプエルトリコとグアムの属領化、フィリピンの植民地化、そしてキューバの保護国化が成し遂げられた。そのさなかには、ハワイが併合された。さらに1903年、パナマがコロンビアから独立した際、迅速な承認の便宜を図った。パナマは返礼として運河地帯の管理権を合衆国に与えた。カリフォルニアの割譲以来、太平洋と大西洋を繋ぐ運河を掘削することが、合衆国の夢であった。運河は10年後に完成した。

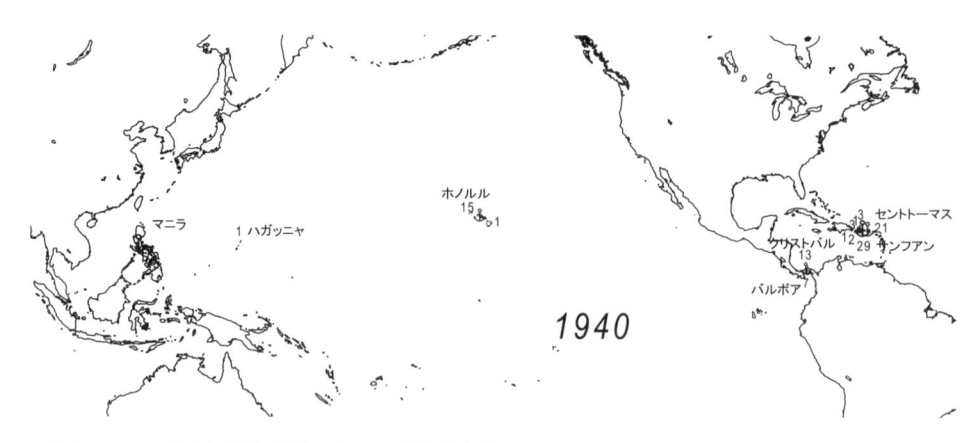

図4―4　アメリカ合衆国の属領における（総）領事館
出所　「データについて」を参照。

●第4章　米州の独立

グラフ4—1　ラテンアメリカに置かれた域外国の（総）領事数（1901）

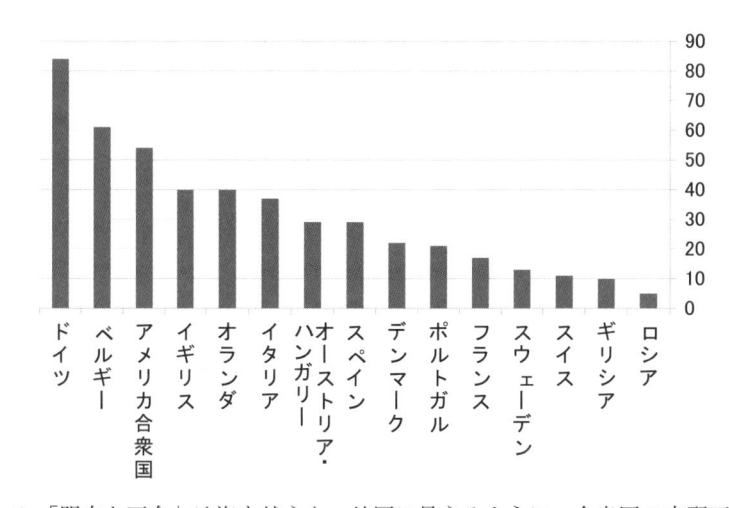

（棒グラフ：左から　ドイツ、ベルギー、アメリカ合衆国、イギリス、オランダ、イタリア、オーストリア・ハンガリー、スペイン、デンマーク、ポルトガル、フランス、スウェーデン、スイス、ギリシア、ロシア）

　こうして、「明白な天命」は海を越えた。地図に見えるように、合衆国の支配下に入った土地には、外国の（総）領事が駐在した。カリブ海では、プエルトルコのサンフアンと、デンマークから譲渡されたバージン諸島のセントトーマスが主たる拠点であった。バルボアとクリストバルは、運河地帯内の都市であり、それぞれ、パナマ側に残されたパナマシティとコロンの近郊にあった。太平洋では、ハワイのホノルル、グアムのハガッニャ（アガナ）、フィリピンのマニラが、アジア経済と本土経済を結び付ける大動脈の中継点であった。しかし、フィリピンを防衛しなければならなくなったことは、頭痛の種でもあった。合衆国のシーレーン（海上交通路）は、南洋諸島へと伸びる日本のシーレーンと交差してしまい、日本は合衆国を仮想敵国とした。1930年代における日本の防衛計画は、ハワイを出港した敵艦隊を潜水艦の攻撃で摩耗していき、最後は、西太平洋の艦隊決戦で片付ける邀撃（ようげき）案であった。

　米州の十字路、カリブ海の制覇を合衆国は目前にしていた。その前に立ちはだかったのはドイツであった。1860年代には、ドイツは既に繊維製品や鉄製品の輸出先として、米州に注目していた。あるドイツ代理領事はこの地域に海軍基地を作ることを進言した。意見は容れられなかったものの、彼はコスタリカ駐在の領事に昇進した。二十世紀初頭には、南米大陸の南半分——アルゼンチン、ボリビア、チリ、パラグアイ、ウルグアイ——での貿易は、ドイツの方が優勢であり、カリブ海沿岸でも激しく争われていた。ナショナリスト経済学が、工業の海外雄飛を勧めていた。その第一人者であった故ゲオルク・フリードリヒ・リストは合衆国により任命された領事であったとされる。ドイツは工業品の輸入国から輸出国にならなければならないというのが彼の持論であった。そして、海外に植え付けられた利益は、領事、外交官、海軍によって保護されるべきであるとも主張した(117)。**グラフ4—1**に見えるように、1901年における域外国の在ラテンアメリカ（総）領事館の数では、ドイツがトップであり、続いて、ベ

表4−2 帝国主義期の米州における外交使節の派遣・接受状況（1910年）

接受国別総計（行合計）：

接受国	総計
アメリカ合衆国	127
ブラジル	67
アルゼンチン	61
チリ	53
メキシコ	52
ペルー	42
グアテマラ	32
キューバ	29
コロンビア	29
ベネズエラ	26
ウルグアイ	24
ボリビア	24
エクアドル	18
コスタリカ	18
パナマ	18
エルサルバドル	15
ハイチ	14
パラグアイ	13
ドミニカ共和国	9
ニカラグア	8
ホンジュラス	7

派遣国別総計（列合計）：

米州：アメリカ合衆国 58、ブラジル 41、チリ 28、アルゼンチン 22、メキシコ 20、ペルー 20、コロンビア 18、キューバ 16、グアテマラ 15、エクアドル 15、ウルグアイ 15、ベネズエラ 13、ボリビア 13、パナマ 12、コスタリカ 12、ドミニカ共和国 9、ハイチ 9、ニカラグア 9、パラグアイ 8、エルサルバドル 6、ホンジュラス 4

非米州：フランス 45、ドイツ 38、スペイン 35、イギリス 34、イタリア 29、ベルギー 20、オーストリア・ハンガリー 16、日本 16、カナダ 13、ノルウェー 11、ロシア 10、教皇庁 10、ポルトガル 9、スイス 6、スウェーデン 5、デンマーク 5、トルコ 4、中国 4、イラン 3、ギリシア 3、タイ 3、セルビア 3、コスタリカ 1

注：●（大使級）＝ 4点、◎（全権公使級）＝ 3点、△（弁理公使級）＝ 2点、×（代理大公使級）＝ 1点。「データについて」を参照。

ルギー、合衆国、イギリス、オランダ、イタリアの順であった。ヴィルヘルム二世は海軍の拡張にも熱心であり、帝国主義を強力に推進した。

衝突の舞台は、ベネズエラであった。この国では、外国資産は内戦により多大な損害を被っていた。諸外国は損害の相当部分は政府の不法行為によると考えたものの、ベネズエラのシプリアノ・カストロ大統領は賠償の請求に応じなかった。1902年、ドイツは他のヨーロッパ諸国とともに、ベネズエラ諸港を封鎖して圧力をかけた。合衆国は仲介役を引き受け、紛争を仲裁に付託することを翌年、ベネズエラに呑ませた。

マッチョな大統領、セオドア・ローズベルトがモンロー・ドクトリンに一ひねりを加えたのは、この後であった。ラテンアメリカ諸国が「文明世界」の国際法を尊重しなければ、賠償を払うのは当然、というのは従来からの合衆国の政策であった。しかし、ベネズエラ封鎖では、武力を行使したのがヨーロッパの帝国主義列強であった為、ドクトリンが脅かされているという懸念を生じてしまった。国際法と米州の独立を両立させる方法は、合衆国自ら「国際警察力」を行使して、ヨーロッパが介入するスキを作らないことである。これがローズベルト・コロラリーと呼ばれた彼の議論であった。つまり、この地域では唯一、合衆国が強権を振るうことを許された訳である。こうした彼の外交は、別のときに使われた言葉を借りて、「棍棒外交」と世に称された。

積極外交は、在外公館の購入・建築を伴った。資産家でない職業外交官出身者にも大公使への道を開かねばならないという民主主義の発想もまた、建設の背景にはあったとされる。設計はホワイトハウスのようなワシントンDC風が当初は心がけられた。やがて、当世の流行であったフランス古典主義のボザール様式が導入された (118)。公館はイデオロギーと威信を伝えるメディアとして注目され始めた。

表4−2は、米州が1910年に接受した外交使節団である。大国クラブの一員となった合衆国はブラジルとメキシコにも大使を任命し、米州の長兄ぶりを示した。しかし、そのありがたみが分からなかったのか、ブラジルとメキシコの間で大使は交換されなかった。結局のところ、合衆国を頂点とするピラミッド型の秩序が出現した。依然として、ヨーロッパの帝国主義国がハブであったものの、米州諸国間でも相互作用は増大した。特に、領土を接した国同士で外交関係が繁茂した。ベネズエラの外交的孤立は興味深い。これは、シプリアノ・カストロとその後継者が事件後も度々外国と揉め、今でいうところの「ならず者国家」扱いされていたからであった。

パンアメリカニズム――善隣外交と真珠湾

ナポレオンにはパンヨーロピアニズムがなく、合衆国にはパンアメリカニズムがあった点で、両者の帝国には雲泥の差があった。

米州諸国会議は1889年から翌年にかけ、スティーブン・グローバー・クリーブランド合衆国大統領の招待のもと開催された。主要な議題は仲裁と通商であった。米州諸国間の政治的・経済的協力を強めれば、ヨーロッパへの従属は軽減されるというのがその目論見であった。会

議は米州共和国通商事務局の設置という成果を残した。1892年にそれは米州共和国国際事務局へと改称された。

合衆国の国威発揚は、モンローの場合もローズベルトの場合も、パンアメリカニズムに便乗して行われた。米州諸国会議は、第2回がメキシコシティ、第3回がリオデジャネイロ、第4回がブエノスアイレスと回を重ねた。おもしろいことにこの順序は、合衆国が初めてそれらの地に大使を任命した順序とほぼ一致した。西半球の連帯に貢献する力と実績を備えた国を大国と見なす合衆国独特の論理がこの事実から推察される。

実際、第3回のリオデジャネイロ会議は他の候補地、カラカスやブエノスアイレスを抑えての開催であった。ブラジルは、ローズベルト・コロラリーを歓迎した数少ない国の一つであった。既に次代のエリヒュー・ルートが大統領になっていたが、ローズベルト前大統領もブラジルをいたく気にいっていた (119)。大使昇格はこうした好感情の所産であった。

米州の国際事務局は1910年、パンアメリカン連合へと発展した。これは理事会という執行機関を持っていた。ワシントンがその所在地であり、毎回、合衆国国務長官が議長を務め、加盟国の駐米大公使達が出席した。米州の連帯を示すことは、第一次大戦やファシズムの荒波を越えるうえで有意義であった。言語も人種も違う数億の人々を、上から支配することは不可能であった。実際、合衆国は、中米、カリブ、アンデス北部で棍棒を振るっても、ブラジルやアルゼンチンでの強制力行使は慮外のことであった。

**表4—3　合衆国による特命全権大使の初任命年と
米州諸国会議のホストをつとめた年**

国名	特命全権大使	米州諸国会議
キューバ	1923	1928
ハイチ	1943	
ドミニカ共和国	1943	
メキシコ	1898	1901
グアテマラ	1943	
ホンジュラス	1943	
エルサルバドル	1943	
ニカラグア	1943	
コスタリカ	1943	
パナマ	1939	
コロンビア	1939	1948
ベネズエラ	1939	1954
エクアドル	1942	
ペルー	1919	1938
ブラジル	1905	1906
ボリビア	1942	
パラグアイ	1942	
チリ	1914	1923
アルゼンチン	1914	1910
ウルグアイ	1941	1933

出所　「データについて」を参照。

大使交換が合衆国のばらまいたエサであったのは事実であろうが、それは確かにヨーロッパから米州を自立させた。第一次大戦で合衆国は、ジョージ・ワシントンが告別演説で言い残した政治的な孤立から一時的に脱却した。そしてヨーロッパと手を組んで平和な世界を作る為、国際連盟の設立に貢献した。しかし、ヨーロッパが米州のことにまで口を出しては迷惑であった。国際連盟はモンロー・ドクトリンにケチを付けないことを、規約の第21条で誓約させられていた。

　表4—4から、富士山型に米州の国際構造は戦間期の間に転換したことが分かる。米州諸国会議が開催されるたびに、大使交換国が増えた。合衆国でも棍棒外交に対する反省を踏まえ、善隣外交がフランクリン・D・ローズベルト政権のキャッチフレーズになった。また、米州諸国間における外交使節の密度は格段に上昇した。もはや、ヨーロッパをハブとするスポーク型の秩序という記述は当てはまらなかった。連合の論理が威信の論理を凌駕した。

　満州事変とヒトラーの登場は、合衆国に対する新たな脅威と認識された。リマでの米州諸国会議がこれに対処した。真珠湾攻撃によって巻き込まれた第二次大戦も、連帯で合衆国は乗り切ろうとした。その陸軍参謀総長はワシントン駐在の武官と外交官を前に、日本から傍受した情報を披露した。しかし彼は、アルゼンチン人が独伊にこの情報を漏洩しないか心配しなければならなかった(120)。

　強大な日独伊との戦争遂行に、米州諸国の軍事力はあてにできなかったろう。しかし、中立国のままにそれらを留めておくのは危険であった。中米やカリブに三国同盟の拠点ができたら、あるいは、南米から枢軸国に戦略物資が流出したら、勝敗はともかく作戦遂行には面倒なことになったかもしれない。開戦直後の1942年早々、連合国共同宣言が発せられ、47か国が戦時協力を約束した。それに名を連ねたコスタリカ、ドミニカ共和国、エルサルバドル、グアテマラ、ハイチ、ホンジュラス、ニカラグアが翌年初めて合衆国大使を接受したのは偶然でないであろう。大公使の峻別という原則を破ってまでも、連帯は不可欠であった。

　表4—5には、外交ヒエラルヒーの地滑りパターンが確認できる。つまり、大国自ら率先して大使交換のエサをばら巻き、中小国の歓心を買ったのである。米州への派遣国を見ると、日独の名はなく、イタリアがわずか1国のみに派遣するに過ぎなかった。

表4—4　戦間期の米州における外交使節の派遣・接受状況（1930年）

接受国＼派遣国	アメリカ合衆国	チリ	メキシコ	アルゼンチン	ペルー	ブラジル	キューバ	コロンビア	ボリビア	パナマ	ウルグアイ	エクアドル	パラグアイ	ベネズエラ	コスタリカ	ニカラグア	グアテマラ	ドミニカ共和国	ホンジュラス	エルサルバドル	ハイチ	スペイン	フランス	イタリア	イギリス
アメリカ合衆国		●	●	●	●	●	●	◎	◎	◎	◎	◎	◎	◎	◎	◎	◎	◎	◎	◎	◎	●	●	●	●
ブラジル	●	●	●	●	◎		◎	◎	◎	△	◎	◎	◎	◎			◎					◎	●	●	●
アルゼンチン	●	●	●		◎	●	◎	◎	◎	◎	●	◎	●	◎			◎					●	●	●	●
メキシコ	●	●		◎		◎	◎	◎	◎		◎		◎			●	●		◎	◎		◎	◎	◎	◎
キューバ	●	◎	●	◎	◎		◎	◎	◎	△	◎	◎	◎	◎			◎			◎		●	◎	◎	×
チリ	●	◎	◎	●		◎	◎	◎	●	◎	◎	◎	◎	◎			◎					●	◎	◎	◎
ペルー	●	●		●	◎	◎		◎	◎	◎	◎	◎	×									◎	◎	◎	◎
コロンビア	◎	◎	◎	●	◎	◎	◎				◎	×										◎	◎	◎	◎
ベネズエラ	◎	◎	◎	◎		◎		◎			◎								×			◎	◎	◎	◎
ウルグアイ	◎	◎	●	◎	◎	◎	×	◎				◎	◎									◎	◎	◎	◎
グアテマラ	◎	◎	×		×						◎				◎	◎			◎	△		◎	◎		
パナマ	◎	◎	◎		×						◎			◎		◎	△		×			◎	×	◎	
ボリビア	◎	◎	◎	◎	×	◎		◎				◎	×									◎	◎	×	◎
コスタリカ	◎	◎	◎	◎	◎			×		◎						◎	◎		△			×	◎		
エクアドル	◎	◎	◎	◎	◎	◎	×		△	◎												◎	△	◎	
パラグアイ	◎	◎	◎	◎					△		×											◎	◎		
エルサルバドル	◎		◎												◎	×						◎			◎
ドミニカ共和国	◎	×	◎	×		◎															◎	×	×		×
ホンジュラス	◎		◎												×	△	◎			△					
ニカラグア	◎					◎									×	◎		△	×						
ハイチ	◎					×												×				×	◎		×
総計	66	50	49	48	43	41	39	35	31	29	28	28	25	24	21	20	19	17	17	11	9	55	49	47	45

注　●（大使級）＝4点、◎（全権公使級）＝3点、△（弁理公使級）＝2点、×（代理大公使級）＝1点。「データについて」を参照。

	派遣国																													
						非米州																								
	ドイツ	教皇庁	ベルギー	日本	オランダ	中国	ポルトガル	ノルウェー	ポーランド	スウェーデン	フィンランド	チェコスロバキア	ハンガリー	スイス	デンマーク	トルコ	ルーマニア	エジプト	オーストリア	ユーゴスラビア	アルバニア	イラン	ギリシア	タイ	ブルガリア	リトアニア	エストニア	ラトビア	ルクセンブルク	総計
	●		●	●	◎	◎	◎	◎	●	◎	◎	◎	◎	◎	◎	●	◎	◎	◎	◎	◎	◎	◎	◎	◎	×	×	×		165
	◎	●	●	●	◎	◎	●	◎	◎	◎	◎	◎	◎	×	◎	×	◎	◎												117
	◎	●	◎	◎	◎		◎	×	◎	◎	◎	◎	×	◎	◎		◎		◎											112
	◎		◎	◎	◎	◎		◎		◎	×	◎																		84
	◎	●			◎		◎		◎																					76
	◎	●	◎	◎	×	×		×																						74
	◎	●	◎	◎	×	×																								64
	◎	●	×																											58
	◎	●	×		◎																									51
	◎		◎																											50
	◎		◎				◎																							49
						◎																								41
	◎	◎																												39
		◎					◎																							37
	◎																													35
	◎								◎																					33
																														22
																														17
																														14
																														13
																														10
	43	34	28	20	17	17	16	14	13	12	12	10	10	9	7	7	7	6	6	6	3	3	3	3	3	3	1	1	1	

表4-5 第二次大戦下の米州における外交使節の派遣・接受状況（1944年）

注 ● (大使級) = 4点、◎ (全権公使級) = 3点、△ (弁理公使級) = 2点、○ (代理大公使級) = 1点、× ［データについて］を参照。

第 5 章　米 州 の 支 配

国際連合——ニューヨークに出現したフラットな世界

　戦争協力が順調に行った連合国（ユナイティッド・ネイションズ）の間では、戦後もその枠組みを国際連合（ユナイティッド・ネイションズ・オーガニゼーション）として残そうという話になった。その憲章を起草する会議がドイツ降伏を前にサンフランシスコで開かれた。ところが困ったことに、アルゼンチンの指導者フアン・D・ペロンは軍人としてイタリアで学んだことがある親ファシストであった。大戦末期になって枢軸国に宣戦布告したものの、ソ連の疑念は晴れなかった。アルゼンチンを見殺しにして大票田のラテンアメリカを敵に回すことは合衆国にはできなかった。国連が発足したとき、原加盟国 51 か国中、20 か国がラテンアメリカ諸国であった。アルゼンチンは途中からサンフランシスコ会議への参加を認められた。しかしソ連との関係は 1953 年になるまであまり改善しなかった。こともあろうに、ペロンは合衆国の大使とも自身のナチスとの過去を巡って一悶着起こしている (121)。

　合衆国にも気を遣わせたラテンアメリカであったが、微妙に空気は変わり始めた。ハリー・S・トルーマン大統領が出席したワシントンでのディナーで、席次が不満であった為に、料理にもドリンクにも手を付けなかった者がいた。ブラジル大使は在米外交団中、最古参でありながら 4 番目の席に座らされ、大統領の隣になれなかった。彼はその意図を深読みし、用済みになった米州は捨てられたのだと僻んでいた (122)。

　このディナーはグリダイアン・クラブという記者クラブの主催であった。現在でも、学芸会のような政治劇の出し物は続けられているらしい。こうした非公式のディナーに外交儀礼が要求されるかは疑問である。翌年、ホワイトハウスで国賓を招いて催された公式ディナーでは、大使達が席次に嫉妬深いことを知って、大統領の席から大使の席までインチ単位で測ったという。会場となったホワイトハウスのなかのステイト・ダイニング・ルームは、国力とともに膨張した外交団には手狭になった。そこでその年は、在任年数が奇数の組と偶数の組の 2 夜に分けられた (123)。

　ブラジル大使の憂いにも一理あった。第二次大戦に伴い、多数の米軍基地が世界各地に展開され、戦後も孤立主義やパンアメリカニズムに合衆国が舞い戻ることはなかった。そして**グラフ 5—1** に見えるように、グローバルなコミットメントを支えるインフラとして、在外公館の建設ラッシュが巻き起こった。基地が置かれた現地の政府・自治体と折衝し、住民と良好な関係を築く骨が折れる仕事には、大公使館や領事機関の手を借りる必要があった。在英領トリニダードトバゴ総領事館や在アイスランド大使館の建設計画はこうした戦略的考慮に発したといわれる。戦時中に武器等を援助したことで、莫大な対外債権が合衆国の手元にあった。戦後すぐにそれらが返済される見込みはなかった為、連邦議会は公館建設の費用をこの勘定から支出することを承認した (124)。

　豊富な資金があった為に、設計にも趣向が凝らされた。合衆国の覇権を建築で演出した設計事務所にハリソン・アンド・アブラモビッツがあった。それが携わったリオデジャネイロとハバナの大使館は、コンクリートの平面と大きなガラス窓を持つモダニズム建築であった (125)。これらの建物はともに現存するが、ブラジルの方は総領事館、キューバの方は利益代表部（イ

ンタレスツ・セクション）に用途を変えられている。

グラフ 5—1　合衆国の在外公館数の推移

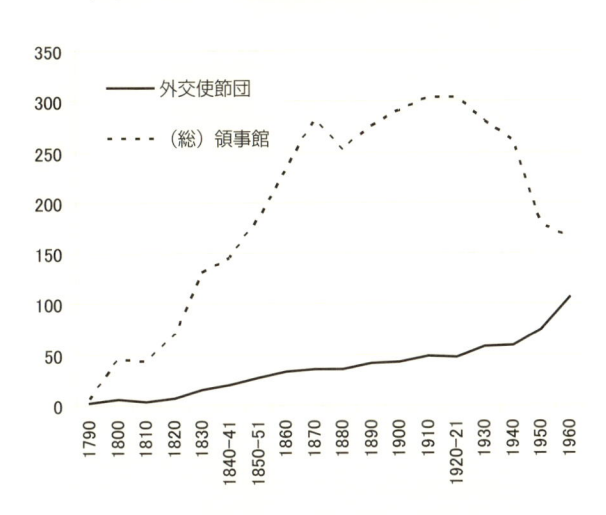

出所　つぎをもとに作成。William Barnes and John Heath Morgan, *The Foreign Service of the United States: Origins, Development, and Functions* (Washington, D.C.: United States Government Office, 1961), pp. 349-350.

　国連本部はニューヨークに置かれることになり、設計はハリソン・アンド・アブラモビッツが受注した。ル・コルビュジエやニーマイヤーら著名な建築家がチームに参加し、機能美が目を惹くモダニズムの建物が出現した。外見は、前出のブラジルとキューバにおける合衆国大使館とそっくりであった。これら「インターナショナル・スタイル（国際様式）」の建築は斬新さゆえに保守派からの攻撃に晒された(126)。しかし国連本部は、外交の新開地となったニューヨークのランドマークになった。
　各国の国連代表部は、代表、次席代表、補佐官、専門家などからなる。規則によると、代表と次席代表はそれぞれ5名以下でなければならない。代表の信任状と代表団の名簿は、総会開会の1週間前までに事務総長に提出される。外交官の特権免除が認められるのであるから、こうした手続きは必須である。端的にいえば、特権免除で守られた外交官の違法駐車が増えないようにする為にも、むやみに代表団を大きくされては困るのである。それでもニューヨークは、フィデル・カストロもヤセル・アラファトも拒まなかった。KGBも冷戦中はいたであろう。1975年には、ソ連国連代表部のKGB支局員は約220人に膨れあがっていたといわれる。スパイかもしれないのは外交官に限らない。国連職員は憲章によって、いかなる政府からも指示を受けず、政府も指示を与えない「国際的性質」を持つと定められた。しかし、マッカーシズムは国連にも吹き荒れ、事務総長はFBIと協力して疑わしい職員を解雇した。1971年には、ある職員をニューヨークタイムズ紙がKGBの工作員であると報道した(127)。なお外交官と違い、

不逮捕特権は国連事務局職員にない。

　国連本部に限らず、合衆国で勤務する国際機関の職員は、G—4 ビザを合衆国政府により発給される。長年、居住してニューヨーカーになり切った者もいるし、短期駐在員の感覚でいる者もいる。変わった組織に、国連インターナショナルスクール（UNIS）がある。一応国連ファミリーの一機関という位置付けである。百か国以上の国籍の 1500 人弱の園児・児童・生徒が通う。使用言語は英語であるが、全児童がフランス語またはスペイン語を学び、日本語などの言語も学習できる (128)。職員の子女でなければ出願できないという制限はない。出願者のどのような履歴が入学審査で考慮されるのか興味津々である。

　信任状は提出するものの、大使や公使といった階級は国連の正式な手続きでは無意味である。初期には、代表のなかには全権公使もいた。ワシントン政府への外交使節団を兼任した場合には、そこでの階級に引きずられて大使や公使を名乗ったであろうことは想像に難くない。国の威信に基づく大公使の峻別はなくなったので、今では次席代表であっても大使である。

　大国と小国の差別は安全保障理事会に残っている。常任理事国の議席が核保有と並ぶ大国の条件であることはいうまでもない。中国、フランス、ロシア、イギリス、アメリカ合衆国のP5 こそ現代の大国である。安保理の決定は、集団安全保障を大義名分に武力行使を可能にする。拒否権を持つということは国連に制裁されないということである。

　これに対し、総会での投票権は平等に一国一票である。力の論理に代わり、数の論理がものをいう。そこで行われる決議は、安全保障、開発、人権、独立という国連の崇高な目的とされる全分野に亘り、加盟国の意思が表明される。しかし、必ずしも世界は一つでない。グループと呼ばれる派閥を作って、国々は議場で戦っている。これを可視化するにはヘイワード・R・アルカーとブルース・M・ラセットが始めた因子分析か主成分分析かを使うとよいであろう (129)。**グラフ5—2** において、投票行動が似た国同士は近くに、相違する国同士は遠くにプロットされている。ここでは投票行動を賛成と反対・棄権・欠席の 2 値に分けて、SPSS という統計ソフトで主成分得点を計算した。

- 一匹狼の合衆国はどのクラスター（ぶどうの房状の固まり）からもはぐれていた。ジョージ・W・ブッシュ大統領を支えた思想は「ネオコン」（新保守主義）と呼ばれる。
- その対極には核開発疑惑で世を騒がせ、「悪の枢軸」と非難された北朝鮮とイランがあった。
- インドを始めとする非同盟運動のなかで、「悪の枢軸」は少しばかり目立ってしまっただけの不幸な国々であった。
- 穏健派を含めた途上国は、1964 年に開催された国連貿易開発会議（UNCTAD）の参加国数にちなむ名称の G77 に所属する。これらは現在、130 か国以上に膨れあがった最大グループである。
- 冷戦後、それらと一体化しようと努めたのが中国であった。農民の国から資本家と工業労働者の国へと変貌したのちも「平和共存」と「共産主義」でやっていけるかは、人民自身が選択しよう。

- 中央にはロシアがあった。これは「全方位外交」の位置である。
- ヨーロッパ始め先進国は右上に結集した。これらは国連には協力する意欲に満ち、合衆国ほど冷笑的でない。
- 日本と韓国はヨーロッパのグループに包含された。

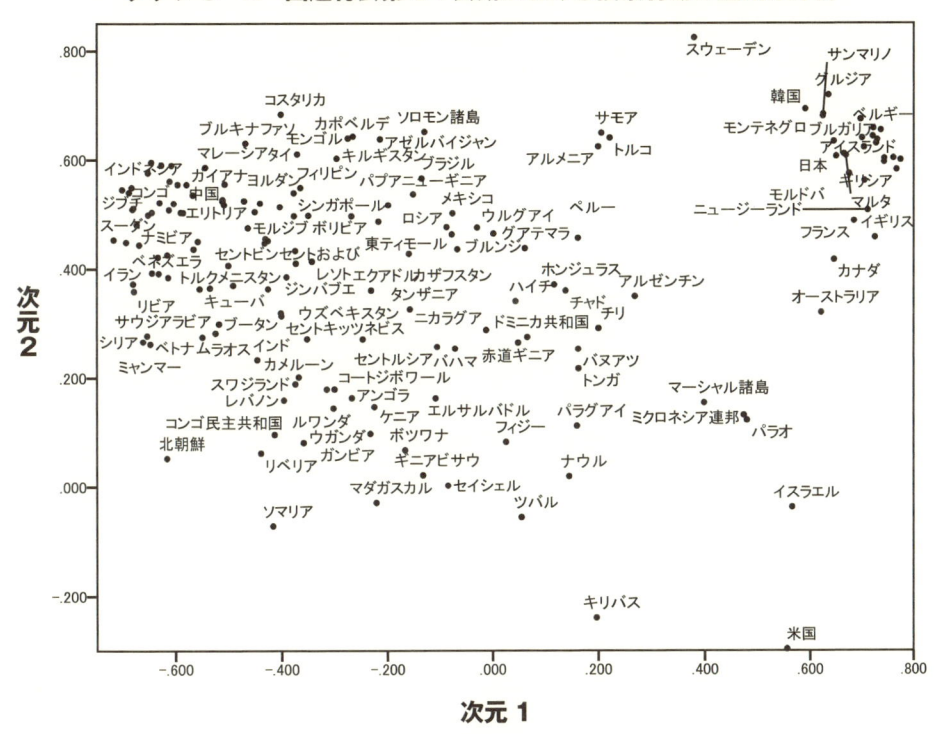

グラフ5―2　国連総会第61会期における投票行動の主成分分析

対立の主軸は、G77とヨーロッパ、すなわち先進国と途上国との南北対立であることが確認できたであろう。

　国連総会が象徴するように、我々が生きているのは「フラット」(平坦)な世界である。植民地や非自治地域は消え、大使交換が標準となり、ほぼすべての国家が国連加盟国である。合衆国のような先進国は、植民地の過去を持つインドのような途上国と競争しなければならなくなった(130)。

　平等化した世界でも、他国との差別化を図ることはできる。どの国と組み、どの国を外すことで最も自国に有利になるかを計算し、連携パートナーを選べばよい。米州にはOASとNAFTA(北米自由貿易協定)が、ヨーロッパにはNATO、欧州連合、OSCE(ヨーロッパ安全保障機構)が、アジアにはASEAN(東南アジア諸国連合)、APEC(アジア太平洋経済協力会議)、そして合衆国

との二国間同盟・安保条約がある。重層的な秩序とは国際政治学者が好きなジャーゴン（専門用語）である。合衆国は国連の総会には冷めていても、安保理、APEC、G7、G8、G20、パリ・クラブ、NATO、OAS、OECD（経済協力開発機構）、核供給国グループに加入している。一見、フラットな世界でも、油断した国は脱落する。世界はその国の真価を厳しい目でチェックして、対応を変えてくる。形式的な平等と実質的な平等は違うのである。

　国連のインパクトはどう評価すべきであろうか。著名な国際政治学者ハンス・J・モーゲンソーは、国連での「公開外交」、イデオロギー対立、軍事戦略が外交交渉を圧倒し、古風な外交官は用済みになると大戦直後に予想した (131)。この「外交の衰退」説にも拘わらず、相手国の首都で政府の要人達と密談するような活動は今のところ続いている。退化が起きているとすれば、それは徐々に起きているのであろう。

CIA——スパイという万能な（？）奥の手

　大使館の活動を、公然と非公然、合法と不法……、と二元論で捉えるとき、国務省はそれらの一半を扱うに過ぎない。外交は国務省だけでなく、国防総省、CIA（中央情報局）、AID（国際開発庁）、USIA（合衆国情報局）の職員によっても担われると 1960 年代、兄の大統領のもと司法長官を務めたロバート・F・ケネディが論じていた (132)。秘密の仕事に携わる CIA にまで身もふたもなく言及してしまったところが、アメリカ人らしいフランクさである。

　CIA は 1947 年に創設された。前身は戦時に作られた OSS（戦略情報局）であった。枢軸国をスパイすることが、戦争遂行上どういったメリットを合衆国に与えたかは説明不要であろう。戦後は冷戦の敵である共産圏へのスパイが新任務になった。

　しかし、もう一つの意義を忘れてならない。既に善隣外交以降、棍棒を振り回すのは難しくなっていたが、国連憲章の第 2 条第 4 項で武力行使の禁止は世界の大原則になった。外国を自国の政策に従わせる手段の幅は狭くなった。交渉では相手が、うん、というとは限らない。CIA はそうしたときには頼もしい。まさに奥の手であった。

　1954 年、グアテマラでクーデターが起きた。かねてから合衆国のジョン・E・ピュリフォイ大使は、「棍棒を使う為にグアテマラにきた」というほど介入に積極的であった。ハコボ・アルベンス政権は、米系のユナイティッド・フルート社の財産を国有化しようと計画し、合衆国はそれを共産主義者の陰謀と非難していた。アルベンスはチェコスロバキアから武器を輸入して自衛を図ったものの、合衆国は、西半球を転覆するソ連の謀略とこれを非難し、海軍に封鎖させた (133)。

　しかし、これくらいの圧力で政権は倒れなかった。CIA というテコが必要であった。反政府活動を盛り上げる為、CIA はビラを撒いたりラジオで呼びかけたりした。呼応して、反乱軍は攻勢に出たものの、あまりの弱体ゆえにたちまち掃討された。大使は CIA に爆撃を求めた。しかし、国務省側が消極的であった。ついに、ドワイト・D・アイゼンハワー大統領自らが決断し、3 機の爆撃機を隣国ニカラグアに売却して空爆をさせるという体裁を取り繕った。作戦中、大使館のアンテナとスピーカーは、この「サクセス作戦」の為にフル活用された。アルベ

ンス大統領は辞任し、やがて工作の結果、親米的な反乱指導者が大統領に就任した (134)。

このように、大使館はもはや友好のシンボルとは言いきれない。チリのサルバドル・アジェンデ政権に対するクーデターについても、CIA の関与がもっともらしく語られる。グアテマラでとられたのは、体制転覆の為の準軍事的な作戦という極端に敵対的な手段であった。

では、表と裏の顔はまったく別個のものであろうか。大使はいかなる隠密作戦をも知る権利がある。といっても、黙っていれば知られないこともある。現地の指導者と CIA 支局員とが個人的な知己であれば、大使を挟むまでもない。それはもはや隠密行動とはいえず、友好関係を損なうこともないからである。例えば、現地の指導者や国務長官からの求めがあれば、大使に報告する必要はない。中華民国の蔣介石総統と南ベトナムのグエン・バンティエウ（チュー）大統領が、CIA と親密な仲にあったとされる。大使が介入に反対して作戦が取りやめになったことは、マルタにおける 1971 年の選挙でのようになかった訳でない。しかし、政府の首脳レベルが求めるならば、あえて抵抗するとは思えない。外交官による大使館から本省への通信が、CIA により傍受されることもある (135)。情報を握る者は強い。外交官と CIA との力関係が逆転してしまうことはないのであろうか。

友好国では、もっと抑制された隠密行動が取られるであろう。特に民主国には多元主義がある。多元主義とは、複数の個人、政党、利益集団が権力を求めて競争するというアメリカ政治学のリベラルな信条である。その善悪についての価値判断はおくとして、外国勢力にとっては、付け入るスキを見付けやすい。なぜかを説明すると、まず、権力の焦点である公職は選挙で選ばれる。つまり、50 パーセントより 1 票多く取った者が勝者となる。外国勢力がカネでも、情報でも、激励でも、何パーセント分かを上積みするだけで、好きな側を勝たせることができるかもしれない。政治バランスの綿密な操作で、自らの国益に叶うように国政を誘導できる訳である。クーデターやデモ、禁輸などといった独裁政権を打倒する為の物騒な手段は必要ない (136)。

冷戦構造下の日本で、CIA が行ったと伝えられるのも、そうした種類の活動である。保守政治家、右翼、経営者がその支援対象であったとされる。他方、革新政治家、労働組合、市民運動には、社会主義国からのアプローチがあったろう。メディアは双方から声をかけられたはずである。左翼でも穏健派には、合衆国は積極的に提携したという。工作にあたったのは大使館員の身分を持つ者のほか、CIA 関連会社の社員や日本人の協力者であることもあった (137)。そうした操作が及んだ広さと深さは、想像を絶するほどのものであったかもしれない。

Who's Who in CIA という 1968 年に出された、東ドイツの秘密警察シュタージ肝いりとされる人名録がある。始めは興奮して手にとってみたが、ほとんどがクズ情報と分かってがっかりした。批評されている通り、戦時に軍の諜報関係の部署や OSS にいただけの者達が掲載されてしまっている。この人物はあやしい、というくらいの確度しかない。例えば、日本生まれの元駐日大使、エドウィン・O・ライシャワー博士がかつて陸軍の諜報部で機密文書解読の為の日本語を教えていた為に載せられている。総勢 2500 人近くのうち、索引から引かれる日本関係者は 123 人、さらにその時点で日本で勤務していたのは 47 人に絞られる。大使館の書記官

が18人、アタッシェとその補佐が7人、地方勤務を含む領事官が9人いることになっていた。以上と、国際援助庁の2名、合衆国情報局の7名は重複する。合衆国情報局といえば、ラジオ放送局のボイス・オブ・アメリカ（VOA）とフルブライト奨学金を取り仕切っていた。残りは、U・アレクシス・ジョンソン大使を除き、ほとんどが米軍基地勤務者であろうか。記載されてしまった御当人達に対しては、とんだとばっちりで気の毒でした、としか言いようがない(138)。諜報関係の文献は、大概は「お話」程度のものとして受けとめた方がよい。それらは現代の半神を謳った叙事詩である。全知全能感に酔う自意識過剰者の手柄話である。その手の二次文献を使った本書の記述についてもその部分は半信半疑で読んでほしい。

　CIAの存立を可能としたのは、戦時下の愛国心であったろう。合衆国の伝統は、平時になったら常備軍は極力、縮小することであり、第一次大戦後もこれをやって、ヨーロッパの政局を不安定にした。ところが、第二次大戦後は「軍産複合体」という語が生まれたように、軍事産業と一体化した軍の影響力は、至るところで猛威を振るった。CIAができたとき、戦時の愛国心は衰えていなかった。ジェームズ・R・リリーというイエール大学の学生は1950年、教授に諜報関係は成長産業と誘われ、CIA入りした。その後、軍と大使館を行き来してキャリアを重ね、1979年に退職するまで、息子達さえ彼は外交官の身分であると誤解していた。しかし、大使館のなかに諜報局員がいることは既に常識の部類となっていた。米中が相互に連絡事務所を置くことになったとき、諜報官を一人含めることさえ合意され、リリーが任命された。退職後、彼はソウルと北京への大使を歴任し、裏の世界の出身でありながら、大使館の表の主にのし上がった。諜報部局の長官が国家元首に上り詰めた例は、KGB議長を勤めたソ連のユーリー・V・アンドロポフだけでない。冷戦終結時の合衆国大統領、ジョージ・H・W・ブッシュ、は1970年代にCIA長官を経験した(139)。よかれあしかれ、大戦と冷戦の国際環境はCIAを国家の英雄にした。それが口にするのもはばかられるようなタブーでないことは、ハリウッド映画を見るとよく分かる。

キューバ革命——カストロと冷戦

　31歳でキューバの指導者となった青年は、西半球に冷戦を持ち込んだ。

　合衆国は米西戦争でキューバを独立させ、その後、プラット修正といわれる条項をキューバ憲法や条約に入れて、保護国化を完成した。外交面では、合衆国は内政及び外政への介入権を得た。これで、合衆国大使はキューバの権威となった。善隣外交の時代にプラット修正が廃棄されても、フロリダから百数十キロメートルの島は地勢上、合衆国の軍事的・経済的影響力から逃れられなかった。

　フィデル・カストロは1959年の革命時には、共産主義者でなかった。しかし、反帝国主義者ではあった。彼は、ユナイティッド・フルート社のバナナ農園、マフィアに支配されたハバナの観光業、そして、CIAに支援された腐敗したキューバ政府を心底、憎んで反乱した。外国の権威に対しても彼は容赦なかった。テレビでスペイン大使館を誹謗していたとき、スペイン大使が現場に乱入して、これで両国関係は断絶した。目ざわりな米系企業の資産を彼は国有

化し、ワシントンは禁輸の拡大でそれに報復した。国交断絶は、300名の大使館員のうち80パーセントがスパイであるとカストロが非難したことに端を発した。1961年、キューバは合衆国の代理大使に、ハバナ駐在の外交官と領事官を11人に制限すると通告した。それではミニチュア国連ビルのような大使館にはワンフロアあたり1、2人しかいなくなってしまう。これを合衆国は、正常な外交関係の遂行を困難にするのが目的であると受けとめ、外交領事関係の終了を声明した(140)。CIAが亡命キューバ人を操って侵攻させたコチノス湾（ピッグス湾）事件は、関係を修復不能にした。

それから半世紀が経とうとしている。国交は未だに回復していない。利益代表部として機能している旧大使館は現在、スイスの管理下にある。とはいっても、働いているのは合衆国国務省職員達であるから、実質的にはその領事機関があるようなものである。利益代表部の設置はジェームズ・E・カーター大統領により取り計らわれた。キューバの方は、やはりスイスにより管理された利益代表部と領事館をワシントンに設けている(141)。

ソ連は、合衆国への経済的・軍事的な依存を断ち切ったキューバにとって不可欠なパートナーとなった。始めに接触したのは、KGBのアレクサンドル・イワノヴィチ・シトフ、別名アレクサンドル・アレクセーエフであった。のちに駐キューバ大使になった彼は、カストロと一緒に料理を作るほど親密な仲であった。1960年になると、まず通商協定が結ばれ、砂糖の輸出と石油の輸入をカストロは確保した。国連総会で演説した為に訪問したニューヨークでは、ニキータ・フルシチョフと彼は運命的な出会いをした。カストロは共産主義者になろうと努力したものの、ソ連はなかなかそれを受け入れなかった(142)。

1962年のキューバ危機は合衆国を慌てさせた。既に、ソ連による人工衛星スプートニク一号の打ち上げは、西半球に届く大陸間弾道ミサイル（ICBM）の開発を仄めかすものであったものの、それはあくまで人工衛星であった。しかし、中距離ミサイルの現物が合衆国の「裏庭」に置かれるとなると、話は別であった。ミサイル基地からワシントンまでの距離は、根室と鹿児島の距離ほどに過ぎなかった。これは比較にならない心理効果を与えた。合衆国のジョン・F・ケネディ大統領は、ソ連船をキューバに入港させないよう、海軍に封鎖させる措置を取った。結局、ソ連はキューバから、合衆国はトルコからミサイルを撤収することで、危機は終息した。キューバには侵攻しないとも合衆国は約束した。ナショナリズムの一革命家に過ぎなかった彼は、世界史上の大人物になり、半世紀以上の長期政権を担った。

史上最大の核戦争の危機とされるキューバ危機の余波をもう一つ紹介しよう。誤解に基づく偶発的核戦争を予防する為、ホットライン協定が1963年に取り決められた。ワシントンとモスクワが、ロンドン——コペンハーゲン——ストックホルム——ヘルシンキを経由する有線回線とタンジールを経由する無線回線で結ばれることになった。米ソの首脳間は直接の通信手段によって結ばれ、出先の公館を通す必要がなくなった。念の為、付言すると、協定で設置されることになった端末は電話でなく、プリンタによって文字を印字するテレタイプであった。

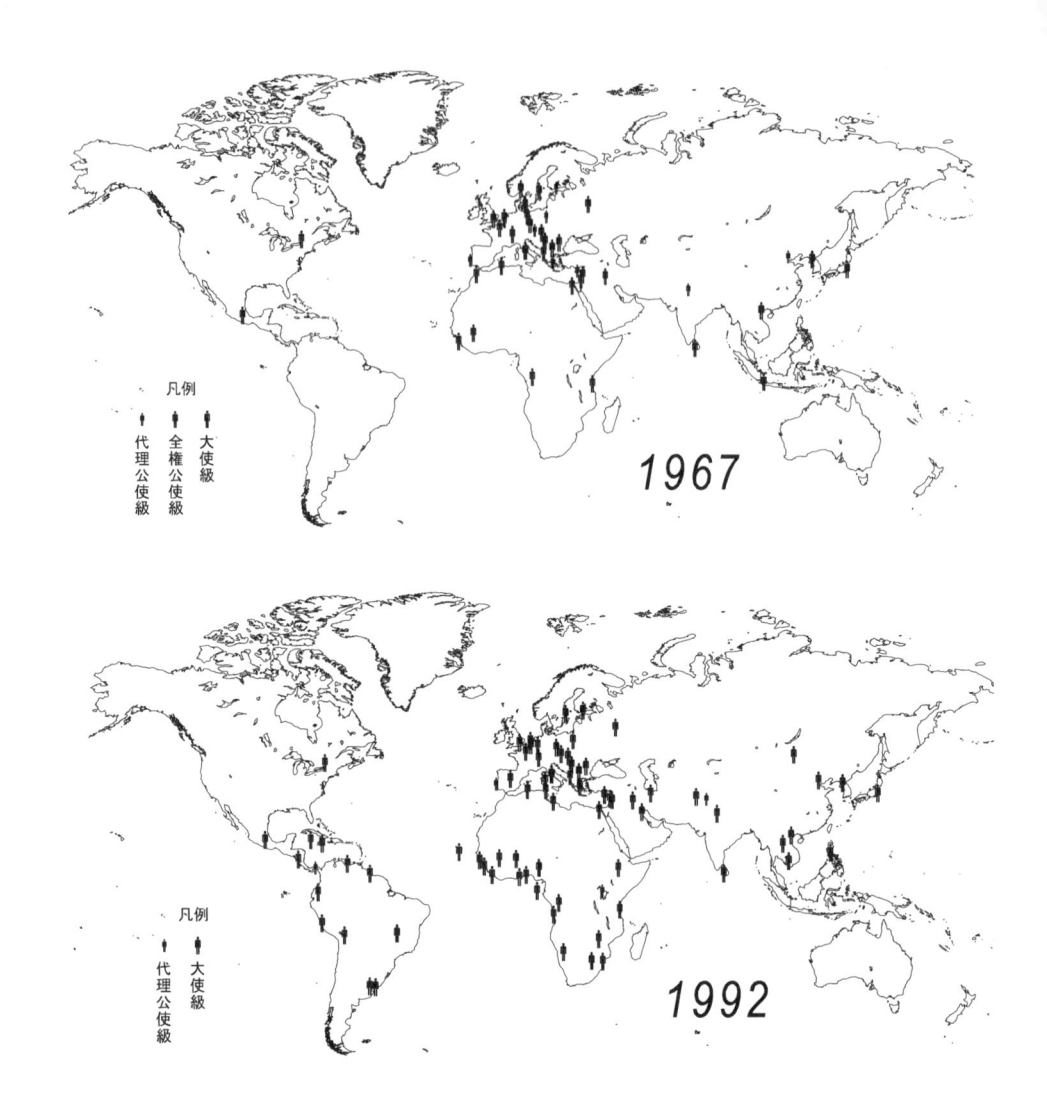

凡例
　▲ 大使級
　▲ 全権公使級
　▲ 代理公使級

1967

凡例
　▲ 大使級
　▲ 代理公使級

1992

●第5章　米州の支配

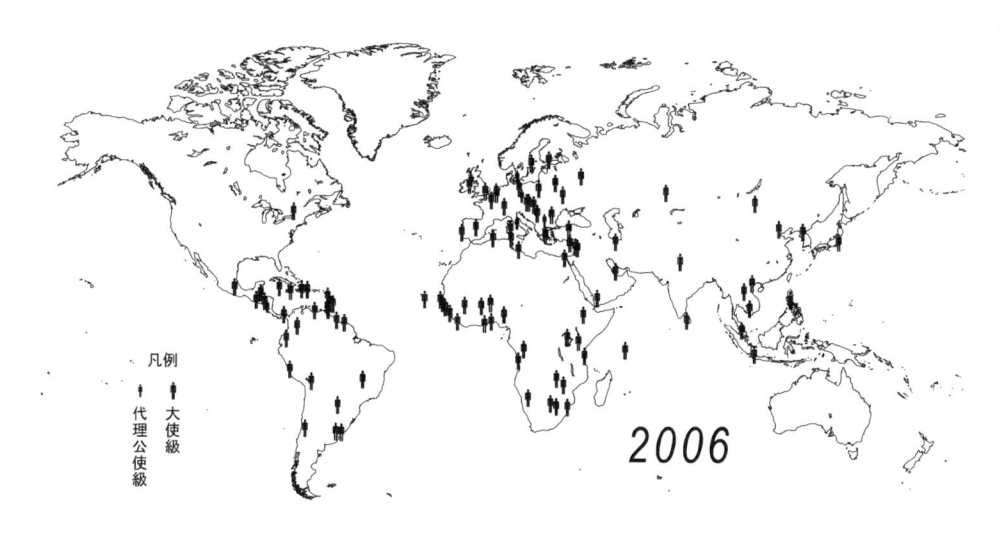

図5—1　キューバが派遣した外交使節団
出所　「データについて」を参照。

　神聖同盟、ナポレオン三世、カイザー、枢軸国といった外敵が脅威を与えるたびに、米州ではモンロー・ドクトリンが人々の脳裏をよぎった。ソ連の手先と見られたキューバがこれに続いた。1967年にキューバが派遣していた外交使節団を見ると、ラテンアメリカが空白地帯であることは一目瞭然である。キューバ危機の2年後に、米州機構 (OAS) は経済制裁と並んでカストロ政権との外交領事関係を断絶することを決議していた。これに従わなかった唯一の例外がメキシコであった。1910年に始まったメキシコ革命以来、この国の政権は革命を掲げた。1930年代には、石油産業を国有化し、英米と激しく対立しながらも、第二次大戦の好機を活かして和解を成し遂げた。なおこのとき、メキシコはイギリスと断交しながらも、両国とも相手国に置いていた領事機関を閉鎖しなかった(143)。ミサイル危機に話を戻すと、カナダもキューバと断交しなかったが、それはOASに未加盟であったからである。
　チリにアジェンデ政権が成立すると、カストロはチリを訪問して友好を深めた。アジェンデはラテンアメリカにおける多くの社会主義政権と同様、合衆国に潰されてしまうことになる。キューバに対する制裁は1975年に解除され、ほとんどの加盟国が関係を再開した (144)。2006年の地図を見ると分かるように、現在ではキューバを露骨に忌避するのは合衆国くらいのものである。スペインとポルトガルとそれらの旧米州植民地が集うイベロアメリカ首脳会議にキューバは参加している。
　瀬戸際で、フルシチョフが急に弱腰になったことで、ソ連とキューバは疎遠となった。それでも、KGBから支援を得て、キューバの対外諜報機関であるDGIは活動を拡大した。経済でも、ソ連なくしてキューバは立ち行かなかった。事実、冷戦が終わるとキューバ経済は大変に困窮した。

西側諸国は、ヨーロッパを見ても、日本を見ても、キューバと断交した国は数少ない。1971年にロンドンでは、10名のキューバ大使館員中、8名はDGIの支局員であったという説もある (145)。とはいえ、朝鮮半島とベトナムでは、ともに北側の社会主義政権のみに大使が送られており、冷戦後まで韓国には派遣されなかった。

　カストロの対外政策が最も精彩を放ったのは、第三世界においてであった。チェと呼ばれた革命家のエルネスト・ゲバラは、コンゴやボリビアで革命の輸出を企て、最後は処刑された。1973年には、非同盟運動首脳会議にカストロは参加した。そこで彼は、リビアの指導者カダフィ大佐に共産主義者であることを突っ込まれてしまった。確かにキューバは共産国だけが加盟を許されたCMEA（経済相互援助会議：コメコン）の加盟国であり、「非同盟国」とは呼べなかった。ソ連との親密な関係が問題となっているにも拘わらず、なぜかカストロはイスラエルとの断交を表明した。それを聞いて彼と抱きあったカダフィもカダフィであった (146)。1970年代、非同盟はこうして反米・反イスラエル色を強めたのである。キューバとイスラエルとの国交は復活していない。冷戦の枠組みのなかで、アンゴラに送られたキューバ軍は、合衆国と南アフリカが支援する勢力と戦った。

テロ支援国家——指定解除が進行中

　テロリズムには、安価な交戦手段、という定義もある。近代戦の手段といえば、軍艦や核兵器など高価なものばかりである。しかも、ゴリアテのように巨大な合衆国やロシアに対する小国の勝機はほとんどない。こうしたとき、テロリズムはまさしく安価な交戦手段である (147)。死と隣り合わせの一人のテロリストを用立てるのに、数千万円、いや数百万円あれば十分であろうか。9・11事件のように攻撃の対象と方法をうまく選べば、真珠湾並の心理的効果を与えることができる。そこまで大規模でなくとも、大使館が爆破されればメッセージは明確である。犯人の身元を隠しおおせれば、報復さえ逸らせるかもしれない。

　民族解放や革命のような目標は、どこかの国家を困らせる。その国をA国としよう。A国を困らせたい別の国もあるはずである。これをB国としよう。B国とテロ集団とは共通の利益を持つことになる。資金、武器、隠れ家、情報、訓練……を提供すれば、もはやB国は立派なテロ支援国家である。冷戦中のスパイ物では、テロ事件の黒幕はソ連のKGBであったりする。

　公式に「テロ支援国家」を指定している政府が、アメリカ合衆国である。指定された過去を持つ国には、イラク、イラン、北朝鮮、キューバ、シリア、スーダン、南イエメン、リビアがある。イラク、シリア、南イエメン、リビアは例えばアブ・ニダルやPFLP（パレスチナ解放人民戦線）のようなパレスチナ人の宿主であった。北朝鮮には、日航機よど号ハイジャック犯の日本赤軍メンバーがいる。キューバはラテンアメリカのテロリストを匿っているという理由で指定が続けられている。

　外交関係にも、これは影響した。友好を温めたい相手にこの指定はしないであろうし、指定される側も、火のないところに煙は立たないであろう。覚悟がなければ、テロリストを支援す

ることはない。

　リビアは最も振幅が激しい国であった。イラン革命を支持するデモ隊に、トリポリの合衆国大使館は襲撃された。カーター政権は、リビアから自国の外交官を引き揚げ、レーガン政権は、リビアの外交官を国外追放にした。これで、両国の外交関係は完全に切れた訳である。この後、米軍機がリビア軍機を撃墜し、関係は修復不能となった。1984年、ロンドンで女性警官がリビア人民事務所（大使館）から狙撃されて死亡し、対英関係も断絶した(148)。

　リビア空爆は、西側諸国とリビアの全面対決をもたらした。1986年、西ドイツのディスコが爆破された。これは駐留する米兵を狙ったものであった。報復として、米軍はムアンマル・アル・カダフィ本人を狙って空爆した。彼は生存したものの、西側先進国はカウンターテロリズムで足並みを揃えた。過去にも1978年のボン・サミットで、ハイジャックについての宣言が出されたことがあった。リビア空爆直後の東京サミットは、国際テロリズムと戦うことを宣言した。テロ支援国家、特にリビア、の大使館を減員または閉鎖することが決定された。カダフィはレーガンの入国を拒否するよう、「日本人民」へのメッセージをテレビ朝日に託した(149)。これが効果を持たなかったことはいうまでもない。

　1988年、ロッカビー事件と呼ばれるパンアメリカン航空機爆破事件が起きた。犯人はリビアに匿われているとされ、米英は容疑者の引き渡しを求めた。事件は、幾つかの西側諸国との関係を正常化したばかりのことであった。国連安保理は1992年になって、リビアへの制裁を決議した。そのなかで、すべての国はリビアの外交使節団を減員し、かつ移動制限しなければならないと決められた。日本も人民事務所員を4名から3名に減員し、移動範囲を東京都と成田市に制限することを通告した(150)。

　結局、リビアは7年後に容疑者を引き渡し、さらに、核兵器開発を中止して西側諸国との関係を改善した。合衆国のコンドリーザ・ライス国務長官は2006年、リビアとの完全な外交関係の再開を声明した(151)。

　北朝鮮も1980年代には国家支援テロを行ったとされる。1983年のラングーン事件と1987年の大韓航空機爆破事件がそれである。前者では、ヤンゴンのアウンサン廟を訪れた全斗煥大統領の一行が爆弾テロに遭い、高官17名が死亡した。このときミャンマーには南北双方の大使館があり、犯行が容易であったといわれる。アジアとアフリカにそうした国は少なくなかったが、韓国大統領の訪問の可能性とホスト側の警備態勢を考えると選択肢は多くなかったかもしれない(152)。

　大韓航空機爆破事件の背景には、翌年のソウル・オリンピックがあった。それまで非同盟外交を通して交際を広め、差を詰めた北朝鮮にとっては、南と水を開けられてはならない正念場であった。

　事件では、115人を乗せた大韓航空機が消息を絶った。機内に時限爆弾を置いた二人は、日本人になりすました北朝鮮の工作員であった。乗り換えの為に滞在したバーレーンで、日本政府が偽造パスポートを見破った。空港で犯人達が出国しようとしていたところを、現地当局が身柄を確保した(153)。韓国人が韓国人を殺すシナリオでは、犯人は北のスパイ、といわれる

のがオチである。北のスパイの韓国人は北朝鮮人と変わらないが、北のスパイの日本人は日本人にしか見られない。当時は、日本赤軍の行動が鮮烈に人々の頭に残っていたので、日本人テロリストは不自然でなかった。祖国の為に一命を擲つ覚悟を工作員にさせたのは、思想教育であったに違いない。自爆であれば足が付くことがなかったと思うと、怖くなる。なお、このとき在バーレーン大使館は在アラブ首長国連邦大使館の兼轄であった。

結局、漢江の奇跡と讃えられた目覚ましい経済成長とともに、オリンピックは国際社会における韓国の威信を押し上げた。北朝鮮の呼びかけに応えてオリンピックをボイコットしたのは、共産国中でもキューバ、エチオピア、アルバニアに止まった。翌年に起きた東ヨーロッパにおける革命の結果、ハンガリー、ポーランド、ユーゴスラビアにまで、韓国は外交関係を広げた。1990年には、ソ連がこれに続いた。合衆国政府は北朝鮮が核開発の放棄を約束した2008年、日本人拉致事件の疑惑が残るにも拘わらず、北朝鮮のテロ支援国家指定を解除した(154)。

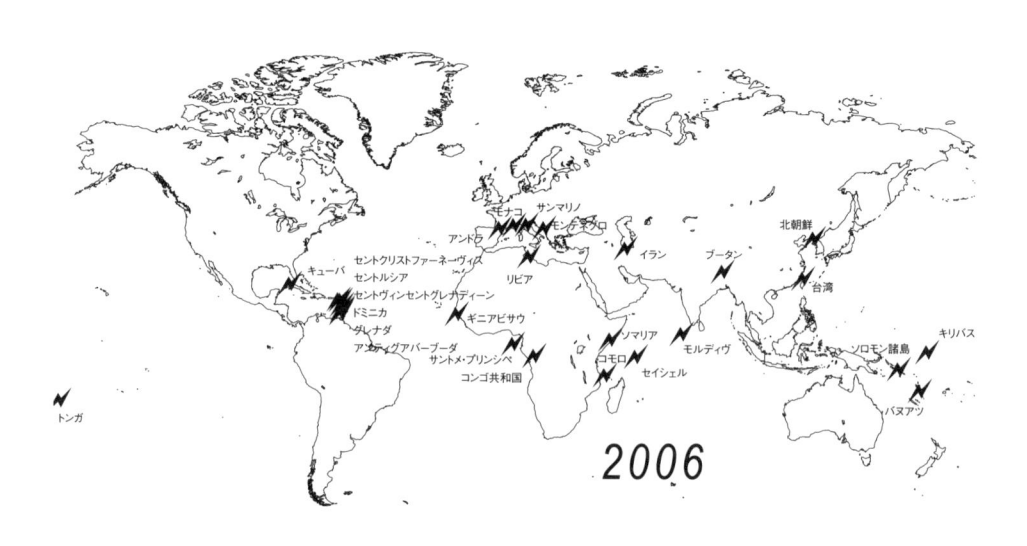

図5—2　アメリカ合衆国が大使館を置かない国々
出所　「データについて」を参照。

イラクと南イエメンのテロ支援国家指定も、既に解除されている。南イエメンは北イエメンと合邦した1990年、イラクはイラク戦争でフセイン政権が打倒された翌年の2004年、指定を外された。ブッシュ大統領の一般教書演説(2002年)で「悪の枢軸」に指定された北朝鮮、イラン、イラクのなかで、対米関係が緊迫しているのはイランだけとなった。キューバではカストロが引退し、キューバ系ロビーを除いて、この国を安全保障上の脅威と捉えようとする者はほとんどなくなった。スーダンとシリアに至っては、それらの首都に合衆国大使館が存在する。

合衆国が大使館を置かないのは、テロ支援国以外では、ヨーロッパの極小国、小島嶼国、鎖

国国（ブータン）、分断国家（台湾）、「破綻国家」（ソマリア、ギニアビサウ、コンゴ共和国）しかない。覇権国が敵を失う「歴史の終わり」は、新しい歴史の始まりを意味するのであろう。

トランスナショナリズム――ロビイストとしての大使

　アメリカ合衆国は概念を変えてしまった。「外交」から「対外政策」に、「ハイ・ポリティクス」から「ロー・ポリティクス」に、「インターガバメンタリズム」から「トランスガバメンタリズム」に、「ナショナリズム」から「トランスナショナリズム」に、といった具合にである。それにつれて、大使館の在り方も変化した。

- 外交は特権免除を享受する外交官が行うものであり、近代外交の特徴は常駐使節の派遣にあった。これに対し、対外政策は軍やCIAがやってもよいし、外国に誰かを常駐させなければならないとも限らない。国内で防御的な対空ミサイルを増やすだけで、立派な対外政策になる。

- ハイ・ポリティクスとは、政治・安全保障分野の対外政策である。ウィーン会議やベルリン会議で話された最重要の議題は領土であった。ほかには小国の独立を保障するかどうか、中立地帯を設けるか、国家連合を作るかいったこともその範疇に含められる。ところが、第一次大戦後のベルサイユ条約は、ジョン・M・ケインズが皮肉ったように経済復興を扱わなかった為に失敗に帰した。パクス・アメリカーナを支えるのは、ブレトンウッズ諸制度や自由貿易体制のような経済である。それに移民、情報、環境、感染症などの諸争点を加えてロー・ポリティクスと呼ぶ。

- インターガバメンタリズムでは、一丸となった国の政府がやはり一丸となった他国の政府と渡り合う。交渉は大使や首席代表が取り仕切る。トランスガバメンタリズムでは、省庁がてんでバラバラ、足並みも揃えず相互作用する。合衆国には国務省、国防総省、CIA、USTR（通商代表部）、財務省、農務省、連邦準備制度理事会などの有力機関がある。これらが、日本が相手であれば、必ずしも外務省を通さずに、防衛省、公安調査庁、経済産業省、財務省、農林水産省、日本銀行などのカウンターパートに直接、働きかける。日米間で貿易摩擦が持ち上がった1980代でさえ、USTRは在日大使館に担当官を常置しなかった。ワシントンから必要に応じて担当官が出張し、駐日大使の関与がないまま交渉が進められた（155）。

- ナショナリズムでは、国民がみな国益を最優先にして行動する。しかし、国益とは何か、は人によって受けとめ方が違う。ビジネスや市民は、私益を国益の上に置くかもしれない。公益が必ずしも国益と一致しないときもある。国際NGOや国際テロリストは、国籍と国土に縛られない。こうした現象をトランスナショナリズムという。定訳はなく、脱国家主義、国家横断主義、超国家主義と訳されたりする。「トランスナショナル・コーポレーション」には「多国籍企業」や「超国家企業」などの訳がある。

このように、国際関係論は、官民・内外・硬軟あい乱れての相互作用を記述する概念を発展させた (156)。しかし、何でもありでは満足せず、別のリアリティを表現しようとした者もいた。そうした者は、激動し、液状化した世界のなかのどこかに、真の権力の所在地を見付けようとした。

　かつて、「外交」の時代、権力は、国務長官と大公使の綱引きのなかにあった。使節は「閣下の忠実なる僕」（ユア・オビーディエント・サーバント）と長官宛ての報告で謙遜したものの、海外ニュースを伝えるメディアが少なかった時代であるから、報告内容を脚色すれば、自己の行動を正当化し、望む方向に本国からの訓令を誘導することも可能であったろう。国務長官にせよ、大公使にせよ、情報を握ったどちらかが権力を握った。

　「対外政策」の時代、権力は、多数の省庁を指揮・調整する者へと移動した。ヘンリー・A・キッシンジャーが安全保障担当補佐官となってから、国家安全保障会議（NSC）が政権の頭脳となった。1971年の米中和解はニクソン・ショックといわれる。その十年ほど前、駐米大使の朝海浩一郎は、中華人民共和国と合衆国が日本に知らせず和解する「朝海の悪夢」について語っていた。それでも日本は、発表の数十分から1時間前、最初の説明をされた外国であった。やっと数分前に知らされたという佐藤栄作総理は、あっけに取られながらも、日記で「すなほに慶賀すべき事」と歓迎している (157)。

　国務省にとっても、これはショッキングな「頭越し外交」であった。長官でさえ蚊帳の外に置かれ、大統領の別荘に凱旋したキッシンジャーから、ようやく極秘訪中の説明を聞かされた。東京駐在のアーミン・H・マイヤー大使に至っては、散髪しながら、ラジオのFEN局から流れた大統領の演説を聴いて知ったという。大統領のトップ・ダウンはダイナミックな政策を可能としたものの、政府内のコンセンサスが損なわれる代償も大きかった。ベトナム戦争中の事件であるが、米軍がカンボジアに侵攻したことに対し、合衆国の外交官達は国務長官に抗議する連判状に署名した。使われる手札が、外交官なのか、軍なのか、CIAなのかは、最高意思決定者である大統領のみぞ知る (158)。

　三権分立が徹底した合衆国では、立法府と司法府が、執行府とともにトランスガバメンタリズムの要素である。議会は大統領をチェックするだけでなく、政策を一緒に作るパートナーでもある。上院議員の3分の2という非常に厳しい条件が、条約の批准に付いている。常に議会の意向を汲んで政策を練らなければ、有力議員にそっぽを向かれ、ベルサイユ条約や（国際貿易機関を設立しようとした）ハバナ憲章のように、批准できないことになる。大使が個々の議員に工作しなければならないことに仰天したカナダ大使がいた。他国であれば、議会の厳粛な判断に口出しすることは内政干渉であるとして、たしなめられる。合衆国は特別で、外国政府までがロビイストを雇い、議会対策をする。日本ではほとんどないことであるが、外国大使がテレビ番組に出演し、インタビューに応じている映像が見かけられる。「静かな外交」に徹していては務めは果たせない。彼や彼女自身がロビイストなのである。上院外交委員の有力委員はもちろん、アクセスしなければならない対象は、メディア、コラムニスト、シンクタンク、議会スタッフ、ロビイスト、弁護士、元閣僚、社交界の名士など多岐にわたる (159)。

これは、国際政治の国内化といわれる現象である。多元主義という言葉を思い出してほしい。民主国同士であれば、合意は政府間の対話だけでなく、国民間の対話によって作られなければならない。学者達は、「2レベル・ゲーム」という専門用語を使うが、それはどうでもよい (160)。日本においてこのゲームは、大臣や総理が腹芸で芝居してみせるかたちで典型的に現れる。お茶の間のテレビに映っていても、一番気を遣わなければならない観客は、業界団体の圧力を背にした自由民主党の族議員達であろう。ワシントン駐在の日本大使は、前述のカナダ大使と同じように、裏方に徹して根回しに精を出す。こうした外交で主導権を握ろうとするのは「官」ばかりでない。例えば、ビルダーバーグ会議、三極委員会、日米財界人会議は、民間人のなかに協力の与党を作る努力である (161)。また、親善大使といわれる人々は知名度を買われて、友好や大義に貢献することを期待される非外交官である。

　国内政治の国際化、というフレーズもある。ビジネスや市民が利益集団を作って、政府を介して外国に圧力をかけようとする。例えば、日米構造協議や『年次改革要望書』のような仕組みを設け、「グローバル・スタンダード」と称するアメリカン・スタンダードを押し付けてきたのは通商代表部であったが、その背後では業界団体が圧力をかけていたという (162)。相手の国民を説得するという意味の公衆外交だけでなく、相手の国民に騙されない為の、民度上昇という意味での公衆外交が重要である。

　国内政治と国際政治とを分けること自体、陳腐かもしれない。法人会員からなり、政府の後援を受けないダボス会議（世界経済フォーラム）は、「国際政治」という概念から外れている。そこの議論に影響された人々が、各国政府に一定の政策を採用するよう圧力を加えれば、トランスナショナリズムの国内化といえるであろう。世界のNGOがグローバルな市民社会として、国連の会議に圧力をかければ、それはトランスナショナリズムの国際化である。

　民主国と合衆国との関係において、大使館は主体というより、様々な政治過程がくぐり抜ける通過点に過ぎなくなった。大使も国家理性を代表する大それた存在でなく、一ロビイストであり、また、大使館という名の施設の一管理人である。こういって、言い過ぎでないところまで世界はグローバライズした。

第 6 章　中 東 の 転 落

古来、コンスタンティノープル（イスタンブール）はヨーロッパとアジアを繋ぐ中継地である。また、エジプトは「ナイルの賜物」と讃えられた肥沃な農地や地中海と紅海を繋ぐスエズ運河を持っている。そして「文明の十字路」であったペルシア（アラビア）湾岸を現在、潤しているのは石油という新しい富である。皮肉にも現地の一般人はこれらの富によって苦しめられてきた。

レバント——治外法権の蔓延

　紀元4世紀にローマ帝国の首都になって以来、コンスタンティノープルがヨーロッパ人の意識から消えたことはない。東西分裂後でも、東ローマ帝国は西洋世界の中心であった。周囲の異民族は文明の威光にたじろいだ。10世紀後半、宮殿に参内したキエフ公国の使者は、ロウソクの炎の向こうに歌う天使を見た。紫色の部屋には、百官が居並び、拝謁はそこで行われた。可動式の玉座は持ち上がって、使者を見下ろした。装飾には、尾を振って咆哮する機械の獅子や樹上で鳴く金製の鳥があった (163)。衰微しつつあった帝国は、軍事の劣勢を外交と経済で補おうとした。黄金が賄賂や手土産として下賜された。これで野蛮人の目をくらますことができれば、儲けものであった。

　オスマン帝国が東ローマ帝国を滅ぼした。そのキリスト教国との関係は戦争の連続であった。しかし、平和を求めた西方の国もない訳でなかった。フランスのフランソワ一世は1525年、パビアでハプスブルク家に敗北した。フランスは同家の領地に包囲されていた。トルコと同盟を結べば、オーストリアを東西から圧迫できた。相手が異教徒であれ、背に腹は代えられなかった。フランソワ一世は、オスマン帝国のスレイマン一世に使者を送った。スルタンはヨーロッパへの攻略を加速し、数年後にはハプスブルクの本拠ウィーンを包囲した。フランスは外交使節団を常駐させ、関係を格上げすることにした。1535年に送られたジャン・ド・ラ・フォレが最初の常駐使節であったとされる。しかし、彼の在任は二年余りに過ぎず、特にコンスタンティノープル滞在はごく短期間であった (164)。

　両国は自然の同盟国であったと地政学者はいうであろう。それから250年のほぼ全期間、フランスは大使を派遣した。ただし、オスマン帝国側は特使しか送らなかった。常駐使節はヨーロッパ特有の制度であった。ナポレオンがエジプトに遠征し、友好は敵対に一転した。しかし後年は、どんな手を使ってでも支配的地位を奪回することを彼は期するようになった (165)。

　海洋国にとって、東方貿易はビッグ・ビジネスであった。領事の制度は、イタリア商人達が仲間同士の紛争を処理する為に始められた。それはコンスタンティノープルが陥落して東ローマが滅びた後も残存した。領事裁判権を含む治外法権は、キャピチュレーションという条約によって、フランス等に与えられた。しかし、イスラム商人にそうした特権はヨーロッパで与えられなかった (166)。当時は、トルコ人の方が侵略者であったので、不平等条約という意識は生じようがなかった。

　力関係は変化し、キリスト教国が優勢になった。治外法権は濫用され始めた。世界遺産に指定され観光名所となったトプカプ宮殿やアヤ・ソフアがあるコンスタンティノープルから金角

湾を挟んだ対岸に、ガラタやペラといわれる地区がある。ここが外国人居留地であった。もちろん、ヨーロッパ人は治外法権を享受した。しかし、彼らに雇用されたり、保護状を出されたりした現地人まで、「イギリス人」、「フランス人」、「ロシア人」の待遇を享受した(167)。キャピチュレーションは不平等条約であると認識されるようになった。

　モロッコ王国でも類似のことが起きた。領事は、現地人を代理領事（エージェント）の名目で雇うことができた。彼らの一族まで含めると、被保護者は千人に及ぶことがあった。代理領事は国旗掲揚、免税、治外法権などの特権を得た。領事は保護状の売却益を得た。これはあまりにもうまみがあるビジネスであった。架空の南米国、アラウカニア・パタゴニアの領事の肩書を騙るオーストリア人さえ現れた。ユダヤ人の代理領事が金貸しを営業し、領事に取りたてさせるという顛倒もしばしばであったという(168)。

　徴税も、逮捕も、現地政府ができなかったのでは、主権は有名無実であった。ヨーロッパの外務省員も、領事裁判権を喜んで行使した訳でなかった。誇り高い彼らには、日常の裁判は些事に過ぎなかった。1850年代、法律家のエドマンド・ホーンビーがトルコにおけるイギリス最高裁判所の専任判事に就任し、億劫な義務から彼らを解放した(169)。今日では、外国人との紛争といえども、その土地を領する国に裁判管轄権があるのは当然と考えられている。

　当初、領事官達の出自は商人であった。彼らは、本業の片手間に業務をこなすいわばパートタイム領事官であった。現代の表現では名誉領事官になる。しかし、十六世紀には、政府がフルタイムの本務領事官を派遣するようになった。それとともに、階級は領事官でありながら、実際には外交官の任務を担う者が現れた。レバント、すなわち東地中海でこれは顕著であった。カリエールも十八世紀にアレッポ、イズミール（スミルナ）、カイロ、アレクサンドリア、チュニス、アルジェの領事は使臣と見なされていると述べた(170)。広大なオスマン帝国には、自律性を持つ地方官がいた。地方官であっても事実上は国主であったから、彼らと掛け合う領事官の仕事も事実上、外交官のそれであった。

　政府が領事官を送るようになったと述べたものの、私企業のレバント会社によるイギリス領事官の派遣は例外であった。イギリス政府がそれを引き継いだのは、ようやく1825年のことであった。エジプト総督、ムハンマド・アリーの二度にわたる反乱に十分、会社が対応できなかった反省から、以後、軍人がアレクサンドリア総領事に就くことが増えた(171)。有力国のアレクサンドリア総領事は外交事務官を併称し、事実上、カイロへの外交使節団の役割を果たした。類似のことはチュニス総領事にもいえた。

　東洋の使節団において、トルコ語、アラビア語、ペルシア語、北京官話などに通じた通詞・通訳（ドラゴマン）は大いに尊重された。今日では、外交官予備軍を養成する語学重視の教育機関が世界中に存在する。

東方問題——スエズ運河と保護国化

　東方または東洋は、十九世紀の地理感覚でオスマン帝国以東の地である。国民国家が形成されるには広過ぎたオスマン帝国には、首都から遠ざかるに従い、強い遠心力が働くようになっ

た。まず、「近東」と呼ばれたバルカン半島とエジプトが自立し始めた。

十九世紀前半における（総）領事の数を図示しよう。

- バルカン半島ではギリシア独立戦争の結果、ワラキア公国、モルダビア公国、セルビア公国の自治が認められた。ブカレスト、ヤーシ、ベオグラードはこれら属国の中心都市であった。外交権は宗主国のオスマン帝国にあったので、厳密には外交使節団は駐在できなかった。しかし、総領事達は外交事務官を併称した。イギリス総領事はセルビアでは1879年まで、ワラキアとモルダビアが統一されて成立したルーマニアでは1880年まで外交事務官を称した。ウィーン外交使節席次規則に定めがない外交事務官を外交使節と見なすかを巡っては論争も起きた (172)。
- ギリシアは既に独立王国であった。しかし、ギリシア系住民の全居住地が回収された訳でなかった。マケドニアのテッサロニキ（サロニカ）やクレタ島のカニアなどは、二十世紀初頭のバルカン戦争で回収されるまでオスマン帝国領であった。
- ラルナカはキプロス島の港町である。イギリスは1878年にこの島を租借し、事実上の植民地とした。ギリシア系住民とトルコ系住民は反目した。国家としてのギリシアとトルコも反目した。1955年には、トルコ領事館として使われていた故ケマル・アタチュルク大統領生家に爆弾テロがあったと主張された。これを機に、イスタンブールのギリシア系住民に迫害が加えられた。キプロス独立後の1975年、北部住民がトルコ軍の支援のもと自立し、のちに「北キプロス・トルコ共和国」を自称した。トルコはニコシア（レフコサ）に大使館を、北キプロスはアンカラに大使館、イスタンブールに総領事館、メルシンに領事館を置いた（1992年のデータ）。北キプロスは、ブリュッセル、イスラマバード、ロンドン、ワシントンに代表部を置いたことになっているが、今まで国家承認をしたのは、トルコ一国である。
- エジプト総督のムハンマド・アリーは1840年、地位の世襲を許された。しかし依然、オスマン帝国を宗主国として仰ぐ立場にあった。
- かつて海賊の根拠地であったアルジェは、征服の渦中にあった。アルジェ太守が扇で領事を叩いた侮辱を、フランス側は開戦事由とした (173)。1840年時点では、まだアルジェリア人の抵抗は続いていた。ヨーロッパによる本格的な中東の植民地化の始まりであった。
- モロッコのタンジールは、大型船を迎えるには水深が浅く、大西洋への玄関に位置する地理的好条件がなければ繁栄はなかったろう。モロッコに決まった首都はなく、歴代スルタンはフェズ、メクネス、ラバト、マラケシュをさまよった。彼らの支配地は西部の平野に限定され、アトラス山脈とリフ山地の向こうにはまつろわぬ民がいた。公使以下、外国の使節達は信任状をマラケシュの王宮で捧呈したものの、彼らの常駐地はタンジールであった。同地のイギリス使節団を40年間、率いたジョン・ドラモンドヘイという公使がいた。彼の趣味は、ピッグスティッキングというイノシシを槍で突くインド起源の狩りであった。ヨーロッパ人が持ち込んだ植民地風生活がタンジールには浸透していた (174)。

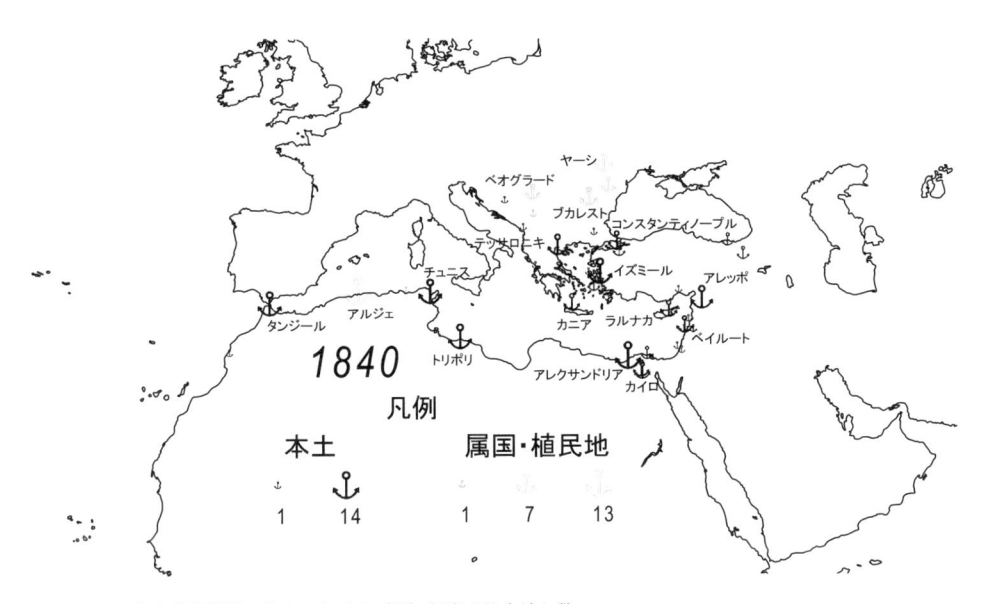

図6—1　十九世紀前半の東方における（総）領事の駐在地と数
出所　「データについて」を参照。

　十九世紀前半には、帆船が幅を利かせていた。修理や給水の為に多くの寄港地が必要であった。エーゲ海の小島にも領事官がいた。しかし、アラビア半島、メソポタミア、ペルシアは空白地であった。それらは喜望峰を周って、東アフリカからインド洋を横断するアジア航路の幹線から外れていた。メソポタミアをヨーロッパ人が訪れたとすれば、ベイルートやアレッポを経由して陸路に依ったことであろう。やがて蒸気機関が導入されて、外洋を力強く船が航行するようになった。
　スエズ運河の開通も同様の効果を持った。地中海と紅海はスエズ地峡によって分断される。ナイル川を途中まで遡り、スエズまで陸路をいく交通路は、古代から開けていた。時代によっては、ナイルから紅海まで運河が掘られ、小舟なら両大洋を行き来することができた。フェルディナン・M・ド・レセップスというフランス人は1830年代、エジプトで領事官を務めた。その間、彼は、ムハンマド・アリーの息子のサイード少年と親密になった。のちに総督を継いだサイードは、スエズ運河建設の特許状を旧知のド・レセップスに発給した。しかし、フランスの勢力伸長を恐れたイギリスは、宗主国のトルコに働きかけて、十年余り正式な許可を妨害した。それにも拘わらず掘削の準備は進められた。スエズ国際海水運河株式会社が発足した。総株数の半分をフランスの小口投資家が、残りのほとんどをエジプト総督が保有することになった。めでたく運河は1869年に開通した (175)。中国と日本の開国により、東洋貿易が急成長していた。運河北端の港町、ポートサイード（ブールサイド）の名は建設を推進した総督にちなむ。

イギリスにとって、スエズ運河の意味は両義的であった。それは英領インドとの通商を容易にすると同時に、帝国の死命が運河の帰趨に依存する事態を招いた。エジプト政府が債務危機に陥ると、イギリスは機を逸さずに、総督の全保有株をロスチャイルド家の融資を得て買収した。借金の弱みに付け込み、英仏の財政弁務官はエジプトの内政にまで注文を付け始めた。さらに、エジプト軍部のクーデターから運河を守る為、イギリスは単独で派兵した。この英軍駐留によって、エジプトは事実上の保護国となった。その最有力者は副王でなく、イギリスの総領事兼外交事務官（肩書は全権公使）となった。イギリス帝国のアキレス腱は補強された。

　第一次大戦で、オスマン帝国はイギリスの敵国となった。エジプトの臣従は廃止され、副王はスルタンになった。正式にイギリスはエジプトを保護領とした。それ以来、代表の肩書は高等弁務官になった。歴代の高等弁務官には有名人が含まれる。その一人は、マクマホン・フセイン書簡でアラブにパレスチナ領有の空手形を振り出したアーサー・ヘンリー・マクマホンであった。また、「アラビアのロレンス」ことトマス・E・ロレンスの上官、エドマンド・H・H・アレンビー将軍もこの役職を務めた。保護権は形式的には1922年に廃止された。しかし、交通の安全や対外防衛など重要な権利をイギリスが留保したので、実質的には同じであった(176)。高等弁務官という名称は、対等な主権国家に対する外交使節のものでなく、植民地に送り込まれる行政官のものであった。これもそのまま使われた。

「中東」——白人流国盗り物語

　もはや、地中海沿岸だけが東方という訳でなくなった。アルフレッド・T・マハン中将といえば、今日でもファンの多い高名な海軍史家で戦略家である。中東という言葉は二十世紀初め、彼が「ペルシア湾と国際関係」という論文で使ったことから普及したという(177)。

　イラン（ペルシア）はグレートゲームの舞台となった。ロシアが「ユーラシアの心臓部」から南下するのを、イギリスは阻止しなければならなかった。沿岸部を取られれば、ロシア艦隊の跳梁を許し、インド航路が遮断される可能性があったからである。

　英露の在イラン（総）領事館をプロットすると、明白な意図が看取できる。これは日露戦争後の1907年に結ばれた英露協商のせいであった。ロシアは自領と地続きのイラン北部を利益範囲とした。イギリスは英領インドと接した東部と、保護国クウェートと目の鼻の先であった南西部を利益範囲とした。これらの中間部分は緩衝地帯とされた。先方の利益範囲内では、自国民が鉄道、銀行・電信・道路・運輸・保険といった利権を得るのを支持しない、と双方が約束した。ひさしを貸すと母屋も取られるのが帝国主義の文法であった。英露は一つのひさしを三つに分けることにより、独占を巡るいさかいを予防したのである。

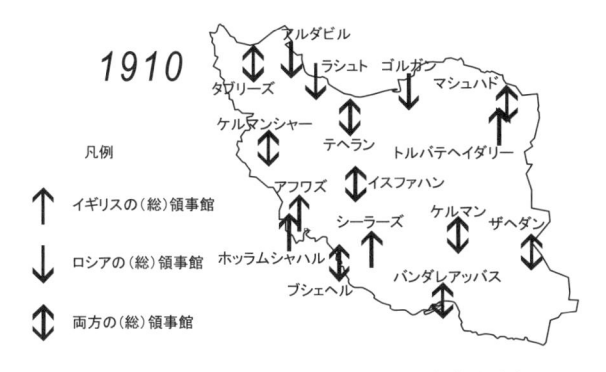

図6―2　英露協商とイランにおける（総）領事館
注　国境は現在のもの。「データについて」を参照。

同じように、エジプトをイギリスのもの、そして、モロッコをフランスのものにしたのが1904年の英仏協商であった。フランスはアルジェリアを領有したので、モロッコの隣接国であった。ジブラルタル海峡を挟んでモロッコと一衣帯水であるスペインともフランスは周到に勢力範囲を分割した。これで、利害関係者の調整は終了したと思われた。ところが、意外な邪魔者が現れた。それはドイツ皇帝のヴィルヘルム二世であった。彼はタンジールに上陸したり、軍艦をアガディールに派遣したりと動き回り、風雲は急を告げた。

それでもフランスは、モロッコの主人が誰かをはっきりさせようとごり押しした。英仏協商は、この地での秩序維持と改革支援の権利をフランスに認めた。フランスが出した国政改革の要求は国際的な波紋を呼び、アルヘシラス会議が開かれ、議定書が作成された。有名なカサブランカ事件は秩序維持活動の一環であった。外国人が襲撃されたことを口実に兵士を上陸させ、艦砲射撃を行って、この港町をフランスは制圧した。その間、領事館でフランス人居留民達は難を凌いだ。現代なら、現地の治安が悪化すれば外国人の方が退去すべきところである。ところが、帝国主義者の流儀は、ひさしに一度入ったらテコでも動かないというものであった。ついに1912年、スルタンは根負けして、「正常な体制の樹立と必要な改革の導入の為の条約」に署名した。名称はどうあれ、これは保護国条約にほかならなかった。

モロッコはタンジール、フランス保護領、スペイン保護領に三分された。外交はスルタンが直接行うのでなく、フランスの常駐弁務官を介するという体裁を採ることになった。実権がフランスにあったのは言を俟たない。それでもタンジールに外国の使節団が置かれたことは、モロッコがまだ一つの国家であることを想起させた。例えば1930年を見ると、イタリア、スペイン、イギリスの全権公使と合衆国の外交事務官（総領事）がそこにいた。タンジール地区は世界の他の租界のように、領事達と居留民達の自治区であった。違った点は、基本法としての規程がイギリス、スペイン、フランスという外国間の条約という形式をとったことであった。上海の主権は明らかに清朝または民国にあった。しかし、タンジールの主権がモロッコ王にあったことは、こうした法的事実から引き出しがたい。戦中、どさくさ紛れにタンジールは一

時、スペインに占拠されたものの、戦後は国際管理下に復された。

　フランス保護領の中心はカサブランカであった。同名の映画で有名になったように第二次大戦中、ドイツの占領下から避難した人々が流入した。1943年には、米英の首脳会議が行われ、歴史に名を刻んだ。現在でも、モロッコ最大の人口を持つ都市として繁栄している。

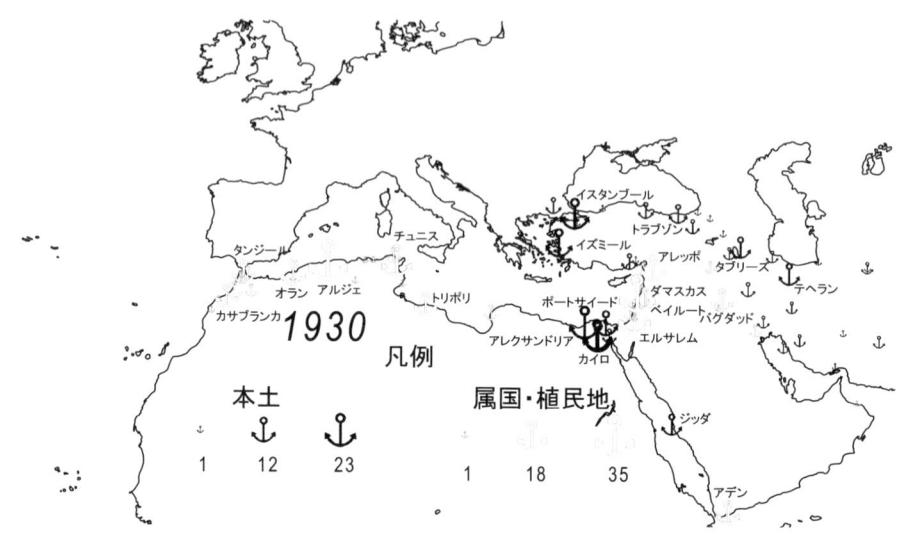

図6—3　二十世紀前半の中東における（総）領事の駐在地と数
注　エジプトは属国としていない。「データについて」を参照。

　「ヨーロッパの病人」オスマン帝国にも、臨終のときが来た。1878年の露土戦争で、それが瀕死の重体であることは隠しようがなくなった。早過ぎる遺産相続が始まった。ベッサラビアをロシアが、ボスニアヘルツェゴビナをオーストリア・ハンガリーが、キプロスとエジプトをイギリスが、チュニジアをフランスが切り取った。やがて、ブルガリアは独立し、リビアはイタリアの手に渡った。対外債務にまみれた帝国は、経済的にも喘いでいた。それでも金本位制のもと、どの国も強欲に、限りある金をかき集めなければならなかった。フランス大使は、トルコに法外な利子率を押し付けて、ムッシュー12パーセントというニックネームを付けられた (178)。

　第一次大戦の敗戦後3年でオスマン帝国は滅亡した。その外交関係は波乱に満ちていた。ナポレオンの遠征により、数世紀にわたったフランスとの蜜月は終わりを告げた。ギリシア独立戦争では、ロシアと正式に交戦した。クリミア戦争後は、ヨーロッパ協調に参加することを認められた。しかし、尊重が軽蔑に変わるのに時間はかからなかった。第一次大戦後は戦勝国の軍隊が進駐し、主権は蹂躙された。首都は内陸のアンカラに移された。そこは外敵に対する抵抗の拠点であった。ところが1930年になっても、外国使節団の半数しかそこに常駐しなかった。残りの半分は愛着ある古都イスタンブールに留まった。新生トルコは従来通り、大使を交換す

●第6章　中東の転落

●今回の購入書籍名

●本著をどこで知りましたか
　□(　　　　　)書店　□(　　　　　　)新聞　□(　　　　　　)雑誌
　□インターネット　□口コミ　□その他(　　　　　　　　　　　　)

●この本の感想をお聞かせ下さい

上記のご意見を小社ホームページに掲載してよろしいですか?
□はい　□いいえ　□匿名なら可

●弊社で他に購入された書籍を教えて下さい

●最近読んでおもしろかった本は何ですか

●どんな出版を希望ですか(著者・テーマ)

●ご職業または学校名

郵便はがき

113 - 0033

料金受取人払

本郷局承認

1536

差出有効期間
2010年3月19日
まで

有効期間をすぎた
場合は、50円切手を
貼って下さい。

（受取人）

東京都文京区
本郷2-3-10

社会評論社 行

ご氏名		（　）歳
ご住所	TEL.	

◇購入申込書◇　■お近くの書店にご注文下さるか、弊社に送付下さい。
本状が到着次第送本致します。

（書名）　　　　　　　　　　　　　　　　　　¥　　　（　）部

（書名）　　　　　　　　　　　　　　　　　　¥　　　（　）部

（書名）　　　　　　　　　　　　　　　　　　¥　　　（　）部

る大国として国際社会に復帰した。しかし、それはナショナリズムの強い、どちらかといえば内向的な国になっていた。

表6—1　トルコにおける外交的地位

順位	国	1810	1820	1830	1840	1850	1860	1870	1880	1890	1900	1910	1920	1930	1940	得点
1	イギリス	◎	●	●	●	●	●	●	●	●	●	●		●	●	51
2	フランス		●	●	●	●	●	●	●	●	●	●		●	●	48
3	ドイツ（プロイセン）	◎	◎	◎	◎	◎	◎	◎	●	●	●	●		●	●	45
4	オーストリア（・ハンガリー）	◎	◎	◎	◎	◎	◎	◎	●	●	●	●				41
4	ロシア（ソ連）		●		◎	◎	◎	◎	●	●	●	●		●	●	41
6	イタリア（サルディニア）			◎	×	×	◎	◎	◎	◎	◎	●		●	●	34
6	イラン							◎		◎	◎	●	◎	◎	◎	34
8	スペイン		◎	△	◎	◎	◎	◎	◎	◎	◎	◎		◎	◎	36
9	スウェーデン			△	×	△	◎	◎	◎	◎	◎	◎		◎	◎	33
10	オランダ		×	●	×	△	△	△	△	◎	◎	◎		◎	●	31
11	ギリシア				◎	◎	◎	×	◎	◎	◎	◎		◎	●	29
12	アメリカ合衆国				△	△	△	△	△	△	●	◎		●	●	28
13	ベルギー				△	×	△	△	◎	◎	◎	◎		◎	◎	25
14	ユーゴスラビア（セルビア）								◎	◎	◎	◎		●	◎	19
14	ルーマニア								◎	◎	◎	◎		●	◎	19
16	デンマーク		×	△	△		△						△	◎	◎	15
17	ブルガリア											◎		◎	◎	9
18	アフガニスタン													●	●	8
18	日本													●	●	8
20	ポルトガル					×				◎	◎					7
20	両シチリア		◎	×	×	×	×									7
22	イラク													◎	◎	6
22	エジプト													◎	◎	6
22	スイス													◎	◎	6
22	ハンガリー													◎	◎	6
22	ポーランド											◎		◎		6
27	モンテネグロ								×	◎	×					5
28	アルゼンチン											×			◎	4
29	チェコスロバキア													◎		3
29	ノルウェー														◎	3
以下略																

注　●（大使級）＝4点、◎（全権公使級）＝3点、△（弁理公使級）＝2点、×（代理大公使級）＝1点。「データについて」を参照。

大戦によって、アラブ人の居住地域はトルコから切り離された。これら、すなわちレバノン、シリア、トランスヨルダン、パレスチナ、イラクは、国際連盟のもとの委任統治領となった。ベイルートは、中東のパリと呼ばれることになる国際都市であり、その住民は進取の気性を持つレバノン人であった。消費者運動家のラルフ・ネーダーや日産・ルノーの最高経営責任者のカルロス・ゴーンはレバノン系であることで有名である。ベイルートを筆頭に、この地方の他の都市、アレッポ、ダマスカス、エルサレム、バグダードには多くの（総）領事が駐在した。アデンはインド洋から紅海に入るときに必ず通らなければならない中継地として栄え、日

本郵船の定期船も寄港した。ジッダは当時はまだヒジャーズとナジュドと称したサウジアラビアの表玄関となった。石油開発はこれからが本番であった。

第 7 章　中 東 の 激 動

ナセリズム——アラブ・ナショナリズムとスエズ戦争

　傀儡君主制こそ、イギリス帝国主義が直轄地を除く中東のほとんどでとった形態であった。君主と政治家は現地人であったものの、実権はイギリスの高等弁務官、政務官、駐在官が握った。防衛の要の軍司令官もイギリス人であった。めぼしい利権もイギリス人に奪われた。すずめの涙ほどしか、現地人が自由にできる財源はなかった。

　しかし、民衆もエリートも政治意識は低くなかった。傀儡君主制の端緒となったアラービー・パシャのクーデター自体、ナショナリズムの産物であった。反帝国主義は1919年の暴動で顕在化した。あとは、実権をなるべく留保しつつ、サラミのように薄切りにしてアラブ人に返還するのが支配者の腹であった。

　エジプトの独立は一応、1936年に署名されたエジプト・イギリス同盟条約の発効時と見ることができる。翌年の国際連盟加盟はその国際的承認といえる。植民地統治を思わせる一方的な高等弁務官の派遣は終わり、イギリスとエジプトは、大使を相互に交換することとされた。しかし、それは単にカイロの最高実力者の名称が変わっただけであった。英軍基地とスエズ運河を握られては、王は何もできなかった。第二次大戦中、ドイツと王は内通しようとした。イギリス大使は首相の首をすげ替えさせた (179)。

　これより早く、イラクは委任統治から脱し、連盟加盟を1936年に果たした。戦中には、やはりドイツからの策動があった。他の大国が元首に直接、誘いをかけるとき、傀儡は意外と簡単に乗せられる。その頃、合衆国のロイ・W・ヘンダーソン公使はイラク政治を観察していた。大使館がイギリスの利権を守るネットワークの神経中枢であると彼は分析した。それはバグダッドで唯一の大使館であった。他国の公使館が昇格しないようにイギリスは妨害していたと彼は判断した (180)。

　とはいえ戦後にかけ、大使交換の地滑りは中東でも起きてしまった。表から明らかなように、戦中には、ピラミッド型秩序の頂点はイギリスであった。ところが戦後には、合衆国の存在感が膨らんだ。かつて米州の兄弟達にしたように、合衆国は気前よく中東の新興国と大使交換に合意した。形だけの独立に息苦しさを感じた国々に、これは期待を抱かせる新風であったろう。しかし、格式に拘るヨーロッパの伝統国はおもしろくなかったかもしれない。

　ピラミッド型秩序を別の手法で再建する努力も、並行して行われた。英米仏土は1951年、イギリス軍に代えて、中東同盟司令部をエジプトに置く案を発表した。それは壮大な構想であった。他の参加国として、アラブ諸国ばかりか、それらが一戦交えたイスラエル、さらにはオーストラリア、ニュージーランド、南アフリカまで想定された (181)。欧米は、パレスチナ問題を過小評価した。冷戦体制の構築に頭がいっぱいであったのであろう。傀儡の君主達は、お粗末な装備と指揮官で、少数のユダヤ人に敗退した。イギリスは不実であり、君主達は不甲斐なかった。アラブの人民は、怒りの矛先をそこに向け始めた。

　1952年、王が自由将校団に追放されたエジプト革命が起きた。その夜、指導者のガマル・アブドゥル・ナセルは、合衆国の大使に使者を送って連絡を取ろうとした。王の側も同じことをしたという。アレクサンドリアで王に退位を促したのは、のちに大統領になったアンワル・

アル・サダトであった。彼の回想によれば、イギリス大使館から臨時代理大使が王の処遇を尋ねに来た。「植民地の指導者を驚かすため」、その衣装は「帝国主義調」の金モール付き大礼服であったという。しかし、これには異論がある。それによると来訪したのは総領事に過ぎず、話題は外国人の処遇というごく平凡なものであった、という。ともかくも、王は国を去った(182)。

外交官・領事官に限らず、イギリスの宮廷人は今でもモールや筋など金色の装飾が施された制服を着用する。駐日大使については、皇居における信任状捧呈式や新年祝賀の儀の写真や映像で確認できる(183)。金モール量が重要である。それは階級によって決まるのであるが、もし、総領事であったなら、あるいは臨時代理大使であったにせよ、胸部の金モールは威嚇するほど金ぴかでなかったはずである。ユルゲン・ハーバーマスは、封建時代、領主などが高位の権力を代表的に具現する者として公衆の前に姿を現すことを表現的公共性と呼んだ(184)。大礼服は、宮廷人が互いに高位の階級に属する仲間であることを確認する手段であるとともに現地の一般人に自国の威信を誇示する道具でもある。しかしその威力は昔日ほどでない。

それはさておき、革命の真の実力者、ナセルは1954年に裏方をやめ、国政の表舞台に現れた。彼はそのとき36歳であった。ナセリズムの主な特徴として、アラブ・ナショナリズム、軍人出身（大佐の階級）、社会主義、イスラエル国家拒否、イスラム、そして若さが挙げられよう。イスラムを除けば、傀儡、王制、英軍基地、植民地主義という従来路線の正反対がナセリズムであった。早速その年、彼はイギリスとスエズ基地協定を結び、英軍撤退を約束させた。その前後、不気味な後味を残したのが、いわゆるラボン事件であった。協定の署名直前に、カイロとアレクサンドリアでテロ事件が多発した。攻撃対象には、合衆国情報局の図書館のほか、映画館、郵便局、駅が含まれた。これは始め反ユダヤ主義のテロと解され、報復にニューヨークのエジプト領事館の窓に銃弾が撃ち込まれた。しかし、犯人の一人が自白し、イスラエル軍部の謀略であったことが発覚した(185)。

翌1955年は、バグダッド条約への反対の年であった。これは同盟とも協商ともいいかねる防衛上の取り決めであり、NATOはもちろん、おそらく日米安保より軍事色は薄かった。それは元々イラクとトルコとの二国間条約であった。両国による署名の翌々日、イギリスのロバート・アンソニー・イーデン外相との会談にナセルは応じた。植民地支配の象徴であったイギリス大使館での会談は、ナセルには屈辱であった。イーデンはアラビア語で挨拶して、中東通であることを披歴した。ナセルは、アラブ諸国がバグダッド条約に加盟すればイスラエルに対する足並みが乱れる、と反対の理由を明かした。それにも拘わらず、イギリスは条約中の加入条項を利用して、すぐさま加盟国になった。さらに、イランとパキスタンの加入によって、ソ連の南西辺を封じ込める防波堤が築かれた(186)。

当初の構想が完成していたら、バグダッド条約機構はイスラエルの安全とエジプトの孤立に寄与したはずである。しかし、より一般的なイギリスの目論見は、勢力範囲の建て直しであったと思われる。大使と公使の峻別という旧習が時代遅れになったので、同盟のクラスタリングという新パラダイムが試みられたように見える。合衆国はバグダッド条約のオブザーバーに留まった。

表 7—1 中東外交におけるピラミッド型秩序の崩壊

(A) 1944年

		派遣国										
		中東						非中東				
		エジプト	トルコ	イラン	イラク	サウジアラビア	中東小計	イギリス	アメリカ合衆国	アフガニスタン	ソ連	非中東小計	総計
接受国	トルコ	◎		●	◎	◎	13	●	●	●	●	68	81
	エジプト		◎	●	◎	×	11	●	●	●	◎	28	39
	イラン	●	◎		◎	×	11	●	●	●	●	23	34
	イラク	◎	◎	◎		×	10	●	◎	◎	◎	10	20
	サウジアラビア	◎	◎	×	×		8	◎	◎	◎	◎	12	20
	総計	13	13	12	10	5		19	17	14	14		

(B) 1950年

		派遣国														
		中東									非中東					
		トルコ	イラン	エジプト	イラク	サウジアラビア	ヨルダン	レバノン	シリア	イスラエル	中東小計	アメリカ合衆国	イギリス	イタリア	フランス	ソ連	非中東小計	総計
接受国	トルコ		●	●	◎	◎	◎	◎	◎	◎	26	●	●	●	●		96	122
	エジプト	●	●			◎	◎	◎	×		18	●	●	●	●	◎	94	112
	イラン	●		●	◎	◎		◎	×		18	●	●	●	●	●	70	88
	レバノン	◎	◎	◎	×	◎			◎		13	◎	◎	◎	◎		39	52
	イラク	◎	◎	◎		◎	◎	◎	×		19	●	●	◎	◎	×	31	50
	サウジアラビア	◎	●	◎	◎		◎				16	●	◎	◎	◎		21	37
	イスラエル	◎									3	●	◎	◎	◎	◎	29	32
	シリア	◎	◎	◎	◎	◎					15	◎	◎	◎	◎		15	30
	ヨルダン	◎	◎	◎	◎			◎			15	◎	◎	◎	◎		15	30
	タンジール										0	◎	◎	◎	◎		9	9
	総計	26	24	23	16	15	15	15	6	3		33	32	30	27	17		

注　●（大使級）＝4点、◎（全権公使級）＝3点、△（弁理公使級）＝2点、
×（代理大公使級）＝1点。「データについて」を参照。ただし、「非中東」
の派遣国は一部の国のみ表示する。

　米英の虎の尾を踏むことを、ナセルはためらわなかった。チェコスロバキアを通じた東側からの武器購入と中華人民共和国の承認は、ともにワシントンとロンドンを震撼させるのに十分であった。両国がアスワン・ハイ・ダムの建設資金を貸すのを拒否すると、ついにスエズ運河の国有化をナセルは宣言した。ダム建設資金確保の為という理由が添えられた。スエズ国際海水運河株式会社の権利は1969年に失効することになっていた(187)。ヨーロッパ人が経営を握るこの会社をイギリスが存続させたかったことはいうまでもない。不幸の元凶であった運河を一挙に国有化していなかったならば、エジプトはさらに十数年間、イギリスの執念に付きまと

われたことであったろう。

　1956年10月、イスラエル、イギリス、フランスはエジプトに侵攻した。東パキスタンのダッカに置かれたイギリス情報サービス事務所は放火された (188)。エジプトはシナイ半島と運河地帯から追い立てられた。ソ連は顧問を引き揚げてしまい、軍事協力は行わなかった。モスクワ駐在のエジプト大使にソ連が伝えたことは、国際世論を喚起するつもりであるということだけであった。ソ連はエジプトを見捨てたのであろうか。そうではなかった。合衆国が連合軍側に付かないことを確認すると、ソ連は切り札を切った。「ロケット兵器がイギリスとフランスに使われたら、あなたはこれを野蛮な行為とでも呼ぶのでしょう」とソ連が発した持って回った言い方は、不気味な恫喝にほかならなかった。言及された全種類の近代兵器を持つ強国は米ソ以外に考えられなかった。英仏に対する核の脅しは国際世論にアピールした (189)。

　英仏は撤退し、代わりに国連緊急軍（UNEF）が派遣された。開戦後、大使館はスイスの管理下に入っていた。コモンウェルスの加盟国であったことから、イギリス人は領事サービスをカナダ大使館でも受けられた。イギリス・エジプト関係は1959年に再開した。十九世紀末から支配の象徴であった建物は現役である (190)。

　アスワン・ハイ・ダムは、ソ連の資金で作られることになった。建設現場のアスワンにはソ連領事館が置かれた。400人といわれた同国技術者の為であったに違いない。この巨大プロジェクトは社会主義や開発独裁のモデルとなった。ダム建設は今でも第三世界の指導者達を魅了し、男のロマンを掻き立てている。

　死去の前に、ナセルは思想上の後継者を得た。1969年、スーダンでは39歳のガアファル・ムハンマド・アル・ヌメイリが、リビアでは27歳のムアンマル・アル・カダフィがクーデターに成功した。これらの軍人達は、ナセルに憧れ、自由将校団を自称した。まもなくカダフィは、英米軍の基地撤去とブリティッシュ・ペトロリアム（現BP）の石油事業を国有化することに成功した。さらに1971年には、エジプト、スーダン、リビアのアラブ共和国連合が、翌年には、エジプトとリビアとの合邦が協定された。ナセリズムが高揚した。しかし、新局面が歴史を待ち受けた。

イスラエル——国家承認への遠い道

　パレスチナと呼ばれる地域に2つの国家を作る根拠は、国連総会による1947年の分割決議に求められる。それにも拘わらず翌年5月14日、イスラエルは国家であることを一方的に宣言した。11分後、アメリカ合衆国はこれを事実上、承認した。

　ソ連が合衆国に続いた。法的な承認としては最初であった。なぜソ連が好意を示したかというと、イスラエルが、敵の敵であり、それゆえに味方であったからであった。イギリスは中東の覇権国であろうと最後の努力をしていた。しかし、金銭的な行き詰まりから、ギリシアとトルコでその地位を合衆国に明け渡した。残りの中東で支配者でい続けるには、アラブ人の好意が必要であった。イスラエルを応援することで、ソ連はイギリスの頼りなさを衆目に晒し、威信を低下させることができた。

表7―2　第三次中東戦争直前の中東における外交使節の派遣・接受状況（1967年）

接受国＼派遣国	中東																中東小計	アメリカ合衆国	フランス	ソ連	イギリス	イタリア
	イラク	サウジアラビア	レバノン	トルコ	イラン	モロッコ	エジプト	クウェート	ヨルダン	リビア	アルジェリア	チュニジア	シリア	スーダン	北イエメン	イスラエル						
エジプト	●	●	●	●	●	●		●		●	●	×		●	◎		44	●	●	●		●
アルジェリア	●	●	●	●	●	●	●	●	●	●		●	●	●			52	●	●	●	●	●
トルコ	●	●		●	●		●		●		●		●			◎	39	●	●	●	●	●
モロッコ	●	●	●		●	●	●	●	●	●	●	●					44	●	●	●	●	●
チュニジア	●	●	●	●	●	●	●				●		●				40	●	●	●	●	●
イスラエル				×													1	●	●		●	●
イラク	●	●	●	●		●	●	●	●	●	◎	●	●	◎			50	●	●	●	●	●
イラン	●	●		●		●		●	●				×				29	●	●		●	●
シリア	●	●	●		●	●	●		●		●			●			36	●	●	●	●	●
サウジアラビア	●		●	◎	●		●	●	●		●			●	◎		54	●	●		●	●
スーダン	●	●	●	●			●		●		●				◎		31	●	●		●	●
クウェート	●	●		●	●		●		●		●		●				40	●	●		●	●
ヨルダン	●	◎	●	●	●		●			●	×	●					40	●	●		●	●
リビア	●	●		●		●	●				●						28	●	●		●	●
北イエメン	×		×			●	×										3	×		×		
総計	49	47	45	44	40	40	37	36	36	32	31	30	29	20	12	3		57	56	53	52	52

注　●（大使級）＝4点、◎（全権公使級）＝3点、△（弁理公使級）＝2点、×（代理大公使級）＝1点。
「データについて」を参照。

											派遣国														
							非中東																		
ベルギー	日本	インド	スイス	スペイン	パキスタン	ポーランド	チェコスロバキア	ユーゴスラビア	インドネシア	西ドイツ	中国	ギリシア	エチオピア	ガーナ	台湾	キューバ	教皇庁	コンゴ民主共和国	南ベトナム	ベトナム	韓国	北朝鮮	東ドイツ	非中東小計	総計
●	●	●	●	●	●	●	●	●	●	●	●	●	●	●	●	●	●	●	●	●	●	●	◎	247	291
●	●	●	●	●	●	●	●	●	●	●	●	●		●		●				●		●		176	228
●	●	●	●	●	●	●	●				●	●	●		●		◎		●	●	●			160	199
●	●	●	●	●	●	●	●	×	●	●	×	●				●			●	×		●		146	190
●	●	●	●	●	●	●	●												●	●				132	172
●	●	●	●	●		●		◎		●		×		●		◎		×						164	165
●	●	●	●	●	●	●	●					●					◎							111	161
●	●	●	●	●	●	●					●			●		●		◎						122	151
●	●	●	●		●	●								●				◎				●		111	147
●	●	●	●	●										●										88	142
●	◎	●			●	●	◎	●	◎		●	●												83	114
	●	●			●	●							●											44	84
				●					●	●				●		●								40	80
●				●		●	●		●					●										44	72
												×												3	6
48	47	44	44	44	44	44	43	43	40	36	32	30	25	20	20	18	13	9	9	8	8	8	3		

承認から約3か月後、ソ連の公使館員はイスラエルに到着した。これがイスラエルへの最初の常駐使節団であった。しかし、1950年代になると、合従連衡の構図は変化した。イスラエルのパトロンが合衆国であることは否定のしようがなくなった。つまりソ連にとって、敵の味方、すなわち敵にイスラエルはなった。また、モスクワでは医師団陰謀事件が起こり、スターリンはユダヤ人に暗殺されかけたと被害妄想に陥っていた。さらに、テルアビブのソ連公使館で1953年に爆発が起きた。負傷者は公使の妻を含む3人であった。外交関係の断絶をソ連は決定した。関係は数か月後に再開された。しかし振り返ると、これがユダヤ・合衆国コンビとアラブ・ソ連コンビが対立する構図の始まりであった(191)。スエズ戦争でソ連が救いの神となった後、アラブ諸国は向ソ一辺倒になった。

　冷戦構造は、世界を2色に色分けした。アラブの論理もその鋳型にはめられた。アラブ・ボイコットは、イスラエルを経済的に封じ込めようとするアラブ諸国とアラブ連盟の実践である。それらは第三国とイスラエルとの取引を監視し、圧力をかけて第三国にそれをやめさせようとする。

　西ドイツはイスラエル製の銃をアフリカに流入させ、自国製の武器をイスラエルに売却した。アラブはこれを問題視した。ナセルは、東ドイツのウルブリヒト議長のエジプト訪問を受け入れた。東ドイツとの接近は西ドイツへの侮辱であった。ハルシュタイン・ドクトリンを適用すれば、西ドイツはエジプトと関係を断絶しなければならなかった。ただ実際には、西ドイツはイスラエルの承認によって反撃した。接近には接近を、という訳である。しかし、このことによってアラブは西ドイツとの断交に踏み切った。この1965年のゲームに勝者がいたとしたら、東ドイツとイスラエルであったといえよう。多くのアラブ諸国は、ボンとの関係をすぐに再開した。東ドイツに公使の常駐を許したのはエジプトだけであった。西ドイツとエジプトとの領事関係は外交関係が切れても存続した (192)。

　冷戦の折り返し点であった1967年の外交関係を見よう (**表7—2**)。

- 中東内の人気者とグローバルな人気者とは別であった。域内ではサウジアラビア、アルジェリア、イラクに人気があった。サウジアラビアはその地理的位置もさることながら、イスラムに敬虔な伝統的政治体制ゆえに、反帝国主義の雰囲気と調和し得た。とはいえ、石油が安価であった為、域外での認知度は高くなかった。当時の人口は600万人から700万人ほどしかなく、二十一世紀初頭、2200万人を超えた人口爆発は以後のことであった。ソ連とサウジアラビアとの国交は、早くも1930年代に途絶し、ゴルバチョフが現れるまで回復しなかった。同じ保守的な湾岸産油国のクウェートがソ連と国交を有したにも拘わらずである (193)。
- アルジェリアは血みどろの独立戦争に勝利した実績から、全世界的に反帝国主義のチャンピオンと目された。独立を勝ち取る為に、カイロやニューヨークの代表部は不可欠であった。1956年、当時、カイロ代表のベン・ベラを乗せた飛行機がチュニスに向かう途中、フランス軍に強制着陸させられた。独立国の外交使節団が享受する不可侵が彼には

なかった。これは南北戦争におけるトレント号事件の再現であった。表からは、非同盟諸国との広い交際が確認できる。アラブとアジア・アフリカ諸国の幾つかは、亡命政権の時代からアルジェリア臨時政府を承認していた。初代大統領となったベン・ベラの失脚で、アルジェでの第二回アジア・アフリカ会議は開会直前に中止となった。にも拘わらず、UNCTADと非同盟諸国会議でアルジェリアは積極的な役割を果たすことになる (194)。

- イラクは王の殺害、バグダッド条約機構からの脱退、バース党政権の成立と、国際環境に揺さぶられながらも、アラブ・ナショナリズムの本流に引き寄せられていた。
- エジプトは全世界的な認知は高かったものの、中東の指導者としては失策が続いた。1958年、シリアと合邦してできたアラブ連合共和国は3年後にシリアの離脱という結末に終わった。ナセルは武力で再統一することは思い止まったものの、別個の主権国家としてそれを承認した訳でなかった。すなわち、彼は国連とアラブ連盟への再加盟を認めたに過ぎなかった。アラブ・ナショナリズムの火はくすぶり続け、両国にイラクを巻き込んで連邦が模索された時期もあった。エジプトとシリアは互いに大使館を置かなかった。実際には当時の両国関係は友好的であった。
- トルコとイランの親米政権はナセル存命中、中東域内では脇役に甘んじた。アンカラには中華民国、南ベトナム、韓国の大使館があった。しかし、全世界的には認知度が高かった。
- モロッコの独立は1956年であった。フランスの駐モロッコ代表は「フランス高等弁務官」を名乗ることになった。しかし、この呼称はまったく定着せず、数か月後には大使と呼ばれるようになった。セウタ及びメリリャ以外のスペイン領とタンジールも返還された。ただし、フランスとはこの頃、亡命した政治家がパリで失踪した事件を巡り不仲であった (195)。
- チュニジアはイスラエルの国家承認を提案した為、アラブ諸国から忌避された。アルジェリアへの支援などを巡り断交にまで悪化していた旧宗主国フランスとの関係は表では修復されている (196)。
- ナセルが任期後半入れ込んでいたことに、北イエメンへの介入があった。正式名称をイエメン・アラブ共和国といったこの国は、軍人達がイマーム（指導者）を追い出して樹立した共和国であったが、サウジアラビアがイマーム側に加担した為泥沼の内戦になった。外交関係を持つ国が少なかったのはその為である。ナセルが失墜すると、北イエメンは西側に傾斜した (197)。なお表の年、アデンを首都とする南イエメンが独立し、ソ連陣営に加わることになる。国名は、始め南イエメン人民共和国、のちにイエメン人民民主共和国になった。合衆国によるテロ支援国家の指定は、南イエメンの急進性が折り紙付きであったことを示す。これらは冷戦下の分断国家に見えるものの、成り立ちは別の国であった。
- イスラエルについては図7―1が分かりやすい。アラブを始めイスラム諸国にイスラエル大使はほとんどいなかった。ただし、トルコとは早い時期からこの国は外交関係を持っていた。また、イスラエルの諜報機関モサドは、イランの諜報機関サバクと協力した。と

はいえ、テヘランでのイスラエルの拠点は連絡事務所の地位に留まった。イスラエルを巡る国際関係は両次大戦時のヨーロッパで見られたような山脈型というより、孤塁そのものであった。アジアの共産国もイスラエルを忌避した。しかし、共産国のすべてがそうであった訳でない。まだソ連、ポーランド、キューバにはイスラエルの外交使節団がいた。目立ったのは米州、西ヨーロッパ、サブサハラでの健闘であった。在韓国大使館は1978年に閉鎖される。アラブ・ボイコットの影響であったという (198)。

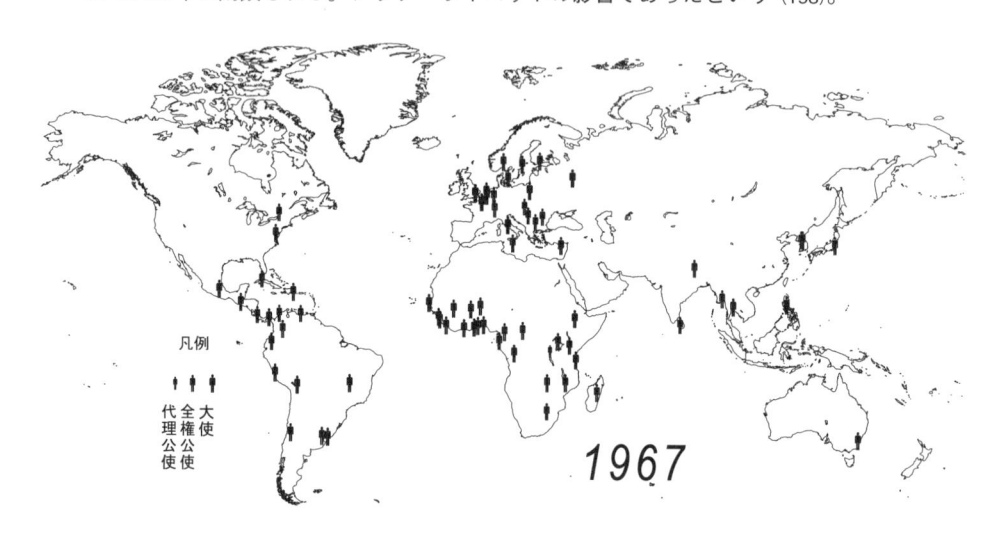

図7—1　冷戦下におけるイスラエルの外交使節団
注　トルコへの特命全権公使は空席とされているので省略した。「データについて」を参照。

　1967年の第三次中東戦争は転換点となった。まず、それはイスラエルの決定的勝利に終わった。東エルサレムを含むヨルダン川西岸、ガザ、シナイ半島、ゴラン高原が占領された。既に西エルサレムを押さえたイスラエルは1950年にエルサレムを首都と定めた。しかし、大公使館の設置は進まなかった。エルサレム設置率は、1967年には36パーセント、1973年には40パーセント強と、初めのうちは上昇した。しかし、このあたりから下がり始め、1992年には10.2パーセント、2006年には5パーセントと落ちている。国連総会の分割決議では、エルサレムは国際管理下に置かれるはずであった。第三次中東戦争後の安保理決議242は、占領地からのイスラエル軍撤退を要求した。少なくとも、東エルサレムがイスラエルの首都であることに国際的コンセンサスは存在しない。
　次に、アメリカ合衆国が完全にイスラエルの側に回ったことが、スエズ戦争と違っていた。戦争の危機が高まると、イスラエル駐米大使は、ホワイトハウスに親イスラエルのメッセージを手紙などで伝えるようユダヤ系市民に呼びかけた。このイスラエル・ロビー、またはユダヤ・ロビーの古典的事例はジョンソン政権の行動を縛り、戦争を止める予防外交は採用されなかっ

た。アラブ諸国は合衆国との国交を断絶した。それを行わなかったのは、クウェート、サウジアラビア、チュニジア、レバノンといった親米諸国であった。東側諸国はイスラエルと断交した。2年後、チャウシェスクのルーマニアがエルサレムに大使を送ると決めたとき、アラブ諸国はブカレストから大使を召還し、各国におけるルーマニア建国記念日のパーティをボイコットする騒ぎになった。ソ連は1987年に領事が赴任するまでイスラエルに戻らず、外交関係の再開は1991年であった。反対に、戦時のイスラエル参謀総長、イツハク・ラビンは駐米大使に任命され、合衆国との友好を温めた (199)。

パレスチナ人が解放闘争の主体となったことも、第三次中東戦争の影響であった。ナセルの敗北は、それまで彼をあてにしていたパレスチナ人達を、自分達の手による主体的な闘争へと駆りたてた。翌年、ヨルダンのアル・カラーマ村でのイスラエル戦車を相手にした果敢な戦闘は、ヤセル・アラファトに率いられたファタハの名を世界に知らしめた。アラファトは1969年にPLO（パレスチナ解放機構）の執行委員会議長に就いた (200)。

最後に、ソ連への不信をエジプトは強くした。エジプトのソ連製兵器はイスラエルの合衆国製兵器に勝てなかった。それでもしばらくは、ソ連大使はカイロで最強の外交官であった。革命記念日のパーティは盛況であり、ほとんどの閣僚が大使館に出向いた。本懐を遂げられず無念にもナセルは病死し、サダトが大統領になった。新大統領は、どうしてもイスラエルと戦争をやりたかった。ソ連が兵器の売却を渋ったとき、サダトはソ連顧問団を退去させることを辞さなかった。対するソ連側がカイロから大使を召還した一幕もあった。冷戦の歯車とアラブの歯車は噛み合わなくなってきた (201)。

第四次中東戦争は、アラブの復讐戦争というのが妥当な評価であろう。オイルショックという副産物を除けば、ヨルダン川西岸とエルサレムを解放する見込みはなく、その意味で、それは虚しい戦争であった。サダトにとっては、傲慢なイスラエルを懲らしめる為、まず戦争ありきであって、開戦事由は間に合わせのものであった。緒戦の勝利を手にすると、彼はソ連大使に得意げに報告した。アラブの友邦からは、ひっきりなしに祝いの電話がかかってきた (202)。キッシンジャーがまとめた停戦によって、占領下にあったシナイ半島の返還が約束された。これでサダトにとっては十分であった。

キッシンジャー外交の成果は、敵であった中国とエジプトを味方に引き入れたことである。しかし、エジプトの場合、イスラエルとの和解がない限り、それは未完であった。合衆国の仲介はカーター政権になって本格化した。エルサレムはアラブにとっても聖地である。返還されるあてがなかったにも拘わらず、サダトはそこに足を踏み入れ、平和について話しあうポーズを取った。スーパースター気どりのサダトに、アラブの同胞が激怒したことはいうまでもない。彼はそれをものともせず、シリア、リビア、アルジェリア、イラク、南イエメンと断交した。エジプトとイスラエルの平和条約は1979年に署名された。アラブ連盟はエジプトからの大使召還と、カイロにあった連盟本部のチュニスへの移転を決議した。オマーン、スーダン、ソマリアだけが断交を実行しなかった。サダトには内外の非難が集まり、ついに暗殺された。ムハンマド・ホスニ・ムバラクが大統領に就任した。図7—2 は1986年におけるエジプトの大使

館である。ヨルダンとは前々年に、ジブチとは前年に関係を再開しており、他のアラブ諸国の多くともこの翌年、復交した。維持されたオマーンとの国交は、スンニ派の雄としてシーア派のイランと戦うイラクに対する武器輸送の経路として役立った。復権は着々と進んだ。イラン・イラク戦争後には、イラク、ヨルダン、イエメンとアラブ協力会議（ACC）をエジプトは結成し、話題を呼んだ (203)。

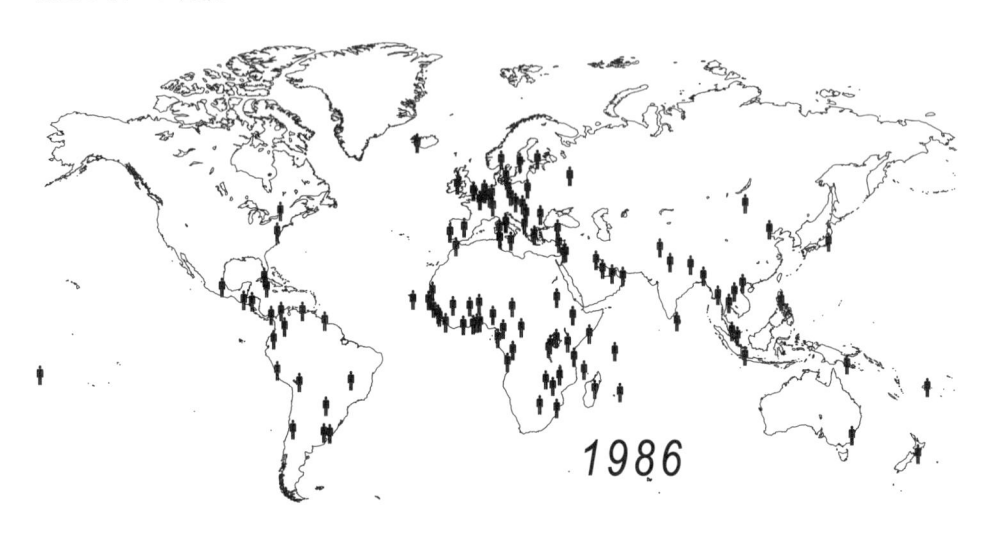

図7—2　ムバラク政権初期におけるエジプトの大使館
出所　「データについて」を参照。

国際テロリズム——大使館攻撃の傾向と対策

　闘争の主役となった国家を持たないパレスチナ人は、テロリズムによってイスラエルと戦った。1970年には、旅客機をハイジャックしてイスラエル人やイギリス人を人質に取った。事件の舞台となったヨルダンは、自らに降りかかった火の粉を払う為パレスチナ人との全面対決を決意した。シリアがこれを止めようと介入の姿勢を示したものの、イスラエルがシリアとの国境に兵を集めて、ヨルダンへの侵攻を抑止した。これが「黒い9月」事件であった。厄介払いされたパレスチナ人達はレバノンに逃れて闘争を続けた。日本でも大ニュースになったテルアビブのロッド空港事件とミュンヘン・オリンピック事件はこの頃のことであった。攻撃対象には、大使館や外交官が含まれた。1976年には合衆国大使がベイルートで誘拐され、殺害された。
　レバノンがパレスチナ問題の焦点となった。イスラエルによる侵攻の発端は1982年6月における駐英大使の射殺未遂であった。駐英大使はどの国でもトップ外交官から選ばれる。犯行はパレスチナ人グループのなかでも凶悪さで知られたアブ・ニダルの組織によるものであった。すぐさま、PLOの拠点レバノン南部をイスラエルは攻撃した。状況は、テロリズムの連鎖の様相を呈した。当選した次期大統領が暗殺された。その報復に、キリスト教マロン派のファラ

ンジスト民兵は、パレスチナ難民のキャンプを虐殺した。イスラエルはそれを黙認した。エジプトは、和解したばかりのイスラエルに派遣した大使を召還した (204)。

そうしたとき、多国籍軍がレバノンに入り、治安維持を始めた。これにはアメリカ合衆国、フランス、イタリアの軍隊が参加した。キリスト教のマロン派とイスラム教のシーア派、スンニ派、ドルーズ派が抗争するこの国では、多国籍軍の構成は大統領与党のマロン派と、それと同盟したイスラエルへの応援と見られて仕方なかった。

ヒズボラといえば、イランに支援されたシーア派のテロリスト・グループである。1983年4月、爆弾を積んだトラックが合衆国大使館の正面に突入し、8階まで崩落させた。これは部外者を含めて総勢63人を殺害した凄惨な事件であった。レバノン国際空港の兵舎から救助に駆け付けた海兵隊はその10月に自分達が標的となり、241人が犠牲となった。その月にはフランス軍も攻撃され58人が死亡した。さらに翌年、多くの合衆国市民が人質に取られ、救出費用の捻出の為、合衆国はスキャンダラスなイラン・コントラ事件に手を染めた。しかし、人質の一人であったウィリアム・F・バックリーCIA支局長は、拷問のすえ殺害されてしまった (205)。

一連の事件はハード面での改善を迫った。1960年代から、ベトナム戦争に伴う反米主義の高まりもあり、大使館に対する防護の強化を合衆国は進めていた。門、窓、防護壁の改善はそのイロハであった。かつて斬新な芸術性を重視していた公館の建築は、既に周囲の景観に溶け込むことを心がけるようになっていた。レバノンでの陰惨な諸事件は、さらに徹底的なインマン報告書に繋がった。これは1985年にボビー・R・インマンを長とするパネルによりまとめられた合衆国国務省の報告書であった。点検の結果、建物の安全基準が不十分であることが分かった。公道に建物が接していては、トラック爆弾の標的となることが特筆された。その後、建物は100フィート（30.48メートル）、道路から離すことが基準となった。壁一枚隔てた向こうが合衆国政府以外の施設であっても危険であった。それから何年にも亘り、在外公館は新築・改築された (206)。

流血の歴史は終わらなかった。イスラエル大使館関連では1992年にアルゼンチンで21人が爆弾事件の犠牲になるという事件も起きた (207)。

パレスチナ・ゲリラはレバノンから立ち去った。PLOの本部はチュニジアに、武闘派の拠点はリビア、イラク、シリアに移転した。これらテロ支援国家と合衆国に指定されることになる諸国の指導者、カダフィ、フセイン、アサドはアラブの大義の熱狂的な信奉者達であった。しかし、新世代ナセリストとバース党員がプレイしたゲームは、国際環境を含めてナセルが戦った冷戦の代理戦争とは違っていた。ソ連はPLOを支持したものの、ハイジャックをやるような極端なテロリストへの支援には慎重であった。ただし、リビアがソ連にとってアフリカで最大の貿易相手であったことは過小評価すべきでない。

他方、西岸とガザの住民が立ち上がったインティファーダに軍事力で対抗することは世界のほとんどから非難された。それらは邪悪な国家やテロリストでなく、無垢な民衆の蜂起であると理解されたからであった。

石油——イスラム革命と反革命

　イランでは外交官、スパイ、軍隊を総動員した利権漁りが行われた。元来、イギリスの企業、アングロイラニアン・オイル（現 BP）、が石油を独占していた。ところが、それは首相に就任したばかりのムハンマド・モサデク首相によって国有化された。イランはイギリスと断交して退路を断った (208)。

　モサデクを除去する為、CIA が暗躍した。政治家、メディア、聖職者にカネを配って味方に付ける得意の戦術が採られた。後釜の首相として、ファズロッラー・ザヘディという将軍をCIA は用意した。誤算もあって、すべてが筋書き通りとはいかなかった。しかし、CIA は力任せにモサデクの逮捕に成功した。自作自演の暴動の拡大、そしてモサデクの背後には共産党（トゥデ党）とソ連がいるというデマの流布がものをいった (209)。

　この間、合衆国の駐イラン大使はどうしていたであろうか。かつての駐イラク公使、ロイ・ヘンダーソンがこの職にあった。彼は、国務長官と CIA 長官のダレス兄弟が参加したワシントンでの会議に出席し、意見を述べた。計画の全貌を知りながらアリバイを作る為、暴動が始まったとき、彼は海外旅行をしていた。事件の第一報はベイルートで聞いた。そ知らぬ振りをしてテヘランに戻り、モサデク本人に会見して自国民の安全を訴えるという芝居まで打った。ちなみに大使館の新館は彼の名をとり「ヘンダーソン高校」のあだ名が付いた (210)。

　シャーと呼ばれた王のムハンマド・レザー・パフラビーは、首相や議会（マジリス）の勢力に対して肩身の狭い思いをしながら、陰謀には優柔不断の態度を取った。最終的にはバグダッドに逃れ、そこで合衆国の駐イラク大使からの助言に従い、左翼の蜂起を避けたのだと声明した。この 1953 年の事件から、イランの真の実力者は合衆国大使館、とりわけ CIA 支局になった。20 年後の合衆国大使は前 CIA 長官のリチャード・M・ヘルムズであった。石油利権の方はというと事件の翌年、イラン・コンソーシアム協定によって山分けされ、米系資本はその 40 パーセントを再分配された。ザヘディの息子はシャーの婿になり、のちに駐英、駐米大使を歴任した (211)。

　地政学的にイランが英ソの緩衝地帯であったことは前章で見た。第二次大戦後、ソ連が食指を動かしたものの米英により封じ込まれた。CIA の力が強くなったことにより、否応なく反共陣営にイランは組み込まれた。というより、合衆国の関心は始めからイランの石油よりソ連の勢力伸長であった。それは中東全体の石油利権を脅かしたからである。イランはイギリス主導のバグダッド条約機構に加入し、さらに合衆国とは相互防衛協定を結んだ。後者は軍事的性格を持っていた。ソ連は抗議の為に大使を召還した。

　ナセルが死に、湾岸のイギリス属領が独立し、ベトナム戦争で合衆国の敗色が濃くなると、シャーは中東の覇者となった。自信を付けた彼は傀儡の立場に満足せず、CIA にも嫌気がさしていた。オマーンへの派兵は、湾岸の警察官というこれまで以上に積極的な役割をシャーが求めた表れであった (212)。

　1979 年のイスラム革命は、モサデクの逮捕より世界への影響は大きかった。それはフランス革命、1848 年革命、ロシア革命のように、一国の革命が国際関係の積み木を崩してしまっ

た一例になった。反共防波堤の一角であった中央条約機構（CENTO：バグダッド条約機構の後身）は崩壊し、合衆国との防衛協定は破棄された。親米のエジプト、イスラエル、南アフリカとイランは縁を切った (213)。

　アメリカ帝国主義の象徴であった大使館は、イラン人の敵意の対象となった。人質事件は11月に起きた。パフラビー前王は逃亡中であった。病気療養が理由であったとはいえ、合衆国が彼の入国を許したことはイラン人の怒りを買った。

　人質事件はイラン暫定政権のさし金でなかった。その微温的な対米姿勢に不満を抱き、ルホッラー・ホメイニ師を奉った学生達が事件を起こした。約400人が大使館に押しかけ、そこを占拠した。新任の大使はアグレマン（同意）を与えられなかった為、臨時代理大使が館主を務めていた。3人のCIA職員はみなイラン勤務経験が浅かった。革命前千人近くいた職員は60数人に減っていた (214)。このことは、清末中国における義和団事件のような籠城戦の意図がなかったことを示す。ベトナム戦争後は帝国主義の全盛期のようにいかなかった。

　大使館の占拠という異常事態は同じ年の2月にも起きていた。それで館員は当初、またか、と感じて成り行きを楽観した。事務所を鉄の扉にするといった改装も施されていた。しかし、相手は平和的な学生だというのは事実誤認であったことが判明した。学生達は蟻の隙間を見付けて侵入を開始した。ホメイニ師は学生の側の肩を持った。暫定政府による大使館救援の可能性はこれでなくなった。日和見的であった暫定政権の失墜は決定的となり、革命は一挙に急進化した (215)。

　この直後、パキスタンではデモ隊が合衆国大使館に押し寄せた。彼らは発砲し、門を破城鎚で突き破った。侵入者に対し、大使館は催涙ガスで応戦した。鋼鉄製の部屋に137人が閉じ込められた。放火された大使館は炎上し、デモ隊は去ったものの、二人の米兵と二人のパキスタン人被用者が死亡した。翌年4月、ロンドンでは逆に反革命派がイラン大使館を占拠する事件が起きた。こちらは数日後に鎮圧された (216)。

　モサデクの悲運を覚えていたイラン人たちは、大使館はスパイだと信じていた。人質達はアフリカ系と女性を除いてみなスパイと見なされ、尋問されたり、自国を非難させられたりした。やがて、CIA局員の身元が館内に残された公文書により確認された。過去の隠密活動が、あたかもセンセーショナルであるかのように暴きたてられた。イラン人の対米協力者達は処刑された (217)。今では、合衆国大使館を受け入れた国は、CIAの入居を問い質すのを野暮なことにしか思っていないであろう。国家間関係に友好と敵対が共存する以上、それに応じた善意の要素と悪意の要素が館内に同居するのは、自然であるからである。しかし、不誠実は友好を損なうことも肝に銘じなければならない。

　ハト派のジェームズ・E・カーター政権といえども、口に指をくわえて傍観する訳にいかなかった。陸・海・空・海兵の四軍から編成された部隊が救出作戦を決行した。しかし、砂漠のなかの給油地点から出撃する前に、3機のヘリコプターが不時着、帰還、故障の為脱落した。ヘリコプターと輸送機の衝突の為8名の兵士が死亡した。作戦は継続できなくなり中止された。これでイランも、人質を大使館に集めておくことの危険を察知した。一時、人質は国内の数か

所に分散された。やがて全員、テヘランの刑務所に移された (218)。パフラビが病死した。それでも、人質は解放されなかった。

　孤立は中東においては致命的なスキである。イランは合衆国という後ろ盾を失った。冷戦の論理からいえば、ソ連がイランを抱擁するはずであった。ところがイランは、ソ連大使館員を減員・追放し、さらには領事館を閉鎖することになる。隣国であるイラクとの関係も悪化した。バグダッドでは、シーア派のダーワ党によるテロリズムが発生した。サダム・フセイン（・アル・ティクリティ）大統領の弟が暗殺の標的であったともいわれる。翌年にはダーワ党によって、イラクの在ベイルート大使館が入居した建物が攻撃され、20人が死亡した。ホメイニ自身は亡命中、イラクのナジャフにいたことがあった。シーア派の居住地はイラク南部、レバノン、バーレーンなどに広がっている (219)。

　つまり、イランは四面楚歌であった。サダム・フセインは1980年9月、何十万もの死者を出したイラン・イラク戦争を開始した。それは典型的な反革命戦争であった。あい続くテロリズムに怯える世界では「イスラム原理主義」に対する警戒感が広がっていた。アメリカ合衆国がイランをテロ支援国家に認定したのは1984年のことであった。

　これ以上、合衆国への瀬戸際政策を弄ぶことは許されなかった。イランは人質を豪華な迎賓館に移し、1981年1月、カーター大統領が退任した日に解放した。ニューヨーク市は、人質達の帰国パレードまで行った。その後、旧在テヘラン大使館は革命防衛隊の施設になった。2001年には、反米をテーマにした展示会がそこで催された。公開は事件後初であったという (220)。

　イランの側は王制時代、ワシントンのマサチューセッツ通りに大使館を置いていた。それはイギリス大使館の真向かいにあり、日本大使館からも数百メートルの好位置であった。国交断絶後、青いドームを備えたこの建物は閉鎖された。今は利益代表部がパキスタン大使館の管理のもと、旧大使館からそう遠くないウィスコンシン通りに開かれている。パキスタン大使館の本館はもっと郊外にあるので、事実上のイラン領事館として機能している (221)。

　イランの外交関係は国内事情に左右された。イラン・コントラ事件に見られたイランと合衆国の協力は裏側のものに止まった。神権政治は西ヨーロッパ諸国とも摩擦の種となった。1980年代末、サルマン・ルシュディの小説『悪魔の詩』がイスラムを冒涜したとして、ホメイニは死刑を彼に宣告した。これに対し、EC（欧州共同体）諸国はそれぞれの大使を召還した。イラン側も大使召還で報復し、保守派は体制引き締めにこれを利用した。1997年にも、イスラエルのラビン首相の暗殺を歓迎したり、ドイツでクルド人活動家を殺害したりといったテロ支援に業を煮やし、EU諸国は再び大使を引き揚げた。改革派のサイェド・ムハンマド・ハタミが大統領になると、「文明間の対話」という彼の概念に世界は興味を抱いた。ヨーロッパやアラブとの緊張は緩和した。しかし、彼でさえ、核兵器開発や対ヒズボラ支援の疑惑は払拭できなかった。2005年に保守派のマフムド・アフマディネジャドが大統領になると、イランと国際社会の関係はもとの木阿弥になった (222)。

　同盟の組み替えが起こりつつあった。ソ連とイラクは1970年代に友好条約を結んでいた。

しかし、イランへの激しい敵意の共有は、合衆国とイラクを接近させずにはおかなかった。武器供与はアラブの第三国を迂回させたり、軍民両用物資を直接輸出したりして巧妙に行われた (223)。それにも拘わらず、停戦後にはサダム・フセインは情報源であったCIAを疎んじて追放した。

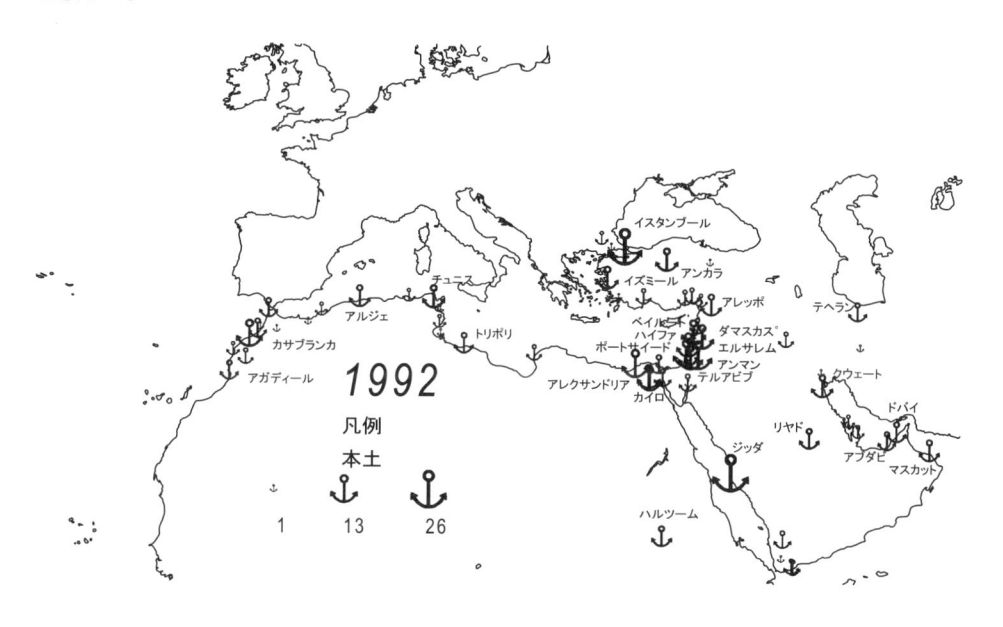

図7―3 二十世紀末の中東における（総）領事の駐在地と数
出所 「データについて」を参照。

二十世紀末の中東を特徴付けたのは、アラビア半島の繁栄であった。石油という富とメッカという聖地を背景に、ジッダは地域最大の商都となった。ペルシア湾岸の君主国も成長著しかった。実は地図上にあるクウェート、マスカット、ドバイ、アブダビのうち、主権国家の首都でないドバイを除いては、大使館併設の領事部が算入されている。とはいえ、石油バブルに湧いた二十一世紀には、これら諸都市はより発展しているはずである。

かつてイギリスは、外界から湾岸の君主国を切り離し、静かなままにしておこうとした。1950年代、植民地支配下にあったクウェートに領事館設置を求めたエジプトに、イギリスはそれを認めなかった。ナセリズムの流入を恐れたからである。サウジアラビア以外では、オマーン（マスカット）だけが例外であった。かつてこの国はザンジバル島を傘下に収めた海洋大国であった。フランスと合衆国の領事もいた。イギリスは政務官兼領事を置いて間接支配を敷いた。湾岸から帝国が撤収を完了したのは他の地域よりも遅れて1971年であった。イラン・イラク戦争が始まると、安全への脅威が高まった。保守的な君主国はサウジアラビアとともに湾岸協力会議（GCC）を結成した。タンカー攻撃やホルムズ海峡封鎖の危険が増すと、湾の入口を押

さえるオマーンで世界は動静を注視した (224)。

これに対し、イランは、首都テヘランを除いてほとんど領事館がない閉鎖社会になってしまった。革命前年に5万人いた合衆国市民は、革命直後の2月末には千人以下に急減した。11月の決定的な大使館占拠までに、イスファハン、シーラーズ、タブリーズにあった合衆国の領事館は閉じられた。同国駐在の各国外交官達には、テヘランから40キロメートル以内という旅行制限が課せられるようになった (225)。

ならず者国家──サダム・フセインの野望

　サダム・フセインはアラブの盟主に上り詰めていた。イラクは裕福な産油国からかつてのナセルとサダトのように献金を受け、アラブ随一の軍事大国と目された。しかし、アラブの連帯を可能にしたのがイスラエルであったように、統一アラブ国家の建設を不可能にしたのもイスラエルであった。飛び地のシリアがアラブ連合共和国から離脱した教訓が示すように、それはアフリカとアジアを分断する楔であった。こうして統一が阻止された以上、合従連衡が中東におけるゲームのルールになり、外部勢力はそれを操作することができた。この現実を踏まえず、フセインは絶対者のように振る舞った。

　イラクの次の標的はクウェートであった。侵攻の理由としては国境紛争、石油の増産、莫大な債務が挙げられる。表向きは、クーデターで成立した新政権に支援を要請された、とフセインは言い張った。しかしつまるところ、虫けらは踏み潰せばよいという発想自体が問題であった。イラクは、クウェートを一度も国家承認したことはないと主張していた。すなわち、オスマン帝国のバスラ州の一部であった地域をイギリスが勝手に自立させ、それを保護国にした挙げ句、独立後も合衆国と一緒になって再統一を妨害している、というのがイラクの言い分であった。彼が対イラン戦争の経費をクウェートに拠出させていたにも拘わらずである。

　イラクを弁護する者は、エイプリル・グラスピー大使とサダム・フセイン大統領との会話を証拠に挙げる。グラスピーはアラビア語に堪能な女性の合衆国大使であった。「クウェートとの境界争いのような、アラブ・アラブ間の紛争に意見することはありません」と侵攻の一週間余り前、彼女は言ったとされる。本当であれば、それは合衆国外交の大失点に数えられるべき言葉であった。不吉なことにフセイン大統領は、「合衆国まで、我々ははるばるでかけることはできないが、個々のアラブ人は辿り着くかもしれない」と9・11事件を予言するようなことをそのとき口走っていた (226)。

　1990年8月2日、クウェート侵攻が始まると、クウェートの太子は合衆国の大使に軍事援助を求めた (227)。世界は、さらなるイラクの進軍はあるのか、国際社会はどのように対応するのかを固唾を呑んで見守った。

　この危機でも大使と特使は奔走した。対イラク強硬路線を引っ張ったのは、サウジアラビア王の甥であり、現在の王太子スルタン国防相の子息であるバンダル王子であった。駐米大使であった彼は、イラク軍がさらに南下し、サウジアラビアに攻め入る構えであるとの情報をワシントンで入手した。彼は、王が半信半疑であることを知ると、リヤドでリチャード・B・チェ

イニー国防長官の話を聞く機会を手配した。説明を聞き、米軍の派遣を王は呑んだ (228)。中東の歴史では、英米軍の基地を受け入れた王家は次々と打倒された。サウド家にとって、決して小さくない決断であった。イスラエルの肩を持つ合衆国との関係強化は、アラブ急進派から非難されかねなかった。合衆国にはサダム・フセインが主張し始めたパレスチナ問題との「リンケージ」は選択外であった。サウジアラビアもイラクとの正面衝突を覚悟しなければならなくなった。

　サダム・フセインはクウェートを併合した。彼は閉鎖か、さもなくば領事館への変更かを各国の在クウェート大使館に求めた。しかし、クウェートを支持した国々は、いずれも選ばなかった。籠城が始まった。

　合衆国大使館には50人の居留民が避難し、館員と合わせ、最大200人近くの人間と40匹近くの犬猫を収容する事態となった。溢れた人々は、日本やカナダの大使館が受け入れた。とはいえ、日本大使館にはもっと多くの人々がいたようである。合衆国は、館員を必要最低限の8名に厳選した。しかし、帰国組の男性館員達は「人間の盾」としてバグダッドで拘束されてしまった。旧宗主国イギリスの大使館に至っては、大使と領事の2人だけに減員した。電話も、電気も、水道も断たれた。ほとんどの国の大使館が閉鎖に追い込まれた。ところがアメリカ人は砂漠の国クウェートで何と、井戸を掘りあててしまった。これで、シャワーも浴びることができるようになった。家庭菜園で作った野菜のサラダを食べられるようにもなった。自分達のことだけでなく、市民を帰国便に乗せる業務はサダム・フセインが「人間の盾」をやめた後まで続けられた。帰還の仕事をやり遂げた後、合衆国大使館は12月中旬、閉鎖された。星条旗は掲揚したままにされた。クウェート解放後も旗はそのままであったという (229)。

　サダム・フセインにとって悲劇であったのは、「止め男」役を果たす威信がゴルバチョフになかったことであった。クウェートから自主的にイラク軍を撤退させようしたソ連の仲介は実を結ばなかった。冷戦思考を復活させ、瀬戸際まで合衆国と張り合うつもりはゴルバチョフに毛頭なかった。敵と味方の二分法に囚われない新思考外交は、早くも就任した年に実践された形跡がある。1985年、保守的な親米国であるオマーン及びアラブ首長国連邦とソ連は外交関係を開設した (230)。サウジアラビアとも接近した。過去の戦争において、友邦からどれだけの援助を受けられるかが勝負の分かれ目であったことを想起すれば、孤立したイラクに勝機はなかった。

　イラクは負けたものの、シーア派とクルド人の反乱は失敗し、フセイン政権は存続した。世界が驚かされたのは、核・化学・生物兵器をイラクが開発しようとしていたことであった。特別委員会を設置し、IAEA（国際原子力機関）と協力して査察させる国連安保理の決議687が出された。それから10年余り、合衆国が疑惑を喧伝した為、イラクは孤立から抜け出せなかった。独裁国家の内幕を知りたいジャーナリスト達は、ビザをヨルダンのイラク大使館で手に入れ、陸路、入国しようとした。外界に開かれた小さな窓がそこにあった (231)。

　合衆国による2003年のイラク戦争は妄想の産物であった。戦後、久しぶりに合衆国大使館に人が戻った。大量破壊兵器の有無を誤報したCIAであったものの、500人の支局員がイラ

クに配置されたという説がある (232)。暴力のなかの2004年6月、主権をイラクは回復した。新政府は中東における民主主義の実験であった。もっともアラブの兄弟達は、この民主主義とそこから生まれたシーア派政権を心から支持している訳でないようである。米軍撤退後、民主主義外交は真の試練に晒されよう。

文明の衝突——「シオニスト」と「テロリスト」

　二十一世紀が宗教の時代になるとは、誰が予想したであろう。「文明の衝突か？」とサミュエル・P・ハンティントンが問いかけたとき、北米エリートのパワーポリティクスに世界は辟易させられた (233)。それでも、9・11事件とイラク戦争は、彼の世界観を実証するかのような動きであった。合衆国はイスラム圏に軍事基地を獲得し、覇権の衰退を食い止めたように見えた。しかし、その後の混乱は、むしろ他文明を利し、世界を多極化させたように思われる。

　パレスチナ問題は、今でもアラブとイスラエルとを分かつ楔である。**表7—3**から読み取れるように、中東でイスラエルを承認する国は少数派である。湾岸戦争後、ヨルダンが承認国に加わった。和解は容易でなかった。平和条約が署名される3か月前、ヨルダンのフセイン国王とイスラエルのラビン首相が、ワシントンで共同宣言を行った。イスラエル側で交渉を取り仕切ったのはモサドであった。文案の調整段階で、現地のイスラエル大使館は蚊帳の外であった (234)。自国の安全保障を最もよく見渡せる立場にあったのがモサドであったということであろう。首脳外交は外相や大使の頭越しに対外政策が行われ得ることを意味する。

　西岸の領土請求権を持つとされたヨルダンが主役の座を降りたことにより、故地の奪回は、PLOの一身に任された。しかし、PLOはイスラエルや合衆国にとっては「テロリスト」であり、対話自体が困難であった。かつての苦難を物語る逸話がある。1979年、合衆国のアンドルー・J・ヤング国連常駐代表がニューヨークのPLO代表と非公式に会話した。ただこれだけで、彼は実質的更迭である辞任に追い込まれた。公民権運動家の出身であった彼が陥れられた為、アフリカ系団体の反ユダヤ感情が高まった。幸いなことに、ヤング大使のキャリアはこれで終わらず、のちに彼はアトランタ市長になった。PLOは独立宣言を1988年に決行したものの、実効は伴わなかった。

　パレスチナは、未だ国家でない。国連のウェブサイトでは、「国連本部に常設オブザーバー使節団を維持する存在」と説明されている。外交使節団に与えられる国際法上の特権免除をパレスチナの代表部に認めない国があっても不思議はない。日本では当初、アラブ連盟の事務所内にパレスチナ代表が配属されていた。1977年になって独立の代表部が開設され、さらに総代表部と改称された。資金難によってこれは一時閉鎖されたものの、現在は再開されている。1980年代から90年代、外交特権を日本政府に認めさせようと駐日代表は努力した。日本側も事情を察し、アラブ諸国の大使を外務大臣が招く際には事実上、彼らと変わらぬ待遇をしたという (235)。

　1993年のオスロ合意は、双方が相違を乗り越え、独立国家に到達する為の手始めであった。「シオニスト」と「テロリスト」の意見をすり合わせることは、デリケートな作業であった。

それは徹底して秘密裡に行われ、公式チャネルは使われなかった。反面、公職の専門家を排除し、功名心にはやった法律家のような人々に任せたことは、のちに混乱が起きた原因ともいわれる (236)。バック・チャネル、すなわち、首脳が密使を使って困難な交渉に道筋を付けようとすること、は我々が想像するより広範に行われているようである。オスロ合意の翌年、パレスチナ自治政府が置かれ、曲折はありながらも存続している。日本の在パレスチナ代表事務所は現在、暫定自治政府の本部があるラマッラに所在する。今後の課題は、自力で生きていける独立国家への道筋を付けることである。

　9・11事件とイラク戦争は、文明間の信頼にひびを入れた。東京のサウジアラビア大使館を歩道から写真撮影しようとしたら、警官に写真はダメと止められたと報告するインターネット・サイトがある。また、赤坂のアメリカ合衆国大使館を大通りの向かいから撮ろうと警官に了解を求めれば、目的や身元を誰何されるであろう。合衆国の国営ラジオ局ボイス・オブ・アメリカでは、自国のワシントン観光の名所としてマサチューセッツ・アベニューの大使館街を紹介している (237)。警視庁にしてみれば、公道と大使館の間隔が狭過ぎるのが気懸かりかもしれない。

　大使館は相変わらず攻撃対象である。デンマークの新聞が預言者ムハンマドの風刺画を掲載したところ、ムスリム達はデモによって世界各地で抗議した。最低6人が死亡した爆弾テロが、イスラマバードのデンマーク大使館で2008年起きている (238)。

　中東の外交は真剣勝負であり、竹光でないことを本章は見た。戦争が外交の先に待つばかりでなく、外交が戦争の性格を規定する。宗教を含む基本的な価値観の相違が、戦争を所与で当然のものと思わせてきた。今後は、文明の正面衝突を逸らす役割を外交に期待したいものである。

　「文明間の対話」は、ポストモダンの外交関係たり得るであろうか。イスラムでは、シャリア（イスラム法）が生活に大きな比重を持つ。法は常に国家が作るもの、というのは西洋文明の思い込みに過ぎない。そうした文明と相互理解を図るには、国家ばかりを相手にしたのでは不十分かもしれない。宗教担当官を大使館に置いて、現地の宗教界との信頼を築かせるというユニークな提案が9・11事件後になされた (239)。アメリカ的生活様式に対する無邪気な信仰はシャーとサダトの失墜として跳ね返った。フセイン後のイラクでも同じ過ちを繰り返さないよう、歴史に学ばなければならない。パブリック・ディプロマシーは一つの選択肢ではある。

表 7—3　現代の中東における外交使節の派遣・接受状況（2006年）

		派遣国																											
		中東																											
		トルコ	エジプト	チュニジア	ヨルダン	イエメン	カタール	アラブ首長国連邦	アルジェリア	クウェート	サウジアラビア	モロッコ	イラン	スーダン	レバノン	オマーン	シリア	イラク	リビア	バーレーン	イスラエル	中東小計	イギリス	イタリア	ドイツ	ロシア	日本	中国	インド
接受国	エジプト	●		●	●	●	●	●	●	●	●	●	●	●	●	●	●	×	●	●	●	69	●	●	●	●	●	●	●
	イラン	●	●		●	●	●	●	●	●	●	●		●	●	●	●	●	●	●		68	●	●	●	●	●	●	●
	サウジアラビア	●	●	●	●	●	●	●	●	●		●	●	●	●	●	●	●	●	●		68	●	●	●	●	●	●	●
	トルコ		●	●	●	●	●	●	●	●	●	●	●	●	●	●	●	●	●	●	●	72	●	●	●	●	●	●	●
	モロッコ	●	●	●	●	●	●	●	●	●	●		●	●	●	●	●	×	●	●		69	●	●	●	●	●	●	●
	イスラエル	●	●		●																	12	●	●	●	●	●	●	●
	アルジェリア	●	●	●	●	●	●	●		●	●	●	●	●	●	●	●	●	●	●		64	●	●	●	●	●	●	●
	リビア	●	●	●	●	●	●	×	×		●	●	●	●		●	●			●		46	●	●	●	●	●	●	●
	アラブ首長国連邦	●	●	●	●	●	●		●	●	●	●	●	●	●	●	×	●	●	●		66	●	●	●	●	●	●	●
	クウェート	●	●	●	●	●	●	●	●		●	●	●	●	●	●	●	×	●	●		57	●	●	●	●	●	●	●
	ヨルダン	●	●		●	●	●	●	●	●	●	●	●	●	●	●	●	×	●	●	●	65	●	●	●	●	●	●	●
	シリア	●	●	●	●	●	●	●	●	●	●	●	●	●	●	●		●	●	●		60	●	●	●	●	●	●	●
	レバノン	●	●		●	●	●	●	●	●	●	●	●	●		●	●	●	●	●		52	●	●	●	●	●	●	●
	チュニジア	●	●		●		●	●	●	●	●	●	●	●	●	●	●	●	●	●		56	●	●	●	●	●	●	×
	カタール	●	●	●	●	●		●	●	●	●	●	●	×	●	×	●	●	●	●		66	●	●	●	●	●	●	●
	スーダン	●	●	●	●	●	●	●	●	●	●	●	●		●	●	●	●	●	●		68	●	●	●	●	●	●	●
	イエメン	●	●	●	●		●	●	●	●	●	●	●	●	●	●	●	●	●	●		68	●	●	●	●	●	●	●
	イラク	●	●		×	×		●	●		×	×	●	×	●		●		●	×		26	●	●	●	●	●	●	●
	オマーン	●	●	●	●	●	●	●		●	●	●	●	●	●		×	●		×		58	●	●	●	●	●	●	●
	バーレーン	●	●	●	●	●	●	●	●	●	●	●	●	●	●	●	●	×	●			69	●	●	●	●	●	●	●
	総計	76	72	72	72	68	68	65	65	65	65	65	61	57	57	56	55	49	45	34	12		80	80	80	80	80	80	77

注　●（大使級）＝ 4 点、◎（全権公使級）＝ 3 点、△（弁理公使級）＝ 2 点、×（代理大公使級）＝ 1 点。域外の派遣国は一部省略する。「データについて」を参照。

	フランス	パキスタン	韓国	アメリカ合衆国	インドネシア	ギリシア	スペイン	スイス	南アフリカ	マレーシア	モーリタニア	教皇庁	バングラデシュ	ソマリア	キューバ	アフガニスタン	セネガル	北朝鮮	エリトリア	エチオピア	ブルネイ	アゼルバイジャン	チャド	ニジェール	ベトナム	キプロス	ジブチ	非中東小計	総計
	●	●	●	●	●	●	●	●	●	●	●	●	●	●	●	●		●	●	●	●	●	●	●	●	●	●	413	482
	●	×	●	●	●	●	●	●	●	●	●	●	●	×	●	●	●		●	●	●				●	×		276	344
	●	●	●	●	●	●	●	●	●	●	●	●		●	●	●			●	●	●	●					●	266	334
	●	●	●	●	●	●	●	●	●	●	●	●	●							●								254	326
	×	●	●	●	●	●	●	●	●	●	●		●		●						●							233	302
	●	●	●	●	●	●	●	●	●	●	●								●	●						●		287	299
	×	●	●	●	●	●	●	●	●	●				●									●	●				220	284
	●	●	●	●	●	●	●	●	●	●					●								●	●	●			219	265
	●	●	●	●	●				●	●		●		●	●			●						●				179	245
	●	●	●	●	●	●		●		×			●							●								181	238
	●	●	●	●	●	●							●		●			●										169	234
	●	●	●	●			●	●					●	●		×										●		172	232
	●	●	●	●								●			●													156	208
	●	●	●	●					●				●	●		●											●	147	203
	●	●	●	●	●			●			●		●		●	●	●			×								114	180
	●	●	●	×	●	●		×	●				●		●	×			●	●			●					95	163
	●	●	●							●	●		●		●				●	●							●	94	162
	●	●			●	●						●	●												●			118	144
	●	●						●	●			●	●						●									84	142
	●	●		●									×						×									54	123
	74	73	72	69	64	64	60	57	57	52	48	48	45	41	40	37	36	32	29	28	26	24	20	20	20	17	16		

第 8 章　中 国 の 復 活

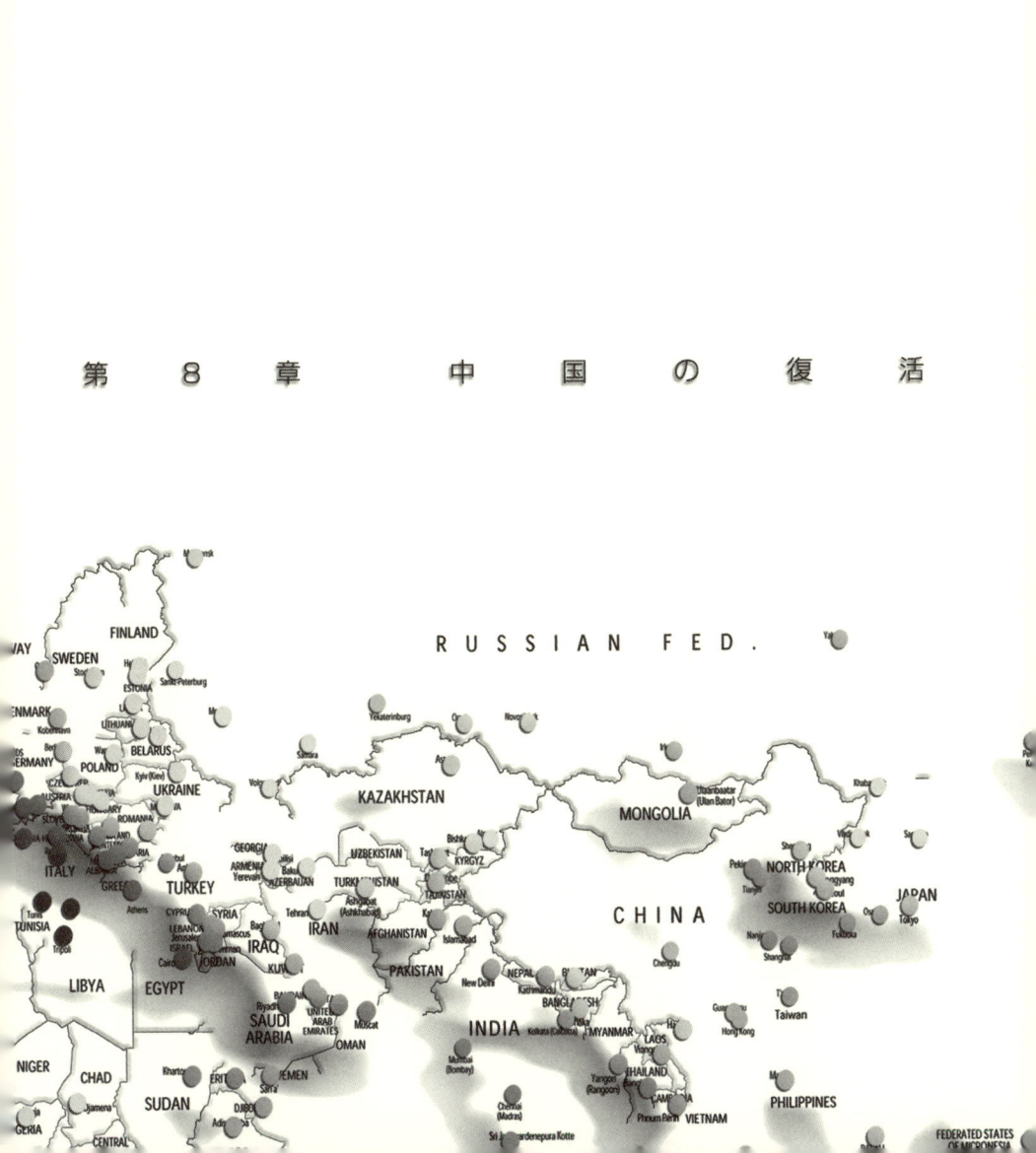

1949年の「新中国」誕生まで、外国の外交官・領事官がしてきた役割といえば調教師のそれのようなものであった。その心はというと、投資のアメを与えて太らせて、軍艦の鞭で搾取するということである。しかし今や中国は鎖を引きちぎって立ち上がり、これから何をしようかと世界を見回しているかのようである。

半植民地化——広州・上海・北京・天津・満州

　アヘン戦争をもって中国の開国とされることが多いものの、日本の鎖国時代に長崎で貿易が行われたように、広東での管理された貿易は細々と続けられた。外国人がそこに住み、当時の清王朝がどういう態度を取ったかはともかくとして、領事官が欧米諸国により任命されていた。Almanach de Gotha によると、広州（広東）にはイギリス、フランス、アメリカ合衆国、デンマーク、ハノーファー、オランダ、両シチリア、オーストリア、イタリアの領事官がいたことになっている。

表8—1　中国における外交的地位

順位	国	1860	1870	1880	1890	1900	1910	1920	1930	1939	得点
1	アメリカ合衆国	◎	◎	◎	◎	◎	◎	◎	◎	●	28
1	イギリス	◎	◎	◎	◎	◎	◎	◎	◎	●	28
1	フランス	◎	◎	◎	◎	◎	◎	◎	◎	●	28
4	ロシア（ソ連）	◎	◎	◎	◎	◎	◎	◎	◎	●	25
5	スペイン		◎	◎	◎	◎	◎	◎	◎	◎	24
6	ドイツ（プロイセン）		◎	◎	◎	◎	◎	◎	◎		22
7	ベルギー				△	◎	△	◎	◎	●	20
8	イタリア				△	×	△	◎	◎	●	18
8	オランダ				△	△	△	◎	◎	●	18
10	日本			◎	×	◎	◎	◎	◎		16
11	ポルトガル						◎	◎	◎	◎	12
12	キューバ						×	◎	◎	◎	10
13	メキシコ						◎	◎	◎		9
14	オーストリア・ハンガリー				◎	◎					6
14	デンマーク								◎	◎	6
14	ノルウェー							◎	◎		6
14	ブラジル								◎	◎	6
14	ペルー					◎			◎		6
19	教皇庁							●			4
20	スウェーデン									◎	3
20	チェコスロバキア									◎	3
20	ポーランド									◎	3
23	スイス									×	1
23	チリ									×	1
23	トルコ								×		1

注　●（大使級）＝4点、◎（全権公使級）＝3点、△（弁理公使級）＝2点、×（代理大公使級）＝1点。「データについて」を参照。

　敗戦によって、中国は南京条約の締結を余儀なくされ、新たにアモイ（厦門）、福州、寧波、上海を開港し、領事官を受け入れた。しかし、これでも通商の便宜上、不十分であった。確かに、南京条約はイギリス側の長官が北京と広東の大官に対し、平等の立場で「照会」できると

定めていた。しかし、何か問題が発生したとき、広東の大官はのらりくらりとはぐらかし、北京との直接交渉を妨げた。香港総督のジョン・ボウリングは叩き上げの国際派であったものの、東洋的な術策には愛想が尽きてしまった(240)。

そこで仕掛けられたのがアロー戦争であった。テクノロジーが遅れた中国は英仏連合軍の敵でなく、天津条約によって北京に外国公館を設置することを認めなければならなかった。ところが発効の手続きを進める為北京にいく途中、現在の天津市にあった大沽(タークー)の砲台から英仏の軍艦は攻撃を受け、戦争は再開された。連合軍は西洋の宮殿を模したといわれる広壮な円明園を焼き打ちし、中国に北京常駐を認めさせた。

とはいえ、これで直ちに北京が外交の中心地となった訳でなかった。アロー戦争時に北京に公使館を建設できたのは英仏米露の4国に過ぎなかった。また、やがて北洋大臣の李鴻章が力を付け、その本拠地である天津で外交官達は交渉した。清末に結ばれた「天津条約」という名称の条約は17本に上ったという(241)。

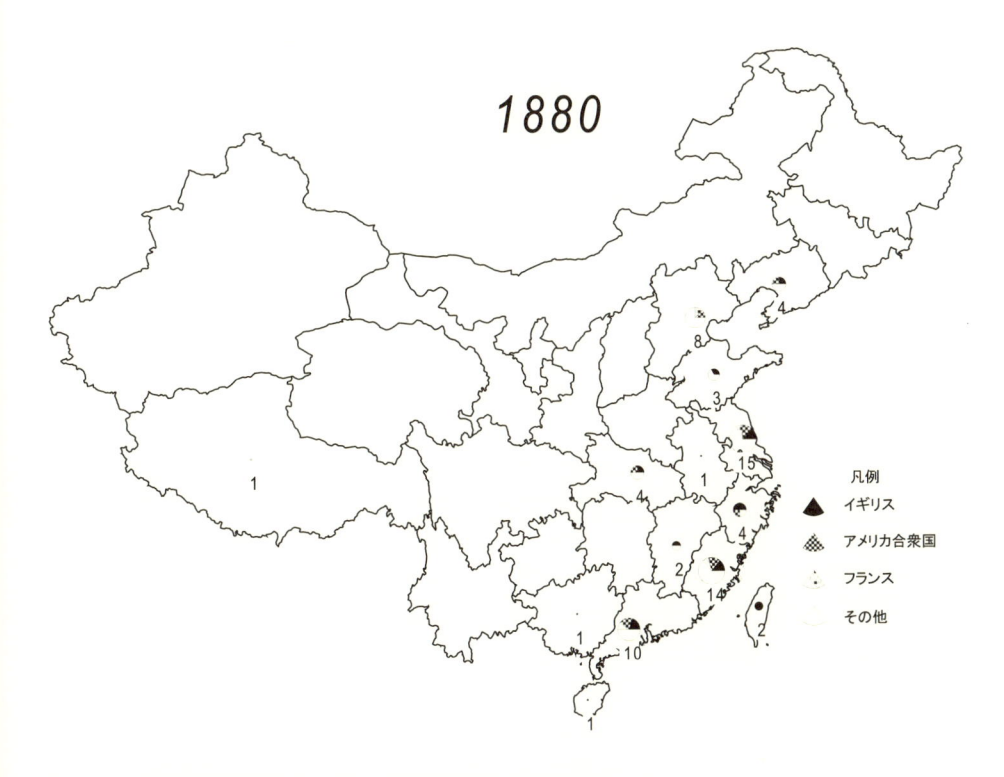

図8—1 十九世紀の中国における(総)領事の地域別・派遣国別構成
注 省と自治区の境界は現在のもの。北京と天津は河北省と、上海は江蘇省と、重慶は四川省とそれぞれ合算した。「データについて」を参照。

本来なら、中国のような膨大な人口を有し、何より古い文明を持つ誇り高い国ならば、遅かれ早かれオスマン帝国のように大使を派遣されてもおかしくなかった。しかし、各国が派遣した使節は特命全権公使であった。「眠れる獅子」にとってこれは屈辱であったかもしれない。外国諸国にとり中国とは貿易相手に過ぎず、国際政局における合従連衡のパートナーではなかった。片務的最恵国待遇を盛り込む不平等条約のもとでは、ある強国が力ずくで中国から権利を得ると、そうした条約を結んだすべての国が恩恵に浴することができた。もちろん、一人勝ちしそうな国に対しては牽制を忘れなかったものの、他の国々は自らにも権利が均霑（きんてん）される開港・開市に反対する理由を持たなかった。むしろ、期待に胸を膨らませて様子を見守ったくらいである。こうして十九世紀末には中国沿岸の開港はほぼ完了した。「眠れる獅子」はますます病んだ。

　大使になれなかったことには人事上の理由もあっただろう。東洋の言語を学習しなければならない特殊な事情はこの地の外交官達を傍流にした。トマス・ウェード、ハリー・S・パークス、ジョン・N・ジョーダンといった歴代のイギリスの公使達は叩き上げの中国専門家であった。貴族が政界の主流を占めた時代において、彼らは人脈を武器に出世する機会を欠いた。

　他のアジア諸国と一部の太平洋諸国においてと同様に、領事裁判権を中国駐在の領事官達は行使した。それどころか、彼らの任務は他地域より広範であった。というのも、太平天国の乱や度重なる対外戦争によって中国の国家権力が衰弱したスキに発展した居留民の自治を、領事官達は保護・監督しなければならなかったからである。例えば上海の公共（共同）租界には工部局という組織があり、建設、公益事業、警察、消防、徴税、教育など行政一般を司った。それゆえ租界は一植民地の観を呈し、領事団はあたかも本国から派遣された総督のようであった。工部局の意思決定機関である董事会（参事会）は納税者により選挙された為、それには自治体の性格が加わった。公共租界の自治組織は規模と機構の両面で膨張の一途を辿ったものの、領事機関の存在感は相対的にむしろ低下した (242)。ただし同じ上海でも、フランス租界では領事中心の運営がなされたという。

　裁判権を持った領事官達であったが、彼らは必ずしも法律の専門家でなかった。外交官試験に合格したばかりの石射猪太郎は天津総領事館に官補として赴任した。与えられた任務は日本租界で起きた事件の裁判であった。彼はまじめに取り組み、司法省から褒められるほどであったものの、業務にやる気に満ちた外交官が多かったとは思えない。自国民に対する逆に甘過ぎる判決によって租界は無法地帯に堕落した (243)。第二次大戦時まで租界制度は存続した。

　半植民地化の頂点は義和団事件（北清事変）であった。ドイツの宣教師に対する流言から、排外的な拳法集団、義和団が外国人に対する暴行を始め、中国北部は騒然とした。1900年6月、清朝宮廷の逃亡後、北京はこの武装集団の手に落ち、公使館はまったく孤立して本国との通信が途絶した。騒動の渦中では通詞出身のドイツ公使、クレメンス・フォン・ケトラー男爵と日本公使館の杉山彬外務書記生が殺害された。これが伝わり、ことの重大さに世界は驚いた。孤立した公使館区域を救うべく、諸国の軍隊はゆく手を阻む大沽の砲台を陥落させて上陸した。衆寡敵せず一度は足止めを食らったものの、結束はついに乱れないで、増援を得た8か国連合

軍は北京の外交団を救出した。

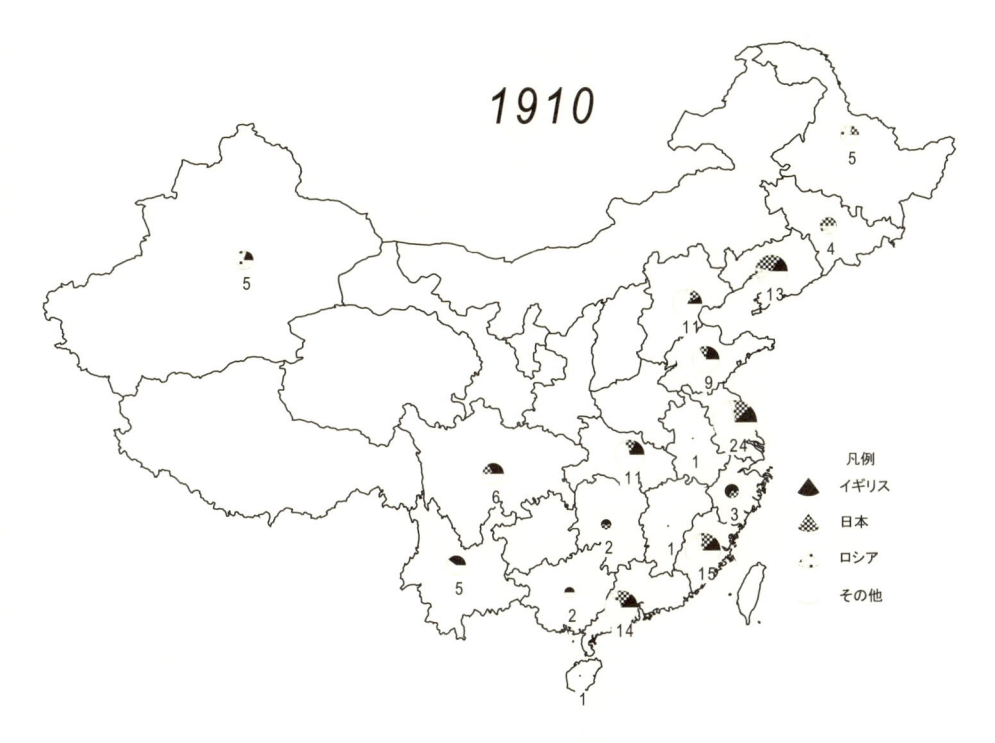

図8―2　日露戦争後の中国における（総）領事の地域別・派遣国別構成
注　省と自治区の境界は現在のもの。北京と天津は河北省と、上海は江蘇省と、重慶は四川省とそれぞれ合算した。「データについて」を参照。

　外交団の結束はさらに強まった。共通の問題は、すべて外交団会議で決定し、足並みを一致させたうえで、中国側との折衝に臨むようになった。「北京の55日」という古い映画で、事件時の外交団会議の様子が描かれている。細かい誤りはあろうが、史実は踏まえられている。接受国を差し置いた外交団の決定が絶対的になった。それは血で固められた慣行であった。日本公使館員では、ほかに楢原陳政と児島正一郎（大審院院長児島惟謙の子息）が戦地に斃れた(244)。
　問題の根源に立ち返ると、暴徒（中国側から見ると愛国者か）から在外公館を守るのは中国側の義務であった。平和条約である北京議定書（辛丑和約）は、中国は義務を履行する能力がないという前提で起草された。それは公使館が位置する区域における中国人の居住を禁止し、警備を外国に委ねた。また、大沽の砲台を撤去し、外洋から北京に至る経路の13地点に外国の軍隊駐留権を認めた。義和団の勢いに乗じて中国は外国に宣戦布告さえしたのであるから、苛酷な処置に納得してしまいそうになる。しかし、海岸から首都の一区域に至るまで、外国の軍隊が自由に行き来できるというのは、主権国家としての失格宣言といってもよい。それはアフリカ

の諸部族を、奴隷貿易を取り締まれないからという理由で植民地に編入したのと同類の帝国主義の論理であった。民族自決・主権在民が国際規範となるまでこうしたことが許された。

　義和団事件で清朝が衰えると、列強はますます利権の拡大に邁進した。1910年の（総）領事分布を示す**図8－2**からまず明らかになる傾向は内陸の開発である。帝国主義期の中国では、鉄道敷設が利権拡大の起爆剤になった。海港と長江を起点に張り巡らされた鉄道の沿線に領事官が派遣され、四川にまで及んだ。軍艦は川幅が広い長江を重慶まで遡れた。鉄道が敷かれていなかった雲南と新疆にも領事官は配置された。派遣国は、隣接した自国の植民地との連結を強化したかったイギリスとロシアであった。英領インドと境を接した雲南では、昆明、蒙自、蛮允、思茅、騰越に領事官がいた。シベリアと中央アジアに扼された新疆では、カシュガル、クチャ、ウルムチ、チョチェクにロシアの領事機関があった。これらの意義は経済的なものというより、ユーラシアを舞台としたグレート・ゲームの戦略拠点としてのものであった。

　もう一つの変化は満州での増加であった。義和団事件の際、合衆国が発したヘイ・ドクトリンは他国の利益独占に対しては警戒感を表明した一方で、中国の「門戸開放」自体は歓迎すべきことであるとの風潮を加速した。そのかけ声のもと、中国の主権を尊重すると称する国も、恥も外聞もなく利権を漁る国も、揃って開港場・開市場を増やすよう清朝政府に圧力をかけた。その頃の主要港、営口（牛荘）では、1898年には日本人は18人しかいなかったにも拘わらず、1901年には83人に増加した (245)。ロシアが満州の軍事的支配を既成事実化しようとすると、日本がイギリスに背中を押されてロシアに挑戦した。これが日露戦争であった。日本の支配もロシアの支配も望まないアメリカ合衆国が仲介に乗り出し、ポーツマス条約が結ばれた。日本は、清との条約で満州の門戸開放を勝ち取ったものの、領土不割譲と門戸開放の国際原則には恭順の意を示した。

　しかし、日本が実際に試みたことは、なり振りかまわぬ満州の独占以外の何ものでもなかった。遼東半島南部は日本の租借地となり、やがて関東州と命名された。また、満鉄沿線には満鉄付属地という占拠地が設定され、関東州とともに、のちに関東軍と称された守備隊に守られた。満鉄付属地には、（総）領事館とその分館が置かれ、日本人の生活を守り、必要ならば関東軍に援護を求めた。こうして領事官は、官軍民を一体とした「進出」の先兵的役割を与えられた。1929年に拓務省が作られると、領事官は拓務大臣の指揮監督を受けながら、産業奨励の任務なども負うようになった (246)。それは満州を事実上、日本の統治下に置く手段にほかならなかった。

　満州東部の中朝国境地帯、間島の事情はやや異なった。1905年の日韓協約により韓国の外交権を日本が掌握すると、居住する朝鮮族は日本の外交的保護下に置かれた。さらに、4年後の間島に関する日清協約において同地が中国領と決められてしまうと朝鮮族は甚だ不安定な地位に追い詰められた。協約は見返りに竜井、局子街（延吉）、頭道溝、百草溝を対外開放し、これらに開設される日本の領事館・分館が朝鮮族の保護に尽力するということで辻褄を合わせようとした。1910年の韓国併合により、間島の朝鮮族は「日本人」となった。

　領事館警察は、朝鮮、中国、タイで日本人を守る為発達させられた独特な制度であった。中

国にとって、これは主権侵害であり、認めがたかったのはいうまでもない。満州における警察の導入は、日露戦争中の占領地における邦人取り締まりが理由であった。それは朝鮮人の暴動や馬賊の襲撃を止める為という口実で増強され続け、結局は日本による実質統治の一装置になり、中国の主権を蝕んだ。万宝山事件は、朝鮮人を糾弾する中国側と保護しようとする日本警察との衝突であった。満州国ができると、日本人は満州国警察官を指導する側に回り、最終的に、警察機能は満州国に移管された。それ以外の在華領事館警察は終戦まで存続した。その役割は、日本が反日感情の強い土地に無理して入った為に起きた拒否反応を、劇薬を使って制圧しようとするようなものであった (247)。

　清朝は1911年の辛亥革命により打倒された。退位した宣統帝溥儀は紫禁城に住むことを許された。しかし1924年には退去せざるを得なくなり、彼はしばらく日本公使館に寄寓したのち、天津の日本租界に移住した。

　軍閥が割拠し、満州では張作霖が支配者になった。駐瀋陽（奉天）総領事は彼に対して外交を行った (248)。総領事の役割は事実上の在満公使といえた。地方的な主権の侵食と全国的なナショナリズムの高揚とのギャップが広がっていた。

ナショナリズム──主権国家への脱皮

　第一次大戦は、敗戦国植民地の再分割に終わったと批判される。日本がドイツから奪った南洋諸島は、ベルサイユ条約により委任統治領として認められた。同じく、山東省の膠州湾租借地（青島）も大戦後、日本の占有が続き、法的にもやはりベルサイユ条約によって権益が認められた。納得がいかない中国は、条約への署名を拒んで抗議した。アメリカ合衆国の議会がベルサイユ条約を批准しなかった原因の一つも、山東問題への不満であった。

　合衆国のウォーレン・G・ハーディング大統領は1921年夏、軍備制限を議題とするワシントン会議を提案した。冬に会議が開かれると、ベルサイユ条約の解決は修正され、膠州湾租借地は返還されることになった。さらに、中国に関しての一般の原則を確認する為、門戸開放、機会均等、主権尊重を謳った九国条約が結ばれた。締約国に名を連ねた合衆国、ベルギー、イギリス、フランス、イタリア、日本、オランダ、ポルトガルはハーディングが会議を提案したとき、北京に公使を常駐させていた諸国であった。依然、北京外交団が中国に関する最大のステークホルダー（利害関係者）として認識されていたことになる。

　これで、大陸における日本の行動には強いタガがはめられた。ところが、満州と山東で、日本は領事館とその分館を増設し続けた。フランスのポール・クロデル駐日大使はこうした利権の扶植を、建物の割れ目に入り込んだ「タコの足」に喩えた。詩人らしい的確な比喩であり、結局、これらの足を自ら切断することができず、中国もろとも亡国の道を日本は辿ることになった (249)。

　1920年代、北洋軍閥系の北京政府は中国全土を掌握できなくなり、軍閥の割拠は極みに達した。そのなかで台頭したのが孫文が中心となって作られ、蒋介石に引き継がれた国民党政府であった。それは北伐を進めて首都を南京に定め、着々と統一への布石を打った。なお、この

過程で、南京に入城した国民党軍が、日本を含む諸国の領事館を襲撃した「南京事件」が起きた。また、漢口と九江では暴動が起こり、それらのイギリス租界は廃止された (250)。

高まるナショナリズムのなか、中国が大使館への昇格を求めたとしても不思議はない。中華民国は 1924 年、ソ連と国交を結び、これを受けて大使の交換を行った。既に、ソ連はカラハン宣言によって不平等条約を破棄すると声明し、接近の気運が漲っていた。在上海領事館も旧体制に任命された前総領事からソビエト政府に引き渡された。この領事館は革命運動の舞台になることや、逆に反共の標的になることが懸念されたので、租界のヨーロッパ人とシーク教徒の警察官によって警備が固められた。北京では、実際にソ連大使館が捜索され、革命の陰謀が暴きたてられた。この年の暮れ、国民党政府は党勢の拡大にあれほど世話になったソ連と国交を断絶した。1927 年には、ソ連による中東鉄道（東清鉄道）の管理に不満であった張学良が、在ハルピン（哈爾浜）領事館に警察官を踏み込ませ、共産党員を逮捕した。これは中ソ紛争という大規模な軍事衝突を引き起こすことになった。中ソの国交は 1933 年まで断絶した。ただし、ソ連及び共産党と手を切っても、蒋介石のナショナリズムはロシア譲りの急進性を示した (251)。

つかの間とはいえ、ソ連が大使交換に同意した一方、資本主義の諸大国は相変わらず中国を見下していた。日本は大使館昇格を 1924 年に閣議決定し、翌年から予算を付けたものの、内戦の悪化を目にして実施を見送った。

日中間の大使交換は思わぬことから争点化した。1929 年、日本の佐分利貞男駐華公使が急死すると、日本は後任に小幡酉吉駐トルコ大使をあてたいと意向を伝えた。ところが、そのアグレマン（同意）が拒否される見通しであるとの情報が寄せられた。理由は、小幡はかつて日本が対華二十一か条要求を行ったときの公使館員であり、交渉時に不快な態度を取ったから、ということらしかった。対華二十一か条といえば、中国側が受諾した日が国恥記念日とされるほど評判が悪かった。小幡は当時、使節団長どころか一館員に過ぎなかった、とあくまで日本は同意を求めたものの、日中関係は行き詰まった。このとき、中国側がアグレマンの交換条件として求めたのが、大使館への昇格であった (252)。

結局、アグレマンは正式に拒否され、重光葵上海総領事を臨時代理公使に任命することで、当座は凌がれた。ようやく重光に特命全権公使のアグレマンが与えられ、外交関係が正常化したのは、満州事変ひと月前の 1931 年 8 月であった。翌年、上海では中国軍と日本の陸海軍が衝突した上海事変が起きた。停戦交渉がようやくまとまろうとしていた天皇誕生日（天長節）の昼、重光は朝鮮人独立運動家の爆弾テロに遭い、後日、右足を切断した。

戦間期は、中国にとって半植民地から主権国家になる脱皮の時期であった。その間、首都は、北京、南京、武漢、重慶と移った。北京には外国軍に警備された公使館区域があったものの、外交団は大戦で衰弱し、しかも有力メンバーのソ連が抜けていた。国民党政権が南京で権力を固めると、上海総領事が実質的に外交をこなすようになった。公使館ももはや北京に置いておく訳にいかなかった。しかし、当初は、中国の完全な主権下にあった南京でなく、租界と軍艦に守られた上海に公使館と総領事館が併設され、必要に応じて在南京領事館が利用された。

大使交換は 1935 年に実現した。初代大使は日本が有吉明、中国は蒋作賓であった。さら

に、堰を切ったように、他国との大使交換は成し遂げられた。ほかにも、関税自主権の回復など、中国の脱植民地化が進んだ分野もあった。しかし他方では、外国は領事裁判権を始めとした治外法権の返上には消極的であり、満州事変はナショナリズムに対する果断な反動の意味を持っていた。そう考えると、大使交換は口先だけの好意に近かった。米州でも、ヨーロッパでも、類似の手練手管が行われていた。

結局、両者の齟齬は埋まらずに、日中戦争、国共内戦、中華人民共和国成立といったステップを踏んで、なし崩し的な問題解決が行われていくことになる。1937年、盧溝橋事件（支那事変）により日中戦争が始まった。日中ともこれを国際法上の戦争と宣言しなかったので、実質的に戦時下にあったにも拘わらず、日本大使館はしばらく中国から引き揚げなかった。大使が帰国したのは、ようやく翌年、「国民政府を対手（ママ）にせず」との近衛声明によって、蒋介石政権の不承認を公言してからであった。それこそ泥沼化の始まりであった。日本は国民を代表する政府と講和する可能性を自ら排除し、総力戦の道を選んでしまったのである。そして次の駐華大使は、日本の傀儡、汪兆銘の南京国民政府に対して任命された。その1年後、中国大陸に片足をはめたまま真珠湾への奇襲が決行された。

満州国──ヨーロッパへの窓

満州事変を巡る国際政治は、グローバリズムとローカリズムの衝突であった。瀋陽郊外での線路の爆破は、関東軍の一部による極めてローカルな陰謀であった。その流れに、やがて軍部全体が追随して戦線を拡大し、国民までもが事後承認した。ジュネーブの国際連盟では憤る国際世論を前に、真相を知らない外務省の対応は混乱した。理事会には非加盟国の合衆国までオブザーバーとして参加を許され、一歩も譲らぬグローバルな日本包囲網ができあがった。従来、中国の問題を扱ってきた在華外交団は、北伐による南京政権の誕生に伴い上海、北京、南京に離散した。利権共同体の外交団に代わって、日本の対華強硬派が直面したのは連盟の国際主義者という予想外の相手であった。連盟と満州国とを天秤にかけた結果、日本は忠実な弟分の方を選んだ。

満州国は傀儡とはいえ、形のうえでは主権国家であった。事変から1年余り経った1932年11月、日本は早々に武藤信義を駐満大使として任命した。大使館の設置は、中華民国に先立ったことになる。（総）領事館も引き続き業務を行った。日本国籍を持ち続けた開拓民にとって、（総）領事館の利用は役場に通うような感覚であったかもしれない。

しかし、教皇庁とエルサルバドルのように国家承認をする国は現れても、外交使節団を派遣する国は日本のほかに現れなかった。かといって、世界の国々が満州国と完全に絶交状態であった訳でもない。ベルギー、チェコスロバキア、デンマーク、フランス、ドイツ、イタリア、ラトビア、オランダ、ノルウェー、ポルトガル、ソ連、イギリス、合衆国がハルピン、奉天、または営口に領事官を置き続けた。満州国を承認しないスティムソン・ドクトリンを発した合衆国でさえ、である。また、早くも日本の国家承認と同月に、満州国の領事官をモスクワに置くことをソ連が承諾した (253)。

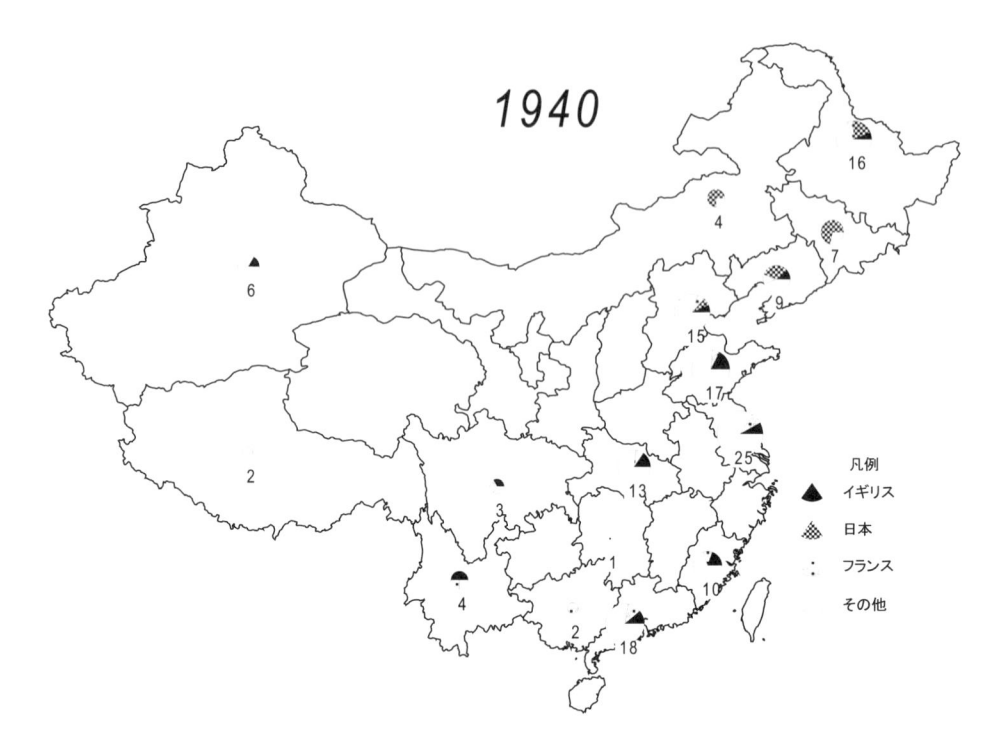

図8—3　日中戦争下の中国における（総）領事の地域別・派遣国別構成
注　現在は河北省にある承徳は満州国の治下にあり、日本の領事官が駐在した。省と自治区の境界は現在のもの。北京と天津は河北省と、上海は江蘇省と、重慶は四川省とそれぞれ合算した。「データについて」を参照。

　スペイン内戦によって枢軸国の結束が強まると状況は変化した。イタリア、スペイン、ドイツ、ハンガリーと国家承認が相次いだ。満州国も1939年に防共協定に加入した。1940年の接受状況を確認しておこう。独伊は特命全権公使を新京（長春）に置くようになっていた。英米を含めほとんどの国は領事官の駐在を継続した。ラトビアに加え、ソ連に併合される寸前のエストニアとリトアニアがハルピンに領事を置いていた。リトアニアといえば当時の首都は、ポーランド領であったビリニュスでなく、カウナスであった。*Almanach de Gotha* の1940年版にはカウナスの日本領事として"Ch. Sugihara"の名が見える。これはいうまでもなく、ユダヤ人に「命のビザ」を発給してナチスによるホロコーストから逃れさせた杉原千畝であった。肩書が正式には領事代理であるのに領事になっているのは誤記であろう。彼の赴任以前から、迫害されたユダヤ人が満州に避難していた (254)。バルト三国とポーランド、チェコスロバキアの領事館がヒトラーとスターリンに本国が滅ぼされるまでハルピンに存在していた理由の一つは、こうした人的交流であったかもしれない。満州は日本にとってシベリア鉄道を介したヨーロッパへの窓であり、ヨーロッパにとってそれはアジアへの入口であった。

●第8章　中国の復活

この年、満洲国が派遣した外交使節団・領事官についても一瞥しておく。日本への特命全権大使を筆頭に、ドイツ、イタリア、スペインに特命全権公使が派遣されていた。日本には門司、新潟、大阪、新義州駐在の領事が、ドイツにはハンブルク駐在の総領事がいた。ソ連には外交使節団はいなかったものの、黒河とアムール川（黒竜江）を挟んだブラゴベシチェンスク、そして満洲里からシベリア鉄道に乗り入れたところのチタに領事が置かれた。さらに、日本がテコ入れして成立させた蒙古連合自治政府にも外交代表が派遣されていた。
　東亜新秩序の枢軸は、日本と満洲と南京国民政府の「日満支」であった。新京に汪兆銘政権の特命全権大使が到着してこの顔ぶれが揃ったのは大戦も押し詰まってからであった。さらにタイとデンマークの特命全権公使が新京に駐在し、フィンランドとハンガリーの公使とルーマニアの代理公使が東京で満洲への使節を兼任した。内蒙古からは外交代表を満洲は受け入れた。しかし、イタリアでは既にムッソリーニが失墜し、その使節団は敵対するイタリア王国からのものであった。南京政府が日本の操り人形に過ぎなかったことはいうまでもない。こう見ると、東亜新秩序は張り子の虎であった。何より心許なかったのは、地理的に要の位置にあったソ連が満州国とは領事関係しか持たなかったことであった。
　ハルピンの日露協会学校におけるロシア語学習から始まった杉原千畝の外交官人生は、満州国の存在なくして語れない。彼は同地の総領事館に勤めた後、満州国外交部、ヘルシンキ公使館、カウナス領事館、ベルリン大使館、プラハ総領事館、ケーニッヒスベルク総領事館、ブカレスト公使館と転任した。杉原はヨーロッパへの窓であった満州国から西へ向かった。同じく北西に向かったのは、満鉄総裁を務め、日独伊三国同盟と日ソ中立条約の締結を外務大臣として推進した松岡洋右であった。しかし、窓はヒトラーの独ソ開戦によって閉ざされてしまった。

新中国——「一つの中国」に向けて

　前近代の中国が派遣した使節団には、随時の使臣として朝鮮や琉球といった朝貢国の君主の即位に際して立てられた冊封使や、モンゴル、チベット、新疆など属国（藩部）に常駐した大臣や将軍がいた。しかし、これらは封建的な上下関係にあり、主権平等を原則とする近代国家システムにおける使節団とは性質を異にした。
　天津条約は中国からの外交使節団も互恵的に派遣できるとしたものの、最初の常駐使節は約20年後の1877年に実現した郭嵩燾駐英公使であった。さらに、ドイツ、フランス、アメリカ合衆国、日本、ロシアに相次ぎ公使館が設置された(255)。欧米への常駐使節を1870年に派遣した日本には後れを取ったことになる。この差は第二次大戦が終わるまで埋まらなかった。1930年の派遣数は中国が23、日本が36であり、うち大使級は中国は0（先述のソ連は除く）、日本は9であった。
　第二次大戦は大逆転のチャンスであった。中華民国は戦勝国となり、五大国の一角を占めた。現在でも国連憲章の条文には「中華民国」を安保理の常任理事国とすると記載されている。しかし、全盛期はつかの間であった。1949年、中華人民共和国が成立し、国民党は台湾を実効支配するだけとなった。半植民地化に一役買った領事機関は、国民党よりはるかにナショナリ

スティックな共産党の支配下で一掃された。

　これが外交問題に発展したのがウォード事件であった。共産党が旧満州、すなわち東北部、を占領したとき、瀋陽には米英仏の領事機関があった。始め瀋陽市はそれらを公式の領事機関として遇した。しかし、党中央委員会はソ連の意向を汲み、また「竹のカーテン」の秘密主義からこれを認めなかった。党東北局は領事官達を一般外国人として扱うようにし、無線通信機を36時間以内に引き渡すよう命じた。当時、それを使っていたのは、アンガス・ウォードを長とする合衆国総領事館だけであった。無線通信機が差し出されなかった為に、館員と家族は総領事館の敷地に軟禁された。合衆国側は共産党の通信社である新華社の香港支局を通して瀋陽総領事館と連絡を取ろうとしたものの、新華社は便宜を図らなかった (256)。

　共産党は自らを承認しない外国の官吏に外交官や領事官としての特権免除を認めるつもりはなかった。そればかりか、外国が国民党を支援していれば外交関係は不可能であった。南京陥落後、国民党政府に対する同地の合衆国大使を非公式に北京に訪問させる計画があった。しかし、共産党が瀋陽総領事館をスパイ活動に関与していると非難を強めたことから、計画は立ち消えた。ただし、首都にはまだ駐北京総領事が残っていた。毛沢東が向ソ一辺倒の立場を鮮明にしていくに従って、西側諸国に対する配慮は失せていった (257)。

　新中国の成立後、ウォードは総領事館の中国人被用者を虐待したとして逮捕された。彼は人民裁判で有罪となり、その年の12月に出国した。軟禁から1年以上が過ぎていた。翌月に合衆国は全外交官を大陸から引き揚げるつもりであると宣言した (258)。

　他方、中華人民共和国は樹立直後にソ連やブルガリアなどの東側諸国やスウェーデンのような中立国への大使を任命した。それから1年も経たないうちにインド、パキスタン、スリランカ、イギリスといったコモンウェルス諸国の政府承認を得た。幸先は悪くない船出であった。しかし、イギリス代理公使事務所の大使館昇格が1972年に引き延ばされたように、冷戦という壁が外交関係拡大の前に立ちはだかった (259)。人脈においても、蔣介石総統とその妻で孫文の義理の妹でもあった宋美齢は大戦における合衆国の盟友であった。駐米大使のウェリントン・クーこと顧維鈞はコロンビア大学で博士号を取った語学力を駆使し、国際連盟やワシントン会議で日本を苦しめた熟練外交官であった。しかし、真に厚い壁は西洋に対する積年の恨みを中国が忘れなかったこと、そして全体主義体制は経済と社会の交流ばかりか外交上の交際までも阻害すると西側が予断したことにあった。

　国連でも、代表権を台北から取り上げる決議は通過しなかった。それに抗議してソ連代表は安保理をボイコットした。この為、朝鮮戦争に際し、国連軍を結成する決議が容易に通過した。朝鮮戦争は西側諸国の北京に対する感情を決定的に悪くした。北京も台北も「一つの中国」を建前とした以上、一種のハルシュタイン・ドクトリンが適用された。つまり台北との断交が北京との国交の前提とされた。中台の国力の差は明らかであった為、国家承認と国連の議席に対する北京への支持は増加した。しかし、西側とラテンアメリカが冷戦思考に囚われた為に、その速度はアジア・アフリカ諸国の独立と国連加盟までは緩慢であった (260)。

　台北は大陸部とモンゴルを中華民国の版図とし続けた。同様に、北京は終始、「一つの中国」

の原則に拘りを持ち、台湾を中国の一部と見なしている。朝鮮戦争時、米軍が国民党の為に台湾海峡を巡回していたことを北京は「侵略」と非難した。1950年には辛亥革命後、事実上の独立状態にあったチベットに進駐し、実効支配を再開した。元来、清朝の属国であったチベットに西洋の外交使節団は存在しなかった。1907年には、アジア内陸部を巡って角逐していたイギリスとロシアが英露協商でともに外交使節団をチベットに常駐させないことに合意した。しかし、イギリスは第二次大戦までギャンツェとヤトゥンを管轄区域とする代理領事を置き、通信の為にインドからケーブルを引くことを許されていた (261)。また英領インドの保護国であったブータンとネパールがラサなどに代表を送った。そのネパールにはイギリスが一方的に駐在官を派遣し、1930年代になるとネパール公使がロンドンに常駐するようになった。これが独立の兆候であったことはいうまでもない。

しかし、やはり旧属国であってもモンゴルに対する北京の政策は異なっていた。モンゴルは清朝崩壊の混乱に乗じて自立の傾向を示し、1920年代からモスクワに代表を置いた。緊密な両国関係は、戦前の日ソ衝突の舞台ノモンハンがモンゴル領であることからも納得できるであろう。それはベルリンにも戦前の一時期、通商代表部を置いていたようである。チベットとの最大の違いは、モンゴルが中ソとイデオロギーを共有した人民共和国であったことである。それゆえ戦後すぐ、ユーゴスラビア以外の共産国と外交使節団を交わすことができた。これはダライ・ラマを元首とする伝統的体制のチベットには不可能な芸当であった (262)。もちろん、中華人民共和国とも早期に外交関係を樹立した。さらに変わったところでは、1944年にソ連に併合されることになるタンヌ・トゥバ(ウリャンハイ)がウランバートルに代表を置いた。チベットとモンゴルの運命を分けたものは外交関係であったといって過言でない。積極的な外交の展開は正常な国家のバロメータであり、国家の独立にとって不可欠である。

さて、1971年、国連代表権は北京に移動した。もし「一つの中国」の原則を台北がもっと早く放棄していたなら、「中国」としてでなく「台湾」として友好国との国交と国連の議席を維持できていたかもしれない。「中国」と「台湾」の二つの椅子があれば、北京に前者を譲っても、後者の椅子は空いていたからである。しかし両当事者にその用意はなかったろう。勢いがあった北京は代表権の移動だけでなく台北の追放を決するアルバニア決議案の通過に十分な支持を最終的には獲得した。こうして台湾は最も頼りになるアメリカ合衆国との国交を喪失することになった。ヘンリー・キッシンジャーは電撃訪中を決行し、「二つの中国」、「一中一台」、「台湾独立」を求めないと言明してしまった。このとき彼は機密厳守の為、パキスタンやルーマニアに駐在するCIAを使い、そこから北京に連絡した。合衆国が西側のパキスタンと東側のはぐれ者であったルーマニアと接触するのは難しくなかった。そのうえこれらはそれぞれインドとソ連を宿敵とし、中国とは、敵の敵、の関係にあった (263)。米中接近後、北京には合衆国の連絡事務所が置かれた。のちに大統領になったジョージ・H・W・ブッシュはその第2代所長であった。合衆国が台北と断交し、北京と正式に国交を結んだのは1979年であった。日本の田中角栄総理はワシントンに先がけ、1972年、中華人民共和国と国交を樹立した。

香港はアヘン戦争以来、イギリスの植民地支配を受けた。中華人民共和国が成立してから、

この地の領事官達は共産党、国民党、それに諸外国との諜報戦に巻き込まれた。国民党にとって香港は本土の様子を窺う窓であった。アメリカ合衆国は領事館員などの身分を装った中国専門の工作員、チャイナハンズを送り込んだ。日本にとっても、香港は情報収集の拠点であった。年1回、アジア太平洋の公館長達が情報を持ち寄って分析する会議には、各国駐剳の諸大使と並んで在香港総領事が大陸担当として出席した。他方、中国共産党にとっては香港自体が未回収の中国であった。

　1967年をピークとする文化大革命は、アジア各地に飛び火した。香港については、共産党内で回収が議論されるとともに、紅衛兵が侵入したり、抗英運動が呼びかけられたりした。上海では、中国が事務所としてしか認めなかった総領事館が暴徒に襲撃され、総領事と家族が侮辱を受けた。続いて北京の代理公使事務所がガソリンで焼かれ、代理公使ほか職員が暴行された。もちろんイギリスは補償を要求した。西側の友好国である日本人の香港における行動さえ、神経過敏になったイギリスは警戒した。当時、在任していた佐々淳行領事は警察の監視の目を感じていたという (264)。

　文革下では、外交一般が迫害された。北京旧公使館街の東交民巷は「反帝路」、西交民巷は「反修路」と改名された。「反帝」は反帝国主義、「反修」は反修正主義のことで、ソ連への非難が込められていた。そこには実際、ソ連大使館があり、モスクワで中国大使館の外交官が負傷したと報道されると、デモ隊が押し寄せた (265)。

　中国は在外の大使達を引き揚げてしまった。エジプト駐在の黄華大使は逃亡した中国政府職員を連れ帰る為、最後までカイロにいた。紅衛兵達が大使館から繰り出し、エジプトに引き渡しを求めた。中国大使館は国慶節のパーティでは毛沢東バッジを配り、大字報（壁新聞）で他国の大使を非難した。出先の大使館と領事機関ではこのようなことがあったものの、周恩来首相は政策の本丸である外交部を江青・康生ら文革派から守り切った (266)。米中が接近し、中国が国連の議席を得て国際社会において一定の地位を認められるとともに文革は下火となった。

　1984年には、イギリスの植民地であった香港が1997年7月に返還されることが合意された。返還は天安門事件の発生で危ぶまれたものの、予定通り行われた。返還前に93であった（総）領事館を同地に置く国の数は2001年に100に達し、香港の繁栄は続いた (267)。

強盛大国──ナショナリズムか、トランスナショナリズムか

　以上で見た通り、アヘン戦争後、増殖した領事機関は新中国成立ともに一掃された。「改革開放」が始まっても、当初は微増が見られただけであった。1992年の所在地は北京、上海、広東、遼寧にほぼ限られていた。このとき日本は広州、上海、瀋陽に置いていた。現在、日本総領事館は返還された香港に加え、重慶にも新設されている。省長や市長が、経済協力の懸案や対中進出企業のトラブルを巡って総領事が駆けあう相手である (268)。経済の急成長のもと、他国の領事機関も日本に劣らない速度で増えていることが想像される。

　ナショナリズムとトランスナショナリズムのバランスをどうとっていくかが今後、中国が対応しなければならない課題であろう。日本の大使館と上海総領事館がデモ隊によって投石され

る事件が 2005 年にあった。この年に日本は国連安保理の常任理入りを求める総会決議案を出すことになるが、抗議の理由はこうした動きへの反対であったという。「愛国無罪」をスローガンにするデモ隊を中国当局は半ば野放しにした。清朝高官の旧居であり、歴史的建造物である総領事公邸だけが攻撃されなかったことを挙げ、デモが組織的なものであったとする見解もある (269)。日中の意地の張り合いをすぐにやめろとはいわないが、日本企業の進出は中国経済の成長に貢献している。日本人への暴力は投資と交流を脅かしかねない。

図8—4　冷戦後の中国における（総）領事の地域別・派遣国別構成
注　省と自治区の境界は現在のもの。北京と天津は河北省と、上海は江蘇省と、重慶は四川省とそれぞれ合算した。「データについて」を参照。

　内憂外患を克服した中国の目は外に向いている。2006 年、中国は大使館 159 か所、総領事館 56 か所、領事館 3 か所、領事事務所 1 か所を設置していた (270)。領事関係はやや物足りないものの、大使館の数では押しも押されぬ世界大国である。経済が大きくなるとそれだけ資源を必要とするので、資源外交の為にも大使館を維持しなければならない。また、安保理の常任理事国であるので、世界各国の意見を吸い上げ国連で発言することにより、影響力を拡大する

ことができる。特に、紛争や開発について欧米とは異なる主張を持つ非同盟諸国と中国は多くの争点で共同歩調をとってきた。ただし、中国が「先進国」となっていけば、利害関係が欧米寄りに傾斜していく可能性も想定しなければならない。いずれにせよ、既に中国は強くて盛んな「強盛大国」として世界の目には映っている。

　図8-5は、文革期と現代とで中台の外交使節団の派遣先がいかに変化したかを図示したものである。文革期の米州では、まだ台湾が中国に対して優勢であった。これはおそらく、西側の盟主であるアメリカ合衆国とラテンアメリカに絶大な精神的影響力を持つカトリック教会に追従してのことであった。他方、北京はヨーロッパを含むユーラシア大陸をほぼ手中に収めたものの、共産圏を封じ込める為に前方展開した米軍基地があるような親米国には取り残しがあった。独立の波が一段落したアフリカでは熾烈な冷戦の陣取り合戦が続いた。

　「一つの中国」の正統政府を巡る競争では、既に勝負あったといえる。台湾が優位を占めるのは中米だけであり、あとは太平洋、アフリカ、ラテンアメリカの小国を幾つか拾っているに過ぎない。今後は「二国論」が主要国の間でどれだけ理解され、大陸とは別個の国民国家として承認される余地があるかが注目点であろう。既に台湾は、APEC、アジア開発銀行（ADB）、世界貿易機関（WTO）といった国際制度に加盟している。2007年には国連への加盟申請を行ったものの、門前払いされた。この国には仮に中国との正統政府を巡る争いがなければ、人口、面積、経済力、軍事力のどれをとっても主権国家としての資格がある。万が一、中国が民主化されて国民党が大陸の政界に復帰するにしても、固有の文化を持つ台湾は自治と独立の間で揺れるであろう。

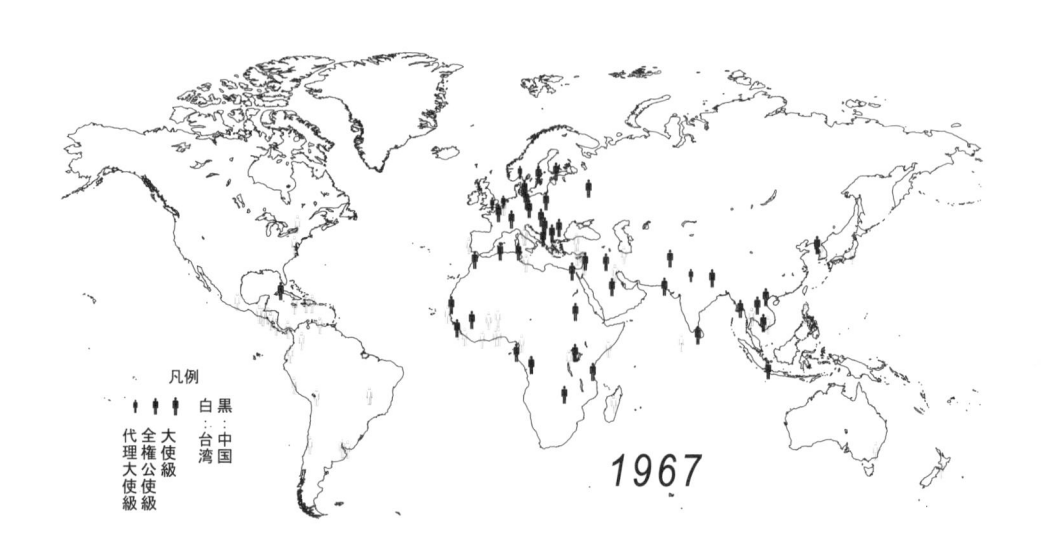

1967

凡例
白：台湾　黒：中国
代理大使級／全権公使級／大使級

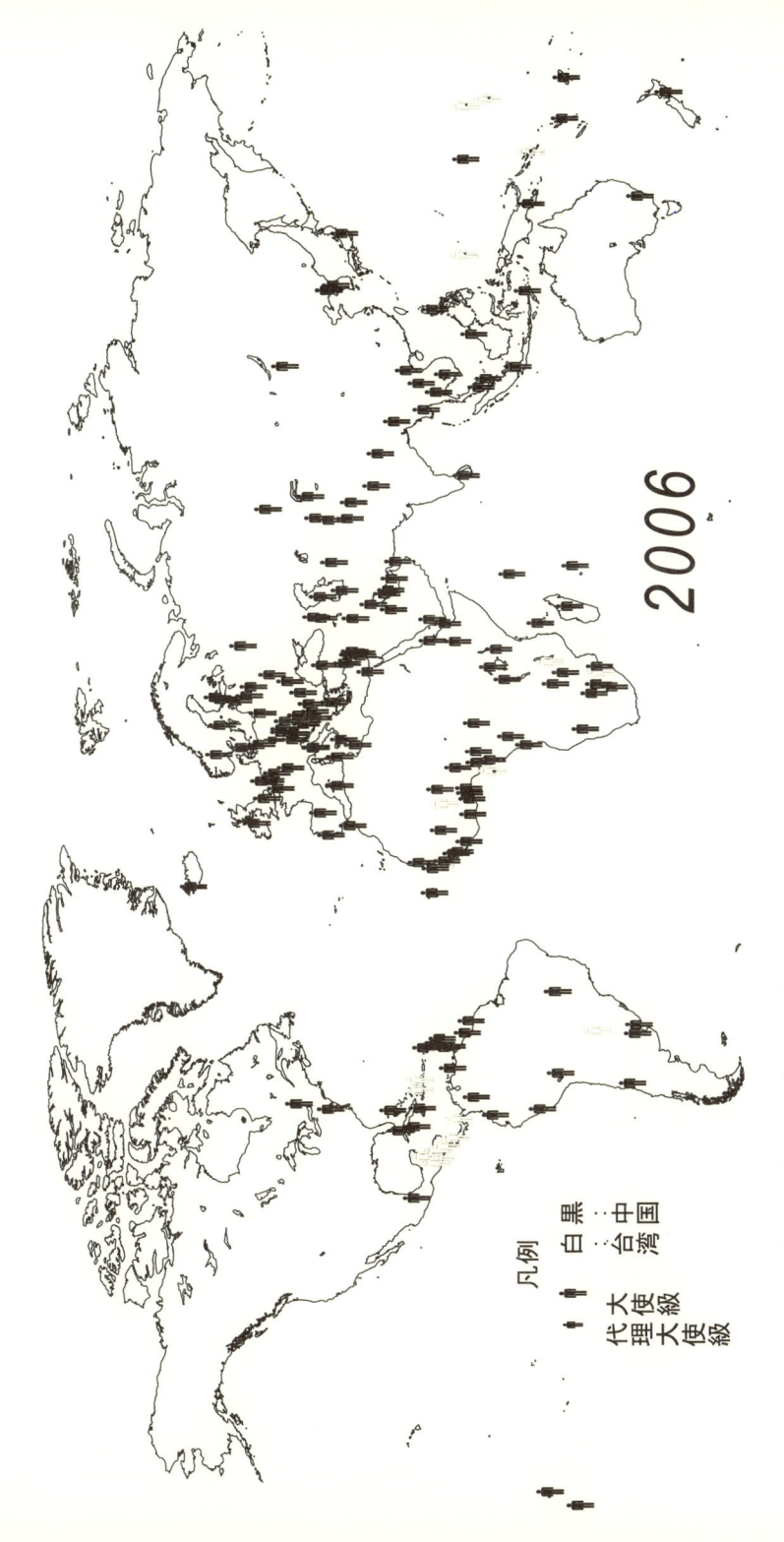

凡例
白：中国
黒：台湾
大使級
代理大使級

2006

図8-5 中国と台湾が派遣した外交使節団の変化
出所 「データについて」を参照。

第9章 アジア太平洋の断層

アジア太平洋は串団子である。東アジア、南アジア、太平洋という三つの団子がある。東アジアの団子は、実は北東アジアと東南アジアという二つの小団子からなっている。これらの団子を串刺しにするのは、海である。海の支配者は、百年に一度交代する。交代は、すべての団子共通の記憶になっている。

パクス・ブリタニカ——海の大動脈

　インド洋と太平洋がイギリスの海になったのは二百年前のことであった。喜望峰以東における他国の植民地を、ナポレオンとの戦争でこの国はほとんど一掃してしまった。儲かる商品を生産する植民地は、あとほかにはオランダ領のインドネシア、スペイン領のフィリピン、ポルトガル領のマカオとゴアくらいであった。これら以外の国々は、貿易を許された広州の大市場に参入するしかなかった。イギリス植民地の港は、東インド会社の独占が終わるまで開放されなかった。ただ、アメリカ人はアフリカの南端をまわるか、さもなくば、シンガポール、マニラ、ジャカルタ、シドニー、タヒチ、ハワイなどに領事官を置き、来航することができた。これがアヘン戦争までの状況であった。

　半世紀後の十九世紀末、海の大動脈は両洋を貫いていた。ムンバイ（ボンベイ）とコルカタ（カルカッタ）はインド市場の入口であり、バンコクとホーチミン（サイゴン）はインドシナ市場、シドニーとメルボルンはオーストラリア市場、上海と天津は中国市場、横浜と神戸は日本市場の玄関であった。蛇行する大動脈の屈曲には、コロンボ、シンガポール、香港の3港が位置した。諸都市に置かれた（総）領事の数が、当時における海上交通の実態を如実に示す。

　大動脈の支配者はイギリスであった。高速道路に航路を喩えるなら、警察隊はロイヤル・ネイビー（イギリス海軍）であり、サービス・エリアは植民地であった。植民地では、宿泊、石炭・水・食糧の補給、市場取引などを行うことができた。ヨーロッパ人が訪れる港町は文明社会でなければならず、イスラム社会や儒教社会であってはならなかった。それゆえ、領事官が置かれた主要港は、王により任命された総督や知事が統治する直轄植民地か、議院内閣制の自治政府かであった。直轄植民地には香港、シンガポール、ムンバイ、コルカタ、コロンボ、ヤンゴンがあり、自治政府の所在地にはシドニーとメルボルンがあった。

　帝国主義は、点（港）と線（航路）の支配から、全陸地を覆う面の支配へ急ピッチで移行した。なぜそれが可能であったか、といえば、現地勢力を独立国から保護国に変えるだけの効率的な手法が採られたからであった。これは新発明でなく、インド帝国を作るとき、駐在官（理事官、とも訳される）を藩王国において間接統治する方法をイギリスは採用していた。マレー半島とカリマンタン島（ボルネオ島）のスルタン達にも駐在官が派遣された。フランスはインドシナを港町のホーチミンがあるコーチシナだけ直轄にして、アンナン、トンキン、カンボジア、ラオスの保護領には駐在官を送った。とはいえ、これらの駐在官制度は限りなく直轄に近かった。

　こうして、海と陸とで無比の力を持つ帝国をイギリスは築きあげた。その帰結であったパクス・ブリタニカ（イギリスの平和）のもと自由貿易が繁栄した。

　自由貿易は、植民地化されなかった独立国も巻き込んだ。前章で述べたように、中国はアヘ

ン戦争とアロー戦争で市場をこじ開けられた。しかし、まるごと植民地化をするには大き過ぎた為、諸外国は港という「点」を開港・割譲・貸与させ、鉄道という「線」を敷設する権利を要求した。

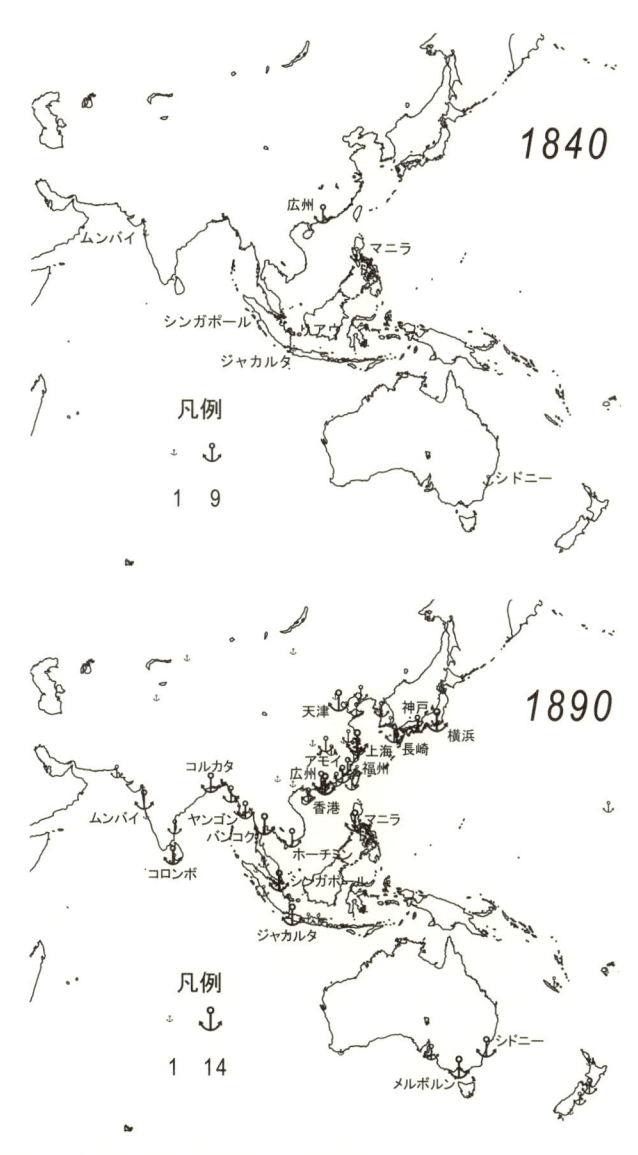

図9—1　十九世紀のアジア太平洋における諸都市の（総）領事数
出所　「データについて」を参照。

タイでは、より穏やかに国が開かれた。その立役者は、香港総督のジョン・ボウリングであった。彼は国会議員に選ばれ、コブデンらとともに穀物法の廃止に尽力した。アジアの開国の任にふさわしい自由貿易論者であった。落選の憂き目にあったが、その為に広州領事の職にありつき、香港総督へと累進した (271)。

表9—1　タイにおける外交的地位

順位	国	1890	1900	1910	1920	1930	1940	得点
1	アメリカ合衆国	△	△	◎	◎	◎	◎	16
1	イギリス	△	△	◎	◎	◎	◎	16
3	フランス	×	△	◎	◎	◎	◎	15
4	イタリア		△	◎	◎	◎	◎	14
5	日本		△	◎	◎	◎	◎	14
6	ドイツ	△	△	◎	◎	◎		13
7	オランダ			◎	◎	◎	◎	12
8	ベルギー			△	◎	×	◎	9
9	ロシア		△	◎	◎			8
10	スペイン						◎	3
10	中国				◎			3
12	デンマーク				×			1

注　●（大使級）＝4点、◎（全権公使級）＝3点、△（弁理公使級）＝2点、×（代理大公使級）＝1点。「データについて」を参照。

　友好通商条約を結ぶ為、ボウリングがこの仏教国に到着したとき、既にプロテスタントの宣教師が居住を許されていた。彼らは時の王、ラーマ四世モンクットとの揉めごとを抱えていた。ボウリングは両者の仲立ちをし、解決に貢献した。余談になるが、モンクット王は海外の文物を後宮の人々に学ばせる為、宣教師の妻3人を招き、学校を開いた。彼女達は聖書の絵を使って教育し、一夫多妻を非難した。王には沢山の妻がいた。生徒達は宗教摩擦に疲れてしまい、学校は閉じられた。そこで、王は代わりの教師を自らのシンガポール駐在領事に手配させた。その教師が、ユル・ブリンナーがモンクット役を演じた映画「王様と私」の主人公、アナ・リオノーウェンズであった (272)。

　領事のバンコク駐在は、ボウリングが結んだ条約により認められた。それはまた、領事裁判権を定めた不平等条約でもあった。開港場では、あくまで文明世界のルールが行われなければならなかったからである。その弊害は、中東に劣らず甚大であった。1907年には、外国の領事機関の保護下にあった者は25000人に迫り、うち欧米人は1600人に過ぎなかった。非欧米人の被保護者は、ほとんどが華人などアジア系移民であったという (273)。

　条約に署名した後、ボウリングはモンクット王に三拝し、非公式に謁見した。王は地上約4・5メートルの玉座に座っていた。のちの駐日公使であり、それまで駐アモイ領事を務めていたハリー・S・パークスがイギリスに条約を持ち帰り、バンコクに引き返して批准書の交換に臨んだ (274)。翌年、これに倣ってタイと通商条約を結んだ合衆国の使節は、直後に駐日総領事に着任したタウンゼンド・ハリスであった。

　後年、モンクットは、引退したボウリングを駐ヨーロッパ公使に任命した。*Gotha* では、年

によって「特命全権派遣使節」であることも、「特命全権公使」であることもある。しかし、認証の年月日は記されていない。保守的なイギリス宮廷が自国民のボウリングを正式には認証しなかったというのは、あり得ることである(275)。

タイのその後は順風満帆であった訳でなかった。イギリスとフランスの植民地に挟まれた為、両方に領土を割譲しなければならなかった。それでも、帝国主義の高波を凌ぎ切った。接受した外交使節の階級を見ても、十九世紀中は弁理公使級というあまり高くない地位に甘んじた。二十世紀になって、両大国の緩衝地帯という認識が強まり、1910年頃には8国の全権公使を接受しているところから見て、独立は定まったと判断される。外交巧者の基礎力は、この頃磨かれたのであろう。領事裁判権も1926年までに合衆国、日本、ヨーロッパ9か国とタイとの間で一部改正され、1937年には15か国と完全に平等な新条約が結ばれた(276)。

表9—2 李氏朝鮮における外交的地位

順位	国	1885	1890	1895	1900	1905	得点
1	日本	◎	×	◎	◎	◎	13
2	アメリカ合衆国	◎	△	△	△	◎	12
3	中国				◎	◎	6
4	ロシア		×		◎		4
5	イギリス				×	△	3
5	フランス				×	△	3
7	イタリア					△	2
7	ドイツ					△	2

注 ●（大使級）＝4点、◎（全権公使級）＝3点、△（弁理公使級）＝2点、×（代理大公使級）＝1点。「データについて」を参照。

朝鮮の開国はというと、よく知られるようにペリー来航のカーボンコピーであった。ただし、黒船ならぬ日本の雲揚号と交戦した点が、平和裏に開国を成し遂げたペリー艦隊と異なっていた。ソウル、釜山、仁川（済物浦）、元山などに領事官が置かれた。

その独立は鼻息が荒い周辺国の犠牲になった。中国は宗主権を主張し、半島を外国と認めなかった。中国が派遣した袁世凱の肩書は総理交渉通商事宜といった。イギリスが駐韓公使を駐清公使の兼任とし、彼を北京常駐としたことは中国への気がねからであったとされる(277)。

日本は日朝修交条規で朝鮮を「自主の邦」と認めさせた。1880年には、いち早く花房義質代理公使が外交使節団として初めて朝鮮国王に謁見し、その後、彼は弁理公使に昇任した。日清戦争の勝利で朝鮮の独立を中国に認めさせても、日本はそこで止まらなかった。閔妃殺害事件について触れない訳にはいかない。三浦梧楼駐韓公使自ら、日本人による王妃暗殺の首謀者になったのである。身の危険を感じた王は宮女に化けて王宮を抜け出し、ロシア公使館に1年以上も寄寓した。日露戦争直前には、日本は先に挙げた4都市のほか、城津、馬山、木浦、群山、鎮南浦、平壌にも領事官の駐在所を設け、他国を圧倒する存在感を誇った。（総）領事館やその分館には、日本人警察官がいた。彼らは公館を警備しただけでなく、居留地の自治会によって区域内での警察を任された。馬山のロシア領事だけが日本が警察を握ることに反対した(278)。

ロシアは不凍港を求めて満州と朝鮮の支配を目指した。満州で大連の租借に成功したものの、韓国への進出も放棄しなかった。義和団事件後には満州を占領したまま居座った。日英同盟は、朝鮮半島まで席巻しかねないロシアの南下を阻止することを目的とした。

　合衆国は、日本に次いで条約を結び、全権公使の階級で駐朝使節を任命したように当初、朝鮮重視の姿勢をアピールした。しかしこれはポーズで終わり、本国の立法が理由ではあったものの、弁理公使への降格まで決定した。本書で実証したように、階級は通常、インフレーションの傾向を持つものであるが、敗戦国でもない国の外交団の階級がデフレートする珍しい現象が起きた(279)。

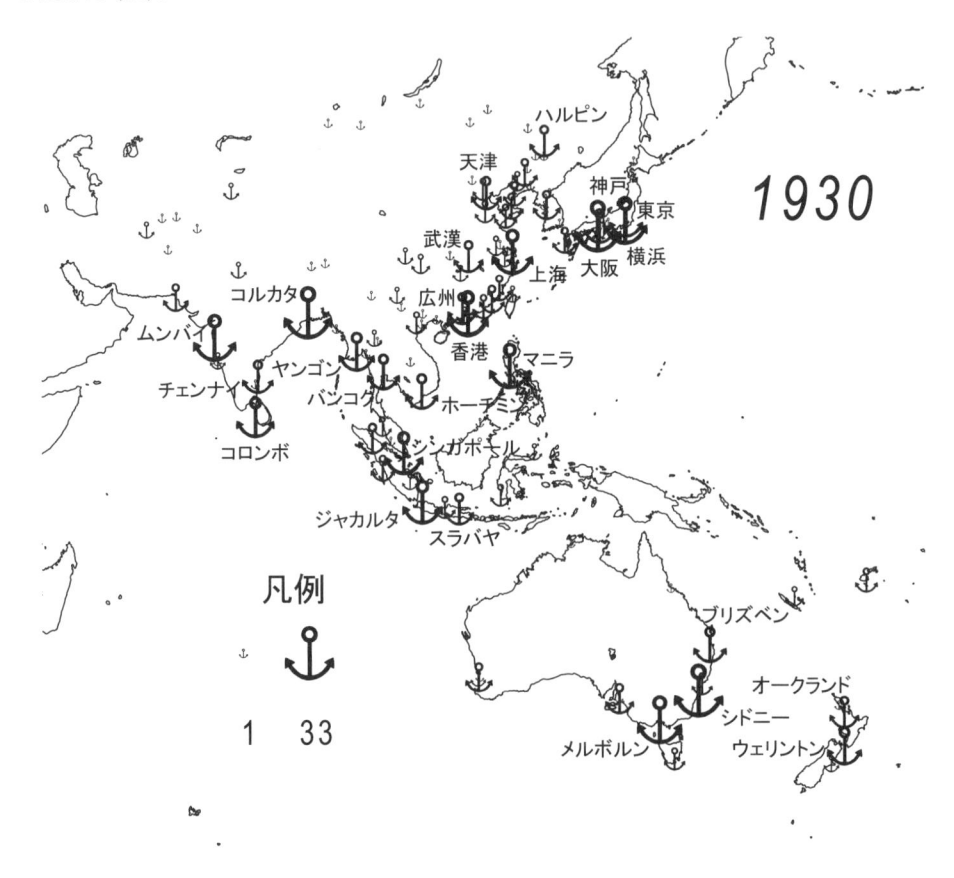

図9-2　戦間期のアジア太平洋における諸都市の（総）領事数
出所　「データについて」を参照。

　日本、中国、ロシアの粗暴な行動を他国は止めなかった。日清戦争ではイギリスが仲介に入ろうとしたが、断念せざるを得なかった。韓国が積極的な外交で国を守らなければならないと

気付いたときには遅過ぎた。1907年の第二回ハーグ平和会議に韓国皇帝は密使を派遣したものの、代表として認められなかった(280)。

韓国を保護国にする明確な意図を持って、日露戦争は遂行された。そのさなかの第一次日韓協約では、日本が推薦する外交顧問の雇用が韓国に義務付けられた。これはイギリスが使った緩やかな間接統治のやり口であった。ポーツマスでの講和のすぐ後、第二次協約は韓国の外交権を奪い、日本の駐韓代表として統監を置いた。統監とはインドやインドシナに英仏が配置した駐在官と同じであり、これで、韓国は日本の保護国になった。もはや外交は東京の外務省の所轄であったから、ソウルの外交団は消滅した。ハーグ密使事件はこの協約にも拘わらず外交権を行使しようとしたのであるから協約違反であった。そこで、日本は李朝を信用しないことにし、第三次協約が直後に強要された。あらゆる政策と事務は統監の同意を要することにした。韓国政府は内政でも日本の傀儡になった。

白人国はすべてアジア、アフリカ、米州、太平洋の先住民を差別した為、他国が自国を出し抜いて傘下にある他人種の君主を支援する心配は無用であった。ところが、ハーグ密使事件のようなことが再び起きたとき、白人が日本人の側に付くか、韓国人の側に付くか、それは力関係の状況次第であった。なぜなら、日本は韓国人を肌の色で差別できなかったからである。1910年の韓国併合はそうした自信のなさに由来したといえよう。

第一次大戦は基本的にヨーロッパ大戦であったので、表面的にはイギリスの支配は揺るがなかった。戦間期の(総)領事館分布を見ると、交流の毛細血管が大動脈から枝分かれして内陸まで広がった様子が分かる。鉄道網が内陸まで延伸され、面の経済的支配が完成された為であった。オーストラリアとニュージーランド以外で、支配者の白人は絶対的少数者であった。不足する人手は主に華人とインド人で補われ、子孫達の多くは現在も世界各地に居住している。

しかし、変調も現れた。政治から排除されたアジア人は、白人である総督や駐在官の支配に反抗し始めた。ロイヤル・ネイビーは合衆国と日本の海軍に対する優位を失った。日英同盟の廃棄は、帝国をぶらさげていたロープの東端が切れたようなものであった。大恐慌によって国際ビジネスの総量が急減し始めたことが、これに追い討ちをかけた。

大東亜共栄圏——工作拠点に仕立てられた在外公館

パクス・ブリタニカに挑戦したのは大東亜共栄圏であった。それは、アジア主義に妥協した帝国主義であった。つまり、勢力範囲の拡大という意味で帝国主義であったものの、アジア諸民族のナショナリズムが口実として利用されたという意味でアジア主義であったということである。

大東亜への第1歩であった満州事変に、早速、この妥協的性格が表れた。それは中華民国の領土を蝕む帝国主義でありながら、日満議定書による満州国との同盟はアジアとの連帯でもあった。統治の実態は、日本の駐満大使兼関東軍司令官に実権を奪われた傀儡帝政であったにも拘らず、漢族、満州族、モンゴル族、日本人、朝鮮族の五族協和を謳い上げた。日本は国際連盟の決議を遵守せず、そこから脱退した一方で、唯一、決議に賛成せず棄権したタイには官

民挙げて好感情が高まった。その年には、アユタヤ日本人町の遺跡が駐タイ公使の協力を得て発掘された (281)。

2歩目は、日満支のうちの「支」、すなわち汪兆銘の南京国民政府、であった。1937年に始まった日中戦争は首都南京の陥落後も続き、いつ終わるともしれなかった。そこで、占領地における非軍事の各種工作を行う為、興亜院が設けられ、現地機構として連絡部が置かれた。占領地には幾つかの傀儡政権が作られたが、これらを統合して、日本が中国の正統政府としようとしたのが、汪兆銘政権であった。日本は本多熊太郎大使を南京に送った。

このように見れば、皇軍と呼ばれた日本軍の進撃が、東亜新秩序の核心であったことが分かる。そしてついに、1940年8月、松岡洋右外務大臣が大東亜共栄圏という言葉を使った。それは翌月、仏領インドシナ北部に日本軍が進駐することになる予告であった。今まで、東亜と呼んできたのは中国の領土までであった。ヒトラーにフランスが敗れ、植民地は無防備になった。日本にとって、進駐は空き家を自由に使わせてもらうようなものであった。ここに、東南アジアを含めた新概念が求められる理由があった。3歩目の仏領インドシナ北部と、翌年における4歩目の南部進駐で、仏領全体が日本軍の駐留地域になった。

「大使府」をご存じであろうか。それはハノイに真珠湾奇襲のひと月前開設された。大戦中、フランスはドイツに降伏し、公式には、仏領インドシナは枢軸側のビシー政権の植民地であった。とはいえ、そこは友好国の領土であり、フランス総督を厄介払いする訳にいかなかった。その為、総督府と交渉する代表者として、芳沢謙吉駐仏印大使が送られた。彼が長となった公館の名称が大使府であった。ヨーロッパのビシーには別に駐仏大使がいた。総督はインドシナの元首でも何でもなかったゆえ、駐仏印大使は外交使節でなかった。最初の2年はハノイの大使府で、最後の1年はサイゴンの支部で大使は執務した (282)。

真珠湾は、大東亜共栄圏の実現に向けた全面展開の合図であった。その月内に、誰もが独立国と認めていたタイが日本と同盟条約を結んだ。

大東亜共栄圏の真の目的が勢力範囲の拡大であったことはいうまでもない。しかし、戦争遂行の為の物資及び資金の調達も狙いの一つであった。この為、外地で日本政府は、外交、領事、行政、開拓・入植、経済、文化など多岐に亘る工作をしなければならなかった。ところが、現地では、大公使館、領事機関、軍特務機関、興亜院連絡部等がてんでバラバラの行動を取ってきた。そこで、「外政一元化」の為に設立されたのが、大東亜省であった。東京では、外務省東亜局・南洋局、対満事務局、興亜院、拓務省が統合された。満州国、中国、タイ、仏領インドシナ、そして占領地における各種工作は、大公使館と領事機関に収容されることになった。外交官・領事官の接受・派遣や条約締結のような「純」外交だけは、共栄圏内に対してのものでも外務省に残された。

既にお気付きであろうが、満州国における大使兼関東軍司令官や、仏領インドシナにおける大使府は、外政一元化の先駆的試みであった。タイに1941年の秋口までに開かれた二つの領事館、すなわち、マレー半島のソンクラと北部のチェンマイのそれも、一元化の産物であった。それらの目的は軍事情報の収集にあり、陸軍参謀本部の将校が配置されていた (283)。

表9-3 大東亜会議前後のアジア太平洋における外交使節の派遣・接受状況（1944年）

		派遣国																															
		アジア太平洋								非アジア太平洋																						
		大東亜共栄圏						連合国	中立	枢軸国								連合国							中立国							
接受国		日本	南京国民政府	満州国	タイ	フィリピン	ビルマ	ミャンマー	中国（重慶）	オーストラリア	アフガニスタン	イタリア	ドイツ	デンマーク	ルーマニア	フランス	ハンガリー	ブルガリア	フィンランド	ソ連	アメリカ合衆国	イギリス	イラン	ブラジル	メキシコ	カナダ	キューバ	ソ連	スウェーデン	スイス	エジプト	ポルトガル	スイス	教皇庁	チリ	総計
アジア太平洋	日本		◎	◎	●	●	●	●			◎	●	●	◎	◎	●	◎	◎	◎	●								●	◎	◎						69
	南京国民政府	●		◎								●	●	◎	◎		◎	◎	×											◎		×				35
	満州国	●	◎										◎	◎	◎	◎																				23
	タイ	●											◎			◎														◎						22
	フィリピン	●																																		4
連合国	中国（重慶）									◎											●	●	●	●	●	◎	◎	●	◎	◎	◎		●	●	×	44
	オーストラリア								◎											◎	◎	◎														9
中立	アフガニスタン	◎											◎									◎						●	◎	◎	◎	◎	◎	●		34
	ネパール																					◎														3
	総計	19	10	7	7	4	4	3	3	3	17	9	9	8	6	6	4	15	10	10	4	4	4	3	3	12	9	9	6	6	4	4	1	

注 ●（大使級）＝4点、◎（全権公使級）＝3点、△（弁理公使級）＝2点、×（代理大公使級）＝1点。「データについて」を参照。

外国人達は、大東亜省を疑惑視した。重慶の蔣介石政権は、中国、タイ、仏領インドシナは日本の植民地になると宣伝した。教皇庁関係者は、それをイギリス帝国の自治領のようなものに独立国を変える布石として観測した。タイの駐日大使は、主権国家の自国が占領地と一緒くたにされることに不満を表明した (284)。

　日本の快進撃が止まると、アジア主義に妥協した帝国主義は独善に過ぎなかったことが赤裸々となった。重光葵が外務大臣になって、アジアの解放が新政策に掲げられた。そして、1943年に大東亜会議が東京で開かれた。画期的であったのは、中国の二つの残骸、満州国と南京国民政府の首脳と、仮病を使ったらしいタイの首相の代理と並んで、独立を認められた米領フィリピン及び英領ビルマの首脳と、英領インドの独立運動家が、日本の首相と同列に並んだことであった。もとより韓国代表がいなかった点で、植民地主義者のそしりを日本は免れない。しかし、欧米人から支配者の座を日本人が奪うことでしかなかった大東亜共栄圏の意味は、ここに至って、植民地解放という積極的側面を持つことになった。

　大東亜会議のころの外交ネットワークは、アジアだけを見れば日本を中心としたピラミッド型秩序であった。ヨーロッパまで視野に入れると、対抗する蔣介石の重慶政権というもう一つの峰を持つ枢軸国と連合国の山脈型秩序であった。

　南京国民政府と満州国には、思いのほか多くの大公使館が置かれた。タイが南京と長春に置いた公使館には、日本の意向が働いていた。日本は南京政府の承認をタイに要請した。東京で交渉したところ、両者は相手の首都に大使館を置きたいとの希望で一致した。しかし、それでは、満州国との外交関係が公使級のまま置き去りになってしまう。日本は、南京とバンコクとの関係も公使級にするよう勧めた。結局、しばらく、使節団は置かれなかった (285)。

　このエピソードは、大使と公使の峻別に日本が拘った証拠といえそうである。真珠湾攻撃の数か月前、日本とタイは相互に公使館を大使館に昇格させていた。バンコクにとって、これは唯一の大使館であり、外交団長の座は日本が独占する体制となった。タイは英米と日本の間で等距離を保ちたいと考え、両国にも大使交換を打診した。ところが、これは断られてしまった。コーデル・ハル合衆国国務長官は、沢山の小国から大使交換の申し出を受けているが、すべて断っているとコメントしたという。南京国民政府とのエピソードと考え合わせると、日本は、自らアジア諸国駐在の外交団のなかで一頭地抜けつつ、タイを小国に留めておく外交的勝利を収めたことになる。ピラミッド型の例は、過去にナポレオンなど幾つかあったものの、いずれも短命であった。なお、バンコクの日本大使館は空襲で焼かれてしまい、閉鎖されたイギリス公使館を終戦まで日本は利用したという (286)。

　大東亜共栄圏の末路は惨めであった。敵が迫ったミャンマーでは、石射猪太郎大使は1945年4月、首都のヤンゴン（ラングーン）からモーラミャイン（モウルメイン）郊外ムドン村に退避した。そのとき大礼服は焼却し、剣と勲章は湖に投げ捨てた。バーモウ国家元首一家とともにした逃避行は途中から徒歩になり、敵機から身を隠しながらの惨憺たるものであった。タイでは自由タイという抗日運動が生まれたが、日本軍は大使の意見を聞いて軍事行動を慎んだ。連合国への宣戦布告が無効と認められ、タイの外交関係は軒並み終戦翌年に復活した。戦後、多くの日

本の旧占領地では、宗主国支配の空位時代に芽吹いた独立運動が、植民地大国の帰還を妨げた。これは紛れもなく太平洋戦争がもたらしたものであった (287)。

中立非同盟――ネルーの朝鮮戦争

　パクス・ブリタニカの崩壊は、各地に紛争を引き起こした。インドとパキスタンはまずパンジャブの分割で揉め、次にカシミールを巡って対戦した。中国の国共内戦では共産党が勝ち、国民党は台湾に逃れた。インドネシアは、宗主国オランダの逆襲を受けて立った。朝鮮半島では、合衆国の占領地とソ連の占領地のそれぞれに成立した韓国と北朝鮮が睨み合った。

　1950年のアジア太平洋情勢は流動的であった。インドは押しも押されぬアジアの指導者であり、ケンブリッジ大卒のジャワハルラル・ネルーが首相を務めていた。同国とパキスタン、スリランカ（セイロン）はコモンウェルス加盟国であったものの、ミャンマーだけは日本軍が組織したビルマ独立義勇軍の流れを汲むアウンサン将軍がイギリスと交渉して、非加盟国としての独立を実現した。アジアの旧英領で当時、ミャンマーだけがイギリスから大使の名称の外交使節団長を接受したのはその為であった。中国の代表権は台北が握り、北京は前年10月に新中国建国を宣言したばかりで外交はようやく緒に就いたところであった。インドネシアはオランダに独立を認められるのと引き替えに、ユリアナ女王を長とし、高等弁務官を交換するオランダ・インドネシア連合の結成を呑まされた。もちろん、それはコモンウェルスのまねであり、一方が外交使節団を置かない国では、他方に利益保護を依頼できるとのことであった。しかし、強烈なナショナリストのスカルノ大統領はオランダから連合の解体を取り付け、高等弁務官を廃して大使にした (288)。

　他方、米ソの冷戦は経済援助、封鎖、同盟結成、原爆開発とエスカレートしていた。こうした脱植民地化と冷戦が相乗効果を現し、激しい武力衝突に至ったのが朝鮮戦争であった。国連の多数派であった西側は、ソ連のボイコットに乗じ、国連軍派遣の安保理決議を通過させた。常任理事国の台湾はもちろん賛成側であった。北朝鮮の外交関係は韓国の後塵を拝し、国際社会での存在感は薄かった。

　戦後の中立主義は朝鮮戦争に始まる。インドは安保理の非常任理事国であったが、韓国への援助を勧告する決議にも、国連軍を編成する決議にも棄権した。韓国側が劣勢から優勢に転じると、北緯38度線を越えての北進が争点となった。ここでインドは周旋を活発化した。38度線の突破を最も懸念した外国は、中華人民共和国であった。なぜなら、米軍が勢いに任せて中朝国境の鴨緑江を越え、自領に攻め込む可能性があったからである。インドは中華人民共和国を承認していた。北京のインド大使に周恩来首相がメッセージを託せば、ニューデリーの政府はそれをヘンダーソン駐印合衆国大使に伝えることができた。それにも拘わらず、国連軍は北進した。総会はこれを追認し、朝鮮半島で選挙を行い統一政府を作る為、国連軍が全土に進軍することを許容した。投票でインドは棄権に回った。ヘンダーソンは中国の袁仲賢駐印大使に会わせてくれ、とインド政府に依頼したものの、叶わなかった。数週間後、中国人民志願軍が参戦した。単に戦争に加担しないだけでなく、それを止めようとする中立主義は積極中立主義

表9—4 冷戦初期のアジア太平洋における外交使節の派遣・接受状況（1950年）

		派遣国																							
		アジア太平洋											アメリカ合衆国	イギリス	フランス	オランダ	イタリア	ソ連	ベルギー	イラン	エジプト	カナダ	ノルウェー	トルコ	スウェーデン
		インド	オーストラリア	ミャンマー	パキスタン	スリランカ	台湾	アフガニスタン	インドネシア	中国	タイ	ニュージーランド	韓国	フィリピン	アジア太平洋小計												
接受国	インド		●	●	●	●		●	×		×				22	●	●	●	●	●	●	●	●	●	◎	●	◎
	台湾	●		●				◎		●		●			23	●	●	●	●	●		●	●	●	●	●	●
	パキスタン	●	●	●		●		◎	×						16	●	●	×	◎		×	●	●		◎	●	
	オーストラリア	●				●	●				●				16	●	●	◎	◎	◎					◎		◎
	アフガニスタン	●			●				◎						11	●	◎		◎	◎				●			
	タイ	◎	●			●								◎	14	●	◎	◎		●	×						
	ニュージーランド		●												4	●	●	◎				◎		●			×
	フィリピン				◎		●								7	●	●	◎	◎		×						
	ミャンマー	●			●	◎			●						15	●	●	◎	×								
	インドネシア	●							●						8	●	●		●								
	スリランカ	●	●	◎											11	●	●	◎									
	中国														0						●						
	ネパール					●									4	◎	◎										
	韓国														0	●	◎										
	総計	35	20	19	12	11	11	10	9	8	5	4	4	3		51	50	37	26	23	22	17	16	16	16	13	12	11

注　●（大使級）＝4点、◎（全権公使級）＝3点、△（弁理公使級）＝2点、×（代理大公使級）＝1点。
「データについて」を参照。

	ブラジル	デンマーク	チェコスロバキア	教皇庁	サウジアラビア	ポルトガル	スイス	アルゼンチン	イラク	ハンガリー	フィンランド	ポーランド	アイルランド	エチオピア	オーストリア	ギリシア	シリア	スペイン	ドミニカ共和国	パナマ	ヨルダン	ルーマニア	レバノン	イスラエル	チリ	ベネズエラ	ペルー	非アジア太平洋小計	総計
	●	○	●	●		○	○	●			○			○											×			82	104
	●	○		●		○	×									○		○	○						×	×		70	93
					○		×	×								○								×				48	64
	○	○							×		○																	42	58
				○			○														○	○						41	52
																												18	32
																								×				26	30
																○												20	27
																												12	27
																												15	23
																												11	22
			●							●		●			○							○						22	22
																												7	11
																												7	7
	11	9	8	8	6	6	5	4	4	4	4	4	3	3	3	3	3	3	3	3	3	3	3	2	1	1	1		

と呼ばれる (289)。

　中国の参戦によって、韓国側が統一を果たすには中国領に侵入し、中国軍の加勢をなくすことが条件になった。しかし、国連軍司令官であり、対中攻撃を主張したダグラス・マッカーサーが解任されたことで、南北の武力統一の目が消えた。半島の泥沼に米軍がはまり、平和運動に非難されるのを小気味よく見ていたスターリンが死んだ後、休戦協定がようやく結ばれた。

　戦争は終わっても、ネルーの孤独感は癒えなかった。朝鮮戦争は同盟網の構築を急がせ、合衆国はフィリピン、オーストラリアとニュージーランド（ANZUS）、日本、韓国と条約を結んだ。さらに深刻な孤独感を味わったのは封じ込めの対象にされた中国であった。それが、ネルーと周恩来が1954年に平和五原則を宣言した背景であった。主権・領土保全の尊重、相互不可侵、内政不干渉、平等互恵、平和共存は、同盟がなくても平和が維持されるというビジョンであった。

　ところが、ネルーにとって、これだけではすぐに不十分になった。宣言の直後に結成された東南アジア条約機構（SEATO）の8加盟国には、米英仏とともに宿敵、パキスタンが含まれていた。同じ年には、合衆国からパキスタンへの武器援助も開始された (290)。インドは東西から包囲された格好になった。

　スカルノにとってもSEATOは悩みの種であった。それによって、インドネシアはオーストラリア、フィリピン、英領マラヤに包囲されたからであった。アジア・アフリカ会議を開くことを提案したのは彼であった。スカルノはナショナリストであり、反植民地主義者であった。彼は、国内では連邦制をやめてインドネシアを単一国にした。対外的にもオランダとの連合は解消されていた (291)。

　会議は1955年、インドネシアの避暑地バンドンで開かれた。平和五原則に加筆されてできた平和十原則が採択された。新たに、大国を利する集団防衛体制の排除の一項が書き込まれた。排除されるべきものとして暗示された集団防衛体制とはSEATOとバグダッド条約機構であったはずである。会議の参加国では、前者にはフィリピンとタイ、後者にはトルコとイラン、両方にパキスタンが加盟していた。バグダッド条約機構に対して身を挺して抵抗したナセルももちろん会議に参加していた。

　領土保全を掲げる平和五原則は、領土の帰属に争いがある当事国同士では機能しないことを忘れてならない。1961年、インドはポルトガルの植民地であった大陸西岸のゴアを攻撃し、占領した。経済学者として著名なジョン・K・ガルブレイス合衆国大使は武力の不行使を要請したのに、聞く耳をネルーは持たなかった。1962年に今度は中国がインドの支配地域に攻め込んだ。ガルブレイスは武器援助を取り計らい、インドが防御の態勢を整えるのを手助けした。軍事同盟の話さえ米印間に持ち上がったが、すぐに雲散霧消した。ガルブレイスはむしろそれを喜んだ (292)。彼も、国際的な和解を重んじたケネディ政権の一員であったのである。

　連帯は、アジア・アフリカ諸国だけでなければならないのか。ヨーロッパ諸国が加わってはならないのか。ユーゴスラビアのチトーは1954年、インドとミャンマーを訪れた。そこで彼は、世界のはるか彼方に、同じ境遇の国があることを知った。チトーも東側と西側の両方と喧嘩しており、孤立無援の状態にあったからである。2年後、チトーはブリユニ（ブリオニ）の自分の

別荘にナセルとネルーを招いた。ナセルはバグダード条約に反対し、ネルーはバンドン会議を成功させていた。3首脳は国際関係の一般原則とともに、核兵器、開発、貿易というグローバルな諸争点について一致した。そればかりか彼らは各自、孤独な戦いをしていた中国問題、ドイツ問題、パレスチナ問題、アルジェリア問題といった個別の紛争に遠隔地の味方を見付けることができた(293)。

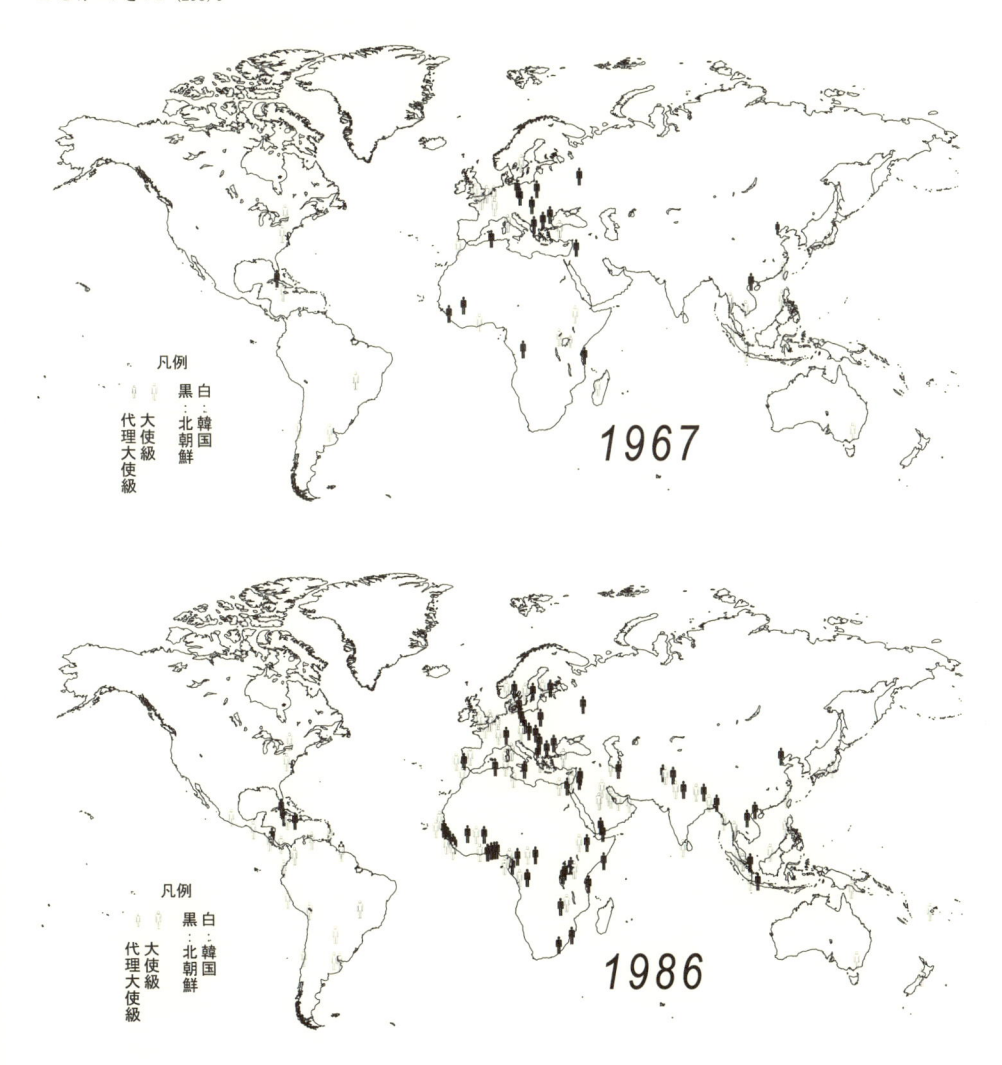

図9―3　冷戦下における韓国と北朝鮮の外交使節団
出所　「データについて」を参照。

第一回の非同盟諸国首脳会議はユーゴスラビアの首都、ベオグラードで開かれた。それから 2006 年のハバナまで、3 年ごとに 14 回の首脳会議が開かれてきた。まとめられた宣言は世界のルール作りに寄与した。その立場は主要先進国サミット（G7／G8）の立場と対角線上にある。ヨーロッパの参加国は現在、ベラルーシだけである。であるからそれはアジア、アフリカ、ラテンアメリカにおける左派政権の声を代弁するといってよい。

　ソ連および中国と同盟を結んでいた北朝鮮がなぜ非同盟なのかは世界史の不思議である。1967 年の韓国と北朝鮮の外交使節団は、きれいに西側諸国と東側諸国に分かれて駐在していた。韓国はハルシュタイン・ドクトリンを適用し、北朝鮮を承認した国と断交した。北朝鮮の外交使節団はワルシャワ条約機構諸国、キューバ、北ベトナム、シリア、アフリカ諸国に限られ、韓国のそれの 6 割強に過ぎなかった。朴正熙大統領のもとでの韓国優位が続いていた。

　東側陣営の一丸となったバックアップがあれば、外交関係の劣勢を北朝鮮は気にせずに済んだかもしれない。しかし、陣営内では遠心力が働いていた。スターリンの死後、ニキータ・S・フルシチョフは個人崇拝を批判した。これに中国は反発した。当時の中国では、毛沢東バッジに示されるように個人崇拝が高まっていた。北朝鮮の金日成首相（のちに主席）が唱えた「主体（チュチェ）思想」は理解しがたい思想として知られているが、外部からは、彼に対する個人崇拝の正当化に過ぎないとして批判されている。こうして 1960 年代、中国寄りに北朝鮮は傾斜した。

　米中接近は否が応にも半島情勢に影響した。デタントによって同盟への依存が信頼できなくなったからである。北朝鮮が中国を信頼したもう一つの理由は、韓国との戦争をいとわないことにあった。ところが、北朝鮮が南に攻め込めば自動的に交戦状態になる合衆国と、北京は握手してしまったのである。平壌は軍事的に追い込まれた。

　1975 年の外相会議で、北朝鮮は非同盟運動への参加を承認された。この際、韓国の加入は否決された。確かに、韓国は合衆国と相互防衛条約を持っている。しかし、それをいうなら、北朝鮮もソ連と中国と友好協力相互援助条約を持っていた。イデオロギー的に、北朝鮮が非同盟に近かったのは確かである。民族の政治的自主と経済的自立を重視する主体思想は、国際関係について見る限り、非同盟と共鳴する。朴正熙も大国主義を批判したものの、それは駐留米軍依存の実態とかけ離れていた (294)。

　北朝鮮の激しい巻き返しは 1986 年における外交使節団の分布に表れている。アジア・アフリカ諸国の首都には、南北双方の大使館があった。ヨーロッパでも、中立国であるスイス、オーストリア、ヘルシンキはもちろん、北欧諸国に大使館が開かれた。1970 年代、北朝鮮大使館員が密輸をしたとして大使らが北欧諸国から追放された事件があったものの、地図を見る限り復旧したようである。反共的な米州では、サンディニスタ左翼政権のニカラグアが拠点であった。一時は大使館を置いたオーストラリアとは断交して以来、ジャカルタ大使館による兼轄までしか回復しなかった (295)。

　米州を除けば、南北の派遣状況はほぼ互角であった。全体でも、北朝鮮の外交使節団数は韓国の 8 割に迫っていた。北朝鮮と親交を結んだ非同盟諸国が多過ぎて、韓国は毅然と断交する

ことができなくなっていた。ハルシュタイン・ドクトリンは打破された。韓国側はこうした情勢に対応し、共産国を「敵性」と「非敵性」に分け、非敵性共産国とは柔軟に付き合うようになった(296)。

ASEAN——中国による革命輸出

　パクス・ブリタニカが崩れて、すぐにパクス・アメリカーナ(アメリカの平和)が確立した訳でない。合衆国は太平洋をコントロールしたかもしれないが、そこから先をなびかせるには中国の協力が必要であった。しかし、米中がそれに合意するには、長い年月がかかった。アジア太平洋で覇権を求めるいかなる国にも反対すると謳った1972年における上海コミュニケの真意は、合衆国の覇権を中国は補完することにあった。

　ASEAN(東南アジア諸国連合)の結成も、この流れの一環であった。かつて中ソ間にはアジアの革命を新中国に委ねる一種の紳士協定があったとされる。亡命したミャンマー駐在の若手KGB支局員が書いた『ソビエト大使館の内側』(邦題、『大使館はスパイだ』)では1955年かその翌年、こうした取り決めがなされたと記されている。事実、中国による革命の輸出が止むまで安定は訪れなかった(297)。

　ASEANを結成した5か国のうちマレーシアとシンガポールでは独立が遅れた。元来、それらの領土には巨大な英領植民地がインドネシア、フィリピン、タイの真ん中に横たわっていた。マレー半島の独立に際し、イギリスは植民地経営の手段であった駐在官と顧問官を引き揚げた。その後、まだイギリス支配下にあったシンガポール島とカリマンタン島北部と合わせてマレーシアを形成しようというときに、カリマンタン島で反乱が起きた。インドネシアが裏で糸を引いていると非難された。フィリピンもまた同島の一部に領有権を主張した。その頃、スカルノは国連と非同盟を動かしてパプア(西ニューギニア)の獲得に成功した。彼は巧みな外交手腕で本音を隠し、膨張主義に励んでいた。彼にかかっては、マレーシアさえ新帝国主義者の傀儡であり、対決(コンフロンタシ)と称する小戦争が繰り広げられた。ジャカルタのイギリス大使館とマレーシア大使館は、デモ隊により攻撃された。連邦内部からは、シンガポール州のリー・クアンユー首席大臣がマレー人(ブミプトラ)の優位に異議を唱えた。ついに、覆水盆に帰らずの状態になり、シンガポールはマレーシアと決別した(298)。

　共産主義の影響はというと、第二次大戦中からマレーやフィリピンのジャングルには抗日ゲリラがいた。しかし、インドシナ以外で、ゲリラの時代は一段落しようとしていた。むしろ、都市の華人が新中国の「躍進」に元気付けられ、中華ナショナリズムが高揚中であった。北京の側も、文化大革命期をピークとして平然として扇動を繰り返した。ただし華人はその優れた経済力から、他の集団から必ずしも愛されておらず、スケープゴートに上げられることも度々であった。

　こうしたなか、スカルノの中国接近に、合衆国大使館は早くから懸念を持った。バンドン会議の直後、ワシントンは「実行可能なすべての隠密の手段」を使い、スカルノを倒すことを承認した。軍部の反乱を唆そうとするCIA支局長と、それを認めない大使とは口論になった。

表9—5　ASEAN結成直前のアジア太平洋における外交使節の派遣・接受状況（1967年）

		派遣国 ASEAN					派遣国 非ASEAN																		アジア太平洋小計	イギリス	アメリカ合衆国	フランス
		インドネシア	タイ	フィリピン	マレーシア	シンガポール	日本	オーストラリア	インド	パキスタン	ミャンマー	中国	南ベトナム	韓国	台湾	スリランカ	カンボジア	ラオス	アフガニスタン	モンゴル	ネパール	ベトナム	北朝鮮	モルディブ				
接受国 ASEAN	インドネシア		●	●			●	●	●	●	●	●		●			●	●		●					48	●	●	●
	タイ	●		●	●	●	●				●		●	●	●		●								52	●	●	●
	フィリピン	●	●		●		●	●			●		●	●	●										40	●	●	●
	マレーシア		●			●	●		●		●				●										36	●	●	●
	シンガポール	×	●	●			●	●	×						●										26	●	●	×
接受国 非ASEAN	日本	●	●	●	●			●	●	●	●	●	●	●	●	●	●	●	●						60	●	●	●
	インド	●	●		●		●	●		●	×	●				●		●	●	●	●				57	●	●	●
	オーストラリア	●	●	●	●		●		●	●			●	●		●		●							60	●	●	●
	パキスタン	●					●		●		●	●				●			●		●				36	●	●	●
	スリランカ	●					●	●	●	●	●								●					●	44	●	●	●
	中国	×					×	●	×							●	×	×	●	×	●	×	×		24	×		
	ミャンマー	●	●				●	●	●			●		●		●	●	×							49	●	●	●
	北朝鮮	●										●								●					16			
	台湾			●			●							●											24			
	ベトナム	●						◎		◎	●						●		●						22			◎
	アフガニスタン	●			×		●		●							●									17	●	●	●
	カンボジア	●					●					◎						●							35	●		●
	ニュージーランド		×				●							●											17	●	●	
	韓国			●	●		●						●				●								24	●	●	
	南ベトナム		●	●	●		●							●			●								32	●	●	
	ラオス		●		●		●	●			●	●									●				32	●	●	●
	ネパール	●					●		●																16	●	●	
	モルディブ													●											4			
	サモア																								0			
	総計	53	50	48	40	12	65	64	60	48	41	41	35	32	32	32	29	26	20	13	12	9	5	4		73	72	68

注　●（大使級）＝4点、◎（全権公使級）＝3点、△（弁理公使級）＝2点、×（代理大公使級）＝1点。
域外の派遣国は一部省略する。「データについて」を参照。

	派遣国																																
	非アジア太平洋																																
西ドイツ	ソ連	エジプト	イタリア	オランダ	チェコスロバキア	スイス	ベルギー	カナダ	ブラジル	スウェーデン	トルコ	ポーランド	ニュージーランド	デンマーク	ユーゴスラビア	アルゼンチン	オーストリア	イスラエル	ブルガリア	ルーマニア	サウジアラビア	教皇庁	ハンガリー	スペイン	イラン	ポルトガル	キューバ	ノルウェー	アルジェリア	メキシコ	非アジア太平洋小計	総計
●	●	●	●	●	●	●	○	●	●	●	●	●	●	●	●	●	●	●	●	●	●	●	●	●	●	●	●	●	●	●	132	180
●	●	●	●	●		●		●	●		●	●		●	●	●	●				●			●	×	●	●				89	141
●	●	●	●	●	●	●	●	●				●				●	●				●		●					●			80	120
●	●	●	●	●	●		●						●																		48	84
●		×	●	×		●	×								●																40	66
●	●	●	●	●	●	●	●	●	●	●	●	●	●	●	●	●	●	●	◎	●	●	◎	●	●	●	●	●	●	●	●	216	276
●	●	●	●	●	●	●	●	●	●	●	●	●	●	●	●	●	●	●	●	●	●	◎	●	●	×	●	●	●	●		191	248
●	●	●	●	●	●	●		●	●	●	●	◎		●	◎		●						●				●				108	168
●	●	●	●	●	●	●	●	●	●	●	●	●		●			●					●									112	148
●		●	●	●	●	◎	●	●								◎										◎	●				69	113
	●	●		×	×		●			●		×			●	×				×			×		●		×	×	●		86	110
	●							●		●			●						●									●			60	109
	●	●		●									●													●					76	92
												●					●					◎		●							61	85
	●			●								●			●			×		●		●				●					62	84
●	●			●								●								●							●				58	75
	●			●										●						●											32	67
●	◎		●	●	×	●	●	●	×				●																		49	66
●			●						×											●					●						37	61
●			●	●		●					●																				28	60
	●			●		●																									24	56
●	●			●												●															20	36
																															0	4
												●																			4	4
64	63	61	60	50	46	44	44	40	38	37	36	36	36	35	33	32	32	31	28	28	28	25	25	24	24	24	22	21	20	20		

大使は転任されてしまい、計画は実行に移された。1958年、反乱がスマトラ島で起きたとき、CIAは兵器とパイロットを供給した。つまり、実態はCIAの戦争であった。反乱が鎮圧されるのに時間はかからなかった。

インドネシアは1965年に入ると、国連脱退という不可解な行動を取った。この謎を解くカギは中国問題にありそうである。スカルノはCONEFO（新興勢力会議）という第二国連を提唱していた。国連への揺さぶりは、代表権を台北に握られた北京にとっても歓迎すべきことであった。中止となったアルジェでの第二回アジア・アフリカ会議が、CONEFOへの跳躍板になるはずであった。アジア太平洋地域に派遣された日本の大使達は、東京で一堂に会したとき、その話題で盛り上がった (299)。

1965年の9・30事件は、インドネシアと中国の蜜月を終わらせた。スハルト将軍らは直ちに政府の実権を掌握し、共産党と軍内左派を殲滅した。伝えられるところによると、CIAはスハルトに14台の携帯電話を渡し、常時、連絡が取れる態勢を整えた。CIAと反共派の間を取り持ったのは、インドネシア元駐ソ大使のアダム・マリクであった。彼には共産党指導者の名簿が届けられたが、殺人リストという訳ではない、と言い添えられたという。事件全体で、数十万人が共産党員を中心に虐殺された。北京がそれを非難したのを聞いて、インドネシア人の反中活動は高まった。中国大使館も攻撃対象となった。国旗は引き降ろされ、館員達は帰国した (300)。

スハルトは大統領代行になり、さらに、正式に大統領に就任した。それに先立ち、外相になったアダム・マリクはマレーシアとのコンフロンタシを終わらせ、両国は外交関係を再開した。ASEANはこの延長線上にあった。マリクは関係各国を調整し、1967年、インドネシア、マレーシア、フィリピン、シンガポール、タイの外相がバンコクに集い、ASEANを船出させた。ASEAN設立宣言は第3条で、年次外相会合と常設委員会を置くと定めた。外相会合の開催地は加盟国の輪番とした (301)。

1967年の時点では当然、まだ関係は発展していなかった。インドネシア、タイ、フィリピンは完全グラフであったものの、コンフロンタシのせいでインドネシアと旧英領の関係は悪かった。1965年にシンガポールで商業施設に対する爆弾テロがあり、2年後、犯人のインドネシア軍人が処刑された。これに憤ったインドネシア人はシンガポールのジャカルタ大使館を襲って国旗を焼いた。1970年まで、シンガポールは大使を送らなかった。インドネシアでは、華人に対する反感が強く、脅迫状がシンガポール大使館に届けられた。本国はボディガードを付けるのを渋った為、大使は警察学校で射撃訓練をし、自ら拳銃を持ち歩いた。リー・クアンユー首相はようやく1973年にインドネシアを訪問することができた。首相は大使の助言に従い、爆弾事件で処刑された軍人達の墓に献花した。これでわだかまりは氷解した (302)。

小島国のシンガポールはマレーシアに見放され、国防上の危機を迎えていた。スエズ以東からの撤退を進めていたイギリスの軍事力をあてにすることはできなかった。シンガポールはイスラエルを頼り、軍事顧問団を受け入れた。第三次中東戦争でイスラエルが非難に晒されても、シンガポールは国連総会でそうした決議に加わることを慎んだ。大使館の開設は時間の問題で

あった。しかし、シンガポールは四方をイスラム諸国に囲まれている為、それらをはばからなければならない立場にあった。イスラエル大使館の開設日が1969年5月10日とされたのは、おそらく、その日が投票日のマレーシア総選挙がニュースを小さくするのを期待してのことであった (303)。

　ベトナム戦争で南ベトナムの劣勢が明らかになると、ASEANは「平和、自由、中立地帯」をクアラルンプールで宣言した。インドシナ半島の戦場とは、加盟諸国は敵にも味方にもならないことにした。これにより、合衆国や日本から、多額の政府開発援助や民間資本が流入した。現地の学生達は日本人ビジネスマンの「エコノミック・アニマル」ぶりをどう理解してよいか分からなかった。田中角栄総理がタイとインドネシアを訪問した際には、反日デモが起きた。インドネシアでは、大使館に対する抗議活動が行われた。学生達による不買運動には、日本の経済的な支配を強調するイデオロギー的な主張が紛れ込んでいた (304)。

　東南アジア人にも「エコノミック・アニマル」が出現した。政治指導者、その取り巻き、そしてテクノクラートは経済政策に強権を振るい、体制は開発独裁と呼ばれるようになった。国家の強靱性は高まった。成長の恩恵から取り残された人々の人権と、文化大革命が終わって熱狂から醒めた華人の政治力が犠牲となった。

- ASEAN以外では、インドの人気が相変わらず高かった。全世界の国々がニューデリーに大使館を置いた。インドの側は東アジアの分断国家と関わるのをできるだけ避けた形跡がある。インド政府は大使館用地の選定においてイギリスを最優先し、次に合衆国を優先した。タージマハルにインスパイアされたという合衆国大使館は1950年代末に完成したが、国章をイメージした入口の鷲が印象的である。設計に際して元駐印大使のヘンダーソン国務副次官は、モダニズムのような流行を追いかける必要はなく、現地の建築基準を尊重するべきであると意見を述べていた (305)。
- それに対して、日本は台・韓・越の分断西側国やイスラエルとも国交を持った。東京駐在の外交官達は、高度経済成長と一国平和主義を観察してどう感じたろうか。オーストラリアの大使派遣が、日本とまったく同じパターンであったのは興味深い。
- パキスタンは1971年、現在のバングラデシュにあたる東パキスタンを喪失した。地図を見れば分かるように東パキスタンは飛び地であり、また、住民の使うベンガル語は西パキスタンのウルドゥー語と違っていた。ついにバングラデシュが独立を宣言したとき、鎮圧しようとしたパキスタンはインド軍に負けてしまった。イギリスを始めコモンウェルス諸国の多くがバングラデシュを国家承認した為、独立は不動のものになった。パキスタンは怒りを込めて翌年、コモンウェルスを脱退した。再加盟はインドによる反対の為、17年間許されなかった (306)。
- スリランカは表9—5の時点で自治領の地位にあり、セイロンと呼ばれていた。
- 分断国家の片割れ同士、すなわち中国と台湾、韓国と北朝鮮、(北)ベトナムと南ベトナムは得点を食いあった。中国外交は文化大革命によって壊滅寸前であった。ヤンゴンでは、

毛沢東バッジの着用禁止に反対する華人学生がデモを起こし、他の市民を巻き込んだ暴動となった。群衆は中国大使館に押し入り、1名を殺した。中華街は焼かれ、多くの華人が死傷した。中国大使は帰国しており、ヤンゴンに次の大使が着任するのは1971年のことであった。なお、ミャンマーの駐印大使はアウンサン将軍の未亡人、キンチー、であり、その娘で民主化指導者になるアウンサンスーチーはニューデリーで若き日を過ごした。この頃は既に彼女はそこを離れていたようであるが、以後も長い外国生活が続くことになる (307)。

・カンボジア王国の国家元首、ノロドム・シハヌークは分断されたインドシナで中立を保とうと努力した。しかし、首都プノンペンから合衆国大使館は失われていた。ニューズウィーク誌が彼の母に対する悪口を書き並べたことから、デモ隊が大使館を襲い、カンボジアは対米関係を断絶した。中立は口先だけのものになっていた。シハヌークビル港は、東側諸国から北側ゲリラに物資が輸送される兵站拠点であった。中ソのみならず、チェコスロバキア、ポーランド、ブルガリアの大使館の存在がこれから起こる不幸を予言した (308)。

黙示録──殺戮のベトナム戦争

　ベトナム戦争のイメージといえば、黙示録的な破壊と殺人の光景である。そこでは、ヘリコプターと爆撃機が飛び交い、ゲリラとスパイがジャングルを潜行した。ナパーム弾は村を焼き払い、伝えられるところによると、枯葉剤は草木ばかりか人体まで損傷したという。大使館もこの情景の一部であった。インドシナ全土が戦場であった。

　ベトナムは北緯17度を境に、東側陣営の北ベトナム（ベトナム民主共和国）と西側陣営の南ベトナム（ベトナム共和国）に分断された。しかし、二つのベトナム、つまり2国家の並立が協定で認められた訳でなく、総選挙を通じて統一政府を作ることも合意事項であった。ドイツでも、朝鮮半島でも、選挙は結局行われなかった訳で、ベトナムでもそうであった。正統政府を巡る争いは、双方がそれぞれの同盟国による国家承認を基礎票とし、敵方へ浮気した国には容赦なくハルシュタイン・ドクトリンを適用するという典型的な冷戦ゲームになった。例外は南北の大使館が併存した隣国のラオスであった。東西両陣営が結んだジュネーブ協定で、ラオスは中立国として認定されたからである。派兵した韓国、オーストラリア、タイ、フィリピンにはサイゴン側の大使館があった。概して他国は南北のいずれと関わることにも及び腰であり、傍観者の立場を取った (309)。

　合衆国は1964年、トンキン湾事件をきっかけに北爆を始め、ベトナムの泥沼にはまり込んだ。副大使という見慣れぬ肩書の外交官がその年、サイゴンの合衆国大使館に配置された。初代は、次の任地が東京になったU・アレクシス・ジョンソンであった。彼以降、歴代5人の副大使のうち、4人までが職業外交官であり、大使経験者も4人であった。つまり、サイゴン大使館というホットスポットには、二人の「大使」が必要であった。顔役の大使は元統合参謀本部議長や元上院議員といったワシントンの大物達が務めた。ヘンリー・キャボット・ロッジ・ジュニ

アは在任中に大統領選への出馬がささやかれたほどの人物であった。『ライフ』誌の表紙には、リーフグリーン色のスーツを着て、衛士に挟まれ颯爽と大使館の玄関を出る彼の写真が掲載された。ロッジは本国の政権中枢にいたベスト・アンド・ブライテスト達とともに戦況の悪化に重大な責任があったものの、名声はまだ傷付いていなかった。こうしたスター達を補佐する為、裏方の次席（DCM）は普通ならば公使級のポストであるものの、国務省はわざわざ副大使という肩書を作ってまでして、万全の態勢を作ろうとした訳である (310)。

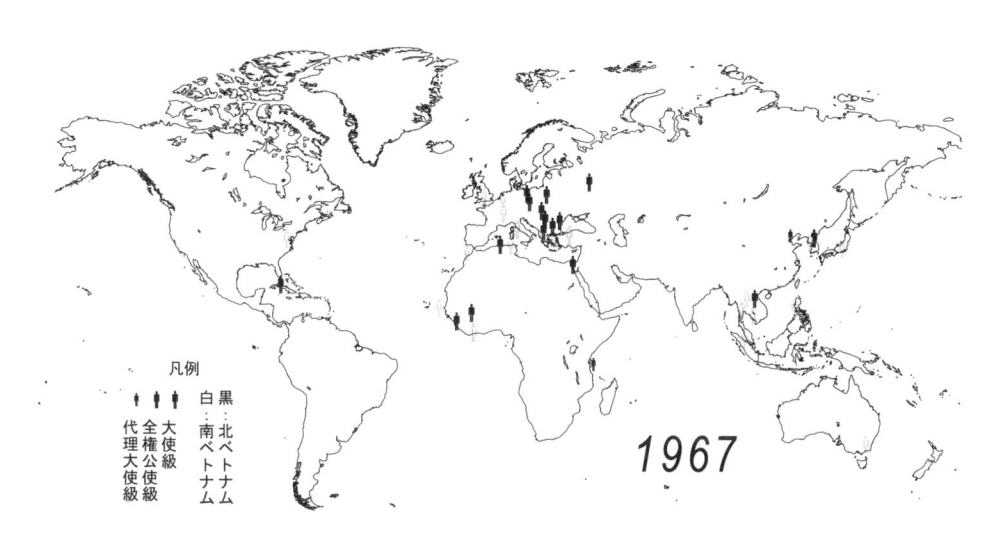

図9—4　北ベトナムと南ベトナムの外交使節団
出所　「データについて」を参照。

　ベトナム戦争は限定戦争であった。朝鮮戦争で北緯38度線の越境が中国の参戦を呼び込んだ教訓から、合衆国は北緯17度線を越えて陸上部隊を進撃させなかった。しかし、北の兵士達の方は、南のゲリラを助ける為、ラオスとカンボジアの領内を通過するホー・チミン・トレイル（ルート）をつたって南下した。この間道を遮断する目的で、米軍は両国にも侵攻した。ラオスに配置されたCIAは、モン族（ミャオ族）を操って北側の兵站線を断とうとした。外交官とUSAID職員を装いながら、250人の諜報員がこの国で暗躍していた (311)。
　米軍の勝利を人々に疑わせたのは、1968年旧正月のテト攻勢であった。なかでも、大使館攻撃は全米のテレビネットワークによって、数時間後に生々しく報じられた。作戦にあたったのは、「ベトコン」、すなわち、南ベトナム解放民族戦線（NFL）、の兵士20名弱であった。既に武器弾薬は、トマト用の籠と米びつで市内に運ばれていた。春節2日目の未明、兵士達は大使館の塀を爆破して、敷地に突入した。ロケット弾と手榴弾が建物に浴びせられた。しかし、建物のなかでNFL兵士の侵入は発見されなかった。これが事件のすべてであった。テト攻勢

全体でも、米軍の戦死者数は、民族戦線と北ベトナム軍を合わせた数字の10分の1以下に過ぎなかった。それにも拘わらず、世界に与えた心理的衝撃は計りしれなかった (312)。

　厭戦気分に乗じて大統領に当選したリチャード・M・ニクソンは、アジアの内戦には立ち入らないとグアム・ドクトリンを打ち出した。それは、サイゴン政府に戦争を任せる「ベトナム化」を意味した。ここにおいて、キッシンジャーが北京を訪問して東南アジアでの過激な行動を中国に控えさせ、ASEANが中立化のクアラルンプール宣言によって内憂外患を予防することが迫られたのである。各国は南ベトナムを見限り、北ベトナムとの関係を探り始めた。かつての宗主国、フランスさえハノイに総代表部を置いたが、1972年秋、米軍によってその公邸部分が誤爆される悲劇が起きた。代表ほか6人が死亡した (313)。

　親米政権の崩壊は1975年4月、まずプノンペンで起きた。映画「キリング・フィールド」には、ポル・ポト派が首都を制圧し、外国人がフランス大使館に避難するシーンがある。本題から逸れるが、当作品のタイトルから想像されるような白骨で覆われた虐殺跡は劇中、申し訳程度にでてくるだけである。むしろ、思想教育のシーンの方が恐ろしい。

　それはさておき、サイゴン陥落はその月末のことであった。大使館はその朝、ジェラルド・R・フォード大統領から、始めに600名から150名への館員削減の命令を、続いて閉鎖の命令を受け取った。CIAは暗号表を含む機密書類を焼却し、全館員が翌日、退去した。南北ベトナムの統一は1年後であった (314)。

　ビエンチャンにも、ラオス愛国戦線（パテト・ラオ）が迫っていた。しかし、プノンペンとサイゴンと違い、首都解放は女性兵士50名によって平穏裏に済まされた。合衆国はUSAIDは畳んだものの、大使館自体が閉鎖されることはなく、常に代理大使が駐在した。なお1977年に、日本の代理大使夫妻が自宅で殺される怪事件が起きている。物盗りの仕業とも、麻薬関連とも、冷戦の文脈とも憶測を呼んだ (315)。

　これでインドシナ三国はソ連圏になった。兄貴分のベトナムは経済相互援助会議に加盟し、強く東側と結ばれた。1978年、ベトナムはカンボジアの内戦に介入し、ヘン・サムリンを首相に据えた。ラオスとは友好協力条約によって関係を強化した。アジアの新冷戦は、米中、対、ソ越の構図になっていた。中国はカンボジア侵攻を翌年の中越戦争で懲罰し、ベトナムの命を受けたラオスは、中国大使館に館員を減らさせた。インドがベトナムと相互に大使館を開いたのは、敵の敵は味方の定石通りであった。米中側にはASEANと西側同盟国が従い、三派連合を形成するポル・ポト派、シハヌーク派、ソン・サン派を支援した (316)。

人権外交——アジアにおける民主化の波

　人権は大事だから最低限の基準を守りなさい、というのなら話は分かる。しかし、人権がいつも最優先とは限らないし、その基準も一定でない。その為に、アメリカ合衆国の人権外交を内政干渉と憤る国は少なくない。

　かつては、冷戦の勝利の至上命令が人権と民主主義を二の次にした。さすがの合衆国も、親米政権と対立してまで、民主主義を徹底させようとは思わなかったからである。合衆国大使

は、舞台裏では政権に圧力をかける。韓国では朴正熙の軍事政権に1963年の大統領選を行わせ、タイではタノム・キッティカチョーンに1969年の総選挙をさせた。しかし両国では、軍事政権はもと通り復活してしまった。フィリピンのフェルディナンド・E・マルコス大統領のときもそうであったが、反共・親米政権の危機には、多少のことは大目に見られた。韓国では、合衆国の大使と駐留軍が当初、反対していた1961年の軍事クーデターは結局、容認され、1965年の日韓条約反対デモに対する戒厳令と1972年の権威主義的な十月維新の戒厳令は追及されなかった。手段を選ばないどこかの諜報機関が不道徳にも独裁政権と癒着したという訳でなく、道徳的な大使も、やはり安定は大事だと思い直したのである (317)。

しかし、ときには合衆国も、人権にも安定にも反することをやってしまった。南ベトナムのゴ・ディンジェム大統領の暗殺は、勝利への焦りが自分の首を絞めた事例であった。彼の弟による仏僧の投獄に不満を持った合衆国大使館は、現地国軍の軍人によるクーデターを認めるようワシントンに意見した。ジェムのもとでは、勝利がおぼつかないというのが理由であった。ワシントンは、ジェムに機会を与え、弟を国政から追放することで様子を見ようとした。その成果が現れる前に、ゴ兄弟は暗殺されてしまった (318)。彼に国をまとめる正統性がないなら、正統性ある政府を作る為の努力をしなければならないのに、拙速な計画は逆に正統性を新政府から奪う始末であった。僧を逮捕するのは人権問題であるが、戦闘が拡大してしまったら人権状況はさらに悪化するものである。

親米軍事政権への支援は、アメリカ帝国主義（米帝）と非難された。今では陳腐になったこの侮辱は、当時は多くの共感をえた。親米派の軍人に厄介払いされたシハヌークは、中国と北朝鮮に匿われた。彼は既に王ではなかったものの、貴人と共産主義者との奇妙な握手は反帝国主義をただ一つの一致点として産み出された。北京は旧フランス大使館を、平壌は新築の宮殿を住居として彼に使わせた (319)。

1970年代になると、人権は合衆国外交の目的となった。対外援助法を通じ、援助の要件にその尊重が組み入れられた。予算を握る議会には、国務省とCIAといえども逆らえなかった。相手国政府にとって、これは手心を加えてもらえないことを意味した。また、プロパガンダとして人権外交は極めて有効であった。自由を抑圧する全体主義国家にアメリカ帝国主義を非難する資格はなかった。この論理は後世、抑圧国家を転覆して自由を拡大することを求めるネオコンの主張に繋がった (320)。

人権外交の主要な舞台は東ヨーロッパ、ラテンアメリカ、東アジアであった。なかでも同盟国は、軍事と経済を合衆国に依存する為、圧力が効き、人権外交が最も成功しやすい相手であった。1971年、金大中は朴正熙を相手に大統領選挙で善戦した。KCIA（韓国中央情報部）は金大中を日本で拉致して連れ戻した。本当は殺すつもりであったといわれる。事件を聞き付けたフィリップ・ハビブ合衆国大使は韓国の政権首脳に、金が生還しなければ、米韓関係に「重大な結果」が起きよう、と釘を刺した。事件現場で採られた指紋が在日大使館の一等書記官のものであることが分かり、主権を侵害された日本との外交問題になった。しかし、大筋は韓国側の望む方向、つまり、金大中は出国できず、拉致の容疑者は不起訴処分ということで決着した。3年後の在

日朝鮮人、文世光による事件も、日本の追及を鈍化させた。大統領を狙った銃弾は彼の妻の命を奪った。犯行で使われた拳銃が日本の警察から奪われたものであったことから、ソウルでは、日本大使館にデモ隊が乱入した。合衆国は軍事政権に寛容であったものの、他方では、箸の上げ下げまで観察していた (321)。

　朴正熙が暗殺されると、軍は民主化運動を抑えこもうとした。ところが、金大中らの逮捕は市民を抗議に立ち上がらせた。1980年の光州事件で、軍は約200人の市民を虐殺した。民主化のシンボルになった金を軍は放置できなくなり、内乱陰謀罪により死刑を宣告した。彼自身の回想では、このとき、合衆国大使館員2名が傍聴していたという。日米など各国政府は公然と不快の念を示した。翌年、軍は死刑を無期懲役に減刑した。それは、全斗煥大統領がロナルド・W・レーガン大統領と会談する為の条件であったらしい (322)。

　サミュエル・P・ハンティントンは1970年代にイベリア半島で始まった民主化を第三の波、と呼んだ。これはアジアに大波となって打ち寄せた (323)。

- アジアの第三の波は1986年におけるフィリピンのピープル・パワー革命で始まった。腐敗したマルコス大統領を倒す為、合衆国大使館はハイメ・シン枢機卿と協力し、コラソン・アキノに野党の大統領候補を一本化した。それまで立候補を表明していたサルバドル・ラウレルは副大統領候補にまわされた。選挙では数々の不正が報告され、その処理にもたつく間に人心がマルコスから離れた。決定打は軍の反乱であった。首謀者のフアン・ポンセ・エンリレ国防相とフィデル・バルデス・ラモス参謀次長は、大使館及びCIAと連絡を取りあっていたであろう。市民が街頭に繰り出したときは、既に終盤であった。マルコスはイメルダ夫人とともにヘリコプターでマラカニアン宮殿から脱出し、合衆国に亡命した。親米・反共の姿勢はそれまでマルコスを支えてきたが、もはやそれは権力の十分条件でなかった (324)。
- その頃、韓国でも軍事政権は黄昏を迎えていた。1987年、高まる反政府デモに対し、政権は戒厳令を敷こうとしていた。CIA出身のリリー大使は全斗煥大統領に政治改革を求め、戒厳令を布告しないよういさめた。全は軟化し、その年末に選挙が行われた。盧泰愚が大統領に当選した。
- カンボジアでは、劇的な民主化とその揺れ戻しが起きた。ベトナム軍の撤退は、西側やASEANからハノイが投資を得る為の条件であった。国際社会は、ヘン・サムリン派と三派連合の四派で新体制を作ろうと決めた。ポル・ポト派が脱落してしまったものの、1993年に選挙された制憲議会で、カンボジア王国の憲法が定められた。しかし、国際社会の大海に浮かぶ小舟のような存在である小国には、周辺国やドナー（援助国）の一挙一動が荒波になって押し寄せる。2003年、デモ隊がタイ大使館や同国人の財産に放火し、警察はそれを止めなかった。タイは自国大使を引き揚げ、相手大使を追放した。カンボジアは謝罪と賠償をして、関係は復旧した。暴動の火元は、アンコールワットはタイのものだとタイ人女優が発言したというデマであったとされる。背景には、タイ人のビジ

ネスがカンボジアで急拡大していたことがあったろう (325)。
- ベトナムは、カンボジア問題で譲歩したのが功を奏し、中国とは1991年に外交関係を正常化した。しかし、旧敵国であった合衆国は行方不明米兵 (MIA) の救出に拘った。大使館は1995年に置かれたものの、大使の着任はさらに2年延びた。今でも、ベトナムは社会主義共和国、ラオスは人民民主共和国であり、体制変化は起きていない (326)。
- モンゴルは、短期間で倒れたハンガリーのクン・ベラ体制を除けば、世界で2番目の共産国であった。1990年に議会の自由選挙があり、議会はポンサルマーギーン・オチルバトを大統領に選んだ。この民主化後、北のロシアと南の中国だけでなく、合衆国、日本、ヨーロッパ、国際機構といった第三の隣人との友好が深められた。国連決議により非核地帯の地位を承認されて以降も、バランスが取れた国際化によって独立を確かなものにする努力が続けられている。今日本でモンゴルといえば、相撲である。1992年、入門したばかりの旭鷲山や旭天鵬ら大島部屋のモンゴル人力士5人が孤独に耐えかね、東京のモンゴル大使館に逃げ込む事件が起きた。冷戦下では想像もできなかったエピソードである (327)。
- 深刻な人権問題がアジア太平洋から消えた訳でない。特に、大国としての面子を重んじる中国に対する人権外交は困難であった。1989年の天安門事件後、西側諸国は対中制裁に踏み切ったものの、さしたる効果もなく終了した。合衆国のやり方も「静かな外交」に止められた。例えば、中国のサハロフと呼ばれ、合衆国大使館に匿われていた方励之博士に出国許可が出されるよう取り計らわれた。クリントン政権になってからは、「北京の春」の魏京生と天安門事件の王丹の出国に合衆国は尽力した。
- ミャンマーの民主化は、アウンサンスーチー軟禁事件から20年間、同じところを行きつ戻りつしている。軟禁に抗議して合衆国大使は引き揚げた。1990年の総選挙で彼女が率いた国民民主連盟 (NLD) が勝利したものの、国会は開かれなかった。それでも、合衆国の代理大使ほか欧米外交官は、軟禁後の彼女他活動家と接触した。ノルウェーとデンマークにより名誉領事に任じられたあるビジネスマンが微罪で逮捕され、獄死したことがあった。これには、アウンサンスーチーとの親密な関係が睨まれ、虐待されたと見る向きがあった。イギリスは各国の外相・大使と国連・世銀職員を集めて戦略会議を開いたが、提案はヤンゴン政府に蹴られてしまった。バンコクでミャンマー大使館が民主化運動の学生に占拠され、人質を取られた事件もあった。アウンサンスーチーの軟禁は既に3回目である。2008年に起きた仏僧によるデモへの弾圧は、外交関係の復旧に水を差すであろう (328)。
- 北朝鮮を巡っては、核兵器開発や日本人拉致事件が優先され、国内の人権問題は後回しにされている。そうしたなか、脱北者と呼ばれる逃亡者の問題が世界の耳目を集めた。2002年を中心に、中国に置かれた各国の大使館と総領事館には駆け込みが相次いだ。とりわけ日本で騒がれたのが、瀋陽総領事館に入りながら連れ戻された5人の事件であった。駆け込みの生々しい現場が映像に撮られ、メディアで流された。日中間での見解の相違

も注目された。日本側は、中国の武装警察官は日本の副領事の同意なく敷地に立ち入って連行したと言い、中国側はそれらの行動に同意はあった、と反論した。ウィーン領事関係条約では、同意がなければ立ち入ってはならず、火災など災害のときのみ、同意があったと見なすことになっている。たとえ、警察官が家族をテロリストであったと思ったしても、条約上は館内の警備責任は日本にある。外務省は改善案として、警備の企画立案にあたる警備対策官と日本人警備要員である警備専門官の拡充や門の物理的強化を挙げた。誤解があってはならないので書いておくが、大使館や（総）領事館にあるのは不可侵の権利であり、亡命者を匿う権利が明文化されている訳でない。また、豊かな生活を求めて出国したいわゆる経済難民は、難民地位条約上の「難民」にはあたらない (329)。

　大使館については「閉ざされた社会」にも置かねばならないときがある。かつて共産圏では大使館は監視され、外交官の行動は著しく制限された。しかし、自国の安全保障や世界秩序の管理の為に、そこから撤収することはできなかった。これに対し、領事機関は「閉ざされた社会」から撤収することは自由である。帝国主義下では無理してそうした土地にも領事機関が置かれ、諜報や半植民地化の任務に携わった。現代では、大使館並の警備をしなければならないくらいなら領事機関は撤収すべきであり、外国人もそうした土地には近づくべきでない。

カウンターテロリズム──宗教対立の果て

　自爆テロの思想は、敗北者の理論である。戦乱、貧困、被支配の苦痛は、すべて他人のせいである。そして来世での救いを信じ、生還なき殉教の旅に出る。なぜ、幕末の志士達がテロリストになったのに敗戦後の復員兵達がならなかったのかを考えると、ものは考えようという平凡な結論に行き着かざるを得ない。

　南アジアの暴力はコミュナリズムに由来する。これは宗教共同体を至上とする思想で、他の宗教共同体が主導する政治組織の支配を特に嫌う。であるから、カシミールのイスラム教徒はインドの支配を嫌い、スリランカのヒンドゥー教徒であるタミル人は仏教徒のシンハリ人による支配を嫌う。アフガニスタンの事情はより複雑であるが、人種と言語の違いとともに、スンニ派かシーア派か、あるいはイスラムか世俗か、の対立が内戦を長びかせる。コミュナリズムのあるところでは、宗教的な絆が強いだけ、暴力団体が組織されやすい。こうした土壌の上に、ウサマ・ビン・ラディンのアルカイダや、パキスタンの諜報機関、ISI（三軍統合情報部）のようなネットワークが彼らまたは彼女らの怨念を理論で操り、邪悪な任務を与えている。

　カシミールの帰属問題は、印パ関係の病因である。国連で代表が不用意な発言をした為に、マレーシアは外交関係を断絶されたことがあった。印パ戦争という言葉は使われなくても、カシミール紛争は絶えずくすぶっている。1980年代にはパンジャブ問題への苛立ちもあって、インドのインディラ・ガンディー首相はパキスタンを警戒していた。赴任したばかりのあるパキスタン大使は、彼女がディナーで同じテーブルに座っても無視を決め込み、初会談では握手も、ナマステの挨拶もしなかったので悪い印象を持ってしまった (330)。

1994年には、それぞれの主要港、ムンバイとカラチに置かれた両者の総領事館が閉鎖された。コモンウェルス加盟国であっても、インドとパキスタンのようにそれを「副高等弁務官事務所」でなく「総領事館」と呼ぶ国がある。カラチには、国境の変動に伴いインドから出国した大量のイスラム難民が住んでいた。そうした人々がインド国内にいる家族や友人に会う為に、かつては年間25万通ものビザが発行されていた。館内はごったがえしていたものの、インド側は、申請の日のうちにビザが発行されるよう便宜を図り、忙しいときには、館員の妻達まで動員した。それでも、ISIは総領事館を渋い顔で見ていた。多くの家族は閉館によって行き来ができなくなった (331)。

　1998年の核実験とそれ以降のミサイル実験によって対立は昂進した。パキスタンのゲリラが停戦ラインを越え、カシミールのカルギル高地を占拠したとして、インドと激しい交戦になったこともあった。2003年には、カシミール分離派支援やスパイ活動を理由に、両国とも相手の高等弁務官代行を追放している。翌年、外交・領事関係の復旧が合意されたものの、ムンバイとカラチの総領事館は再開されなかった (332)。

　パキスタンの懸念は、東隣のインドにだけでなく、西隣のアフガニスタンにもあった。そのアフガニスタンでは1973年に国王、ザヒル・シャーの長期支配が終わり、不安定化の時代が始まろうとしていた。1978年には親ソ国家ができたものの翌年末、親米派が権力を奪った。ソ連軍の侵攻は、これへの対抗措置といわれる。この間の1979年2月、合衆国大使拉致殺害事件という不可解な事件が起きている。

　その日の朝、アドルフ・ダブズ合衆国大使が乗った車を、警察官の制服を着た男が停止させた。運転手が大使の許しを得て窓を開くと、男は拳銃を彼の頭に突き付け、3人の別の男達が現れた。逃がされた運転手から事件を聞いた館員達は大使が連れ込まれたホテルに駆け付け、警察に早まった行動を取らないよう要求した。しかし、正午過ぎ、当局はその部屋を廊下側の入口と向かいの建物の両面から攻撃した。この時点では大使は死んでいなかったと大使館側は主張する。当局の人間達が部屋に入った後、数発の銃声が響いた。館員が部屋を覗くと、ハチの巣になった大使と二人の誘拐犯の死体が見えた。

　拉致犯の正体は謎であり、反政府派とも、与党人民民主党とも、ソ連の工作員ともいわれる。大使にとどめを刺したのが誰かも分からない。これも、反政府派、与党、ソ連のそれぞれの可能性がある。奇妙であったのは、ソ連大使館のKGB将校が現場で当局に助言していたことである。この国がのっぴきならない暗闘の舞台に選ばれたことだけは間違いなかった。これ以後、合衆国は駐アフガニスタン大使の任命を控えるようになった (333)。

　その年末、政権内の内紛に介入し、ソ連軍がアフガニスタンに侵攻した。新たな大統領が据えられたものの、カブールの親ソ政権は全土を制圧できなかった。合衆国とイスラム諸国がムジャヒディン（イスラム聖戦士）と呼ばれた反政府戦士達に武器援助をしたのは公然の秘密であった。対米関係が最悪であったイランさえ、モスクワ・オリンピックをボイコットし、侵略の記念日のたびにテヘランのソ連大使館前ではデモが行われた。ゴルバチョフ時代にソ連軍は撤退した。その頃ソ連の駐アフガニスタン大使は外務次官が兼任していた。モスクワが撤退に総力

を挙げた証左であろう(334)。合衆国の臨時代理大使はソ連撤退後もこの国を見捨てず、踏み留まるべきであったかもしれない。対テロ戦争後まで、その外交使節団はカブールに戻らなかった。

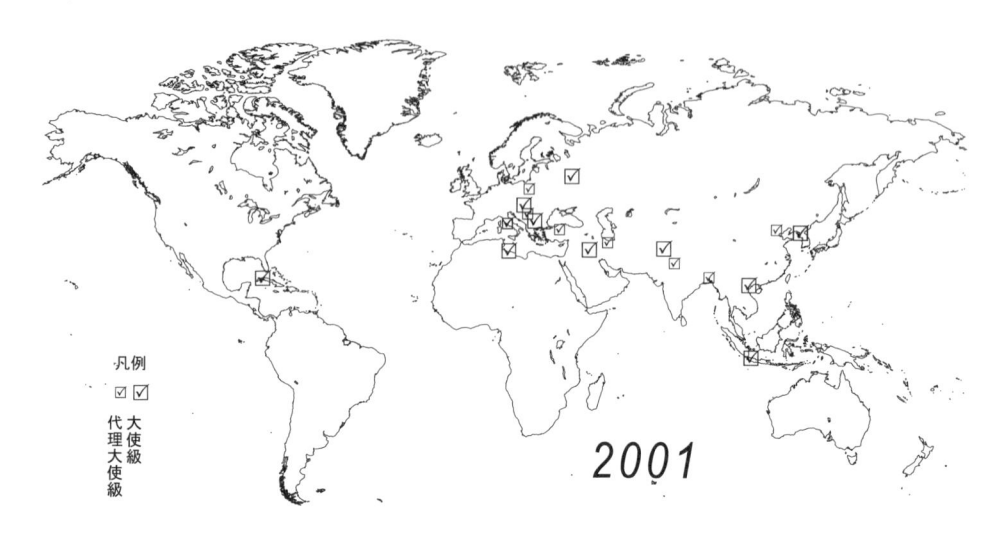

凡例
☐ ☑
代　大
理　使
大　級
使
級

2001

図9—5　タリバン政権末期のカブールに外交使節団を置いた諸国
出所　「データについて」を参照。

　親ソ政権が1992年に倒れた後、共闘してきた軍閥同士が抗争を始めた。そうしたなか、イスラム学生を中心とするパシュトゥン人の武装集団が忽然と現れた。これがタリバンであった。そのスポンサーはパキスタンであったといわれる。反発したブルハヌッディン・ラバニ政権の支持者はパキスタン大使館を襲い、放火した。ラバニ政権とパキスタンの関係は断絶した(335)。
　1996年、カブールはタリバンの手中に落ち、イスラム国家の成立が宣言された。タリバン政権を承認したのはパキスタン、サウジアラビア、アラブ首長国連邦だけであった。多くの国はラバニ大統領を支持し続けた。タリバンによる女性差別、例えば、ブルカ着用の強制や教育の禁止、そして、身体切断や公開投石のような残虐罰に、他国は嫌悪感を抱いていた。日本の仏教界はバーミヤンでの大仏爆破を悲しんだ。タリバン政権に外交使節団を送った国々は2001年には**図9—5**の通りであった。中国とは防衛協力協定を結び、多額の投資を受け入れるなど比較的、良好な関係であったとされる。アジアと東ヨーロッパにしか外交関係は広がらなかった(336)。
　ビン・ラディンの宿主には、口やかましい外国の大使達がいないこうした国が最適であった。しかも、そこはイスラム原理主義を実践し、何より彼自身の人生遍歴に影響を与えた土地であった。富豪であったビン・ラディンはムジャヒディンの後援者であった。彼は祖国のサウジアラビアに帰ったとき、湾岸戦争の為に米軍基地が置かれたのを見て愕然とした。反米テロの志は

ここに芽生えたといわれる。

　計235人を殺したナイロビとダルエスサラームの合衆国大使館への爆弾テロ（1998年）はビン・ラディンの危険性を世界に確信させた。しかしそれは前奏曲に過ぎず、2001年9月11日の世界貿易センタービルほかに対するテロリズムでは約3000人が死亡した。素早く合衆国は対テロ戦争を開始した。アフガニスタンでは、北部同盟と称された反政府の諸軍閥と力を合わせ、タリバン政権を打倒した。ベルリンと東京で国際会議が開かれ、新政府樹立や復興に対する国際社会の援助が決められた。未来は明るいと思われた。

　しかし、アフガニスタンの治安は悪化した。主役はパキスタンと考えられている。パシュトゥン人はアフガニスタンで最大の人口を持つ集団である。パキスタン北西部の住民もこのパシュトゥン人であり、その建国当初には独立運動が起きたこともあった。これら両地域の国境はあってないようなもので、民兵や難民が自由に越境する。2003年には、パキスタン軍本体が越境したという噂が流れ、またもや同国の在カブール大使館が襲撃された。パキスタンとしては、パシュトゥン人を操作しておかなければ、敵対的なアフガニスタン政府ができたり、国内で独立運動が再発したりする危険があった。

　そればかりでない。インドとアフガニスタンの両面から挟み打ちにされたら、パキスタン自体が存亡の淵に追いやられる。実際、インドがアフガニスタン領内のジャララバードとカンダハルに領事館を開いたことは、諜報機関のISIを苛立たせた。外交官や領事官がスパイをしているというのは、この辺境の地では冗談で済まされない。2008年にはカブールのインド大使館が爆破され、54人が殺害された。合衆国の諜報当局はこれをISIの仕業と結論付けた。軍事クーデターで権力を握り9年に亘りパキスタンに君臨したパルベズ・ムシャラフ大統領が辞任したのは、その翌月であった(337)。

　大使館へのテロリズムは、宗教対立に絡むものが圧倒的に多い。1970年から2004年までの外交官や在外公館に対するテロリズムの死者数では1位がケニア、2位がレバノン、3位がグアテマラ、4位がパキスタン、5位がスリランカであった。グアテマラを除いて、これらすべてで本章で取り上げた構図が見られた。世界の怨念は深い。ちなみにグアテマラにおけるスペイン大使館の事件は、先住民団体が占拠した大使館に対し、政府軍が放火して計37人が死亡した惨劇であった。

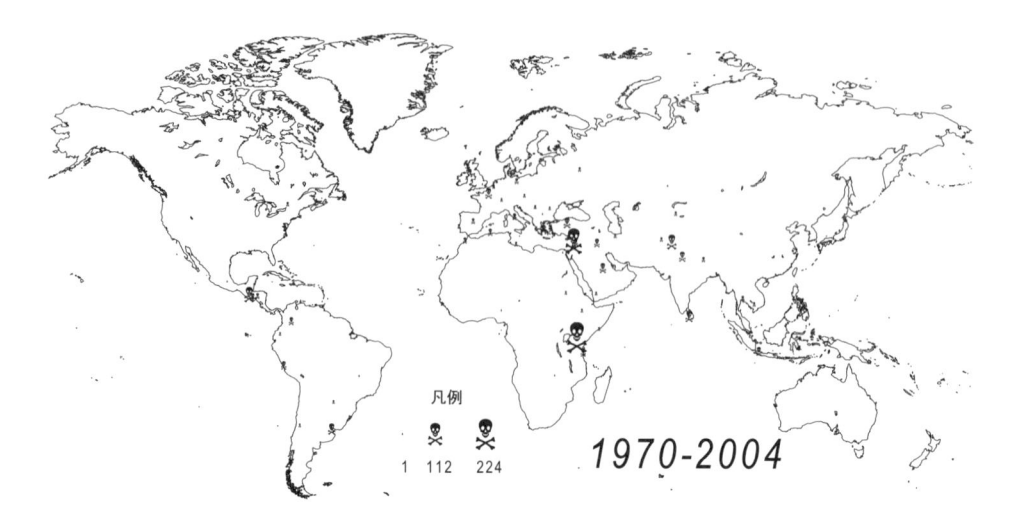

図9—6　外交関連の標的に対するテロリズムの死者数
出所　Global Terrorism Database, START/CETIS, accessed on June 5, 2008.

アジアは一つ——渦に輪郭はない

「アジアは一つ」は岡倉天心の言葉である (338)。しかし、「アジア太平洋は一つ」と断言できない事情がある。

第一に、冷戦は終わったものの、「ならず者国家」が残っている。国連に韓国と北朝鮮が同時加盟し、ソ連と中国が韓国を承認したときが冷戦の終わりであった。北朝鮮を日韓米が承認するのも時間の問題と見られた。コリア（韓国と北朝鮮）が二つあるのは世界の常識となっている。南北の首脳は会談し、日本の政治家は訪朝し、合衆国は北京、ニューヨーク、ベルリンで北の外交官と接触した。ハルシュタイン・ドクトリンは既に破られ、その他の国々には、双方の大使館があった (339)。

ところが、核兵器開発問題が北朝鮮への警戒を呼び起こした。1993年3月、NPT（核不拡散条約）からの脱退を北朝鮮は宣言した。翌年の米朝枠組み合意は小康状態の始まりであった。核兵器開発の疑惑は続き、ミサイルは公然と開発された。北朝鮮が日本人を拉致してきたことが、事実と認められ始めた。金日成を継いだ金正日は謎の人物であった。日韓米は、北朝鮮との関係改善を見合わさざるを得なくなった。

かつて民主化の闘士であった金大中大統領は2000年、金正日朝鮮労働党総書記と南北首脳会談を行った。この成果によってノーベル平和賞を授与された彼は南北の宥和を目指し、太陽政策を実行した。つまり、鞭（北風）でなくアメ（太陽）で北朝鮮と友好を深めようとしたのである。日本の小泉純一郎総理も訪朝し、拉致を事実と認めさせた。ヨーロッパ諸国も太陽政策に従った。G7のなかでは、イタリアが先陣を切り、2001年6月までにEU15か国中、13国ま

でが北と外交関係を開いた。残りの2国は、北朝鮮の人権政策に納得しないフランスとアイルランドであった (340)。

ところが、北朝鮮は再びNPTからの脱退を宣言した。南北と日米中ロの周辺諸国とで、六か国協議を行うことになった。2006年、北朝鮮はとうとう核実験を決行した。拉致の告白も裏目にでて、日本人を憤らせていた。日朝間では、核兵器の放棄や拉致日本人の帰国といった個別の問題を解決できなければ、連絡事務所の設置や代理大使の派遣はあっても、いきなり大使級の外交関係を開設することは反発を招くであろう。その一方で、合衆国は修交に向かっている。

「アジア太平洋は一つ」か、を巡っては、アジアと太平洋を分ける意見もあり得る。アジア太平洋経済協力会議というフォーラムがあるではないか、といわれるかもしれない。しかし、アジアでも米州でもない「太平洋」の参加国は、オーストラリア、ニュージーランド、パプアニューギニアだけである。小さな島々は、なぜか外されている。実は、それらと上記3国は、太平洋諸島フォーラムという自前の制度を持っている。

太平洋諸島フォーラムの加盟国は、イギリスと合衆国の支配を受けた過去を持つ国々である。先生役のオーストラリアとニュージーランドに生徒役の小島群というある意味、「理想的」な関係が想像されるかもしれないが、そうともいえない。

2003年には、ソロモン諸島に多国籍軍が派遣された。その発端は、大臣まで暗殺されるほどの部族対立によって、治安が悪化したことにあった。そのさなか、ニュージーランドの副高等弁務官が自宅でナイフに刺されて変死した。一時これは「事件」とも思われたが「事故」と結論された。治安全般については太平洋諸国フォーラムに介入が要請され、多国籍軍がその回復にあたった (341)。

フィジーでは、ナショナリズムが高まっている。この島にはかつて、インド系の移民が流入した。先住民系の軍人が1987年、クーデターを起こし、インド系の政治参加を否定した。インドの高等弁務官は追放され、高等弁務官事務所は領事館に格下げされた。フィジーは10年間、コモンウェルスから離れたのち復帰した。しかし、クーデターは続発し、2007年、ニュージーランドの高等弁務官が内政干渉を理由に追放された。コモンウェルスの加盟国の資格はその前年から停止されている。イギリス植民地であった過去をフィジーは全否定したがっているように見える (342)。

バヌアツは、かつてニューヘブリディーズといって英仏の共同支配下にあった。フランスが関与した点で、フォーラム加盟国のなかでは例外的存在である。1980年代、バヌアツは仏領ニューカレドニアの独立運動を支援し、フランス大使を追放したことが2度までもあった。バヌアツとニューカレドニアは、首都間の距離が東京～岡山間ほどしかない。近い将来、ニューカレドニアは独立するかもしれない。

経済成長したアジア諸国はますます太平洋に浸透するであろうし、太平洋諸島も国益にのっとって対応するであろう。アジアと太平洋が一つになるときがくるとすれば、漁業や鉱物の豊富な資源をどう管理し、極小国の独立をどう確保するかがカギになる。

表9—6 現代のアジア太平洋における外交使節の派遣・接受状況（2006年）

接受国		派遣国

派遣国列: 中国, インド, 日本, 韓国, パキスタン, バングラデシュ, 北朝鮮, スリランカ, アフガニスタン, モンゴル, ネパール, 台湾, 東ティモール, ブータン, マレーシア(ASEAN), ベトナム, フィリピン, ミャンマー, タイ, インドネシア, ブルネイ, ラオス, カンボジア, シンガポール, オーストラリア(太平洋), ニュージーランド, パプアニューギニア, フィジー, マーシャル諸島, ソロモン諸島, パラオ, サモア, ミクロネシア

総計行: 136, 124, 115, 104, 96, 76, 68, 64, 49, 36, 30, 16, 16, 12, 100, 76, 73, 72, 84, 80, 64, 64, 60, 60, 112, 72, 40, 28, 16, 12, 9, 8, 8

注 ●（大使級）＝4点、◎（全権公使級）＝3点、△（弁理公使級）＝2点、×（代理大公使級）＝1点。域外の派遣国は一部省略する。「データについて」を参照。

●第9章　アジア太平洋の断層

				中央アジア																	非アジア太平洋																		
ツバル	トンガ	ナウル	バヌアツ	カザフスタン	ウズベキスタン	キルギスタン	トルクメニスタン	タジキスタン	アジア太平洋小計	アメリカ合衆国	イギリス	フランス	ドイツ	ロシア	イラン	トルコ	エジプト	イタリア	カナダ	ポーランド	オランダ	ノルウェー	サウジアラビア	スウェーデン	チェコ共和国	スイス	ウクライナ	教皇庁	イスラエル	ブラジル	アラブ首長国連邦	キューバ	クウェート	スペイン	ナイジェリア	ハンガリー	非アジア太平洋小計	総計
	●		●	●	●	●	●	●	128	●	●	●	●	●	●	●	●	●	●	●	●	●	●	●	●	●	●		●	●	●	●	●	●	●	●	485	609
				●	●	●			116	●	●	●	●	●	●	●	●	●	●	●	●	●	●	●	●	●	●	●	●	●	●	●	●	●	●	●	394	510
				●	×	●	●	×	107	●	●	●	●	●	●	●	●	●	●	●	●	●	●	●	●	●	●	●	●	●	×	●	●	●	●	●	343	450
				●	●	●			88	●	●	●	●	●	●	●	●	●	●	●	●	●	●	●	●	●	●	●	●	●	●	●	●	●	●	●	258	346
				●	●	●			76	●	●	●	●	●	●	●	●	●	●	●	●	●	●	●	●	●	●	●	●	●	●	●	●	●	●	●	206	282
									72	●	●	●	●	●														●		●			●		●		85	157
									52	●	●	●	●					●				●	×		●						●			●			82	134
									40	●	●	●		●		●				●		●			●						●			●			66	106
	●		●			●	●		41	●	●	●		●					●	×						●					●					●	54	95
									48	●	●		●		●						●				●						●						34	82
	●								32	●	●		●		●			●					●								●					●	44	76
									9														×						●								54	63
									28	●	●														●							●					16	44
									16																												0	16
									8																												0	8
				●	●	●		●	105	●	●	●	●	●	●	●	●	●	●			●		●	●			●	●	●	●	●	●		●	●	244	349
					●				96	●	●	●	×	●	●	●	●	●	●	●	●	●	●	×	●				●	●	●	●	●	●	●	●	217	313
				×					89	●	●	●	●	●	●	●	●	●	●		●	●			●			●		●		●	●	●	●		170	259
									77	●	●	●	●	●	●		●	●			●			●	●		●	●	●	●	●						147	224
									80	●	●	●	●	●	●			●			●			●		●		●		●	●		●			●	144	224
									73	●	●	●	●		●	●	●				●	●	×			●	×					●	●		●		128	201
									69	×	●	●			●	●													●								30	99
									64	●	●		●					●			●												●				32	96
									57	●	●	●							●						●								●				33	90
									64	●	●									×													●				21	85
									100	×	●	●	●	●		●	●	●	●		●		●			●			●	●	●	●	●	●	●	●	239	339
									53	●	●	●	●	●		●		●			●					●		●									80	133
									44	●	●				●									●													16	60
●		●							48	●	●																										12	60
									17		●																										4	21
									12				●																								4	16
									12	×																											1	13
									9	●																											4	13
									12																												0	12
									12																												4	12
									8	●																											4	12
									8	×																											1	9
					●	●	●	●	48	●	●	●	●	●	●	●		●		●		●	●	●					●		●		●			●	114	162
				●	●	●	●		60	●	●	●	●	●	●		●				●	●			●	●			●	●		●					90	150
				●	●		●		32	●	●	●	●	●	●											●	●		●	●							61	93
				●	●				33	●	●	●					●						●		●												36	69
									28	●			●	●	●	●												●									32	60
4	4	4	4	49	45	32	28	21		124	120	116	112	105	88	84	80	76	76	69	64	64	62	61	61	60	57	57	56	56	54	52	52	52	52	52		

つまり、アジアはアメーバのように曖昧模糊としている。しかし、堅牢な核がある。それはASEANである。この周りに世界中でも2番目に大きい国際社会がアジア太平洋に形成されている。

　ASEANは冷戦下、自由圏と共産圏との緩衝地帯に位置し、小国を含めて域内国が平和共存する盟約であった。始め5か国であった加盟国は1984年のブルネイ、1995年のベトナム、1997年のミャンマー及びラオス、1999年のカンボジアの加入を経て10か国になった。さらに、東ティモールの加盟が取り沙汰されているが、ここでは除外して考える。

　どうして世界第2の国際社会ができたかというと、前述のASEAN常任委員会が関わっていると筆者は見ている。その議長は加盟国の輪番で開かれる外相会議開催国の外相であり、委員は現地駐在の加盟国大使であった。委員を出すには開催国に大使を置かなければならない。40年も輪番が行われれば、自然とすべての国にすべての国の大使（か代理大使）が置かれるようになる。

　この輪に域外国の有力国まで加わって、**図9—7**に見える完全グラフになった。ただし、イギリスとラオスには、大使交換が欠けているので、正確には19か国である。これは、米州やアフリカには見られない密なネットワークであり、平和的紛争処理に活かされることが期待されている。

　これが渦の中心となって、アジアを一つにまとめている。ASEAN拡大外相会議は、完全グラフとほとんど重なっている。それは域外の参加者がアメリカ合衆国、インド、オーストラリア、カナダ、ニュージーランド、ロシア、韓国、中国、日本、EUの10の国・地域なので、ASEAN+10とも呼ばれる。そこではイギリス、ドイツ、フランスはEUに一括され、完全グラフに入っていないのはカナダとニュージーランドだけである。域外国の協力姿勢は地域の安定に悪いことでない。歴史を振り返れば、太平洋戦争とベトナム戦争は東南アジアに域外大国が介入して起きたものでなかったか。

　北東アジアは、ASEANの求心力によって多大な恩恵を受けた。ASEANを挟まずには、日本が歴史問題でいがみあう中国・韓国と多国間関係を築けなかったことはいうまでもない。それは人権と民主主義について見解を異にする中国と合衆国にも共通の枠組みを提供した。つまり、ASEANをダシにして、関係各国のコンセンサス作りができるようになった。2008年年末、ASEANを媒介とせずに開かれた日中韓首脳会議は、こうした状況から脱する記念碑的な一歩になるであろうか。

　渦というものは、中心はあるものの、輪郭ははっきりしない。なので、ASEANを核にした様々な国際会議ができた。ASEANを内核とすると、日中韓は外核である。これらをまとめてASEAN+3という。それを中心に、太平洋外縁の国々を巻き込むAPECという渦ができたり、ヨーロッパとの対話の場であるASEM（アジア欧州会合）という渦ができたりする。西隣のインドと、東隣のオーストラリア及びニュージーランドを取り込む東アジア首脳会議という渦もできた。

　しかし、最近はこれらに乱立のきらいがある。多国間の首脳外交は重要だ、という声はある

ものの、多忙過ぎても問題である。小泉総理は5年5か月の在任期間中、51回、計220日の外遊をした。アジア関連の首脳会議では、APECが5回、ASEAN＋3が5回、ASEMが3回、アジア・アフリカ首脳会議が1回、東アジア首脳会議が1回、ASEAN主催緊急首脳会議が1回であった(343)。

総理は年2.5回以上は、いつもの面々とテーブルを囲んでいたことになる。APECの意義は、地域におけるパクス・アメリカーナの経済的側面についてコンセンサスを作ることである。ASEMは、その動きに後れを取らない為、ヨーロッパが一席打つ場である。東アジア首脳会議は、インドとオセアニアを加えることによって中国とのバランスを取りながら、合衆国を外して踏み込んだ関係を築こうとする地政学である。これらはどれも代わり映えのしない漠然としたテーマを議題としながらビジネス関係の強化を狙いとするが、効果のほどは疑わしい。特に、アジアが米州とヨーロッパに別個に対応しなければならない理由は何もない。総理の外遊には予備を含めて2機の政府専用機を飛ばすという。首脳外交には莫大な費用がかかることをもっと意識すべきである。

合衆国の覇権は衰退した。パクス・アメリカーナが脅かされたとき、国際社会の成熟が真に試される時がくる。それは遠くない未来である。

図9—7　ASEANを核とする国際社会、2006年

第10章　日本の挑戦

興亡と盛衰の連続が日本外交であった。瓦礫のなかから立ち直った国民の生命力には驚嘆すべきものがある。しかし、国民国家の限界は日本の限界でもある。外交でも、過去には白昼夢でしかなかったグローバリゼーションや入亜（アジア化）を余儀なくされる日が来ないとも限らない。

攘夷──開国・維新・文明開化

　鎖国時代における外交関係は、正式には朝鮮としか存在しなかった。しかもそれは、通信使の訪日と対馬の宗氏を通じた釜山貿易だけという非対称なものであった。オランダとの関係は、長崎出島の商館が大使館でも、領事館でもなく、東インド会社の施設であったことが端的に示すように、国家間のものとは呼びがたかった。

　開国は、マシュー・C・ペリーの来航により始まった。彼の外交成果、日米和親条約（神奈川条約）、は西洋との初の正式な外交関係であった。それは薪、水、食糧、石炭を下田と函館でアメリカ船に供与する取り決めに過ぎなかったが、下田に合衆国の「官吏」を置くことを許した点が画期的であった。そこで下田に総領事としてタウンゼンド・ハリスが1856年に赴任し、玉泉寺に入居した。在日公館として寺院があてがわれるのが、これより幕末の慣例となった。

　函館に官吏を置くことは条約で認められていなかった。それにも拘わらず、翌年、エリシャ・E・ライスが「貿易事務官」の資格で赴任した。英語を解する者もなく、異人に民衆が恐怖心を抱いた当時の国情では、合衆国の官吏がいなければ、港での物資の円滑な供給もままならず、結果として親善に悪影響を与えたであろう。当初、入港したのはほとんど捕鯨船であった。後年、イギリスが函館を重視した理由の一つは、東洋艦隊の避暑地としての役割であったという（344）。開港直前のクリミア戦争では、カムチャツカ半島をイギリス艦隊が攻撃していたから、北西太平洋の軍事拠点として、思いのほかこの港は重要であったかもしれない。

　日本側にしてみれば、開国の話はこれで終わりであった。しかし、タイとの通商条約の締結に成功していたハリスは、日本との交渉にも意欲満々であった。実際、彼は対日条約を交渉する全権委員の信任状を与えられていた。北京に外交使節団を置くことを期してアロー戦争を始めた香港総督ボウリングの助言に従い、ハリスは首都とおぼしき江戸への出府を要求した。将軍への謁見を果たしたときの彼の衣装は、国務省制式の外交官大礼服であり、金色の飾りが施されていた。彼はもはや一商人でなく、純然たる国家代表であった（345）。8か月後の1858年7月、とりあえず平和的に日本と合衆国の間に修好通商条約（安政条約）が結ばれた。

　外交使節団の交換と領事官の派遣は、日米修好通商条約の第1条で定められた。合衆国が送る官吏の職名は、それぞれ「チフロマチーキ、アケント」と「コンシユル又はコンシユライル、アケント」であった。本書の読者ならピンとくるであろうが、「チフロマチーキ、アケント」が意味するのは「外交事務官」という資格または階級の外交使節でないか、という疑問が湧く。なぜなら、同年、中国と合衆国が結んだ天津条約の対応箇所は、「公使または弁務官、または最高位の外交代表」となっているからである。西洋は、相手が主権国家に値するなら、全権公使、値しないなら外交事務官、どちらか微妙なら弁理公使や代理公使、と外交使節の階級を差

別してきた。この時期における外交事務官の例にはハワイやモロッコがある。駐日外交使節が総領事兼外交事務官であっても、1850年代では侮辱どころか妥当であった。外交使節の駐在地は最終的に江戸になったが、当初、幕府は六郷川と神奈川の間のどこかにすることを希望していたという (346)。モロッコに喩えるなら、首都とは別の外交中心地、タンジールのような都市が作られる可能性があった。もちろん単に「外交官」という現在の用語法で「チフロマチーキ、アケント」の語句が使われた可能性もあるにはある。

ハリスは大業を成し遂げた翌年、初代の駐日外交使節となった。階級は弁理公使であった。江戸での住まい、つまり日本で最初の公使館は善福寺であった。善福寺は元麻布に現存する名刹である。境内には、「本邦駐箚初代米国公使館址」と記す碑が建立されている。しかし1863年の火災に伴って明治の初めまで、公使は横浜の関内で執務することが多かった (347)。

彼に次いで将軍に拝謁した常駐外交使節は、イギリスのラザフォード・オルコックであった。彼は総領事からいきなり全権公使になり、ハリスを飛び越えて外交団長になった。幕末の政局におけるイギリスの威信はそれに見合っていた。ただし、幕府側がそのようなことを知って認証をしたのかは分からない。高輪の東禅寺は認証とともに総領事館から公使館に昇格した。善福寺は福沢諭吉夫妻の墓所でもあり、東禅寺には蘭学者大槻玄沢が眠る。米英の最初の公使館にともに著名な洋学者が永眠することは興味深い。

しかし、存在感の大きさゆえに、イギリス公使館は攘夷の標的になった。公使認証の翌年である1861年、水戸藩を脱藩した浪士達が、東禅寺を襲撃した。そこには護衛の為に、幕府の別手組と松平・柳沢両侯の兵が詰め、また外出する館員の為に騎兵が置かれていた。総勢は150人に上ったものの、夜中のテロリズムに対する防御としては用をなさなかった。一等書記官のローレンス・オリファントが眠りに落ちそうになったとき、危険を知らせる鳴子が響いた。のちに分かったところでは、日本人の警備兵、門番、馬丁が1名ずつ死亡していた。白刃で斬りかかる襲撃者に対し、オリファントは鞭を振るって防戦した。彼ともう1名のイギリス人であった領事が手傷を負ったものの、襲撃者は領事のピストルで追い払われた。浪士のうち、戦死したのは2名であり、5名が自害、1名がのちに処刑された。これを第1次東禅寺事件という (348)。

日本人による警備が信用できないと分かったので、次の朝、オルコック公使は横浜から20名の水兵を呼び寄せた。こののち、公使館の警備体制は英仏の水兵と日本人武士によって組まれるようになった。江戸は危ないので、外交使節団は横浜にも公使館を設けるようになった。翌年には、警備の番になった松本藩の藩士が館内に潜んでいたところをイギリスの水兵に発見され、返り討ちにされた。これは第2次東禅寺事件と呼ばれる。幕府は別の地に公使館を新設することにしたものの、そこは長州藩の高杉晋作と久坂玄瑞に焼き打ちされてしまった (349)。

オルコックの次の任地は北京であったが、ビクトリア女王は任命にあたり、外科医出身の彼は「中国人にとって十分な家柄でない」と反対したという (350)。中国は日本より格上と見られていたのである。ハリー・S・パークスも、アーネスト・M・サトウも、駐日公使を経て駐清公使になった。日清戦争と義和団事件の後、北京駐在のクロード・M・マクドナルドが日本

に転任し、このパターンは崩れた。女王の言葉は、家門を重視したセントジェームズ宮廷の保守性を物語るものでもある。

　フランスのギュスターブ・デュシェーヌ・ド・ベルクール代理公使は、オルコックの公使就任と同年に認証された。全権公使への昇任は1862年であった(351)。このとき捧呈されたナポレオン三世の信任状は、飯倉の外交史料館に所蔵されている。それは大判の厚紙に大書され、フランスの威風を象徴するかのようである。公使館は三田の済海寺に置かれた。

　こうして幕末の公使達が勢揃いした。席次は代理公使の任期を除き、概ね英仏米または仏英米の順であった。レオン・ロッシュとハリー・S・パークスが、それぞれベルクールとオルコックの後任として活躍した。当時、本国でナポレオン三世とパーマストン子爵が好戦的な外政を指導したこともあり、公使達の対日態度は強圧的であった。下関戦争と薩英戦争は西洋との力の差を日本人に思い知らせた。アメリカ合衆国は南北戦争に忙殺され、ハリスの後任、ロバート・H・プルーイン弁理公使は、軍艦を寄こせとワシントンに催促した。明治になって、チャールズ・デロング弁理公使がようやく全権公使として認証された。この日本想いの公使は本国の中央政界で活躍する人物ではなかったが、後任のジョン・A・ビンガムは高名な下院議員であった。

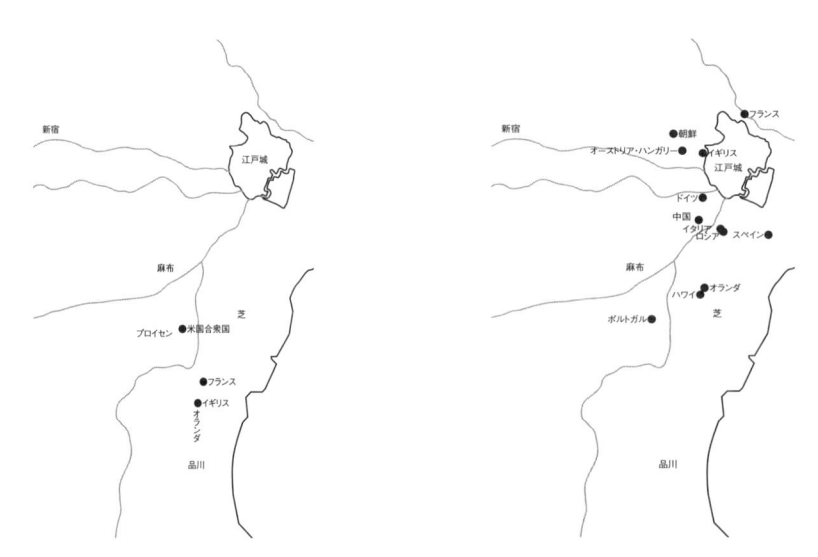

図10—1　幕末江戸と明治東京における公使館
注　1867年頃と1890年から1891年頃。次をもとに作成。川崎『幕末の駐日外交官・領事官』121、127—133ページ；立脇和雄監修『ジャパン・ディレクトリー　幕末明治在日外国人・機関名鑑』第13巻、ゆまに書房、1996年、36—37ページ。

●第10章　日本の挑戦

幕末の1867年における江戸の外国公館を**図10−1**に示す。代理公使級のプロイセンと外交事務官級のオランダの公館も併記する。米仏の公使館は既に述べた通り、麻布の善福寺と三田の済海寺であった。イギリス公使館は東禅寺のやや北、泉岳寺の前に移転していた。プロイセンの公館は麻布の春桃院であり、当時は善福寺の隣にあった。オランダのそれは泉岳寺近くの長応寺であった。以上はいずれも現在の大使館所在地でない (352)。

　麻布はともかくとして、三田と高輪が都心であったとは言いがたい。いうまでもなく、それらは江戸と横浜を結ぶ東海道沿いにあった。横浜は外国と日本を繋ぐ航路の上にあり、また関東で一般外国人の居住が許された唯一の地であった。長所は交通の便だけでなかった。当時の東海道は現在の第一京浜にあたるが、東京湾が埋めたてられる以前は海岸が迫っていた。危急の際、軍艦の援護を洋上に頼むのに便利であったのである。

　尊王は攘夷と連動して高揚した。「国体」に対する国民意識の広がりは、錦の御旗を掲げた明治維新を導いた。*Almanach de Gotha* の1863年版には、ミカドは精神的皇帝、タイクーンは世俗的皇帝と紹介されていた。しかし、勤王の志士にとって、天皇をおいてほかに皇帝がいるなどあり得なかった。

　あろうことか、イギリス公使館がこの動きを後押しした。通訳官アーネスト・M・サトウは「英国策論」なる論文を著して、日本全土の主権を負う重荷から将軍を解放してやり、諸大名と個別に交渉することを提案したのである。論文は学術的な性格のものであったといえ、結果的には途方もない内政干渉となった。幕府は尊王運動に掉さすことができず、政治の中心は京都に移った。最後の将軍、徳川慶喜の居城は大坂城になり、外交団も上方に随行した。志士達と新撰組によるテロリズムの応酬が吹き荒れる京都は、外国人にはあまりに危険であった。パークスは大坂城裏の大名屋敷をあてがわれ、ここがしばらく仮のイギリス公使館となった。幕末に開港したばかりの神戸が、江戸に対する横浜のような地位を占めた (353)。

　大政奉還によって、主権は名実ともに新政府の手に渡った。初めての外交は、神戸で外国事務取調掛が仏英伊の公使と普蘭米の代理公使と会見したこととされる。このとき、政権交代が伝えられるとともに、岡山藩兵がフランス兵と交戦し、英仏軍が神戸を占領した神戸事件についての折衝が行われた (354)。他方、当時の公使達が強い関心を抱いていたのは、キリスト教の解禁と隠れキリシタンの保護であった。

　明治政府の外交当局は始め大阪に置かれ、京都に移り、遷都とともに東京に定まった。東京では神田と築地の各地を転々とし、1871年、霞が関の現所在地に移転した。築地は江戸が開市場になったとき、外国人居留地に指定されていた。そこには、外国人にとって比較的快適な居住環境があった。アメリカ合衆国を始め、ペルー、オーストリア・ハンガリー、スペインといった国々が、居留地に公使館を置いたこともある。しかし、明治も半ばになり、攘夷が消え失せ、東京全体が西洋化されると築地のメリットは感じられなくなった (355)。

　1890年から1891年にかけての公使館所在地を見ると、皇居周辺への凝集が明らかである。合衆国大使館は既に赤坂の現住所に移っている。占領期にダグラス・マッカーサー最高司令官が住み、物議を醸した昭和天皇との写真を撮ったのは、敷地内にある公邸においてであっ

た。それは1931年に建てられ、戦時に水漏れなどの損傷を受けたものの、改修されて現存する。しかし、H・バンビューレン・マゴニグルとアントニン・レイモンドの設計により同時に建てられた大使館事務所は1971年に建て替えられた(356)。イギリスの大使館も、一番町の現敷地(当時は五番町)に見える。他の公使館は今は官庁街になったところに移転した。封建制度の崩壊により、大名の江戸屋敷始め武家屋敷は少なからず不要となった。また、寺社の地位も低下した。こうして吐き出された余剰の土地が、外国公館や官庁の用地として使われた。なお、地図にはベルギー公使館が見えないが、それは当時、横浜居留地にあったからである。

　明治政府の接待施設としては、延遼館と鹿鳴館が利用された。明治天皇の誕生日である天長節のパーティには多くの外国人の貴賓が招かれ、文明開化の成果を内外に示す「鹿鳴館外交」の晴れ舞台になった。延遼館は築地の浜離宮にあり、当時の外務省と居留地のすぐそばであった。鹿鳴館は現帝国ホテルの隣である大和生命ビル付近にあたるが、ここも外国人には便利であった。それは片や霞が関の外務省、片や盛り場の銀座に接したばかりでなく、城南の公使館集積地と築地との中間でもあったからである。

居留地——不平等条約時代とその後

　貿易の始まりは、居留地の始まりでもあった。イスラム世界、中国、タイの例から推測されるように、法規、風俗、肉体的特徴を異にする西洋人は、雑居または混住を望まなかった。幕府もそれが攘夷や反乱に繋がることを恐れた。特に、天皇と寺社の町である京都はタブーであり、ハリスが話題をそこに向けると、彼らは腫れものに触らせないぞとばかりに論駁した(357)。

　日米修好通商条約によって、函館は貿易港として開かれた。1859年に通商が始まったのは、函館、横浜、長崎であった。下田は横浜開港ののち閉鎖された。幕末の大部分、開港場として機能したのは事実上、3港だけであった。つまり、北海道、本州、九州の3つの島はそれぞれ、これらが一手に引き受けた。そして、それぞれに各国の領事機関が置かれたが、横浜では総領事館が、函館と長崎では副領事館が目立った。幕府との連絡が容易な横浜が、外国勢力の対日拠点となった。

　攘夷は居留地在住の外国人を恐怖に陥れた。生麦村は、自由に外出できる横浜居留地から10里四方のなかに含まれた。ここで、イギリスの冒険商人が薩摩藩の行列を乱した為に殺され、イギリス海軍は薩英戦争を起こして報復した。横浜駐留の英仏軍は、既に公使館警備兵として歴史の表舞台に姿を露わしていた。これをきっかけに、その意義は幕府にも認められ、1863年、英仏は幕府に横浜の防衛権を確認させた。現在の「港の見える丘公園」が駐屯地であった。生麦事件、イギリス公使館焼き打ち事件、そして下関戦争の際には、大規模な攻撃に対する居留地防衛計画が策定された。最悪時には、幕府も攘夷に加わって攻撃してくることが想定されたという。外国正規軍と外国人傭兵が共同して居留地を防衛するといえば、太平天国軍に囲まれた上海のことが頭をよぎる。横浜の居留民達は、参事会を作って自治を推進した。しかし、「植民地化」は阻止された。自治は1867年、駐留は1875年、それぞれ終了し、上海とは別の道を横浜は辿った(358)。

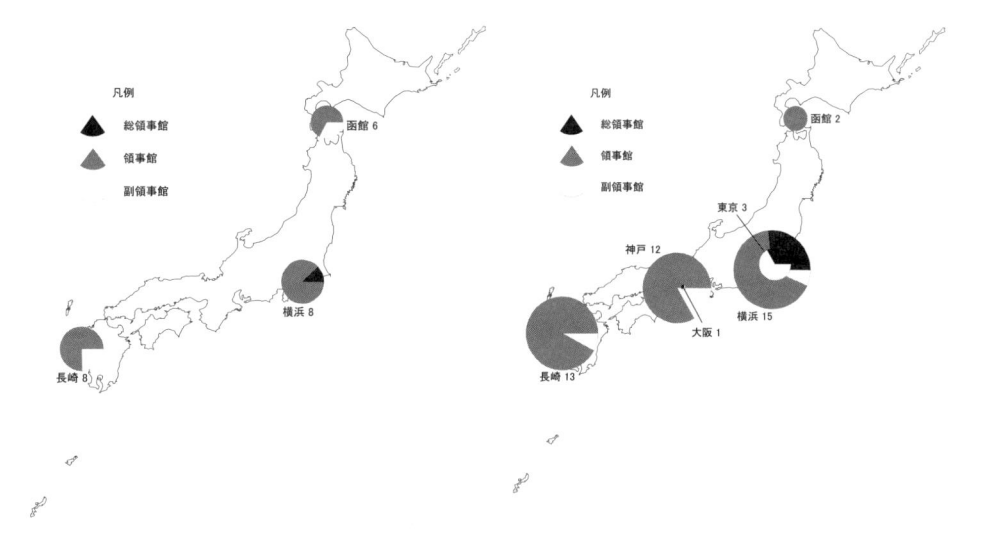

図10—2　幕末（1867年）と明治（1891年）における領事機関の配置
出所　次をもとに作成。川崎『幕末の駐日外交官・領事官』193—199、236—239、267—271；立脇『ジャパン・ディレクトリー　幕末明治在日外国人・機関名鑑』36—37、63—84、123—124、145、152、163ページ。

　神戸と新潟の開港、そして東京と大阪の開市は、攘夷の猛威を前に、条約が設定した日に実施されることなく延期された。神戸と大阪はかろうじて幕末に、新潟と東京は明治になって開かれた。開市場での居住は条約で認められた訳でなかったものの、運用上は許されていた。東京には築地居留地が設定された。大阪は開市後直ちに開港場に改められ、川口居留地が設けられた。新潟に居留地は置かれなかった。居留地には、波止場、倉庫、税関、商館、教会、ミッションスクール、英字新聞社、洋食屋、ホテル、中華街、銀行のような定番の施設が建ち並んだ。ガス灯、アイスクリーム屋、邦字日刊紙など、居留地発祥といわれ、日本社会を変えたものは少なくない (359)。

　明治前半は概ねハリスの安政条約に沿って、各地の領事団が発展した。とりわけ、神戸の成長は目覚ましく、東の横浜と並び、関西における国際化の中心地になった。神戸の特徴は、外国人による自治が大阪同様、条約改正まで続いたことである。その最高機関は居留地会議であり、領事団、兵庫県知事、居留民代表から構成された。そのもとに、行事局という執行機関が置かれ、警察さえ運営した。それは上海式の自治に限りなく近かった (360)。

　しかし、日本人の間では領事裁判権を定めた不平等条約への反感が高まっていた。おかしな判決が下されるたびに、怒りの世論に火が付いた。ハートリー事件では、禁制のアヘンを密輸した商人に、そして、ノルマントン号事件では、難破船から日本人を救助しなかった船長に、イギリス人判事は無罪と判決した。背景には根深い東洋人差別があり、マリアルス号事件では、ペルー国民に対する裁判が不法であるとして、ロシア皇帝による仲裁にまで発展した。交渉の

の為に、ペルーから来日したガルシア・イ・ガルシア特命全権公使が投宿したのは、築地居留地であった (361)。

　1899年、居留地と領事裁判権は廃止された。日本は日英通商航海条約を皮切りに、諸外国との新条約締結に成功した。これらの発効と同時に、全居留地は廃止された。日英条約の署名は7月16日であり、日清戦争の開戦に先立つこと9日に過ぎなかった。条約改正の宿願のもう一半、すなわち関税自主権の回復は日清・日露の戦役後であった。しかし、一半は平和的に成し遂げられたのである。それは官民が一つになって、文明開化に邁進した結果であった。

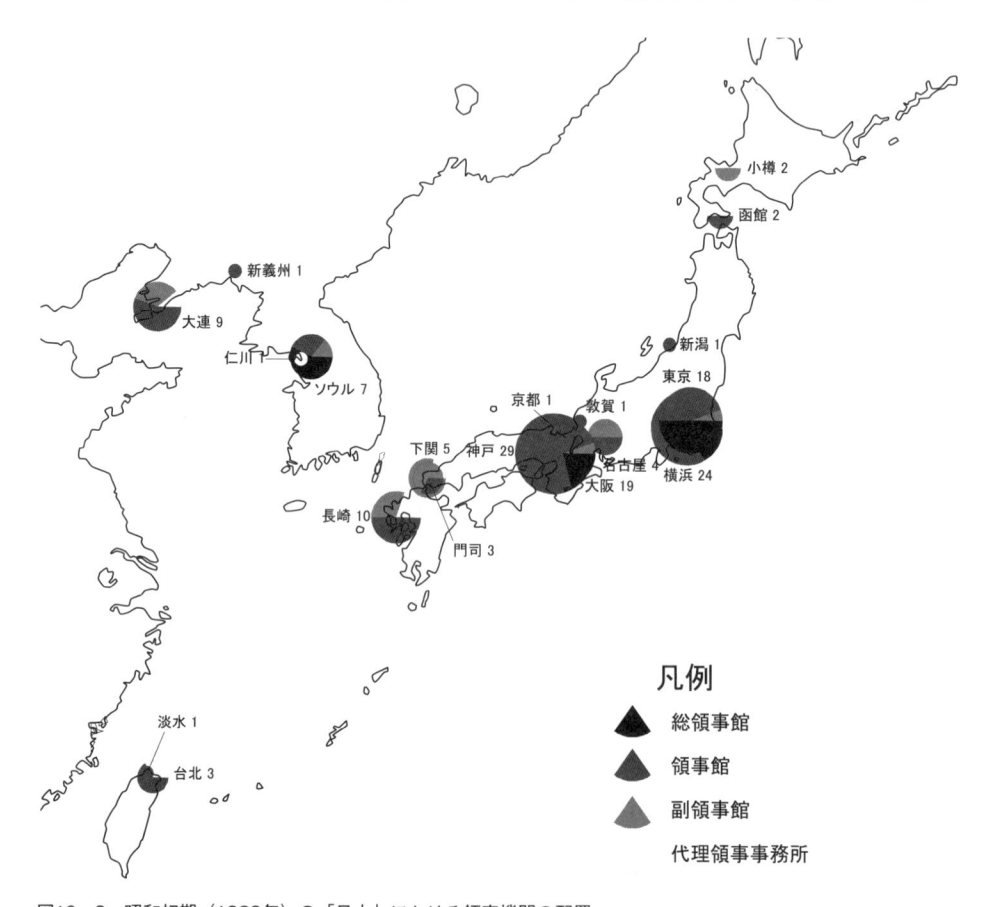

図10—3　昭和初期（1939年）の「日本」における領事機関の配置
出所　次をもとに作成。Chamber of Commerce and Industry of Japan, *Trade Directory of Japan*, 1939 ed. (Tokyo: Chamber of Commerce and Industry of Japan, 1939), pp. xxii-xxv.

居留地廃止により、外国人はどこでも居住し、旅行することができるようになった。これを内地雑居という。領事機関の所在地も、安政条約の7開港場・開市場だけでなくなった。昭和初期の分布を見ると、幾つかの新顔の都市があったことが分かる。

　筆者の住む名古屋を例に取ろう。同じ伊勢湾に面する港で開港場に指定されたのは、四日市港の方が先であった。名古屋港は「七里の渡し」で知られるように、江戸時代は熱田の宮宿から桑名宿への航路として栄えていたものの水深が浅く、大きな貿易船は接岸できなかった。しかし、貿易を拡大したかった財界の運動が実って港が改修され、国際貿易港として開かれた (362)。

　名古屋に初めて駐在した領事官は、1912年に代理領事になった合衆国の宣教師であった。彼は四日市にも貿易上の書類を発行する為に出張したという。地場産業の陶磁器業者が輸出を伸ばす為、領事館の誘致を試みた。その甲斐あって1920年、名古屋市にアメリカ合衆国領事館が開館した。フランス大使がその3年後に名古屋を訪れたとき、これまでどの国の大使もこの町を訪問したことがないと報告している。彼は、磁器工場、楽器工場、自動車会社、そして医科大学を訪れ、工業の発達に目を見張った (363)。

　1935年にはタイ名誉領事館が開かれた。当時の建物が堀川にかかる納屋橋のたもとに現存する。この旧加藤商会ビルは国の有形文化財に登録され、今はタイ料理店が入居している (364)。

　タイ、名古屋、昭和初期の3者を結び付けたのは世界史であった。1931年9月の満州事変は、日本を国際的な非難の矢面に立たせた。そのさなか、一人の賓客が横浜に上陸した。病気治療の為訪米したタイ王が帰途、日本に立ち寄ったのである。彼は箱根富士屋ホテルで一泊し、翌日、汽車で名古屋に到着した。それは故チュラロンコーン王が贈った仏舎利を安置する覚王山日泰寺（当時は日暹寺）を訪れる為であった。沿道では数万人が両国の旗を振って迎えたという。わずか2時間で名古屋を去った一行は岐阜で鵜飼を楽しんだ後、京都都ホテルに投宿し、翌日、神戸港を出立した。さらに1933年、リットン報告書を受けた国際連盟の決議が賛成13、反対1、棄権1で通過すると、日本は連盟を脱退した。このときの反対は日本であり、棄権はタイであった。国難のなかにあって、タイだけが友人に見えたとしても不思議なかった。タイ・ブームが日本で起きた。

　当時の矢田部保吉公使は、日タイ友好にことのほか熱心であった。彼の時代に、大阪、神戸、名古屋に名誉領事館が開かれた。名誉領事ならば、タイ側にはそれほど負担にならなかった。名古屋の名誉領事に任命された加藤勝太郎は、米取引上の関係がタイに対してあったという。8か月後の1935年12月、国際学友会が近衛文麿を会長として設立された。これは来日する留学生に便宜を図る為の団体であった。タイ人は留学生のなかで大きな割合を占めていた。名古屋名誉領事館の仕事は、渡航する日本人へのビザ発給とタイ人留学生の保護が中心になった (365)。

　他の新顔の都市にも、それぞれの歴史があったはずである。小樽は札幌の外港であり、「北のウォール街」とも称された金融の中心地であった。敦賀は日本海における大陸との窓口、下関は西日本の交通の要衝、門司は筑豊炭田を後背地とする九州の玄関であった。敦賀のソ連領

事館は港を見下ろす位置にあったので、戦略情報が漏れることに敏感であった軍部は移転を希望していた。敦賀市は金崎宮の行事を理由に移転を要求した。ソ連はなかなか応じなかったものの、日本の敗色が濃くなるとついにそれを閉鎖した (366)。

　植民地について目をそむけてはならない。台湾は天津条約によって諸外国に開かれた。そのとき（総）領事館が置かれたのは、台北の外港、淡水と台湾南部の高雄であった。やがて行政上の中心地は台北に定まり、日清戦争で日本に割譲されたのちにはそこに総督府が置かれた。こうして領事官の多くは台北に駐在することになった。

　大連は日露戦争で奪った租借地であった。ロシア人が巨費を投じて建設した市街地を下地に、もう一つの日本が作られた。敗戦後の引揚者に、大連の記憶は戻ることのない過去への深い喪失感を与えた。その一人、清岡卓行は散文詩ともいうべき小説『アカシヤの大連』をものした。彼の随筆によると、イギリス領事館は大連中心の大広場に面した。満鉄が経営し、今は大連賓館と呼ばれるヤマトホテルの隣にそれはあった。真珠湾奇襲が報じられた日には、中学生が侵入してイギリス国旗を地に落としたという (367)。

　朝鮮では1910年の併合後も外国の領事官達は駐在した。彼らの主な関心事は、宣教師の布教活動であった。併合の直後には総督を暗殺しようとしたとの理由で、百人以上が検挙された宣川事件が起きた。主な被疑者はキリスト教長老派のミッションスクール関係者であった。日本の統治は欧米から非難された。自国の立場を理解してもらおうと、総督は他の宣教師との会見に応じ、駐米大使はワシントンでの弁明に追われた。1919年の三・一独立運動では、多数の朝鮮人が死亡した。虐殺に対して、イギリス総領事やフランス領事が総督府に抗議した (368)。第二次大戦まで、西洋諸国は日本の統治を監視した。

大使交換——日露戦争の一戦果

　一総領事の受け入れから大使の交換までを、日本は半世紀のうちに駆け抜けた。もっとも、それまで大使と呼ばれた者はない訳でなかった。しかし、彼らは常駐使節でなく特使であった。有名なのは岩倉使節団の団長、岩倉具視である。ほかにも、北京に特派された副島種臣が挙げられる。

　副島が訪中したとき、中国流と西洋流のいずれの儀礼を採るかを巡って、清朝宮廷と外交団の関係は著しく紛糾していた。3回ひざまずいて9回、頭を床に叩き付ける三跪九叩頭の礼は、特に公使達がやりたくないことであった。副島もこれを拒否した為、皇帝との謁見は見合わせられるかと思われた。また副島は一時的滞在に過ぎなかったにも拘わらず、北京外交団に対して大使の自分が最上位であると譲らなかった。国書を捧呈できないので帰国すると副島が言い出したことに慌てたのであろう。彼はお辞儀するだけで立ったまま謁見することを許された。しかも、それは各国公使に先立ってのことであった (369)。副島は大公使の峻別の立場からそれを主張していたものの、現職の外務卿（大臣）であった彼が上席であることは外交儀礼上、当然であった。

　外交使節の官制は1870年に定められた。そこでは独特の用語が使われ、全権公使は「大弁

務使」、弁理公使は「中弁務使」、代理公使は「少弁務使」といった。当初、その任務として期待されたのは、留学生の世話といった雑務であった。既成の「公使」という語が使われなかったことからも、明治政府が身近に知っていたパークスのような外交使節と違った仕事をさせる意図があったことが察せられる。「弁務使」というのはおそらくコミッショナーの訳である。ところが出立が近づくと、弁務使はにわかに大中少に分けられ、外交使節の階級が割り振られた。最初に任命されたのは、駐欧少弁務使の鮫島尚信と駐米少弁務使の森有礼であった。イギリスは、対日関係を独占していたパークスの意見を聞いて、鮫島を外交使節の儀礼をもっては遇さなかった。しかし、仏独は彼を認証してくれた。彼らは留学生の世話や御雇外国人の採用によって文明開化に貢献した。アジアの一小国にとって、国際社会で主体的活動をする準備が整ったことの意義は計りしれない (370)。

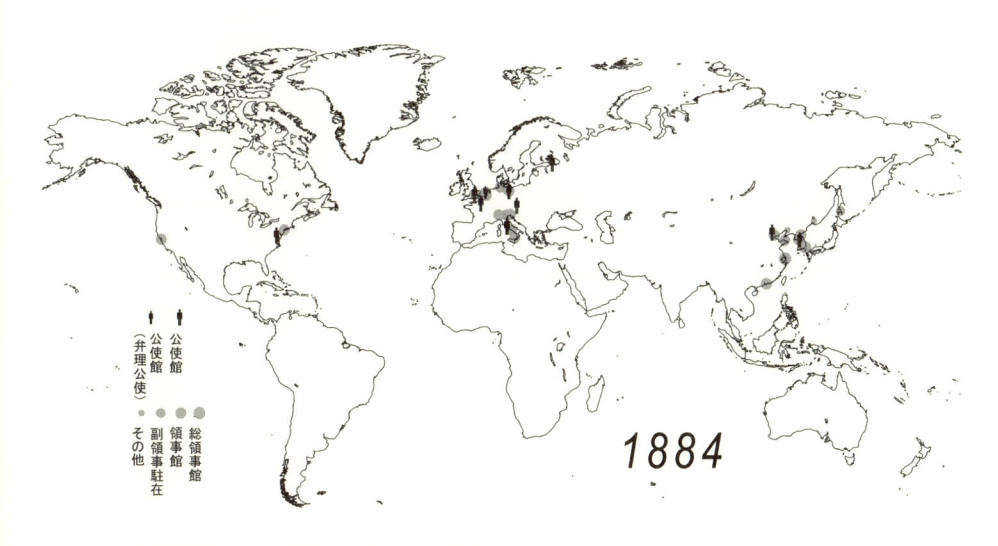

図10—4　明治前期における日本の大公使館・領事機関
出所　次をもとに作成。外務省百年史編纂委員会編『外務省の百年』下、1493—1501ページ。

　この折に大使を官制に加えることも検討された。しかし、大使は「君主同様の威権」を持つので人選次第はまったく「別格」であるとの理由でそれは実現しなかった (371)。ヨーロッパの奥の院に対する畏敬の念があったのであろう。
　鮫島と森は1871年にそれぞれパリとワシントンに公使館を開いた。さらに翌年には、寺島宗則大弁務使がロンドンに着任した。この年、特命全権公使、代理公使、一等から三等までの書記官、総領事、領事、副領事、代領事（代理領事）など、ほぼ今日の名称が定まった。参事官は、大使館ができてその次席が必要になるまでは不要であるという認識から設けられなかった。1874年までにサンクトペテルブルク、ウィーン、ベルリン、ローマ、北京と主立った首都に

公使館が正式開館した。明治前半は、定員令により10名を越える公館長を任命できなかった。その為、公使館が置かれない国は他館の兼轄とされた。日清戦争後の1896年、大隈重信外相はハワイ、メキシコ、ブラジル、タイに公使館を設ける方針を示し、翌年実現した (372)。

　ご多分に漏れず日本でも、十九世紀の外交官は貴族の職業であった。「浅野、戸田、蜂須賀、長岡、徳川」といった旧大名は、交際費に私財を投じることを期待され、公使に任命された。しかし、陸奥宗光外相の時代に外交官領事官試験が導入されたことを発端として、職業外交官が強力な官僚団を形成していくことになる (373)。

　大使交換は、外交における「坂の上の雲」であった。なかでも熱心であったのは、条約改正に大きな足跡を残した青木周蔵であった。合衆国が1893年に大使交換を果たしたことは、新興国に希望を与えた。駐露公使であった青木は、日本もそれを計画的に実行するよう本省に意見した。彼によると、さらなる文明開化に努めて国際競争の場に打って出ることが必要であった。なかでも、人権と自由交通の努力は不可欠であった。中国のように固陋にこもるのも、単なる小康状態に甘んじるのもよくないとされた。外相はこれを伊藤博文総理に見せた。維新から30余年を経て、初心を忘れずなお文明開化を熱く説くさまには感嘆させられる。さらに、1898年には東京のフランス公使が個人的な意見として大使交換を勧めたことから、大隈外相が駐仏・駐英両公使に両国の意向を照会させ、さらに林董駐露公使からは自身の大使昇任の希望が伝えられた。翌年、外相になった青木が閣議に大使館設置を提案したが、実らなかった (374)。

　このように、外交官の間からは澎湃と期待が沸き上がったものの、積極的な働きかけが諸外国からあった訳でない。決め手となったのは、日露戦争での戦勝であった。ポーツマス条約によって講和がなると、大使交換の内意が各国から伝えられた。最初に着任した駐日大使はイギリス公使であったマクドナルドであった。信任状が届くのには時間がかかったので、日本政府は1905年11月に捧呈式を待たず、通告のあった10月に遡って承認したことにした (375)。日本側の初代駐英大使、林董を任命したときの官記は、明治天皇の「睦仁」の御名と「天皇御璽」の印影もあざやかに外交史料館に保存されている。1908年中までに7公使館が、敵国であったロシアに置かれたものを含めて大使館に昇格した。青木はというと、初代駐米大使に任じられた。剣によって、日本は大国の仲間入りを果たしたことになる。

　しかし、日本外交の弱点は早くも露呈していた。開戦は1904年2月4日の御前会議で決議された。外相は駐露公使に暗号文で最後通牒を打電した。それを読まずに公使が皇帝主催の観劇会に出たところ、みなが深刻な事態に日露関係が陥ったことを知っていた。シギントの先進国、ロシアは電文を解読していたのである。これだけでなかった。翌年、ロシアは、ドイツの電文をモロッコ問題で同国と対立したフランスに渡す代償として、日本の電文をフランスから受け取った。戦間期には合衆国陸軍が組織した暗号課「ブラック・チェンバー」により通信が傍受され、ワシントン会議での交渉の方針が筒抜けになっていたことが暴露されている。情報将校、明石元二郎大佐の日露戦争における活躍にも拘わらず、諜報戦全体では必ずしも日本の勝利とはいえなかった訳である (376)。

東京——戦前の大公使館

　表 **10−1** に見えるように、戦勝で東京の外交団は急膨張した。それは大国による大使館昇格だけでなく、中小国による公使館設置も呼び込んだ。北京に代わって、東京がアジア外交の中心地になった。

表10—1　日本における外交的地位

順位	国	1870	1880	1890	1900	1910	1920	1930	1940	得点
1	イギリス	◎	◎	◎	◎	●	●	●	●	28
1	イタリア	◎	◎	◎	◎	●	●	●	●	28
1	フランス	◎	◎	◎	◎	●	●	●	●	28
4	アメリカ合衆国	△	◎	◎	◎	●	●	●	●	27
5	ロシア（ソ連）		◎	◎	◎	●	●	●	●	25
6	ベルギー		◎	◎	◎	◎	◎	●	●	23
7	ドイツ（プロイセン）	×	△	◎	◎	●		●	●	21
8	オランダ	△	△	△	△	◎	◎	◎	◎	20
8	スペイン		△	◎	◎	◎	◎	◎	◎	20
10	中国			◎	◎	◎	◎	◎		15
11	タイ				△	◎	◎	◎	◎	14
11	ブラジル					◎	◎	◎	◎	14
13	ポルトガル			×		◎	◎	◎	◎	13
14	スイス					◎	◎	◎	◎	12
14	スウェーデン					◎	◎	◎	◎	12
16	オーストリア・ハンガリー	×		◎	◎	●				11
16	ペルー		△				◎	◎	◎	11
16	メキシコ				△	△	×	◎	◎	11
19	ノルウェー					×	◎	◎	◎	10
20	チリ						◎	◎	◎	9
21	アルゼンチン					×	×	◎	◎	8
21	トルコ							●	●	8
23	カナダ							◎	◎	6
23	ギリシア						◎		◎	6
23	チェコスロバキア						◎	◎		6
23	デンマーク						◎		◎	6
27	フィンランド						×	×	◎	5
28	ルーマニア							×	◎	4
28	満州国								●	4
30	アフガニスタン								◎	3
30	イラン								◎	3
30	エジプト								◎	3
30	キューバ								◎	3
30	コロンビア								◎	3
30	ハンガリー								◎	3
30	ポーランド							◎		3
30	ボリビア							◎		3
30	韓国				◎					3
39	ハワイ			△						2

注　●（大使級）＝4点、◎（全権公使級）＝3点、△（弁理公使級）＝2点、×（代理大公使級）＝1点。「データについて」を参照。

- 欧米の諸大国は何回か間断はあったものの、常時、全権公使か大使かを置いた。そのなかには、英米露（ソ）のような極東の主要プレイヤーのみならず、仏独伊のような、たまにしか、あるいはまったく顔を出さなかった国が含まれた。
- フランスは仏領インドシナを領したものの、日本とはさしたる懸案もなく、第二次大戦まで友好関係が続いた。高名な詩人でもあったポール・L・C・M・クロデル大使が本国に送った報告からは大使の日常業務が垣間見られる。例えば、レジオンヌヌールを始めとする勲章を日本人に手配した記事がある。フランス文化の伝道や日仏の友好に尽くした人々への叙勲は、市民のなかに味方を作るパブリック・ディプロマシーの一環である。また彼は渋沢栄一とともに、民間交流の拠点である日仏会館と関西日仏学館の設立に貢献した。これらは現在も運営されている。さらに政教分離の立場上、介入はしなかったものの、カトリック教会の司教区がフランスの修道会から他国の修道会に管轄が移されてしまわないかと彼は見守っていた (377)。
- ハプスブルク帝国は第一次大戦で分割される以前、堂々たる大国であった。それはかろうじてトリエステにより外洋と接し、日本とは最も疎遠な大国であった。日清戦争のころ、ハインリヒ・クーデンホーフカレルギー参事官が代理公使を務めていた。彼が青山みつという日本人と結婚し、次男のリヒャルトがパンヨーロッパ運動の創始者としてヨーロッパ統合史を飾ることになるのは有名である。ところが彼は余計なこともしてくれた。ウィーン政府がある人物を駐日公使にするアグレマンを求めたところ、陸奥大臣はクーデンホーフカレルギーの言った悪口を真に受けて、アグレマンを拒否してしまったのである。腑に落ちない仕打ちを受けたオーストリア・ハンガリーは執拗に抗議した。アグレマンを拒否された人物はこの後、駐英大使に栄達した (378)。
- 表の情報には *Almanach de Gotha* 編集部の世界観が反映しているので、異論の余地がある。1920年にはロシア帝国の大使館があることになっているが、実際にはソビエト政府がモスクワの主であった。内戦期の諸勢力のなかで、日本が正統と見なしたのは、西シベリアのオムスクに拠ったアレクサンドル・V・コルチャク提督のそれであった。日本は1919年8月に加藤恒忠を臨時特命全権大使に任命し、2か月後、大使はオムスクに到着した。ところが、提督はたちまちオムスクを放棄し、翌年2月に銃殺されてしまった (379)。
- アジアからは、中国公使が1877年に着任した。初代は何如璋であったが、正式には「欽差出使大臣」が彼の官名であった。公使館員は漢学者達と筆談で交遊した。肝心の外交では、琉球処分や朝鮮問題といった難題が日中関係を険悪にした。使節団には書記官（参賛）の黄遵憲がいた。在日経験は彼の詩業と歴史書『日本国志』執筆に寄与し、また外交官としての見聞は光緒年間の変法運動に彼を巻き込んだ (380)。
- 日本とタイとは、1897年に互いに公使館を開設した。始めは外交使節の階級は弁理公使であった。翌年には友好通商航海条約が結ばれた。外務省には「三シャを避ける」というジンクスがあったという。ギリシア、イラン（ペルシア）、そしてタイ（シャム）は、官歴の袋小路の「うば捨て山」といわれた。確かに、これらはいずれも言語、宗教、地理、歴

史が他国とかけ離れ、在勤経験を別の任地で応用するのは難しそうである。しかし、駐タイ使節にはしばしば現地への強い愛情を持つ外交官が現れた。覚王山の仏舎利を求めたのは、初代弁理公使の稲垣満次郎であった。政尾藤吉は、同じ年に法律顧問として渡って16年間滞在したのち、全権公使として再び赴任した。国際学友会を提唱した矢田部公使は、17世紀に山田長政が暴れまわったとされるアユタヤの日本人町の発掘に協力した。なお、戦後は駐タイ大使の格は非常に高く、1980年代後半には、米ソ中に次ぎ、インドネシア、韓国、イギリス、フランス、ドイツ、国連と並ぶ「Aクラス」のポストであったという。それらの人事にあたっては総理大臣の了承を要したとされる(381)。

図10—5　第二次大戦直前の東京の大公使館（下地の地図は現在の東京）
注　1939年の状況。次をもとに作成。Chamber of Commerce and Industry of Japan, *Trade Directory of Japan*, 1939 ed., p. xxi.

1923年の関東大震災は外国公館にも被害を与えた。クロデルはその模様を報告している。フランス大使館は倒壊しなかったものの、火事によってかなりの部分が焼け落ちた。横浜駐在の領事は弁護士との会談中に領事館に押し潰されて死亡した。港の見える丘公園のフランス山がその地である。現在、残っているのは震災後に再建され、第二次大戦後、焼失した領事館の遺構である。焼け出された大使は横浜から自国の船「アンドレ・ルボン」に乗り込み、そこで他国の外交官・領事官とともに執務した(382)。

　震災後、皇居周辺から多くの大公使館が城南地区一帯に移転した。近衛師団の喧騒から逃れる為、フランス大使館は九段から現在の南麻布に居を変えた。霞が関の都市計画の為、イタリア大使館は三田へと移った(383)。これは、市街地の拡大に対応した現象でもあった。東京駅前の丸の内には丸ビルが建つなど開発が進んだ。コロンビアとデンマークの公使館が置かれたのはその近辺であった。山手線とそれとターミナル駅を共有する私鉄が発展し、副都心が成長した。しかし、大公使館はまだ山手線内に収まっていた。西端のアフガニスタン公使館は渋谷の青山学院大学の向かい付近、南端のチリ公使館は白金にあった。地図に「中国」とあるのは中華民国のことである。そこは今外務省の飯倉公館になっている。皮肉にも、現在の中華人民共和国大使館は往時の満州大使館跡にある。IT起業家とその逮捕で有名になった六本木ヒルズ付近には、かつてイランとルーマニアの公使館があった。

　戦時は徐々に到来した。ポーランド侵攻をもって開戦した第二次大戦の第一幕は、ヨーロッパ大戦であった。まだ、日本の参戦は差し迫っていなかった。三国同盟の締結で、めっきり戦時色が濃くなった。外相との面談日、イギリス側とドイツ側と中立側に外交団の待合室は分けられた。それは、対戦国同士が同室にならない為の配慮であったはずである。国会開会式の外国外交官席でも同じであった。国祭日のパーティは減少した。日米開戦の5日前、緊迫のなか、ジョセフ・C・グルー合衆国大使はある皇族の葬儀で外交団長として榊を捧げた(384)。

　国家危急の時節がら、諜報戦は熾烈を極めた。ゾルゲ事件はドイツ大使館を舞台にした。リヒャルト・ゾルゲはロシア人の母を持つドイツ人であった。青年時代から共産主義革命を夢見てコミンテルンに加わり、来日時にはソ連赤軍第四部の所属であった。彼の仮の姿はドイツの有力紙、フランクフルター・ツァイトゥングの記者であった。のちに大使となった駐在武官のオイゲン・オットの信頼を得て、来日3年後には大使館内に個室を与えられた。そこは、館内の機密文書を写真に撮るのにもってこいであった。ソ連の在日公館に出入りすることは、1927年の中国とイギリスにおける家宅捜査後は危険と判断されたので、やらなかった。彼は、近衛文麿総理のブレーン、尾崎秀実ほか貴重な情報源の人脈を築きあげた。これによって、独ソ戦とそれに対する日本の対応、そして対米開戦に繋がった南進政策への転換を、ただしくモスクワに告げられた(385)。

　ゾルゲは真珠湾奇襲を見る前に逮捕された。ソ連大使館は事件への関与を否定した。日本政府もそれに言及しなかった。日ソは両国の中立関係に事件を影響させない一点で暗黙に合意していたと思われる。1944年、彼は処刑された。彼の身柄は対ソ交渉のカードにならないと結論が下ったのであろう(386)。

敵のスパイを信頼したオット大使の立場は当然、悪くなった。日本の参戦後のことになるが、イギリス人捕虜の体を縛りあげるよう日本政府に要求せよ、とのヒトラーの命令を彼は受けた。可能な限りそれに抵抗したのが災いしたのか、ついに大使はリッベントロップ外相に更迭された。後任はハインリヒ・G・シュターマーというリッベントロップの腹心であった。それは南京国民政府駐在の大使からの転任であった。親分の前歴がワイン商人であったように、新大使は乾電池商であったという。何より彼が警戒したのは在日ドイツ人によるナチへの反逆であった。警察担当官は館外の一般人まで弾圧することを企てた。この男は日本の憲兵に不良ドイツ人なるもののリストを渡し、逮捕させた (387)。

　いよいよ1941年12月8日、日本は開戦した。在米大使館による宣戦布告の遅れはリメンバー・パールハーバーの標語を生み、合衆国市民の士気を奮い立たせた。敵地における両国の大使館と領事館は機能を停止した。スウェーデン、スイス、スペイン、そしてポルトガルが日本の利益保護国になった。スウェーデンは連合国による占領が終わる1952年まで、利益保護国であったという。合衆国の利益保護国にはスイスがなった (388)。

　公館員は監禁された。しかし瀋陽（奉天）で、連合国の領事官は小型のラジオに耳を押し付けてマニラからの放送を聴き、他国の館員と窓から黒板を出したり、使用人を往来させたりして、互いに連絡を取りあったそうである (389)。

　外交官と領事官の交換は1942年7月、中立国ポルトガルの植民地であったモザンビークのマプト（ロウレンソ・マルケス）で行われた。連合国の外交官は、日本発の浅間丸に乗せられ到着した。ただし、中国で抑留された者はイタリア船のコンテ・ベルデ号で運ばれた。日本の外交官はニューヨーク港からスウェーデン船のグリップスホルム号に乗せられた。合衆国駐在の野村吉三郎大使と来栖三郎大使、そしてブラジル駐在の石射猪太郎大使は、赤十字の記章を付けた浅間丸で帰国した (390)。

　中立国にいた日本外交官は、外交で事態が改善できないか探っていた。最も知られているのは、佐藤尚武駐ソ大使による独ソ間の講和の働きかけである。日本自体の戦況悪化に伴い、米英に対する仲介をソ連、スイス、スウェーデンに依頼する動きがあった。しかし、先方には受諾の意思が皆無であった。

　ドイツの降伏後、東京のドイツ大使館は、ヒトラーの追悼式を行った。館員達は河口湖の富士ビューホテルに疎開することになっていた。しかし、引っ越しを済ます前に、5月25日の空襲で大使館は全焼してしまった。永田町という絶好地にあったその敷地は、ドイツの権威を象徴するかのような存在であった。それは明治以来、陸軍省の隣にあり、国会議事堂が1936年にできてからはそれにも隣接した。跡地には国立国会図書館が建てられた (391)。

　孤軍奮闘の日本に外交はなかった。ポツダム宣言の受諾と降伏文書の締結は大空白期の始まりであった。開国以来、営々と築きあげられた日本外交の成果は、ここで一度無に帰した。

海外発展者——世界を闊歩した日本人

　開国によって、外向的な国民に日本人は一変した。「海外発展者」とは、一旗上げてやろう

という大志を持って海外雄飛を試みた人々である。

外国への渡航は、パリ万博に参加した幕府と薩摩藩の各一行を始め、使節や留学生として維新以前から多数あった。事実、パリ駐在の名誉総領事は幕末のポール・フルリーエラールも明治政府のモンブラン伯も、彼らの面倒を見たフランス人であった。その頃サンフランシスコにはチャールズ・W・ブルックス名誉領事がいた。スエズ運河の開通以前は、北米の西海岸に渡り、大陸横断鉄道で東海岸にでて、大西洋を越える渡欧経路が主流であった。さらに1870年には上海に仮領事館が設けられた(392)。領事機関は、電話もなく国際理解も十分でなかった時代、海外旅行の命綱であった。

庶民の海外旅行が一般的になったのは維新後であった。しかし、前節掲載の1884年における大公使館と領事機関の分布図を見ると、朝鮮、中国、ヨーロッパ、アメリカ合衆国にしか在外公館はなかったことが分かる。ヨーロッパでの領事館はロシア極東を除けばすべて名誉領事館であった。それでも、民間における進取の気性は政府の保護を待たなかった。先発したのは、留学生、船員、労働者、そして売春婦達であった(393)。明治元年にハワイとグアムに渡った移民の惨状に、政府は無関心であった訳でない。しかし取られた措置は、移民を奨励することでなく帰国させることであった。また、日本人が闊歩しているところを世界に示すのが文明開化の一目標であったとはいえ、「醜業婦」と蔑まれた売春婦達や垢まみれの放浪者達に官憲の保護は期待できるはずもなかった。

そうしたなかでもハワイが地獄でないことは伝わってきたし、カラカウア王の来日が相互理解を深めた。ついに1885年、官約移民というかたちで移民は再開した。呼称の通り、それは政府間の合意に基づいていた。ハワイ総領事のロバート・W・アーウィンが前年に移民事務局特派委員に任命され、日本での取り計らいをした。彼は横浜の商人であり合衆国市民でありながら、王国の外交官である代理公使と弁理公使に累進した(394)。

官約移民でおもしろいのは、領事館での貯蓄制度である。当初は月給の2割5分が使用者から領事館に入金された。領事館にはそれを専従とする職員まで置かれた。のちに、貯蓄は横浜正金銀行（現三菱東京UFJ銀行）の普通預金に組み替えられた。これとは別に、出稼ぎ者は日本への直接送金にも熱心であった(395)。

まもなく領事館は総領事館に昇格した。日本人の数は増え、二世が誕生し、人口上はハワイにおける最大のエスニック集団となった。しかし、日本人は政治力に乏しかった為、ハワイ王国の滅亡と合衆国への併合に発言権がなかった。中央日本人会は、同胞の権利を守り、産業を進歩させる為併合後の1903年に作られた居留民団であった。委員長に日本の総領事が就任したことから知られるように、設立の過程には総領事館の多大な関与があった。ところが、中央日本人会は3年も経たないうちに雲散霧消してしまった。原因はストライキに対する総領事の対応と会の運営における移民会社の勢力伸長にあったとされる。不信を抱いた者達は、革新同志会という新団体を結成した(396)。

移民の多くは農民出身であり、独力で渡航した訳でない。日本の農村と海外の農場を繋ぐ役割を果たしたのは移民会社であった。アフリカ人奴隷が禁止された為、それに代わる安価な労

働者への需要は高かった。反面、渡航先における労働と生活の条件が劣悪であることはまれでなかった。そこで、日本政府は移民の保護に乗り出した。なかでも、政府が許可した行き先以外には移民させない移民保護法が1896年に成立した。これにより、外務省は在外公館に計画の適否を調査させ、場合によっては民間の仲介業者を通さずに相手国と交渉しなければならなくなった。

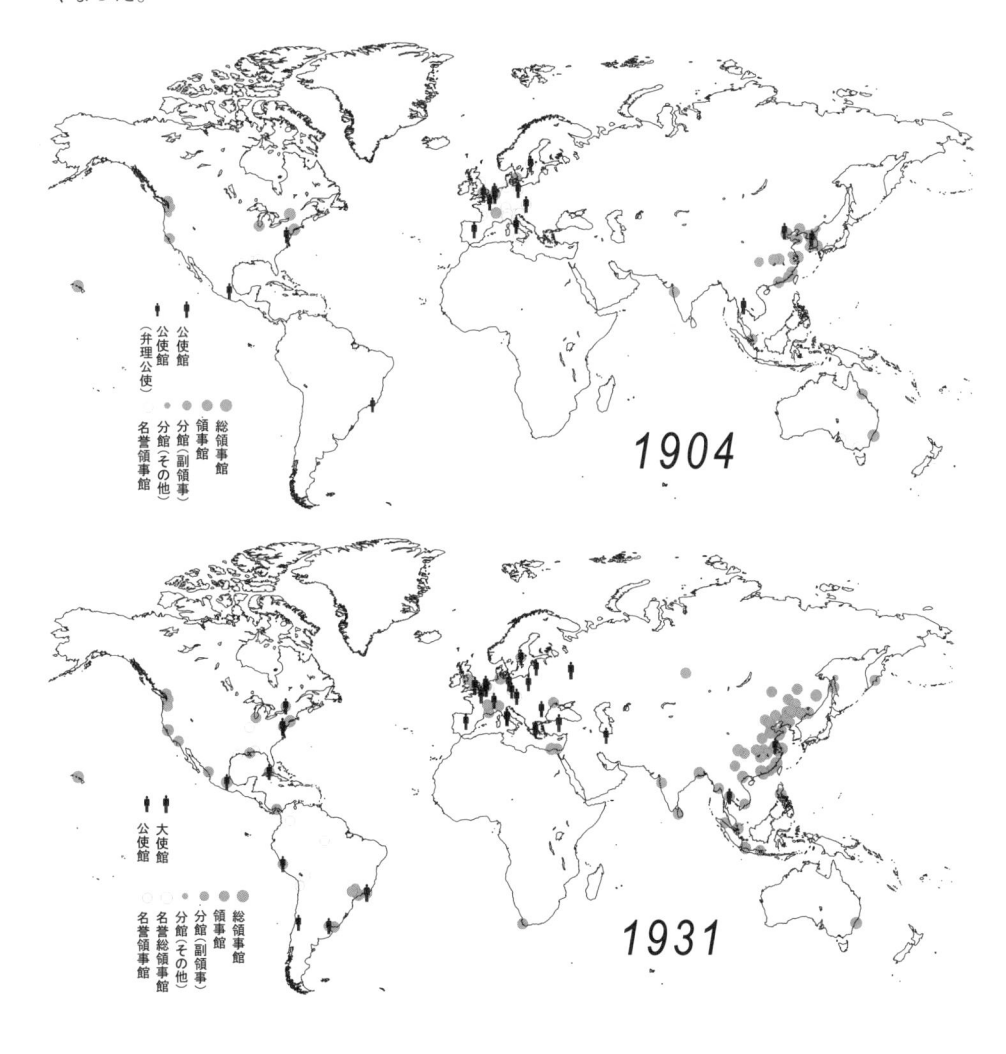

図10─6　日露戦争中と戦間期における日本の大公使館・領事機関

注　公館長の階級に拘わらず、館名をもとに分類した。次をもとに作成。外務省百年史編纂委員会編『外務省の百年』下、1501-1519、1542─1564ページ。

それでも失敗は付きまとった。旧幕臣の榎本武揚が筆頭株主となった日墨拓殖会社のメキシコ開拓が著名である。彼は外相在任中からメキシコに目を付け、領事館を置き、調査を命じた。移民保護法公布の直後、既に外務省から離れていた彼は、メキシコ駐在総領事の室田義文に土地購入の交渉を依頼した。このように、大官が後ろ盾になっていながら、現地では農地の選定から間違え、病気や争議にあけくれた。開拓団は四分五裂して終わった (397)。

　移民が横浜を出港したころ、室田は弁理公使になり、そのすぐ後ペルー兼任となった。彼は信任状を捧呈する為リマにいったが、その際に契約移民の許可を訴えた。ペルー側はマリアルス号事件の遺恨を持ち出して契約移民に反対した。しかし後日、それは許され、1899 年にペルー移民は実現した。個人名義で移民斡旋を行っていた森岡真の代理人、田中貞吉がその世話をした。ところが、ここでも移民達は不運に見舞われた。支配人との争議の結果、解雇されてしまったのである。在墨公使館は状況を知りたかったものの、現地人のリマ駐在名誉領事の報告が要領を得なかった為、公使館の書記生を派遣した。移民達は宿舎を投石されるなど、悲痛な境遇にあった。帰国の渡航費を日本政府が出してくれないと悟った彼らは、現地で働くしかないと観念した (398)。

　日本人がいくところに在外公館が建てられていったことは、地図から読み取れる。

- 日露戦争直後のころの話であるが、中南米と日本は東洋汽船の南米航路が結んでいた。それは横浜からリマの外港、カリャオに至り、チリ北部のイキケを経由してその首都であるサンティアゴの外港、バルパライソに達するという航路であった。東洋汽船にこれを開くよう説いたのは田中貞吉であったという。ペルーへの移民は順調に増えた。1918 年には日本人は 1 万人弱であり、その 3 年後に特命全権公使が常駐し始めた。1930 年には、数字は 2 万人を超えていた (399)。
- 大西洋岸のブラジルに初の移民が東洋汽船の笠戸丸で向かったのは 1908 年であった。しかし、その後の増加は他の南米諸国に対するものを凌ぎ、戦前の渡航者数を合計すると 19 万人近くに上った。1931 年には総領事館がサンパウロに、領事館がバウルとリオデジャネイロにあり、サンパウロ総領事館の管下には副領事駐在のリベイランプレト分館と外務書記生駐在のサントス出張所があった。リオデジャネイロ領事館を除くと、所在地はすべてサンパウロ州であった。同州は発展著しく、移民の勧誘が多かった。
- 地球上の 2 地点を最短の距離で結ぶ航路を大圏航路というが、日本と北米のあいだではかなり北の方であることが知られている。直行ではバンクーバーかシアトル、ハワイ経由ではサンフランシスコが主要港のなかでは大圏航路に近い航路の到着点である。西海岸における領事機関の所在地も、これらにオレゴン州ポートランドの分館を加えた諸都市であった。戦間期にはさらにロサンゼルスが加わった。
- アジア太平洋のうち、朝鮮半島と中国に対する日本の執着は別章で扱った通りである。朝鮮半島では、釜山、木浦、群山、仁川、元山、金策（城津）、中国では、上海、煙台（芝罘）、天津、武漢（漢口）、汕頭、香港のような港町には領事機関が置かれていた。これが民間交

流を拡大させたのも事実であったが、両国の主権に犠牲を強いたのも疑いなかった。
- シンガポールは「娘子軍」、「醜業婦」、「淫売婦」、「からゆきさん」などと呼ばれた売春婦の出稼ぎ先としてかんばしくない評判が広がっていた。しかし第一次大戦後に、総領事が日本人売春婦の追放を企て、数百人いた彼女らの勢力は壊滅した。大戦中の1915年には、インド人の反乱がシンガポールで起きた。領事館は日本人居留民を義勇軍に編成し、イギリス当局に協力した (400)。
- フィリピンのマニラには明治中葉から領事館があったものの、日本人が大量に移民する事態にはならなかった。しかし合衆国の統治が始まると、避暑地のバギオへの道路を作る為に多くの移民が募集された。さらに大正年間、ミンダナオ島のダバオで麻栽培が好景気を迎えた。1929年、そこには1万人以上の日本人がいた (401)。
- オランダ領であったインドネシアで日本人社会が発展したのは、第一次大戦を契機とした。1931年には、ジャカルタに総領事館、メダンとスラバヤに領事館があった。日系企業が雨後のタケノコのように群生し始めた。売春婦は白人相手に商売した。それが最も栄えたのは、シンガポールから遠くないスマトラ島のメダンであったといわれる (402)。
- オーストラリアは白豪主義を採り、日本人移民に門戸を閉ざしたことで知られている。しかし、移民史は1870年代後半に遡るというほど古かった。木曜島があるトレス海峡での真珠採取とクイーンズランド州での砂糖栽培が先駆けであった。1904年に領事館があったタウンズビルは、木曜島とともにクイーンズランド州内に位置する。在シドニー総領事館は、ニューカレドニア、バヌアツ（ニューヘブリディーズ）、フィジーといった太平洋の広範囲を管轄とした。これら諸島にも日本人移民がいた。長崎から、香港、マニラ、木曜島、タウンズビル、ブリスベン、シドニーへと向かう日本郵船の定期船が就航していた (403)。
- 目をアフリカに転じよう。南アフリカのケープタウンに名誉領事が置かれたのは、交通の要衝である割には遅く、1910年のことであった。それ以前では、マダガスカルで酒場を経営していた日本人が日露戦争中、バルチック艦隊の来航を電信で在ムンバイ領事館に通報した有名なエピソードがある。1918年、日本政府は名誉領事でなく本任の領事をケープタウンに置くことにした。実はこのとき既に移民法が制定され、アジア人の入国が禁止されていた。人種差別が激しく、旅館、飲食店、劇場への入店を日本人も拒否された。労働者以外の者、すなわち商人や旅行者の入国が1930年に可能になって在留日本人は増加したという。南アフリカがコモンウェルス内で独立したので、公使館が1937年、プレトリアに設けられた。しかし、太平洋戦争の開戦とともに外交関係は断絶した (404)。
- 北方への展開も見られた。朝鮮半島東岸を巡る郵便船は、ロシアのウラジオストクに寄港した。日露戦争中の1904年にはさすがに日本の公館は存在しなかったが、それ以前はコルサコフとウラジオストクにあった。
- シベリア出兵中の尼港事件は悲劇として後世に伝えられている。尼港とはニコライエフ

スクのことであり、沿海州における北洋漁業の拠点であった。この事件は内戦中の1920年、現地のパルチザンが日本軍の守備隊に武器の引き渡しを要求したことに端を発した。日本側が先手を打って攻撃したところ、パルチザンは援軍を得て盛り返し、民間人を含め700人以上の日本人が死亡した。このとき領事館も砲撃され、副領事一家が自決した。日本軍がニコライエフスクを再占領した際には、全日本人捕虜がパルチザンにより虐殺される悲劇が繰り返された (405)。

- 日本は復仇の為、サハリン（樺太）北部を占領した。1925年の日ソ基本条約で日本は撤退したものの、そこにあるオハ油田の利権が与えられた。サハリンを管轄する在アレクサンドロフスク総領事館の分館がオハにあったのは、油井の操業に携わる日本人がいたからであろう。
- 日独防共協定の締結によって日ソの仲が悪くなると、日本の公館に対する警戒は厳しくなった。諜報機関による尾行、旅行制限措置、ソ連人使用人の逮捕が行われた。オデッサ、ノボシビルスク、ハバロフスク、そしてブラゴベシチェンスクの（総）領事館は一時的に閉鎖された (406)。

以上の通り、日本人は世界の至るところを闊歩していた。領事機関はその命綱であり、必要なときには、軍艦に救助を求めることができることが領事官職務規則に定められていた (407)。自由主義がナショナリズムに道を譲るとともに、移民は先細りになった。1900年のハワイにおける契約移民の禁止に始まり、1924年の排日移民法成立に至った合衆国での移民禁止の本格化は他国にも伝播した。新規の移民はブラジルや満州に限られるようになった。

なお、副領事館を日本は設けなかった。1893年には一時的に副領事という職名さえ消滅してしまった (408)。戦前では、副領事、書記生、警部などが主任として駐在する機関は総領事館または領事館の「分館」として存在した。今では出張駐在官事務所がこの機能を果たす。

武官府──多機能化した大使館

「大使館」なんて呼称はやめて、「日本政府館」にしたらどうだろう、と想像することがある。何か万国博覧会のようでもあるが、『大使館なんかいらない』という元医務官の著書（久家義之著、幻冬舎、2001年）を読むと、大使館の金銭感覚や階級社会にため息を付かされる。戦後の外交官の回想録は一部を除いて、任国に関する蘊蓄やどうでもよい苦労話ばかりで、わざと肝心な政治向きの話を避けているとしか思えない。戦前はそうでなかった。日本が大国になるまでの波乱万丈な歴史を反映し、滋味にとんだ経世の哲学を聞かせてくれた。退官しても生計を立てられる医務官だからこそ、忌憚ない批判や裏話を談義できるのであろう。高給によって大多数の者は外務省の権力構造に取り込まれてしまうのでないか。

もはや外交は職業外交官だけがやることでない。まず、大統領、首相、大臣はもちろん、他省庁の官僚を巻き込んだトランスガバメンタリズムが時代の趨勢である。表舞台で華々しく活躍するのは首脳か大臣であり、大使は裏方に徹するのが普通である。また、元首と元首の個人

的な親交は半ばフィクションと化している。そんなこととは無関係に、国家間の事務処理は粛々と行われているのである。そして、大使館という言葉自体がいかめしく、古色蒼然としている。もう「公使館」はなくなり、席次面での拘りは不要である。それは人々に親近感より距離感を与え、テロリズムの標的にしてしまう。別の呼称を考案したコモンウェルスとカダフィが奇矯なことをしたとは思わない。大使は「館長」または HOM（使節団長）でよいであろう。

　大使館のなかの職員は、省令によって名称が定められている。本書では大公使以下、参事官、書記官、理事官、外務書記と続く一般的な外交官と、総領事以下、領事、副領事、領事官補の領事官については縷々述べてきた。省令では技術的な任務に就く電信官、通訳官、翻訳官、医務官、防衛駐在官、警備対策官といった職員の名称も挙げられている。

　しかしこれらより、担当分野に着目した○×アタッシェという名称の方が、実際の仕事内容を伝えている。アタッシェはかつて「官補」と訳され、書記官の下位にあったそうである。今は書記官級の他省出身者がアタッシェと俗称されるから、担当官と訳さなければ混乱が生じる。ただしミリタリー・アタッシェだけは、駐在武官と訳さなければならない。カリエールは外交使節の出身業種として、聖職者、軍人、法律家を挙げ、このうち軍人については相手国の君主に戦争関連の助言をし、本国に軍事情報の報告ができる利点を挙げている (409)。現代でも、軍人のそうした役割は変わらない。

　駐在武官のほかでは、通商担当官、経済担当官、技術担当官が世界の大使館で一般的である。日本が技術担当官を置いたのは、開発援助が始まって建設省員や農林水産省員を置く必要が生じたからであった。文学作品であるが、城山三郎は『官僚たちの夏』で、在仏大使館の通商担当官をプロパー職員に意地悪される閑職として描いた。小説では 1960 年頃のヨーロッパに、通商産業省員は 3 名しかいない設定である。今はパリに OECD 日本代表部があり、JETRO（日本貿易振興機構）もあるので経済産業省員が寂しさを感じることはないはずである。館員の多様化は在京の外国公館でも同じである。合衆国大使館では 500 人を超える職員のうち、国務省以外が 3 分の 2 を占めるという。ただし、その過半数は日本人現地スタッフであるともいわれる (410)。

　アタッシェのなかには、国情を反映した呼称が与えられるものがあって興味深い。例えば移住担当官を移民の国であるカナダが在日大使館に置いたことがあった。また、コロンビア、ケニア、ホンジュラス、メキシコ、ウガンダ、コンゴ民主共和国には、コーヒー担当官やコーヒー部をロンドンの公館に置いた記録がある。そこはコーヒーの一大市場であり、国際コーヒー機関とコーヒー生産国連合の本部があるからである。日本も負けていない。2008 年に、北京に「食の安全」担当官が置かれた。中国産食品に有害物質が含まれていたことが、日中間の紛争に繋がったからである。このとき任命されたのは、厚生労働省から振り替えられた職員であった (411)。

　ほかに、現地職員がいて、様々な職務を行っている。上記のような担当官のもと、政策遂行に不可欠な役割を果たす者もいれば、館内の清掃や公用車の運転に従事する者もいる。日本大使館では料理人は日本人であるが、大使の個人的な使用人という立場である。

このように多機能化した大使館は、「班」に分かれて仕事をしている。日本大使館のウェブサイトには、機構図・組織図が掲載されているところがある。それらによると、各館がそれぞれの内部体制をとっている。仕事内容については呼称から想像するしかない。政務班、内政班、外政班、防衛班、経済班、経済・経済協力班、法務班、広報文化班、領事班、総務班、官房班、儀典班、警備班、通信班、会計班、医務班……といったものが見かけられる。ほかに、国際機構班や国連班を持つ館もある。阿川尚之元公使によると、ワシントンには財務班、議会班、科学班もあったという。財務班は当地にある合衆国財務省、IMF、世界銀行を縄張りにして、この領域には大使さえ自由に足を踏み入れることができないといわれている（412）。こうした財務省員（旧大蔵省員）は通貨マフィアの呼称を献上されている。

　各省庁からくる人々は、始めに外務省研修所で学び、それから即席の外交官になる。かつて、晩年の吉田茂はそこで「外交は命がけの男子一生の大仕事」であり、「栄耀栄華の顕職」や「華やかな社交の世界」といった雑念を払い、国益に尽くせと訴えたという（413）。施設についても、大使館には大使館事務所に所属する部署だけでなく、公邸、職員寮、領事部、広報文化センターといった別の入口を持つ建物が含まれる。

　とはいえ、外交の多元化はそれほど新しい現象でなかった。初期の外交使節団は、その長だけが君主から任命されることが珍しくなかった。この場合、使用人は家族その他の身内であり、その者達の給料は彼が自弁しなければならなかった。カリエールは、立派な人物を書記官にする為に、君主が書記官を選んで給料を付けることを勧めている。自国の暗号をカネに換えた、品性の低いフランス人書記官がいたと彼は伝える。公文書以外の備品もまた使節団長の私物であった。19世紀初期まで、国家が公式に承認する人事は使節団長と書記官の2名だけであった時代が長く続いた（414）。

　今日のような駐在武官は、ナポレオンが在オーストリア大使館の二等書記官に尉官を任命したのが嚆矢とされる。それは1806年のことであった。しかし、ヨーロッパでそれが広まったのは、クリミア戦争後の1850年代であったという。「二元外交」の恐れは当時からあった。使節団長が武官の報告にコメントを付けてそれを防ごうとしても、武官側は軍部に別途、報告することができたであろう。ヴィルヘルム二世時代、ドイツの駐在武官は政治向きのことにまで口を突っ込むことをはばからなかった。通商担当官については1880年にイギリスが在仏大使館に任命している（415）。

　こう見ると、日本の駐在武官の起源は早かった。のちの総理大臣、桂太郎陸軍少佐によって派遣が提案され、彼自身を含む2名がドイツと中国に送られたのが1875年であった。大公使館に付設された彼らの事務所は武官府と称された。その通信系統は外務省から独立し、情報を大使に上げず、本国の陸海軍当局と直接やり取りすることが可能であった。彼らは、敗戦後の後輩達と比べて「雲泥の差」の「カネ、人、権力」を使うことができた。それは桂のほか、寺内正毅、斎藤実、米内光政という後年の総理大臣を輩出した軍人のエリート・コースであった。しかし、このことが逆に駐在武官を研修の職とし、防衛情報の収集を疎かにしたともいわれる（416）。

二元外交の最も顕著な失敗が、のちに駐独大使になった大島浩大佐であったことは衆目の一致するところである。彼は大使と相談せずに、もっぱら本国の参謀本部と通信して防共協定を交渉した。相手のリッベントロップも外相就任の前であり、ナチス党員の立場で動いていた。大島は外交案件から手を引かなかった為、上司にあたる東郷茂徳大使は本省に苦言を呈した。ところが防共協定が功績に数えられ、大使となって大島はベルリンに戻ってきた。彼は今度は三国同盟を推進し、国の進路を方向付けた。確かに、任国の高官と信頼関係を築くことは重要である。しかし、せっかく入手した秘密情報を敵方に傍受されたら、マイナスの方が大きい。二元外交とはいえないが、大島はこの点でも失点を重ねた。大使時代に彼が発した公電には、独ソ戦、対日関係、ノルマンディー防衛についての確度が高い情報が含まれていた。それらは合衆国に解読されていたのである ((417)。

　戦前の駐在武官には、諜報活動に勤しむ者がいた。そのなかで、ロシアからの退去後、フィンランドやポーランドの独立運動家に資金援助し、日露戦争の遂行を裏面から助けた明石元二郎大佐は、戦争が勝利に終わった為に酷評されることはまずない。隠密行動が世に知られることは、露見して失敗するか大成功して表彰されるかのいずれかである。失敗例として、アフガニスタン駐在の少佐の例が伝えられている。防共協定が結ばれた翌年、彼は任国政府に国外退去を求められた。それは当時、ソ連領であったタジキスタンやウズベキスタン、それに英領インドで工作員をリクルートしたのを見咎められてのことであった。工作員のなかに二重スパイがいて、彼の行動は英ソに関知されたということである (418)。

　外交一元化は、戦後の外務省が大使の権威を守る錦の御旗となった。それは外務省自体を守ることでもあった。一例を挙げれば、1964年に経済外交を巡る議論があった。日本は戦後、自由貿易体制に組み込まれ、GATT（関税及び貿易に関する一般協定）の関税交渉に臨まなければならなくなった。その為、経済の専門知識を外交に活かすことが必要になり、第1次臨時行政改革調査会からも数点の要請が出された。そのうちの一つは、経済外交を純外交とそれ以外に分け、後者については、通商産業省と同省出身の館員との直接通信を認めよ、というものであった。この時代には大東亜省設置問題のときの省員がまだ現役であった。アジア・太平洋地域公館長会議では、大使達からそれを認めれば終いには儀典しか純外交には残らなくなるとか、「絶対反対」など強い拒否の意見が出た (419)。在外公館内の権威を大使に集中することである「外交の一元化」と、外務省以外の官庁の出身者が公館に入居すること、または政治・経済・軍事等の諸政策を整合的に扱うことである「外政の一元化」とは区別が必要である。

　戦後、平和憲法が制定された。これによって、駐在武官の復活への足どりは遅々としたものになったと思われるであろう。事実、その名称はNGであり、代わりに「防衛駐在官」（ディフェンス・アタッシェ）が新設された。意外に早く、主権回復2年後の1954年にその第1号が派遣され、この名称になったのもその翌年のことであった。防衛装備（武器）の調達という特別な任務がある為、西側諸国とは親密な関係を保つことが求められる。自主開発の90式戦車でも、その砲塔は防衛駐在官が手を尽くし、西ドイツから導入したものであったそうである。とはいえ、独自外交の事例も皆無でなかった。1957年、原水爆実験禁止の参議院決議を受けて、駐

米大使は予定されていた実験の中止をワシントンに求めた。それにも拘わらず、決行の姿勢を合衆国は崩すことなく、各国の武官を視察に招待した。日本は参加を断った (420)。

　2004年の時点で、防衛庁（現防衛省）は34大使館2代表部に、47名の防衛駐在官を派遣している。うち、陸上自衛隊は22名、海上自衛隊は13名、航空自衛隊は12名であった。派遣先では、日本の地理的位置を反映して、ユーラシア大陸上の諸国が圧倒的に多かった。公館と防衛省との通信については、この前年の防衛庁と外務省との覚書改定により、編集なく「自動的かつ確実に」防衛省に伝達されることになった (421)。

　在外公館にはアナーキーとヒエラルヒーの二つの問題があると思う。アナーキーの問題というのは館内の秩序に関してである。数年前、外務省汚職が検挙され、公金を巡るその無統制ぶりが白日のもとに晒された。いうまでもなく、公館は不可侵であって、現地政府の警察権は及ばない。違法行為、例えば、銃器や薬物の闇取引、賭博、犯人隠匿などができてしまう。出入国の際の免税特権を使えば営利活動も容易である。こうしたことは300年前からいわれてきた。駐在する日本人の警察官は外部に対する警備の任を帯びているのであって、館員の犯罪に目を光らせる訳でない。横領などの汚職がはびこるのに温室のような好条件が整っている。不祥事後、監察査察官が設置されて検事が任命されたものの、経理に関する本省機能の強化を中心とした改革に止まった。館員や現地人職員がスパイに徴募されるのを防止する術（モグラ狩り）に至っては、お手上げなのでなかろうか (422)。

　ヒエラルヒーの問題というのは、外政の一元性についてである。憲法は「行政権は、内閣に属する」（第65条）と定めている。一元性は理論的には内閣の水準で維持されればよい。担い手が外務省、ましてや大使個人である必然性はない。他省出身者は専門家である自分の仕事に半素人が口を出すことはおもしろくないであろうし、大使としても無理に問い質して軋轢を作りたくはないであろう。戦前はなぜ失敗したかというと、「統帥権の独立」によって陸海軍が天皇に直属し、内閣による文民統制が利かなかったからである。安倍晋三政権が目指した「国家安全保障会議」は外政のなかの安全保障分野を取り出して、最高水準で省庁間の調整をする構想であったと思われる。とはいえ、省庁のセクショナリズムは激烈なので、最高水準に限らず全水準で壁を取り払う努力がいる。

　これらの問題に本気で取り組まなければ、大使館なんかいらない、と国民に見放されかねないところまで不信は募っている。そして大使には館内の管理人としての手腕が一層求められている。

西側の一員――冷戦構造への順応

　敗戦は一からの出直しであった。日本の在外公館は閉鎖され、少なからぬ外務省職員が人員整理された。この為のちに外交活動が再開されたとき、空席ポストを埋める人員が不足し、外交官の昇進ブームが起きたという (423)。しかし、右肩上がりの時代に入る前に、7年に亘る占領時代があった。

　占領を司ったのは、連合国最高司令官（SCAP）のダグラス・マッカーサーとその総司令部

(GHQ)であった。連合国と中立国は、最高司令官と総司令部への連絡使節団を送り、その長達は大使、公使、代理公使を名乗った。なかでも、合衆国、コモンウェルス、中国、ソ連の使節団は、最高司令官の諮問機関である対日理事会に代表を送った。合衆国の代表は、政治顧問のジョージ・アチソン公使とその後任のウィリアム・J・シーボルトであった。そこで両人は最高司令官の代理までも兼任したから、諮問に対して意見を述べる役割の方は事実上、消滅した。政治顧問は国務省の役職であり、最高司令官は軍の役職であったものの、これらを同一人物が兼ね、二元外交を回避したのは合理的であった。こうして対日理事会は四大国のフォーラムとなったが、米ソ関係の悪化に伴ってプロパガンダ合戦の場と化した。占領政策への非難に対して防戦一方であった合衆国側は、シベリア抑留者の送還を求めて反撃するようになった。対日理事会代表達は戦争犯罪人の死刑執行に立ち会った。処刑を見た後、彼らはウィスキーを飲んで気を紛らわせた (424)。

各国使節団の東京での世話を焼く外務省役は、総司令部の外交部が果たした。ところが、外交部長もまたアチソンが兼任した。つまり、彼は実質的に占領下日本の外務大臣であり、政治顧問と対日理事会合衆国代表の役職は、彼が国務省出身であることの蒙古斑のようなものに過ぎなかった (425)。

各国は領事官や貿易代表を東京ほか各地に置いた。日本にきた外国人は軍人だけでなかったので、民間人の保護にあたる機関が必要であった。この事情は連合国も中立国も変わらなかった。

日本側は1950年に法律を制定して、在外事務所を置くことにした。その任務は概ね領事機関のそれに相当した。この為、合衆国、ブラジル、インドには複数の在外事務所が存在した。

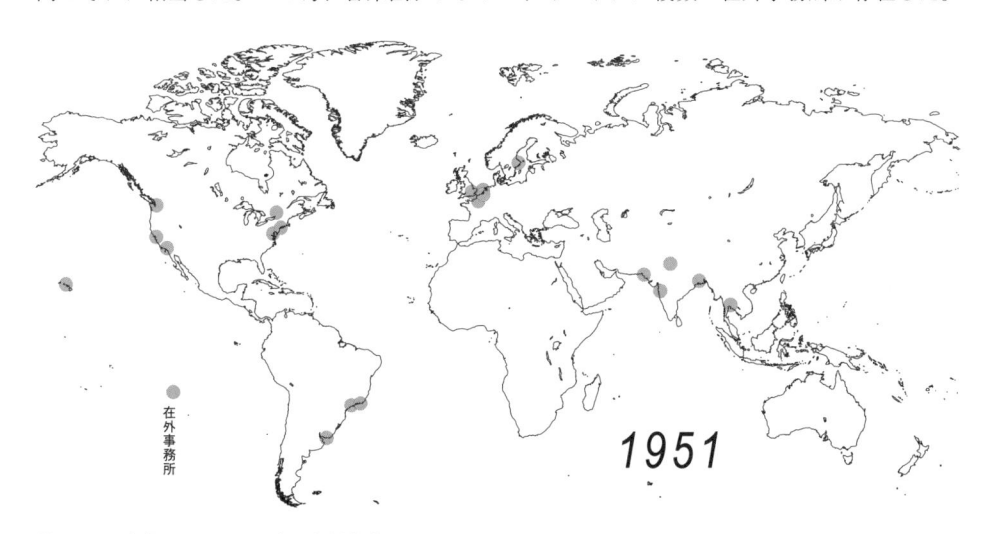

図10—7　占領下における日本の在外事務所
出所　次をもとに作成。
外務省百年史編纂委員会編『外務省の百年』下、1601—1625ページ。

1952年4月28日にサンフランシスコ平和条約が発効して、日本は主権を回復した。ところがそれは全面講和でなかった。当面、この問題に日本外交はかかりきりとなった。すなわち日本は、国際社会という山塊に走る渓谷の一本になった。それは旧枢軸国としての運命であった。東側のソ連、チェコスロバキア、ポーランド、侵略対象になったアジア諸国、そして旧植民地の朝鮮半島との和解が課題として残された。特に東側諸国と朝鮮半島との関係が大問題であった。

　東京のソ連代表部に対し外務省は、対日理事会は占領の終結とともに消滅したのであるから、ソ連代表部も消滅したとの認識を条約発効の翌月、通告した (426)。日ソの国交樹立を急ぐ理由はない訳でなかった。シベリア抑留と北洋漁業の中断を、多くの日本人が悲しんでいた。革命が起きるのをソ連は本気で待っていたかもしれない。しかし、戦後の混乱期が過ぎて安定期に日本が入ると、その目もなくなった。現実的にソ連が最も嫌ったのは米軍基地であった。ヨーロッパでNATOに西ドイツが加盟して東西の軍事的緊張が増すと、米軍撤退は望外のことになった。つまり、日ソ友好は不可能であったものの、懸案の幾つかを処理することは相互の利益になり得た。

　国際社会への復帰は日本外交の悲願であり、国連加盟によって完成されなければならなかった。国連代表部は1954年に置かれている。ソ連の拒否権により、他の16か国が加盟を果たした1955年に実現が見送られると、尻に火が付いた格好で日本はソ連に接近した。結局、翌年の日ソ共同宣言で加盟への支持を得ることができ、宿願は成就した。同宣言では、北方領土の返還交渉は棚上げされたものの、大使交換について合意された。ソ連の大使が東京で天皇に信任状を捧呈し、日本の大使がモスクワで最高会議議長にそれをしたのは、次の年の2月と3月であった。その年、チェコスロバキアとポーランドとも国交が結ばれた。やがて、ハンガリー、ブルガリア、ルーマニアから国交樹立の申し出があった。ハンガリーでは動乱があったので日本側にはためらいもあった。しかし、共産圏に対する観測所としての価値を認め、公使館を置くことにした。ブルガリアとルーマニアについては、しばらく東ヨーロッパの他国に置かれた大使館が兼轄した (427)。

　日韓交渉はマラソンのような長丁場となった。韓国と北朝鮮の独立は1948年であり、そのとき日本は占領下であった。韓国は連合国最高司令官／総司令部に対する代表部を置いていた。日本の主権回復後もその存続は認められた。ところが李承晩大統領は、在韓代表部の設置を求める日本の要求を断わってしまった。これは口では言いたい放題言いながら、相手の言い分を聞く耳は持たない姿勢の表れであった。そして、この硬い姿勢は大統領の在任中は微動だにしなかった。懸案はその間、積み上がるばかりであった。彼の定めた李承晩ラインは韓国では「平和線」というそうである。そこを越えた日本漁船を韓国は容赦なく拿捕して船員を抑留した。また、その範囲に含まれた竹島（韓国名は独島）の領有を宣言し、両国関係に楔を打ち込んだ。さらに、在日朝鮮人の北朝鮮帰国事業（韓国では北送という）が赤十字を仲立ちとして始められようとすると、断固たる抗議が行われた。もちろん、条約交渉におけるその他の争点も紛糾した。財産と請求権の解決を日本が主張する経済協力にするか、韓国が求める賠償にするかとい

う問題や、日韓併合条約以前の条約はいつから無効なのかという問題では現在でも見解の相違がある。そうしたなかで、駐日代表の肩書が公使から大使になったことは、日本への配慮といえないこともなかった (428)。

顕著な進展が見られたのは李承晩の失脚後であった。朴正熙大統領の時代になっていた1965年、日韓基本条約が署名された。その日、ソウルに日本の在外事務所が設けられた。条約に定められた双方の大使の着任は翌年になって実現した。韓国の金東祚初代駐日大使は釜山の出身で戦前、九州大学を卒業し、日本の内務省のキャリア官僚になった。日本駐在後は駐米大使と外相を務めたのち2004年に亡くなった。アメリカのある学者は、彼が日本の政治家にカネを配っていたと記している (429)。

基本条約では領事館を置くことも合意された。朝鮮籍と韓国籍の人々は、大韓民国民団と朝鮮人総連合会を組織している。外交・領事関係の開設により、在日韓国人は韓国公館の保護を期待できるようになった。そして祖国への思いは、公館の寄贈というかたちに結実した。南麻布の一等地にある大使館ほか、ほとんどの公館は在日韓国人達が私財を個人または共同で提供したものである。1995年の時点では、11の全公館のうち新潟総領事館と那覇領事館を除く9つまでが寄贈されたものであった (430)。

このように日本は、外交関係の山塊に刻まれた渓谷を着実に埋め戻した。しかし、「アジアのスイス」に日本はならなかった。外交三原則というものがある。それは、外交青書こと『わが外交の近況』の第1号 (1957年) に掲げられた。第1の「国連中心主義」は、加盟を遂げた翌年にはもっともな初心であった。第3の「アジアの一員」は、前々年にアジア・アフリカ会議に参加し、それが国連加盟への踏み台となったことを考えればよく理解でき、また将来における援助外交の隆盛を暗示した。しかし、その後、基調になったのは第2の「自由主義諸国との協調」であった。皮肉にも国際社会への復帰こそ、「国連中心主義」と「アジアの一員」の影を薄くした原因のように思われる。1968年にユーゴスラビアのチトー大統領が来日したとき、佐藤栄作総理は非同盟諸国会議に勧誘されないかと冷や冷やした。しかし、ベオグラードへの訪問を誘われただけであったので、佐藤は安堵した (431)。この頃には西側の一員であることへの迷いはもはやなかった。

東京における外交団の主役は、何といってもアメリカ合衆国大使である。対米関係は1960年代、被占領時代の名残である上下関係から対等なパートナーシップへと性格を変えつつあった。駐日合衆国大使にもそれに応じた役割があてがわれた。

安全保障については、日米安全保障協議委員会が行われていた。これはいわゆる2＋2の会合であり、双方の外交及び軍事の代表が安保条約に関連する事柄を話しあった。その頃は、日本側からは外務大臣と防衛庁長官が、合衆国側からは駐日大使とアジア太平洋軍最高司令官が出席した。日本が閣僚級であるのに対し、合衆国は大使級と非対称であったことになる。このことは、あまり実務的でないという合衆国側の不満に繋がった。今日では、国務長官と国防長官を合衆国は送り込んでおり、レベルアップして対称化されている。これは首脳と閣僚が飛行機で飛び回るようになった時勢の反映でもある (432)。

経済では、双方の外相と経済諸閣僚が一堂に会する日米貿易経済委員会が盛大に挙行された。両国大使も同席した。第1回の1961年には池田勇人総理が自ら参加し、箱根で行われた。ドルの流出が続いた一方で、金の枯渇が始まった合衆国は輸出を拡大し、金融を規制しなければならなかった。他方、高度経済成長の軌道に乗った日本は、世界経済の運営において責任ある行動を求められていた(433)。

　文化面でも、合衆国外交は大きな足跡を残した。一般市民を親米的にしたパブリック・ディプロマシーは大成功であった。GHQの民間情報教育局(CIE)は、CIE図書館を日本各地に置いた。これはアメリカ文化はもちろん、民主主義や先端技術を紹介し、戦後の荒廃のなかで知的刺激に飢えた人々を引き寄せた。占領終結とともに、23か所のCIE図書館は13か所のアメリカ文化センターに改められた。それは図書館を開放したのみならず、英会話教室や映画上映会まで開催した。今では東京、札幌、名古屋、大阪、福岡の5都市で、その後身のアメリカンセンターが活動を続けている。これらは長らくUSIAの管轄下にあったものの、現在は国務省に移管された。いずれにせよ、大使館や（総）領事館が運営の主体になっている(434)。

　兄貴分の合衆国に触発されてか、日本も大使館にインフォメーションセンターを設け、茶道、生け花、文楽、歌舞伎、日本語、おりがみ、日本庭園などの伝統文化を海外に紹介した。1960年代半ばのイベントでは、映画「氷壁」の上映と日劇ダンシング・チームの公演が人気であった(435)。

　エドウィン・O・ライシャワーは、最も親近感を持たれた駐日大使であったろう。明治の元勲の孫を妻に迎えたこの日本研究者は、調教師でなく友人と慕われる素地を持っていた。ジョン・F・ケネディは駐インド大使に経済学者のガルブレイスを選んだが、ハーバード大学での同僚であるライシャワーの大使任命を取りなしたのは自分であったとガルブレイスは語っている。和解の人、ケネディが公民権運動やソ連と対話したように、冷戦下の学者大使達は代理戦争の一形態であった左翼と右翼の論争で必ずしも右翼の肩を持たず、むしろ左翼のなかの穏健派を懐柔し、抱きこもうと企てた。ライシャワーは、丸山真男や川島武宜といった市民派の学者と親交を結び、河上丈太郎、西尾末広、和田博雄、成田知巳などの社会主義政党人や労働組合「同盟」の組合員と対話することを辞さなかった。これはマルクス主義者を孤立させる為の意識的な戦術であった。こうした傾向は、既に1953年、策定されていた「対日心理戦略計画」と一致するかもしれない。他方で、吉田茂（元首相）や正力松太郎（読売新聞社社主）などの保守系エスタブリッシュメントに対するライシャワーの評価は低かった(436)。

　彼の知名度は、いわゆるライシャワー事件がメディアで騒がれ、さらに高まった。これは1964年に統合失調症の少年によって彼が大使館敷地内で刺された事件である。すぐに彼は虎の門病院に運ばれた。日本政府は驚き、直ちに大平正芳外相が見舞いにきた。輸血されて日本人との「混血」となったという大使の冗談はウケたものの、この為に感染した肝炎は一生、彼を悩ませた(437)。

　幸福期は短かった。ベトナム戦争と貿易摩擦が親米感情を減退させた。後任の職業外交官、U・アレクシス・ジョンソン大使は「静かな外交」を志向した。果たせなかったものの、すべ

ての都道府県を在任中に彼はまわろうとした。旅先で、労働、政治、教育、ビジネス、学生、宗教といった各界の指導者達と懇談した。ジャーナリストや政治家との接触はいうまでもないが、それに劣らず草の根交流が重視された。任地をくまなく訪問することは現代の大使の目標である。日本側では、大河原良雄駐米大使が全米50州を踏破したことを回想録で書いている (438)。大使に期待されるのは二国間関係の地道な地ならしであり、宮廷外交の時代のように、派手に目立てばよいというものでない。

しかし、国益本位であろうとすれば、大使が目立つことはある。ミスター・ガイアツ（外圧）とあだ名されたマイケル・H・アマコスト大使は好例である。任期の1989年から1993年にかけては、経済摩擦が最高潮に達していた。一般的に、任国への愛着を募らせる傾向が外交官にはある。アマコストは、大使館の報告から日本贔屓を払拭しようとした。前任のマイケル・J・マンスフィールド大使に対しては、膨大な対日貿易赤字に拘わらず親日的過ぎるという批判がワシントンでは強かった。またアマコストは、湾岸戦争への出費とその増額を危機の期間中、継続的に要求し、これは自民党の小沢一郎幹事長の剛腕ぶりと合わせて、一部の人々の顰蹙を買った。とはいえ大使が脇役であることは変わりない。ジョージ・W・H・ブッシュ大統領は1992年の訪日時、ディナーの席で嘔吐した。残されたバーバラ夫人は、これを大統領とペアを組んで天皇とのテニスに敗れたアマコストのせいにして、会場を和ませた。翌朝、それが大使の役目であると彼は夫人に語ったという (439)。

バラク・H・オバマ政権では、駐日大使にジョセフ・S・ナイ・ジュニアの起用が取り沙汰されている。彼こそソフトパワーという語の発案者であるが、大使になってそれをどう実践していくか見ものである。

経済同様、日本外交も復興した。1969年には大使館は実館が84で兼轄が31、総領事館は実館が36で兼轄が4、領事館は実館が8で兼轄が1であった。それらはほぼ全世界に分布した。1966年の在コスタリカ公使館の昇格をもって、公使館はなくなっていた (440)。民間人の活動も遠洋漁業や貿易などあらゆる地域に及んだ。

この時点では、日本は紛れもなく西側の一員であった。主権回復とともに結ばれた日華平和条約が発効した1952年8月、日本と台湾は互いに大使館を開設した。しかし、大陸と日本との貿易が始まると、台北に対する支持は揺らぎ始めた。1960年代の周鴻慶事件では、大陸からの出張者が中華民国大使館と目と鼻の先にあったソ連大使館に亡命を求め、結局のところ大陸に送還されたことから、台北は不快感の表明として自国の在京大使館員を一方的に減員した。関係改善の為、日本は吉田茂を特使として派遣しなければならなかった。1972年に日中が国交を正常化し、日華が断交すると、翌月に双方の大使館は国旗を揚げるのをやめ、さらに次の月、両大使は帰国した。

現在は、日本側の交流協会と台湾側の亜東関係協会が民間交流の窓口である。交流協会は台北と高雄に事務所を置いている。亜東関係協会は駐日大使館にあたる駐日経済文化代表処を東京に、総領事館にあたるであろう弁事処を大阪に、領事館にあたる分処を横浜、福岡、那覇に置いている。ニューヨークの五番街には弁事処があり、看板に "Taipei Economic and Cultural

Office in New York" という訳が付けられている。これを運営する窓口機関は台湾の北米事務協調委員会である (441)。

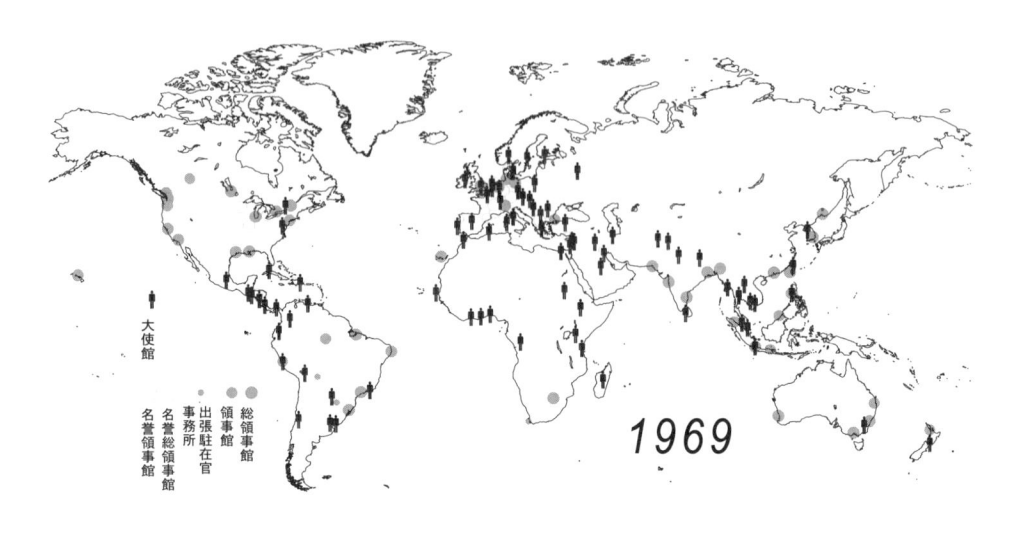

図10—8 冷戦期における日本の大公使館・領事機関
出所　実館が存在しても、他館に常駐する大公使が兼轄する公館は含まない。次をもとに作成。外務省百年史編纂委員会編『外務省の百年』下、1625—1669ページ。

　ベトナムとは、1973年まで南ベトナムとだけ外交関係を持っていた。その後、ハノイには臨時代理大使が駐在した。サイゴン陥落後に建てられた南ベトナム臨時革命政府を承認したのち、初めて北ベトナム駐在の特命全権大使が任命された。この段階で形式上、南北両方に日本大使館が存在したことになる。翌年、満を持してベトナム社会主義共和国が成立し、在南ベトナム大使館は閉鎖された (442)。
　アパルトヘイト政策の為に国際的非難を浴びていた南アフリカとは領事関係だけが存在した。早くも主権回復の数か月後にはプレトリアに総領事館が設けられた。不可解なことに日本は、前年のシャープビル虐殺によって南アフリカが孤立を深めていた1961年に外交関係の再開を表明した。結局、大使館は置かれなかった。しかも、他国が対南アフリカ制裁を強化していたとき、名誉白人として貿易を拡大した。外交関係が再開できたのはアパルトヘイト廃止後の1992年であった (443)。
　東側諸国は日本大使館に諜報活動を繰り広げた。暗号係がそれらに徴募されたこともあったようである。東京にはKGB支局員がいた。諜報員が最も泣かされたのは交番であったという話があるが本当であろうか。駐在の警察官達が外交官ナンバーの車が通ったことを公安当局に通報していたというのである (444)。
　沖縄についても付言しておきたい。サンフランシスコ条約に基づき、沖縄は米軍の施政下に

置かれた。統治にあたったのは、国防長官配下の将校である高等弁務官（在琉球陸軍司令官などを兼任）であり、彼が民政府の長を務めた。沖縄住民による琉球政府も作られたが権限は限られていた。言葉は悪いが、琉球政府は高等弁務官の傀儡であり、それゆえ後者は「オールマイティ」とさえ形容された。合衆国の国務省は軍部の機構とは別に、在那覇領事館を持っていた。日本側はというと、那覇に南方連絡事務所を置いていた。それは領事機関と変わらない事務を扱ったものの、沖縄は外国でなく、日本が残存主権を持つという立場からであろうが、総理府の機関であった。しかし、沖縄返還への機運が高まると、沖縄事務所、さらに沖縄事務局へとそれは改組され、合衆国機関との協議ができるようになった。この任務は外交にあたるので、該当する場合には、外務大臣の指揮監督下で遂行されることになった。このように、沖縄における日本の出先機関はわずかながら、外交使節団の性格を持っていた (445)。日本に残存主権があるといっても、誰が最終的に沖縄の主権者になるのかは合衆国にも、日本にも、住民にも、あいまいかつ微妙であった。世界各地の脱植民地化と共振して、沖縄は1972年に日本への復帰を遂げた。

　1969年の国連総会演説の機会に常任理入り、すなわち安保理の常任理事国になる意思があることを愛知揆一外相は表明した (446)。その挑戦は未達成である。ある意味、沖縄返還協定が署名され、中国が国連に復帰する1971年までは、日本の地位が相対的に一つのピークに達した時期であったかもしれない。

危機管理――平和国家も楽じゃない

　日本は特殊な国でない。それは、他の国々と同じ世界史の波に揺られている。違うのは、波に対する対応の仕方である。平和憲法下の日本は「町人国家」や「貿易国家」と呼ばれる。自衛隊、特にその海外活動は厳しく制約されている。在外公館に救出にきてくれる兵隊はない。「妥協を通じて平和を維持する」のが店員外交の特徴である (447)。それでは相手が強気に出たとき、際限なく妥協を強いられないか心配になる。

　不安には根拠がある。過去には、日本赤軍が関わった一連のテロリズムがあった。1960年代、学生運動が高まった。その中心となったのは共産主義者同盟（ブント）であったが、そのなかに、デモなど非暴力の運動に限界を感じた者達が現れた。そうした者達は国内で武装蜂起の為の訓練を始め、赤軍派を称した。それでも物足りないと感じた者達は、世界革命の理論に従って、海外に旅立った。その一人が岡本公三であった。テルアビブ空港襲撃事件の無差別テロは、一般人をも無差別に殺害したことで世界に衝撃を与えた。他方では、行動に共感した者達が日本赤軍（当初はアラブ赤軍）を結成した。それはアナーキーに陥ったレバノンを拠点に、PFLPとともに行動した (448)。革命家は最終戦争たるハルマゲドンを戦った。それを誇大妄想としか受けとめなかった世間とのギャップは絶望的に広かった。

　大使館の占拠は、獄中の同志を奪還するのに極めて有効であった。日本赤軍は1974年にシンガポールのシェル石油基地を襲撃したが、それはパレスチナ人によるクウェートでの日本大使館の占拠と連動していた。半年余りのちにはハーグのフランス大使館が占拠され、翌年、今

度はクアラルンプールの合衆国大使館が標的になった。これらの事件で、赤軍の同志が日本政府やフランス政府により釈放された。そして1977年、ダッカ日航機ハイジャック事件に際して、福田赳夫総理による「人命は地球より重い」の迷文句が引き出された。それはテロリズムに屈する日本政府の不甲斐なさを印象付けた。

　日本大使館の危機はテロリズムに止まらなかった。イラン・イラク戦争と湾岸戦争では、戦時の苦労を在外公館は味わされた。イランのテヘランではイラク軍のミサイルが着弾し、日本大使館は北へ2時間のところにあるホテルに退避したことがあった。湾岸危機では、民間企業社員達がイラク当局により「ゲスト」として抑留された。ところが、「ゲスト」というのは嘘で、工場やダムなどの戦略拠点に配置された彼らは、西側諸国を戦意喪失させる為の「人間の盾」であった。国際社会がサダム・フセインを非難したことはいうまでもない。大使始め館員は人質の安全と健康に手を尽くした。大使館自体も長期の籠城を覚悟し、食料になるニワトリなどを敷地内で飼育したという (449)。

　東京には湾岸戦争中もイラク大使がいた。ラシード・M・S・アルリファイ大使は「アラブの論理」をテレビやラジオで説明した。日本とイラクとの外交関係は維持され、大使は退去を求められなかった (450)。

　日本円で1兆円以上を支出しながら、日本の湾岸戦争に対する貢献は感謝されなかった。素早かった医療支援の決定は、空振りに終わってしまった。大使館の久家医務官は、サウジアラビアは医師を必要としていないと報告した。結局、彼の意見は顧みられず、十数名の医療団が派遣された。気の毒なことにそれはムダ足に終わった。カネだけでなく「汗」も流すべきとの国論が高まった。国連のPKO（平和維持活動）に自衛隊が参加する為の国際平和協力法が国会で審議された。豊富な参加経験を持つスウェーデンへの関心が高まり、国会議員が視察の為にストックホルムを訪問した。大使館の防衛駐在官が説明にあたったが、彼は隊員の武装を個人的には必要と感じていて、議員団の全員と意見が一致した訳でなかった (451)。

　日本大使館に対する最大のテロリズムは、ペルー日本大使公邸人質事件であった。これは、1996年12月17日にトゥパク・アマル革命運動（MRTA）の14名が、天皇誕生日のレセプションが行われた日本大使公邸にいた700余名の大半を人質にした事件であった。国祭日である天皇誕生日はクリスマス間際なので、イベントが前倒しされることは珍しくない。

　人質に取られた数も異常であったが、各国の高官が多かったことも事件を重大にした。ペルーの最高裁長官、外相、農相、国会議員、最高裁判事がいたことは、日系人のアルベルト・フジモリ大統領のもとで、日本大使館の威信がいかに高かったかを物語る。大統領自身が事件の前には来場していた。外国の外交官も多く臨席しており、人質に取られた使節団長は、ブラジル、ウルグアイ、ベネズエラ、ホンジュラス、グアテマラ、エジプト、ボリビア、韓国、パナマ、キューバ、ドミニカ共和国、マレーシアの諸大使と、スペイン、ポーランド、スロバキア、ブルガリア、チェコ共和国、ルーマニアの諸臨時代理大使であった (452)。

　当日の警備体制が適切であったかには疑問がある。テロリストは、民間の救急車に偽装した車両で街区に乗り入れた。この段階ではペルー側に問題があったといえるかもしれない。敷地

外には、相当数の警察と警備会社のペルー人がいたにも拘わらず注意が疎かであった。合衆国大使館に対しては、ペルー政府は国軍の装甲車と兵士を配備していた。この大使館は安全上の理由によって後年、郊外に移転してしまったほどである (453)。これくらいの意識がペルーと日本にあれば、事件は防止できたかもしれない。

次に、テロリストは公邸隣のドイツ開発事業団を制圧し、その塀を爆破して、公邸に侵入した。誰かいたら、そこで足止めできたはずである。壁にはもっと注意しておくべきであった。敷地内には、防衛庁と綜合警備保障から出向した日本人の警備担当官が1名ずつ、ペルー警察から派遣された大使身辺警護官3名、そして門扉を守る大使館現地職員2名がいた。それでも、数百人を収容する広大な敷地の警備には少な過ぎた。こうして、テロリスト達は容易に会場を包囲し、威嚇射撃を行った。もはや、襲撃者達を攻撃しても、大量の流血は不可避であった。大使はテロリストの求めに応じ、拡声器で警護官に銃撃の停止を呼びかけた (454)。

解決の2か月後に作成された外務省調査委員会の報告書は序文で、ウィーン条約における接受国の責任を強調している。それが主張するように敷地外については、ペルー側に第一義的な保護責任があった。しかし、全責任をペルー政府に帰すことはできない。在外公館の不可侵という大原則がある以上、塀のなかまでペルー側に責任を持てというのは実際問題として酷である。脅威が顕在化するのは大概、塀の近辺からであって、接受国が取れる措置は限られている。貴賓が多数、出席する国祭日のパーティでは、十分な防備を見せつけてテロリストの攻撃を抑止するくらいでないといけないはずである。報告書の提言では、合衆国の海兵隊、ドイツの国境警備隊、イタリアの軍警察、カナダの憲兵隊のように武装要員を大使館に派遣する可能性が言及されたものの、その論調は極めて慎重なものであった (455)。

事件発生後、日本政府は早速、人質の安全と平和的解決をペルー政府に要請した。犯人は獄中にある同志の釈放などを要求していた。事件は長期化し、越年した。人質は徐々に解放されて72人になったものの、テロリストにとっては十分な数であった。翌年の4月、ペルー軍特殊部隊が突入し、71人を解放した。しかし、最高裁判所判事1名と兵士2名が死亡した。地下から掘り進められていたトンネルからの突入に対し、サッカーに興じていたテロリスト達はスキを衝かれた格好であった。ゲリラは全員が殺された。殺人が目的ではなかった政治犯を殲滅したことには疑問視する声も聞かれた。

平和国家日本は、邦人の死亡に敏感である。2003年のイラク戦争後に起きた日本外交官殺害事件でもそうであった。合衆国はバグダッドを制し、サダム・フセインは消息を絶った。人民は圧政から解放され、豊富な石油は内外の経済を潤すと予想された。それは敗戦後の日本と似てなくもなかった。SCAP／GHQは日本人に民主主義を吹き込んだ。イラクでは米英を始めとする多国籍軍の暫定機関（CPA）が統治にあたり、民主国家の基礎造りに取りかかった。

占領当局に各国の代表が送られた点でも、イラクは日本の過去に似ていた。日本からは、在英大使館員の奥克彦参事官がイラクに出張し、合衆国の復興人道支援局（ORHA）との折衝にあたった。彼は支援国と国際機構の会合である国際調整評議会の一員でもあった。のちに派遣された自衛隊の「ヒゲの隊長」こと佐藤正久陸佐は、奥から「連合暫定施政当局日本代表」と

いう肩書が記された名刺を渡された (456)。

イラクは占領下にあったものの、日本の外交官は戻ってきた。2003年5月、参事官と書記官がバグダードの大使館に着任した。館内は一部、略奪されていた。旗竿のロープも外されており、消防車に柱頭までロープを渡してもらった。その後さらに、臨時代理大使が着任した。湾岸戦争後以来となる特命全権大使の任命は、現地の治安悪化が災いして翌年秋にずれ込んだ (457)。

ところが、この大使とは別に、イラク担当大使という肩書の人物が2003年中に任命されていた。憲法によると、大使の信任状は国事行為として天皇により認証される。こうした大使を特命全権大使という。実はほかにも「大使」はいる。外務公務員法は、一時的な任務の為に派遣される特派大使と、次の派遣地に向かうまでの間在任する待命大使について定めている。待命大使には暇を持て余すようなことはさせず、特別の任務を与えることができる。イラクの主権回復以前に任じられたイラク担当大使は、非常駐の待命大使と推測される。この手の大使について、鈴木宗男代議士が再三の質問主意書によって、内閣の答弁書を引き出した。それらによって、待命大使には国際テロ対策担当大使や地球環境問題担当大使はともかく、関西担当大使までいることが明らかになった。もちろん、「在関西大使館」というものがあるはずはない。かつて、外務省の出先機関に大阪連絡事務所があり、その所長が大使級の人物であった。この機関の廃止に伴い、大阪担当大使が設置された。政府側はこうした待命大使は省の必要な任務を行っており、行財政改革の対象として整理するつもりはないという。しかし、廃止や設置という言葉を使う時点で、待命大使がいるから何かの仕事の担当に付けるのでなく、担当のポストに合わせて待命大使を出す実態があることが窺われる (458)。

イラクでは平和や民主主義が訪れるどころか、治安がますます悪化した。外国人はテロリズムの標的になり、国連事務総長の特別代表などが犠牲になった。奥参事官と井ノ上正盛書記官は会議に出席する為車で移動中、サダムの故郷であるティクリートの南で銃撃され、非業の死を遂げた。その4日後に、外務省は奥参事官を大使に、井ノ上三等書記官を一等書記官に昇進させた。

いったい何を根拠に閣下という敬称まで付けて呼ばれる大使への昇任を外務省が一存で決定できるのであろうか。殉職者に対する2階級特進は、昇進と同じ日に作られた内規に基づいたと副大臣は発表した (459)。しかし、大使は特別職である。事務次官が殉職しても大臣に特進するはずがない。この内規は何かの下位規定である可能性がある。例えば、「大使」の名称を外国政府と交渉したり、国際会議や国際機構に参加したり、あるいは「その他特別の必要がある」者に与えることができるとする外務省令がある。殉職者はもはや交渉や参加はできないから、何らかの「特別の必要」があるとして大使号を追贈されたのかもしれない。事件から10日後に、自衛隊をイラクに派遣する基本計画が閣議決定され、小泉純一郎総理は記者会見をした。これが「特別の必要」と関係あったのであろうか。あるいは筆者が知らないまったく別の経緯があったのであろうか。

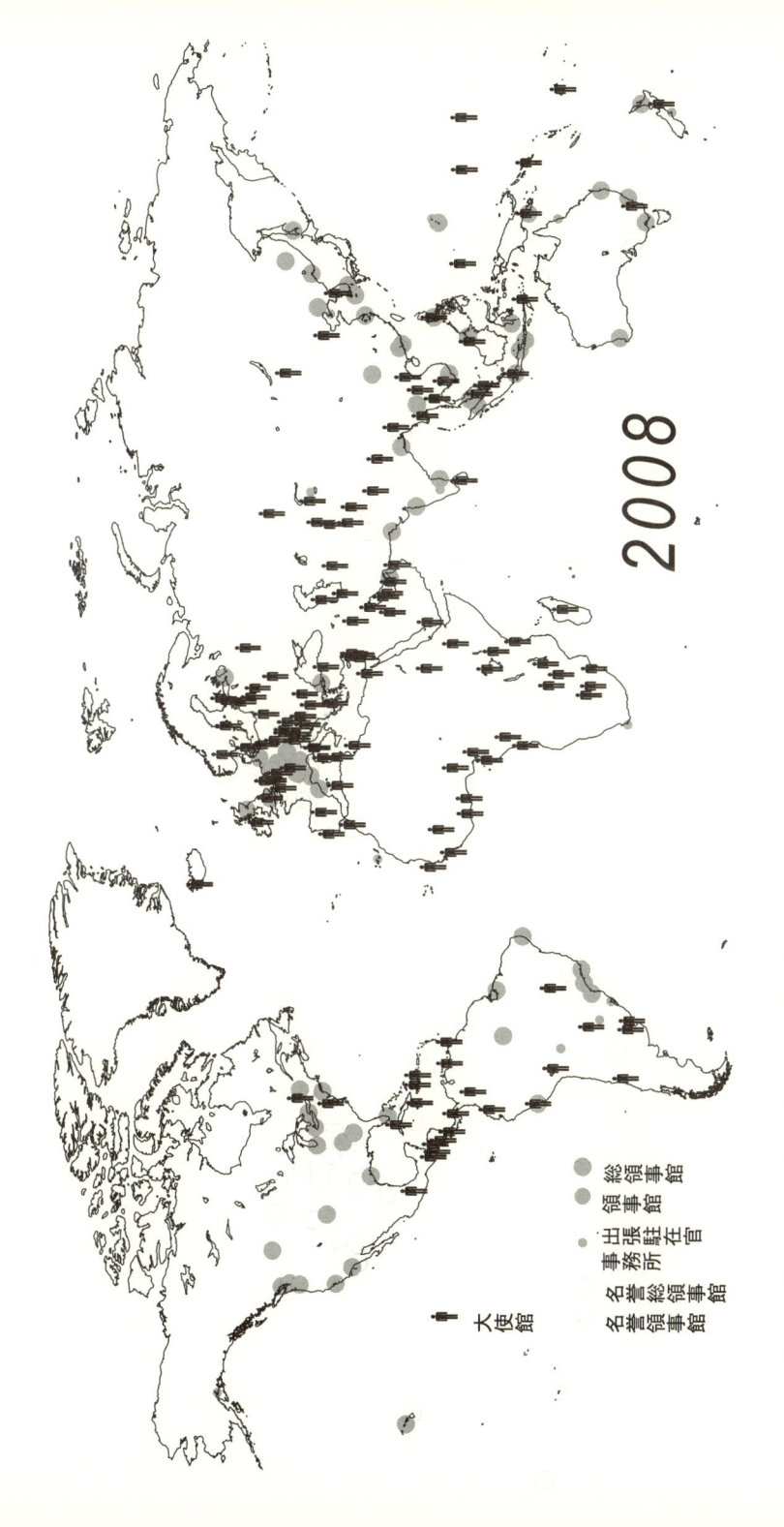

図10—9　現代における日本の大公使館・領事機関
注　他館に常駐する大公使が兼轄する実館を含む。
2008年10月30日に外務省サイト(http://www.mofa.go.jp/mofaj/index.html)にアクセス。

凡例：
大使館
総領事館
領事事務所
出張駐在官
名誉総領事館
名誉領事館

今や日本は世界有数の外交大国である。大使館と領事機関はあらゆる地域に存在する。さらに「平成20年度　我が国の重点外交政策」で、150館大使館体制を10年間で実現すると外務省は打ち上げた。2008年元旦には6大使館が開館した。内訳は特にアフリカが外交のフロンティアとして力を入れられ、ボツワナ、マラウイ、マリの3館、ヨーロッパはボスニア・ヘルツェゴビナとリトアニアの2館、そして太平洋はミクロネシア連邦の1館であった。2009年元旦にはブルキナファソ、グルジア、ラトビア、トンガで大使館が開かれた。これで日本大使館は127になった (460)。

　しかし、店舗数は増やしても、閑古鳥が鳴いては仕方がない。店員外交にも商才がいる。財務省によると、大使館の年間運営費は4億9700万円かかるという (461)。財源はもちろん国民の血税である。外交の「量」に注目する本書でこのようなことを書くのは面映ゆいが、仮に外務省の悲願である常任理入りがなったとしても、問われるのは外交の内容であり、品質である。日本の挑戦は終わらない。

国際化——現代における在日大使館・領事機関

　日本の国際化は確実に進んでいる。入国者は2007年には900万人に達し、90日を越える長期滞在者である外国人登録者は215万人になった。居留の目的は、旅行、ビジネス、研修、永住、留学など様々である。街頭でも、職場でも、教室でも外国人はもはや珍しい存在でない。貿易については、2007年の輸出額は84兆円と、政府の一般会計歳出にほぼ匹敵する (462)。

　日本社会は、既に地球社会という生地に織り込まれている。両者が剥がれないよう繋ぎ留めるツギハギ部分が大使館である。東京には巻頭の地図に示すように現在、約140の大使館がある。ほとんどは皇居を北東の隅として、南西方向に広がる楕円のなかに収まっている。例外は台東区浅草橋のコンゴ民主共和国大使館と中央区築地のアルバニア大使館である。南西へ山手線を大きく越え、南端が目黒区自由が丘のタジキスタン大使館、西端が目黒区上用賀のタンザニア大使館である。23区のうちでは、港区が75館と最も多く、渋谷区が20館、千代田区が15館、目黒区が14館、品川区が10館と続く。霞が関、とりわけ外務省への交通の便が重要である。大使は地下鉄を利用しないであろうから、自動車道へのアクセスがよくなければならない。国祭日のパーティをはしごするには1か所に固まった方が便利である。

　新宿や銀座のような繁華街は避けられる。新宿区には2館、中央区には1館しかない。商業地は地価が高く、雑踏は警備が難しい。閑静な住宅地とはいえ都心であるから、広大なお屋敷のような大使館ばかりでない。「大使館ビル」といえば、西麻布の第38興和ビルディングのことである。ここには14か国の大使館が入居する。それらはイエメンを除いて、すべて米州の中小国である。また、地価が高騰したバブル時代に敷地の全部または一部を売り払った国があった。例えばオーストラリアやスウェーデンの事例は国会でも取り上げられた (463)。

　領事機関は、外国人が安全に生活し、日本社会の綻びにならないようにする一制度である。もはや外国人に対する居住の制限はないので、日本政府が認めればどこにでも領事機関は開かれ得る。2008年の状況を見ると、全国にそれらは分布している。ただし中都市では、プロの

本務領事官でなく、ほとんど日本人の名誉領事官が執務している。これらの多くは実業界の成功者である。手数料収入をあてにせず、純粋に名誉職として領事官を引き受けた者達と見受けられる。それに対し、本務領事官の割合が高いのが大阪と東京である。大阪は西日本の中心地として、東京に大使館を有する諸国が総領事館を据えている。東京には、大使館と総領事館の両方を置く国と、大使館の代わりに総領事館を置く国がある。

　名古屋、札幌、福岡には、東京と大阪に次いで、領事機関が立地する。名古屋周辺の東海地方は、輸出企業によって経済が支えられている。それらは国際競争に耐える安価な製品を作る為、多数の外国人労働者を雇用する。愛知、静岡、岐阜、三重の4県は外国人登録者数で、近畿地方の2府3県に勝っている。九州全県を合わせても、東海地方の数の4分の1に満たず、北海道はさらに九州の4分の1に満たない。福岡と札幌に領事機関がこれほど多いのは、南と北に偏る地の利に負う(464)。

　古い港町である横浜、神戸、長崎、函館は主要な領事機関所在地でなくなった。東京、大阪、福岡、札幌には違う場所に国際空港ができて、開港場の地位は低下した。外国人達は都心部なり、郊外なりに居住し、散在するそれぞれの仕事場に通勤するようになった。港町横浜は観光のキャッチフレーズに過ぎない。米英の領事館が去って、数十年が経っているのである。合衆国領事館の跡地にはホテルが建ち、旧イギリス領事館は市の開港資料館(旧館)である。神戸の合衆国領事館も大阪天満に移転された。高名な日系人建築家、ミノル・ヤマサキが設計したその建物は破壊された。

札幌総領事館＝アメリカ合衆国、韓国、中国、ロシア
領事館＝オーストラリア

凡例

▲ 本務(総)領事館

◓ 名誉(総)領事館

1　24　48

総領事館＝韓国、ロシア

仙台 総領事館＝ロシア、韓国

福岡総領事館＝オーストラリア、韓国、中国
領事館＝アメリカ合衆国

総領事館＝韓国

総領事館＝中国

総領事館＝韓国、パナマ

大阪総領事館＝アメリカ合衆国、イギリス、イタリア、インド、インドネシア、オランダ、オーストラリア、韓国、シンガポール、タイ、中国、ドイツ、フィリピン、フランス、ベトナム、ロシア
領事館＝パキスタン

総領事館＝韓国

東京総領事館＝チリ、ドミニカ共和国、ハイチ、パナマ、ブラジル、ベルギー、ペルー、メキシコ

名古屋総領事館＝韓国、中国、ブラジル、ペルー
領事館＝アメリカ合衆国、オーストラリア、カナダ

総領事館＝アメリカ合衆国（浦添市に所在）

図10－10　現代（2008年）における領事機関の配置
出所　外務省サイトをもとに作成。

　在日領事機関の数では、韓国、デンマーク、ポルトガル、フランス、ドイツ、ベルギー、ブラジル、メキシコが上位を占める。しかし、韓国を除くと、ほとんどが名誉領事官を長とする。名誉領事官であれば、日本との経済関係がさほど大きくない小国も費用を気にせず任命できる。任命国の側から見れば、過去の個人的貢献に対する報恩の意味や、将来の貢献を期待した先行投資の意味がある。名誉領事官の側には、私人でありながら公人の身分を得ることができ、式典の儀礼などで優遇される特典がある。日本政府の側はどうかというと、むやみやたらに認可

状を与えている訳でない。立地には、主要都市でなければならなかったり、一地方一機関でなければならないといった基準があるという。当人の社会的地位や、名義だけの名誉職でないという勤務実態も考慮される (465)。小さな町や村に領事機関がないのや、横浜や神戸が不利なのには、こうした事情があるらしい。両市は東京と大阪に近過ぎるのである。結果として、成功者が自腹を覚悟のうえで名誉領事業務を行う事務所を開いている。おもしろいことに、アメリカ合衆国、中国、ロシアは本務領事官だけである。異分子が国家の官職に紛れ込むことを恐れているのであろうか。

図10—11　現代（2008年）の名古屋における領事機関の配置
出所　外務省サイトをもとに作成。

　地方の領事機関も世界の動きを映し出す。例えば名古屋には、2008年8月時点で、本務領事官が駐在する（総）領事館が7か所ある。中部地方の経済的発展を受け、この15年足らずに顕著な増加が見られた。それらは、名古屋駅と栄の間の商業地に立地する。パスポートやビザを発行するのが中心の領事官の仕事に、商業地は適している。
　名古屋の領事機関のうちで、最も多くの自国民を背負うのがブラジル総領事館である。2006年末で愛知県内におけるブラジル人の外国人登録者数は7万6千人余りであった。2位の韓国（朝鮮籍を含む）は4万人台、3位の中国籍は3万人台であった (466)。白川にある総領事館は8階建ての立派なビルであるが、利用者にとっては市役所のようなものであろう。安くて高品質の日本製品を作り、輸出に貢献するブラジル人は日本各地に存在する。在名古屋総領事館は出張領事館と移動領事館のサービスを数都市において行っている。
　領事機関は友情だけでなく敵意の対象にもなる。攻撃を防止するのは愛知県警の仕事である。

超大国のアメリカ合衆国は世界中で暴力に晒されている。名古屋国際センタービルに入居する領事館には、筆者が通りがかったとき、警察官が立ち番していた。中国の領事機関は2005年の愛・地球博（愛知万博）が閉幕した翌日に開かれた。その後、現在の独立した建物に移り、総領事館に昇格した。北京オリンピックの直後にその前を通ったところ、同年のチベット暴動の影響か、厳重な警戒下にあった。在日公館への暴力は抑止しなければならない。その一方で、負の意味でも世界は一つと痛感させられた。国際化の挑戦は地道に続けられている。

第11章　アフリカの新生

部族があって国家がない、とアフリカについてはよくいわれる。植民地主義は、国家が欠如したところにじわじわと染み込んできたものであった。独立後の政治もこの遺産によって混乱している。貧困と紛争を解決しようと中央政府が強権を振るえば逆効果が現れ、悲劇の悪循環になる。国家を万能薬と考えず、他国やNGOと国際協力しながら一歩一歩、状況を改善していくのが出口の光であろうか。

暗黒大陸——「文明国」になれなかった現地勢力

　暗黒大陸とはよくいったもので、二百年前までヨーロッパ人がサハラ以南の奥地に立ち入ることはなかった。インド洋に回航する為の寄港地と、奴隷を手持ちの商品と交換する交易所だけがその足場であった。

　十九世紀になると、アフリカの主役は商人、宣教師、軍人になった。奴隷貿易はウィーン会議で禁止され、宣教師が文明化の必要を世論に訴えた。奴隷船の摘発を実行するのは、イギリス海軍の役目であった。軍人のおかげで、商人と宣教師は内陸を安全に往来できるようになった。このように三者はセットになっていた。

　（総）領事はどこにいたのであろうか。ケープタウンとカーボベルデだけにいたことに、1840年版 *Almanach de Gotha* ではなっている。ケープタウンは大陸とテーブル山に挟まれた南アフリカの港である。地形は、北海道と函館山に挟まれた函館や、イベリア半島と「ヘラクレスの柱」に挟まれたジブラルタルといった陸繋島に似るが、それらよりはるかに広大である。こういうのを天然の良港と呼ぶのであろう。他方、カーボベルデはポルトガル領の島々であった。この国の現在の首都はサンティアゴ島のプライアである。島は現地人からの襲撃から守りやすく、東洋の香港・シンガポールや米州のフォークランド諸島と同様、ヨーロッパ人の中継地として重宝された。大西洋上のセントヘレナ島に代理領事がいたらしいが、ここは現在も英領なので本章の対象から除外したい。

　しかし実際には領事官はこれらだけでなかったはずである。「未開国」または「非文明国」は *Gotha* に載らなかったからである。それらにも十九世紀の前半から中葉まで、イギリス領事がいたことは知られている。現在のガーナの地に栄えたアサンテ（アシャンティ）王国に送られた領事は、王と条約を結ぼうとした。これはうまくいかず、数年後、イギリスは武力で解決しようとしたものの、出征した総督は首を取られてしまった。当時、首長国であったナイジェリアのラゴスにも、イギリス領事館があった。統治能力がなかった首長に代わり、女王陛下の海軍と領事官が防衛と内治を行った。エチオピアにいた領事は、皇帝の人質にされてしまった。彼を救出する為に戦争が始められ、負けた皇帝は自殺したという (467)。

　現地勢力が「文明国」の仲間入りを果たすのは難しかった。十九世紀末、植民地化を免れようと、アサンテは必死の外交をした。イギリスは首都クマシに駐在官を送り込み、自らの勢力範囲であることを明らかにしようした。アサンテ側は状況を逆転するには、ビクトリア女王と直談判するしかないと考えた。使節団は、「特命大使全権公使」の階級で条約交渉する全権を与える信任状を持たされた。しかし、近隣のイギリス総督は彼らを足止めして、蒸気船に乗せ

なかった。これを振り切り、使節団はリバプール経由でロンドンに到着した。依然として、イギリス政府は使節団を認めず、女王に会わせなかった。それどころか、イギリスがクマシに攻め込むことを通告した為、使節団は帰国せざるを得なかった。戦後、アサンテはゴールドコースト植民地に併合されてしまった (468)。

　植民地化は、有無をいわせぬものであった。奴隷貿易の禁止という大義名分をヨーロッパ人は押したてた。そのレトリックはこうであった。奴隷の供給源は部族間の戦争である。捕らえられた捕虜がヨーロッパ人やアラブ人に引き渡されて奴隷にされる。つまり、戦争をなくせば奴隷はいなくなるのであるから、諸部族の居住地をヨーロッパの保護領に編入すればよい、と。ラゴスの首長は、そこが奴隷の輸出基地にならないようにする為ということで、首長はイギリスに土地を譲渡させられた。アフリカに駐在する領事官達にあって、他地域に送られた同僚になかった任務は、奴隷貿易禁止と征服であった (469)。

　ベルギー王レオポルド二世は奴隷貿易禁止と征服を、最も大規模かつ確信犯的に結び付けた。そして王の一味はコンゴ川流域の諸部族と条約を結んだ。1885年の第二回ベルリン会議で、コンゴ自由国は事実上、王の私有財産である「独立国」として認められた。この「独立国」は外交使節団を他国とやり取りしなかった。しかし、ただの植民地ではなかった。総領事をジュネーブ、ハンブルク、リスボン、ロンドン、ルンドに、領事をアクラ、アムステルダム、ルアーブル、リバプール、マンチェスター、ミラノ、ロッテルダム、サンクトペテルブルク、トリノに駐在させた。とはいえ、おそらく彼らはヨーロッパ人の名誉領事官であったろう。強制労働など現地人の虐待が国際世論の非難を浴び、1908年、コンゴ自由国は王の私領からベルギー国領となって短い歴史を閉じた。

　コンゴは「アフリカへの殺到」の狼煙であった。ドイツはトーゴとカメルーンの領有を宣言していた。刺激されたイギリスは、現ナイジェリア東部のイボ族が住む地に1885年、オイルリバーズ保護領を設置した。ヤシ油が採れるアブラヤシの産地であったので、こう命名された。保護領とはいえ、イギリス総領事が駐在していた。以前から現地人による商業が活発な地であったにも拘わらず、目の色を変えたヨーロッパ人達が乗り込んできた。地元の首長達は、クロード・M・マクドナルド総領事にイギリス商人の専横について哀訴した。彼はそれを政府に伝えると約束したものの、どうにもならなかった。総領事はのちに初代の駐日大使になった。日本人は、在日公使館生え抜きのアーネスト・サトウには異常な愛情を示す一方、この大使の前半生には興味がない (470)。

　東アフリカでも植民地化は進められた。経略の拠点はザンジバル島であった。この島のマスカット出身のスルタン家は、十九世紀後半から二十世紀初頭までの *Gotha* にも載っている。それはパリやハンブルクに総領事を置いたことから見て、「半文明国」の地位にあったと考えられる。ただし1860年代におけるフランスとの合意によって、島は既にイギリスの勢力範囲に組み入れられていた。それゆえ、正式な外交使節団を送る国はなく、イギリスの総領事兼政務官が領事団のなかで別格の扱いを受けた。歴代政務官の一人に、かつてデイビッド・リビングストンの探検隊に従ったジョン・カークがいた。彼はリビングストンの遺志を継ぎ、奴隷貿易

の禁止をスルタンに説得した。同島は1890年、正式に保護領に編入された。傀儡君主制を通じた典型的なイギリスの間接支配が始まった(471)。

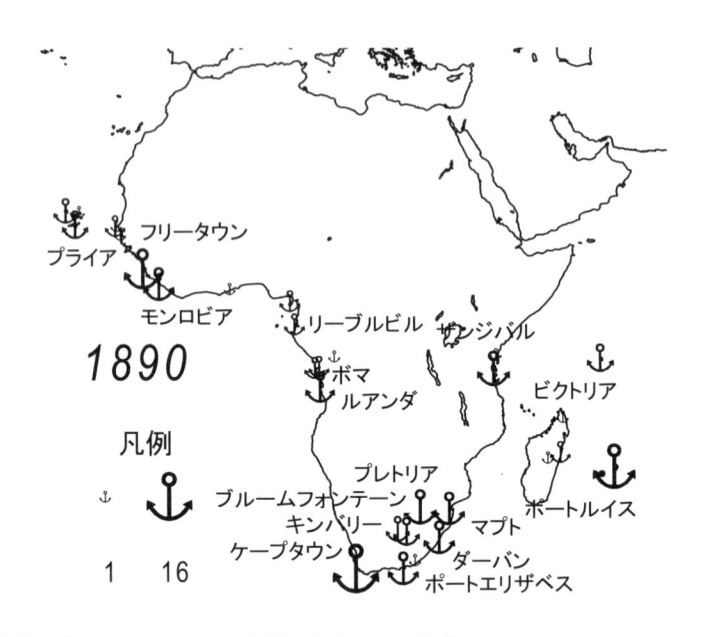

図11—1　帝国主義期のサブサハラにおける（総）領事の駐在地と数
出所　「データについて」を参照。

「アフリカへの殺到」真っ只中の（総）領事派遣を見よう。Gothaには「文明国」へのものだけが掲載されたことを断っておく。インド洋では、モーリシャス島のポートルイスが繁栄した。当時の遠洋航行の技術水準では、ここでの補給がなければ大洋を横断できなかった。今はシエラレオネの首都であるフリータウンは、解放奴隷を植民させる為イギリス人によって築かれた。アメリカ人がモンロビア（リベリア）を、フランス人がリーブルビル（ガボン）を同じ理由で建設した。モザンビークのマプト（旧ロレンソ・マルケス）とアンゴラのルアンダは、ポルトガルの古い植民地であった。内陸部に領事官はほとんど見えない。例外は南部アフリカであった。

コモディティ——独立をかけた戦い

　コモディティ（一次産品）は、加工品やサービスと違い、資源の量や気候・地形といった自然条件によって生産が左右される。しかも、生産者の文化や技術によって販売が影響されることはあまりない。奴隷に次ぐアフリカのヒット商品がこれであった。

　ダイヤモンドと金が、南部アフリカ発展の起爆剤であった。1867年にダイヤモンドが発見されると、キンバリーにはたちまち都市が誕生した。金の発見後の1886年には、ヨハネスブ

●第11章　アフリカの新生

ルクを中心とする巨大な都市圏が成長を始めた。しかし、そこはイギリス植民地でなく、南アフリカ共和国（Sud-Africaine Rep.）、通称トランスバール共和国という別の国の領土であった。トランスバールは内陸国であった為、金は英領のケープタウン、ダーバン（ポートナタール）、ポートエリザベス、あるいは、ポルトガル領のマプトから船積みされた。

トランスバール共和国とオレンジ自由国はオランダからの植民者を先祖に持つアフリカーナーが支配した国であり、Gothaでも独立国として扱われた。これらはそれぞれプレトリアとブルームフォンテーンを首都としたが、両市とヨハネスブルクには少なからぬ領事官が送られた。それには一攫千金を夢見た男達が世界から参集したこともあろうが、帝国主義の最前線でとりあえず様子見をしておこうという野次馬根性もあったろう。そのなかで、イギリスはプレトリアに外交事務官を送って他国を一頭地抜き、ポルトガルは隣接国にあたった為に代理公使を任命した。金が見付かると、トランスバールを支配下に入れようと食指を動かすイギリス人が現れた。正式な外国使節が多く首都にいるほど、南アフリカの独立が確固たるものになることはいうまでもない。ドイツが外交官をプレトリアに派遣すれば宣戦布告と見なすぞ、とイギリスはすごんでみせて外交関係の発展を妨害した (472)。

トランスバールの海外活動はより華々しかった。外交官が一人でヨーロッパ諸国を渡り歩き、できるだけ多くの国に接受される、というのがその方針であったと見られる。1890年頃、彼は弁理公使から特命全権公使への昇格に成功し、パリやベルリンで認証された。イギリス人は併合を企み、様々な陰謀が仕組まれた。トランスバールの国務長官は、大統領がオランダから招聘した人物であった。彼はベルリンでこの特命全権公使と会い、ドイツ政府やフランス大使とも連絡しながら対策を練った。この公使が没すると、前国務長官自ら在欧公使に就任した (473)。

ボーア戦争とも呼ばれる南アフリカ戦争が起きたのは1899年であった。元国務長官はヨーロッパ中を踏破して外交的な抵抗を展開した。Gothaの1900年版では、ベルギー、フランス、ドイツ、イタリア、オランダ、ポルトガル、ロシアに彼は接受されていたことになっている。トランスバールの同盟国となったオレンジ自由国も、オランダに特命全権公使を派遣した。しかし、イギリスと一戦してくれるつもりがヨーロッパ諸国にないことは、元国務長官自身が分かっていた。内陸国トランスバールにとって、唯一の海への出口であったマプトに向かう鉄道もイギリス軍によってポルトガル領との境界で遮断された。もはや、武器や義勇兵が到着する見込みもなかった。戦中、トランスバールでのイギリスの利益保護をしたのは合衆国領事であった。1902年、南アフリカ共和国は降伏し、両国はイギリス領となった (474)。

8年後の1910年、かつて独立国であったトランスバールとオレンジ自由州は、ケープ州とナタール州とともに連邦を形成した。首都はプレトリアに定められ、総督も、内閣も、中央官庁もそこに置かれた。独立以降はコモンウェルス諸国の高等弁務官事務所と外国の大公使館も同地にある。なお、プレトリアはツワネに改称した。将来は日本でも一般にそう呼ばれるかもしれない。

とはいえ、議会はケープタウンにある。かつての首相にせよ、現在の大統領にせよ、南アフ

リカで最高意思決定者を選ぶのは議会である。日本は駐在官事務所をケープに置いている。南アフリカ外務省サイトでの名称を直訳すれば、「領事事務所」となる。しかし、この領事は大使館付の参事官という高位の外交官でもあり、サイトには「在プレトリア大使館の管理下にある」と説明されている。普通、ケープタウンのような大都市には、総領事館を置くものである。これらの事実から、駐在官事務所は南アフリカ政治の一中心に大使館機能を持った出先として置かれているものと推測される(475)。

独立をかけた試練に勝利した国もあった。リベリアはアメリカ合衆国の植民地でなかったものの、プロテスタント教団から宣教師が派遣され、人的交流があった。合衆国は弁理公使を送り続け、歴代公使は第一次大戦以前における唯一のモンロビア駐在外交使節であった。大戦後は、他国も代理公使を送り始めた。合衆国は1930年代、弁理公使を特命全権公使に格上げし、外交団長の座を維持した。外交団長が合衆国公使でなければ、「アフリカへの殺到」時代、リベリアは保護国か直轄植民地に転落していたであろう。

実際、二十世紀初めには、リベリアに危機が訪れていた。現コートジボワールのフランス領と境界紛争が持ち上がったのである。当時の合衆国弁理公使はアーネスト・ライオンといい、アフリカ系市民であった。彼はリベリアの運命を心配した。視察の為、彼は国境の川を何十キロも遡る探検旅行さえした(476)。

表11—1　エチオピアにおける外交的地位

順位	国名	1900	1910	1920	1930	得点
1	イタリア	△	◎	◎	◎	11
2	イギリス	−	◎	◎	◎	9
2	ドイツ	◎	◎	◎		9
2	フランス	◎	◎	◎		9
5	アメリカ合衆国		△	△	△	6
6	ベルギー				◎	3
7	ロシア	−	×	×		2

注　●（大使級）＝4点、◎（全権公使級）＝3点、△（弁理公使級）＝2点、×（代理大公使級）＝1点。−（外交事務官級）＝0点。「データについて」を参照。

それはようやくパンアフリカニズムの運動が起ころうとした時代であった。ライオンは本国の著名なアフリカ系教育者、ブッカー・T・ワシントンと連絡をとり、代表団の合衆国訪問を成功させた。この代表団はブッカー・ワシントンに、駐ワシントン代理公使を務めないか、と申し出たものの、実現はしなかった。ライオンがモンロビアから帰国したのち、自らワシントン近郊ボルティモアのリベリア総領事になった(477)。

フランスとは境界協定が結ばれ、存亡の危機はひとまず去った。帝国主義諸国はリベリアのうしろに合衆国の影を見た。リベリア自体、積極的に外交使節団を派遣し、外交で国を守る意識を持ち始めたようである。

対照的に、エチオピアは戦争によって独立の確保に一度は成功した。植民地化を狙うイタリ

アに勝利した1896年のアドワの戦いは有名である。エチオピアが *Gotha* に掲載され、近代外交の正式メンバーと認められたのはこの後であった。

　列強はエチオピアに外交官を派遣した。植民地大国のイタリア、イギリス、フランス、ドイツは分かる。しかし、ロシアがいち早く外交事務官、続いて代理公使を送ったのは不思議である。エチオピア高原からは、紅海沿岸を見下ろすことができる。そこは、スエズ運河からインドに抜ける要路である。憶測すれば、イギリス帝国ののど元をかき切る構えを示してその行動を牽制する意図や、純粋にアフリカのキリスト教国として親善を深めるつもりがあったのであろう。

　残念なことに、外交戦に打って出ることをエチオピアは怠った。大戦前まで、ロシアのオデッサに任命した代理領事が、ただ一人の在外官吏であった。英仏に公使を送り始めたのは1930年頃とあまりに遅かった。ベニト・ムッソリーニが国境線に難癖を付けてきたとき、親身になって共闘してくれる国は現れなかった。確かに国際連盟にエチオピアは代表を出していた。しかし、1935年に侵略が始まり対伊制裁が検討されても、イタリアとの国交断絶を仄めかしてくれたのは南アフリカだけであった。翌年、エチオピアはイタリア領東アフリカになった。ハイレセラシエ皇帝が総会で演説しても後の祭りであった。併合を認めるかどうかは各国の判断に任された。対伊制裁も解除された。独立エチオピアの唯一の名残は、権威が失墜した連盟における代表だけであった (478)。

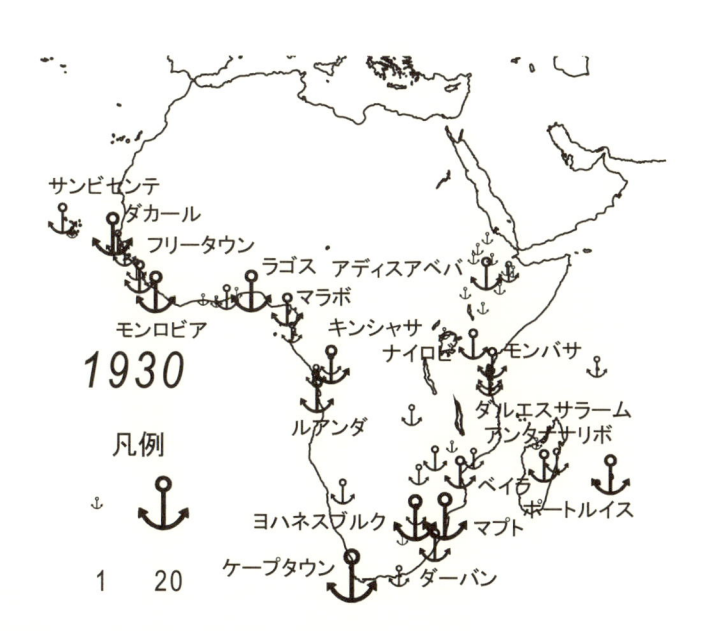

図11─2　戦間期のサブサハラにおける諸都市の（総）領事の駐在地と数
出所　「データについて」を参照。

このように、二つの大戦の間、植民地化はむしろ進行した。しかし、内陸の開発が始まったことは前進であったかもしれない。例えば、英領東アフリカの首都は、海港のモンバサから高地のナイロビに移った。ここはさらに奥地のカンパラと沿岸のモンバサを繋ぐ鉄道沿線にあり、植民地の中心地として急成長した。その一帯はキリマンジャロの銘柄で知られるように、コーヒーの大産地になった。また、ベルギー領コンゴの政庁は沿岸部のボマから、コンゴ川沿いのレオポルドビルに移転した。対岸には、フランス領赤道アフリカの総督が駐在したブラザビルがあった。独立後、ベルギー王の名にちなんだレオポルドビルはキンシャサに改称された。

アフリカの輪——アラブ世界からの影響

　ガーナといえばチョコレートである。独立時、カカオという外貨を稼げる商品を持つこの国は、アフリカのなかでも恵まれていた。首都アクラは、西アフリカ最大の都市ラゴスにまだ水を開けられていなかった。クワメ・ンクルマ首相は、アメリカ仕込みの教育を活かし、伝統的な部族主体の政治の壁を打ち破ったように見えた。1957年、ガーナはサハラ以南では南アフリカに次いで2番目の、ブラック・アフリカでは初めての旧英領独立国となった。第一義的には、これはアフリカ人自身が勝ち取った偉業といわねばならない。

　しかし、国際環境の影響も無視できない。1955年にバンドン会議が開かれ、既に相当な自治を得ていたガーナも参加した。その次の年にはスエズ動乱があった。これは運河の東からの撤退だけでなく、その南のアフリカからの撤退をもイギリスに迫るものであった。

　この2年も前に、ナセルが『革命の哲学』という著作を公表していたのは驚くべきことであった。彼はエジプトがアラブの輪、アフリカの輪、イスラムの輪の重なりの上に存在することを明確に意識し、それらを舞台に動きまわることを宣言していたからである (479)。

　始めガーナはフランス植民地に囲まれ、エリザベス二世を元首として仰ぎつつ、おとなしくしていなければならなかった。しかし、サハラからの砂塵とともに激しいナショナリズムの風が北から吹き寄せた。気が付けばガーナも、アフリカの輪のなかにあった。

　ンクルマは、南アを除くアフリカの全独立国から代表を招き、全アフリカ人民会議をアクラで主催した。北アフリカの5か国に、エチオピア、リベリア、そしてガーナを加えた8か国が参加した。その後、彼は参加国を訪問し、ナセルら各国の指導者達と会談した。ンクルマはアフリカの輪の舞台で主役の一人になった。イスラエルとの関係について、ナセルは話題にもしなかったという。しかし、アフリカの強調は、脱ヨーロッパの第一歩であった。彼はナセルの方に引き寄せられていった (480)。

　他方では、親ヨーロッパ路線を歩む国々が出現しようとしていた。フランスは、アルジェリアにおける独立戦争の負担に耐えられず、植民地を手放すことを迫られた。植民地は自治領となり、フランスとともにフランス共同体を形成することが第五共和政の新憲法に盛り込まれた。この憲法を認めず、独立の道を選んだのはギニアだけであった (481)。

　ギニアの大統領、セク・トゥーレとンクルマは親友であった。彼らは「バルカン化」に反対した。小国が分立すると結局、植民地主義の虜となり、従属に追い込まれてしまうというので

ある。そこで彼らは、ガーナ・ギニア連合を作って、「アフリカの統一」に先鞭を付けた。それにも拘わらず、ンクルマは隣国と対立した。東隣のトーゴには併合を迫り、西隣のコートジボワールには領土の割譲を要求した。「バルカン化」への反対は、ガーナ自体を大国にしたい欲望の裏返しであったのであろうか。そういえば、非同盟の同志であったナセルとスカルノも領土拡張を狙っていた(482)。

1960年には「アフリカの年」と呼ばれるように、フランスの植民地が一斉に独立した。フランス共同体内にありながら独立できる、と憲法が改正された結果であった。これはイギリス植民地のコモンウェルス内での独立と類似した枠組みといえる。

こうしてアフリカの過半は独立したものの、路線対立が待っていた。旧フランス領のほとんどはブラザビル・グループに結集した。急進派のカサブランカ・グループには、スーダンを除く北アフリカと、ガーナ、ギニア、マリが付いた。これについていけない穏健派のナイジェリア、リベリア、トーゴ、セネガルはモンロビア・グループを作った。

アフリカ統一機構（OAU）が1963年、アディスアベバで設立されたことにより、3グループは一致点を見出した。しかし、対立自体はなくならなかった。むしろ、冷戦終結までの長い不和の始まりであった。

カサブランカ・グループは、アラブの輪と、アフリカの輪の結合であった。イスラエルに対するアラブ人の態度をサブサハラは呑まされた。その代わりに、経済と軍事をアフリカ全体で組織化するンクルマの案を他国は支持した(483)。

また、社会主義経済をカサブランカ・グループは志向した。未開発の大地から採れるコモディティの売却益を巨大プロジェクトに活用し、工業化を図ることが目標とされた。ガーナの場合、カカオの輸出で蓄えた外貨を元手に、ボルタ川にダムを築いて産業を興すことが計画された。アメリカ合衆国、イギリス、世界銀行はエジプトにおけるアスワン・ハイ・ダムの愚は繰り返さず、アコソンボ・ダムの建設に融資した。完成式典は1966年に行われた。順調であったように見えるが、これは経済的には失敗であったとされる。西アフリカの開発水準から見れば、それは過大な投資であった。

自身の外遊も含めて、ンクルマは外交にカネを惜しまなかった。**表11—2**にも見えるように目立って多くの大使を送ったことは物笑いの種になった。ダムの為に外貨は使い果たしてしまい、ついに彼の外相はソ連大使に、予算と人材が足りないので東ヨーロッパに置いた大使館の幾つかを閉鎖したい、と打ち開けた。大使は思い止まるよう説得した(484)。

ただし、ンクルマの思いにも一理あった。アフリカ外交のハブは、合衆国、西ドイツ、フランス、そして驚くなかれイスラエルと域外国ばかりであった。蟷螂の斧さながらに、これらに挑戦したガーナという国は恵まれた方であった。ンクルマは1966年に失脚した。彼にとって代わった軍事政権は在外公館の維持費にナタを振るった(485)。

表11―2　ンクルマ失脚直後のアフリカにおける外交使節の派遣・接受状況（1967年）

接受国 \ 派遣国	ガーナ	ナイジェリア	リベリア	エチオピア	コンゴ民主共和国	マリ	ギニア	コートジボワール	セネガル	ザンビア	シエラレオネ	チャド	カメルーン	ニジェール	ブルンジ	モーリタニア	ソマリア	トーゴ	ブルキナファソ	マラウィ	中央アフリカ	ベナン	ガンビア	タンザニア	ルワンダ	アフリカ小計	アメリカ合衆国	西ドイツ
ナイジェリア	●		●	●	●	●	●	●	●	●	●	●	●	●	●			●								56	●	●
エチオピア	●	●		●		●	●	●	●	●		●		●		●		●			●			●		52	●	●
ガーナ		●	●	●			●	●		●			●					●	●							36		●
セネガル	●	◎	●			●	●	●								◎							●			34	●	●
ケニア	●								●															●		24	●	●
コンゴ民主共和国		●	●		●	●						×								●					●	33	●	●
タンザニア				●	●	×					●					●										21	●	●
リベリア	●	●		●			●		●		●		●					●								44	●	●
ギニア		●	●						●				●													16	●	●
コートジボワール	●				●							●		●												24	●	●
マリ		×					●		●																	9	●	●
カメルーン	●	●							●										●	◎						23	●	●
ウガンダ	●					●																				12	●	●
ニジェール		×		●																						5	●	●
南アフリカ																										0	●	●
ザンビア		●			●																					8	●	●
シエラレオネ	●	●	●				●																			16	●	●
マダガスカル																										0	●	●
コンゴ				●	●							◎														11		●
ソマリア				●																						4	●	●
トーゴ	●	×	×																							6	●	●
中央アフリカ					●								×													5	●	●
マラウィ	●																									4	●	●
ガボン																										0	●	●
ブルキナファソ	●					●																				8	●	●
ブルンジ					●																					4	×	●
ベナン	●	×			◎								×													9	●	●
モーリタニア																										0	●	●
ルワンダ												●														4	●	●
チャド																										0	●	
レソト																										0	●	
ガンビア																										0		
総計	52	51	41	36	35	32	21	20	24	16	16	15	13	13	13	11	8	8	8	8	7	4	4	4	4		117	116

注　●（大使級）＝4点、◎（全権公使級）＝3点、△（弁理公使級）＝2点、×（代理大公使級）＝1点。域外の派遣国は一部省略する。「データについて」を参照。

	フランス	イスラエル	イギリス	ソ連	エジプト	イタリア	ベルギー	オランダ	インド	ユーゴスラビア	台湾	チェコスロバキア	日本	スーダン	スペイン	中国	教皇庁	アルジェリア	モロッコ	韓国	キューバ	チュニジア	北朝鮮	ベトナム	ポルトガル	リビア	南ベトナム	非アフリカ小計	総計
	●	●	●	●	●	●	●	●	●	●		●	●	●	●			●								●		152	208
	●	●	●	●		●	●	●	●	●		●	●	●	●		●		●	●								150	202
	●	●	●	●		●		●	●	●		●	●	●				●	●		●							124	160
	●	●	●	●		●	●	●	●		●		●		●			●			●						●	120	154
	●	●	●	●	●	●	●	●	●	●			●				●			×								111	135
	●	●	●		●	●	●	●		●		●	●		●	●					●							92	125
	●	●		●	●	●	×	●		●			●		●		●	×		●		●	×					90	111
	●	●		●	●	●	●				●				●	●	●											64	108
		●		●	●	×	●	●		●		●			●	●		●	●		●		●	●				91	107
	●	●	●		●	●	●				●		●						●	●							●	72	96
	●		●	●	●						●			●		●			●	×		●		●	●			78	87
	●	●			●						●			●	●													56	79
	●	●	●				●						●						●		●							64	76
	●	●									●											●						28	73
	●	◎	●			●	●	●							●									●				72	72
	●	●	●	●		●			●	●	●		×			●	●											53	61
	●	●	●	●		●							●							●								40	56
	●	●			●			●	●			●							●		●							56	56
	●	●		●	●		●			●	×			●						●		●						41	52
	●	●		●	●						●	●		●														40	44
	●	●	●	●	×						●	●									●							37	43
	●	●				●																						32	37
	●	●		×				●																		●		29	33
	●	●												●	●													28	28
	●	●								●																		20	28
	●	×	×	●	×		●											●										24	28
	●													●														19	28
	●			●	●											●	●											28	28
				●					●				●															20	24
	●			●										●											●			21	21
		●																										8	8
		●																										4	4
	112	96	77	76	67	64	61	49	48	48	48	46	40	36	36	36	32	25	25	17	16	16	16	9	8	8	8		

295

1967年のアフリカ諸国は、それぞれの道を歩もうとしていた。

- ナイジェリアは人口と石油資源でアフリカをリードする。しかし、独立早々、ビアフラ戦争で部族主義の深刻さを露呈した。栄養失調から骨と皮だけになったり、腹が膨らんだりしたこどもの写真が、日本でも衝撃を与えた。紛争は長期化し、1970年まで続いた。ビアフラ共和国を承認したのはコートジボワール、ガボン、ハイチ、タンザニア、ザンビアであった。そうしなかったものの、積極的に支援した国はフランスであった。その版図内であったニジェール川デルタの地下には、豊かな原油が眠っている (486)。
- エチオピアは経済開発の遅れにも拘わらず、ハイレセラシエのカリスマにより、国際的な威信は高かった。OAUの本部が置かれたことから、アフリカ外交の中心地となった。
- セネガルのダカールは、奴隷貿易で栄えたゴレ島の対岸に造られた。植民地時代は仏領西アフリカの総督が駐在した。独立後も繁栄は続いた。
- ケニアのナイロビは高地にある為欧米人にも過ごしやすい。もちろん、日本人にもそうであり、必ず軽井沢に喩えられる。この為ナイロビは国境を挟んだタンザニア側のアルーシャと並び、サブサハラ有数の国際都市である。1972年に設置が決まった国連環境計画（UNEP）の本部はここにある。のちに国連人間居住計画（UN-HABITAT）も置かれた。国連は事務の効率化の為ということで、国連ナイロビ事務所（UNON）を編成した。類似の組織は世界中でほかにジュネーブとウィーンにあるだけである。
- 独立まもないコンゴ民主共和国の政情は、ベルギーに後押しされたカタンガ州の独立宣言、国連コンゴ軍（ONUC）の展開、パトリス・ルムンバ首相の逮捕と殺害、ダグ・ハマーショルド国連事務総長の死、と奇怪な経緯を辿った。ベルギー軍の駐留に反対したルムンバは、新植民地主義反対のアイドルとなった。彼がキンシャサ政権に裏切られると、同志達はキサンガニ（スタンリービル）に自らの政権を旗上げした。ナセル、ンクルマ、トゥーレがこれを支持し、とりわけ、キンシャサのガーナ大使館員は反政府活動に勤しんだ。あまりの肩入れに業を煮やし、キンシャサ政権は彼らをペルソナ・ノン・グラータに指定した。キサンガニ政権はエジプトに事務所を開き、国際活動に取りかかった。ルムンバが殺されると、彼の死を惜しむ判官贔屓の国際世論が高まった。直ちに、エジプトとギニアがキサンガニ政権を承認した。一時は、約20か国がルムンバ派に好意を寄せた。しかし、キンシャサ側は鎮圧に成功し、最終的にモブツ・セセ・セコ大統領の親米政権が作られた (487)。
- タンザニアとギニアはガーナと並び、サブサハラにおける社会主義の初期の指導者であった。早くも1960年にトゥーレは北京を訪れた。しかし、ソ連に対しては疑惑を抱き、大使を追放してしまった。タンザニアは、タンガニーカとザンジバルが合邦してできた国である。ザンビアと繋ぐ鉄道の資金が欲しかったジュリアス・ニエレレ大統領は北京を訪れ、好回答をえた。1967年にタンザニアはアルーシャ宣言を発し、社会主義経済を建設する決意を示した (488)。

・ポルトガルは、アフリカに最大の植民地を持つ宗主国になった。サハラ以南で同国の外交使節団を接受した国は、南アフリカとマラウイしかなかった。ギニアに至っては、生ぬるい対応しか取らなかったセネガル及び西ドイツと1971年に断交した。これはハルシュタイン・ドクトリンのようなものであった。南部アフリカのアパルトヘイトと人種差別はポルトガル植民地が防壁となって守られた。内陸国のマラウイは、これらに経済を依存した。ギニアビサウ、モザンビーク、カボベルデ、サントメプリンシペ、アンゴラの独立はリスボンの権威主義が打倒される直前になって、やっと実現に向けて動き出した(489)。

モンスター——カダフィ大佐の友人達

　イディ・アミン・ダダが人肉を食べたかには、確たる証拠はないともいわれる。彼は人気者になる素質を備えていた。筋肉質の巨体、ボクシングのチャンピオンにもなった運動神経、人を飽きさせない話芸、愛くるしい笑顔は、どれをとっても人並外れていた。実際、兵士としてイギリスの軍人にかわいがられた。彼がモンスターのように扱われたのは、ヨーロッパのアフリカに対するソフトな偏見が、強烈な個性の印象をマイナスの方向に向けたからであろう。

　食人のシーンが現れる「アミン、上昇と転落」(邦題「食人大統領アミン」)という映画がある。冒頭では、劇中のすべての出来事は事実に基づいています、という文が表示される。一方、エンドロールでは小さな文字で、プロデューサー一同、本映画の制作にあたりケニア共和国政府とケニア航空が与えて下さったご助力とご支援に感謝申しあげます、と映し出される。真偽は疑いながらも、なあんだ、プロパガンダ映画だったか、と半ば納得する。ケニアは、パレスチナ人がハイジャックした旅客機の乗客をイスラエル特殊部隊が奪回するのを支援した。このウガンダのエンテベ空港での事件はアミン失脚の前触れであった。

　ウガンダ大統領になったアミンを迎えたのは歓呼であった。しかし、就任1年余りで、彼は欧米人にとって忌まわしい存在になった。カダフィ大佐との会見が転機になったと思われる。彼は始めイスラエルに援助を仰いでいた。しかし、追加援助を断られると、アミンはリビアの方を向いた。彼はパレスチナ闘争を称賛し、援助を受け取った。イスラエル大使は追放され、同国からの援助も破談となった。主がいなくなった大使館には、パレスチナの代表部が入居した(490)。

　アミンの変身は徹底していた。経済に大きな力を持ったインド系の人々が追放された。イギリスの高等弁務官はウガンダから退去した。完全な外交関係は1975年まで復旧しなかった。アミンが追い出した前大統領アポロ・ミルトン・オボテの支持者が、タンザニアから侵攻した。しかし、アミンは孤立していなかった。リビアとソ連が武器を援助してくれた(491)。

　ソ連とリビアによるアミン政権の支援には、地政学上の理由があったろう。囲碁かオセロと思えばよい。スーダンが争奪の対象であった。リビアとウガンダで、スーダンを挟み込むことができた。ナセリストであったその指導者、ヌメイリの支配は不安定であった。西側とイスラエルがここにちょっかいを出さないとも限らなかった。ところが、アラブ人と共産主義者の方が同床異夢であった。ソ連はヌメイリを見限り、彼を失脚させようとした為、大使追放の返り

討ちにあった。その空隙に合衆国が入り込んだ。それまで閉鎖されていた合衆国大使館が活気付いた (492)。

「黒い９月」は、ヨルダンからのPLO追放事件にちなみ命名されたテロリスト・グループであった。1972年には、ミュンヘン・オリンピックのイスラエル選手団を虐殺したことで名を馳せた。アミン大統領は「黒い９月」への支持を表明した。このグループは翌年、ハルツームの合衆国外交官達に狙いを定めた。サウジアラビア大使館にいた外交官達が誘拐され、合衆国の大使及び副使節団長と、ベルギー代理大使が殺された (493)。この年の暮れに、国家代表等に対する犯罪防止条約が国連総会で採択されたことに、本事件は影響したのでなかろうか。

焦ったのは、ウガンダの首都、カンパラの合衆国大使館であった。直ちに代理大使は退去を検討した。アミン配下の治安当局は大使館へのテロリズムを容認しかねない、と本国に打電された。臨界点に両国関係は近づいていた (494)。

7か月後、第四次中東戦争が勃発した。アミンは大使館を警護する海兵隊に48時間以内の退去を求めた。部下達は、電線や電話線を切る嫌がらせをした。ワシントンの本省から、海兵隊員だけでなく全館員が直ちに退去し、大使館を閉鎖するよう訓電が来た。代理大使は西ドイツに利益保護を依頼した。彼は、警備会社セキュリコー（現G4S）から派遣された不寝番がアミンのスパイでないか、と疑ってもいた。全館閉鎖を聞いたアミンは、宣教師を含む200人の全アメリカ人をスパイと決め付けた。ウガンダの国連大使は追放されなかった為、外交関係自体は断絶しなかった。翌年、ウガンダ外相の遺体がビクトリア湖に浮いた。次の外相はアミンが心を寄せていた女性大使であった。1979年の亡命までに、アミンが殺した人々は数十万に及んだといわれる (495)。

ウガンダは、カダフィにとってのアフリカの輪であった。王政下のリビア外交は偏狭であり、アラブと地中海沿岸だけが舞台であった。カダフィはアフリカ統一機構や非同盟諸国首脳会議に参加し、友人を増やした。エジプトのサダト大統領が合衆国と親密になると、アジア側のアラブ諸国とリビアは隔離された。1986年の外交使節団派遣状況を見ると、アフリカに多数の在外公館が置かれたことが分かる。とはいえ、カダフィは友好だけを追求した訳でなかった。チャドのアオズ（アオゾウ）地区を占領し、長年そこに居座った。そればかりか内戦に介入し、国土を荒廃させた (496)。

リビアは、正式名称を日本語ではリビア・アラブ社会主義人民ジャマヒリヤという。カダフィは自著『緑の書』を、統治機構の問題に究極的な解決を与えるもの、と豪語した。その基本は一種の直接民主主義である。人民が代表を送って権力の行使を託すのでなく、すべての人民が人民会議に参加するという思想が実践された。

外交使節団の位置付けが、彼の理論でどうであるのか筆者は知らない。とにかく、東京に置かれたリビアの使節団は、「人民事務所」と改められた。これは日本外務省の呼び方であり、人によっては「人民局」と呼ぶ。英語では、今は「ピープルズ・ビューロー」が定訳となっている。大使にあたる人物は「セクレタリー」であり、「書記」と訳される。代理大使は書記代行、代理書記、代理大使などと訳されるようである。「大使」を死語にしようとした初期のソ連外

●第11章 アフリカの新生

交が思い出される。ともあれ、ウィーン外交関係条約が高等弁務官の肩書を許容した以上、人民事務所書記が認められない理由はない。

人民の代表はいないのであるから、公式にはリビアに元首はいない。では、信任状はどのように捧呈されるのかといえば、宛名は革命指導者のカダフィで、実際に捧呈する相手は全国人民会議の議長であるという (497)。

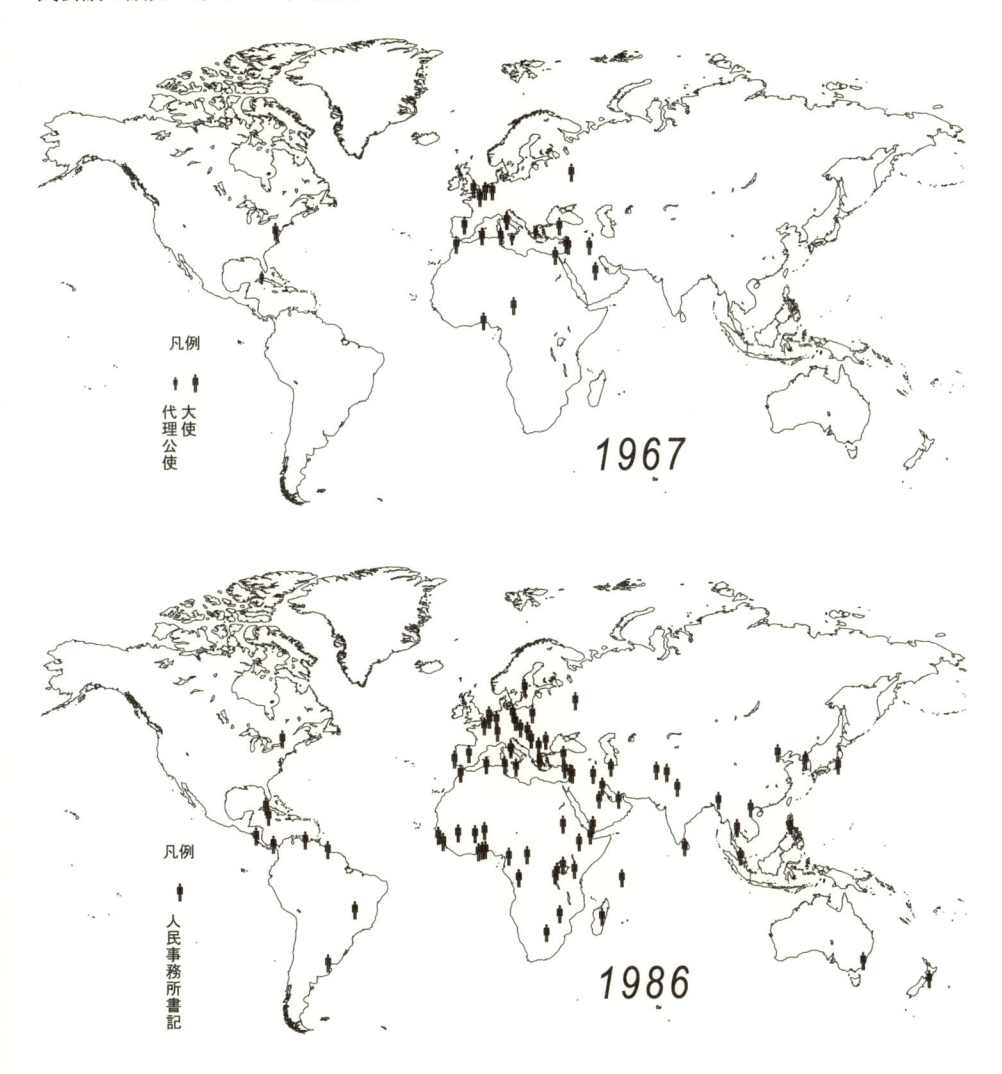

図11—3　リビアの外交使節団
出所　「データについて」を参照。

人口数百万のリビアがアフリカの外交大国になった。サブサハラは大国によって操られ、踊らされる側であった。ジャンベデル・ボカサのように皇帝に即位する者が現れた。彼が外交関係を故意に悪化させて、フランスから援助をせしめたことは一度に止まらなかった。ボカサの方は、主体的にフランスを搾取していたと感じていたであろう。しかし結局、フランスが支援したクーデターで彼はその座を追われてしまった。カダフィとアミンとボカサが親友であったことの意味は明白である。

　カダフィの関与は分からないが、世界で最も古い王国といわれたエチオピア帝国のハイレセラシエ皇帝さえ歴史の力に勝てなかった。農民の飢餓、学生のデモ、軍隊の反乱といった国難に対し、彼は抜本的な打開策を打たなかった。1974年、軍人が首都の実権を掌握した。既に80歳を超えていた皇帝は、外交辞令で慰めてくれる大使達の訪問を喜んだ。しかし、大臣達と官僚達はどこかへ連れ去られた。彼自身、宮殿を追われて幽閉され、まもなく息を引き取った。その後、ソ連の力が強くなり、1980年代、マルクス・レーニン主義にエチオピアは移行した。貧困は共産主義下でも続いた。イギリスのロック・シンガー達による食糧援助のチャリティ・キャンペーン「バンド・エイド」は有名である。

　西側も努力を怠らなかった。サファリ・クラブといえば、東アフリカの草原で野生生物を自動車で追走する観光施設と思うであろう。実際、そうしたクラブはある。しかしここでは、アンゴラ始めアフリカ各地の戦場でソ連と戦う為の西側諜報機関のネットワークのことをいっている。フランス、イラン、サウジアラビア、エジプト、モロッコがその参加国であった。冷戦がアフリカを引き裂いた(498)。

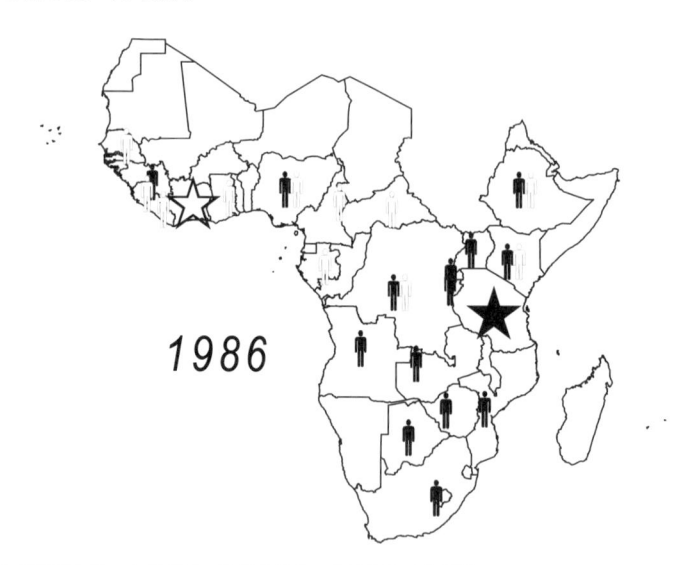

図11—4　タンザニアとコートジボワールのサブサハラにおける大使館
注　黒はタンザニア（黒星）の大使。白はコートジボワール（白星）の大使。「データについて」を参照。

アフリカの東西対立を、「ウジャマー社会主義」の親東側国、タンザニアと「象牙の奇跡」の親西側国、コートジボワールの外交使節団配置状況を通して見よう。タンザニアは大陸の東南に関心を持っていた。ニエレレの安定した政権は、社会主義をアフリカに広める拠点であった。アパルトヘイトへの反対は1980年代半ばにはグローバルな支持を得ていたものの、資本主義の牙城であった南アフリカが非難されることを西側は苦々しく思っていた。

コートジボワールは冷戦中、目覚ましい経済成長を誇った。西アフリカ諸国は親西側路線をとり、地域統合を進めた。1975年にはECOWAS（西アフリカ諸国経済共同体）が結成されている。ECOWASは「経済共同体」の任務を越え、平和活動として派兵まで行っている。社会主義者の立場から見れば、これら諸国には植民地主義が色濃く残っていた。南アフリカに対しても、コートジボワールは融和的であった(499)。

サブサハラの大国、ナイジェリア、コンゴ民主共和国、エチオピア、ケニアにはタンザニア・コートジボワール双方の大使がいた。当時、ザイールと呼ばれていた資源国のコンゴ民主主義国では、モブツ政権がサファリ・クラブの支援で生き延びていた。1977年には、キューバが派兵していたアンゴラから反乱軍が侵攻し、コンゴ民主共和国とアンゴラは断交した(500)。

アパルトヘイト――南アフリカとイスラエルの外交的抹殺

人種差別への風あたりは、アフリカ諸国の独立と合衆国での公民権運動に伴ない強まった。アルジェリアとコンゴの情勢が落ち着くと、いよいよ南部アフリカが矢面に立つ番であった。発火点は1960年のシャープビル虐殺であった。

ブラック・アフリカからの高等弁務官は混乱を招くとして、南アフリカは接受してこなかった。自国の外交官が人種差別される可能性があるなどとは侮辱も甚だしい。虐殺の翌年、コモンウェルスの首相会議でマレーシアが南アフリカと衝突した。南アフリカが共和国になって女王が元首でなくなったのはその2か月後のことであった。これを機に、コモンウェルスから同国は脱退した。ただし、外国で南アフリカ国民がコモンウェルス加盟国市民の立場で享受していた領事サービスは、引き続きイギリスに提供してもらえるよう取り計らわれた。ところで、女王が元首でなくなってもコモンウェルス内に留まったアフリカの共和国は枚挙にいとまがない。それぞれ1960年と1964年に共和国になったガーナとケニアは脱退しなかった(501)。

ローデシアはセシル・ジョン・ローズという帝国主義者にちなみ名付けられた植民地であり、現在のザンビアとジンバブエにあたる。北ローデシアすなわちザンビアはアフリカ系住民が中心になって独立した。ところが南ローデシアでは、少数派の白人が政権にしがみついた。OAUは当初からこのことを問題視し、宗主国のイギリスも人種差別の撤廃を独立の条件とした。ところが1965年、一方的に南ローデシアは独立を宣言した。エジプト、ガーナ、タンザニア、ギニアはイギリスと外交関係を断絶した。宗主国として軍事力を使ってでも白人支配を終わらせろ、というのが非同盟諸国の言い分であったのである(502)。

非同盟が連帯するのは、大国主導の同盟に対する反対という一点においてである。とりわけ植民地支配を行ってきた西側同盟が槍玉に挙げられた。この雰囲気が最も充満していたのは

1973年9月のアルジェ首脳会議であった。ここで「アフリカの輪」と「アラブの輪」は固く握手した。非難の対象は、ポルトガル、南アフリカ、南ローデシア、イスラエルであった。これら諸国に対し、あらゆる関係を断絶し、あらゆる機会に晒し者にし、それらを支援する国まで晒し者にしなければならない、というこのうえなく徹底的な「民族解放闘争に対する宣言」が決議された (503)。

イスラエルは独立当初、サブサハラ諸国の友好国であった。ケニアの独立に対するイスラエル大使館の祝賀会には指導者のジョモ・ケニヤッタ自ら閣僚を連れて姿を現した。いつのまにか、イスラエルは悪玉になっていた。非同盟首脳会議の翌月、エジプト軍がスエズを渡河した。第四次中東戦争の緒戦におけるエジプトの勝利に世界が沸き立つなか、誰もイスラエルをスケープゴートにすることをはばからなかった。

アフリカ諸国の大使館がイスラエルから消えた。かつてキューバが置いていたテルアビブ郊外、ヘルツリヤの公使館もなくなっていた。イスラエルの外交的な抹殺が行われようとしていた。同国がプレトリアの公使館を大使館に格上げしたことさえ、非同盟諸国はイスラエルの人種主義の証拠として暴露した (504)。

南アフリカに対する制裁もエスカレートした。同国とのスポーツ交流が許されなかったのはもちろん、南アフリカとスポーツ交流した国が参加するオリンピックへの参加を再考することさえ、OAU外相会議は加盟国に求めた。具体的には、南アフリカのチームとラグビーの試合をしたオールブラックスが本拠を置くニュージーランドがオリンピックに参加するので、モントリオール・オリンピックへの参加を再考せよ、ということであったらしい。ボイコットしたOAU加盟国は相当な数に上ったという (505)。

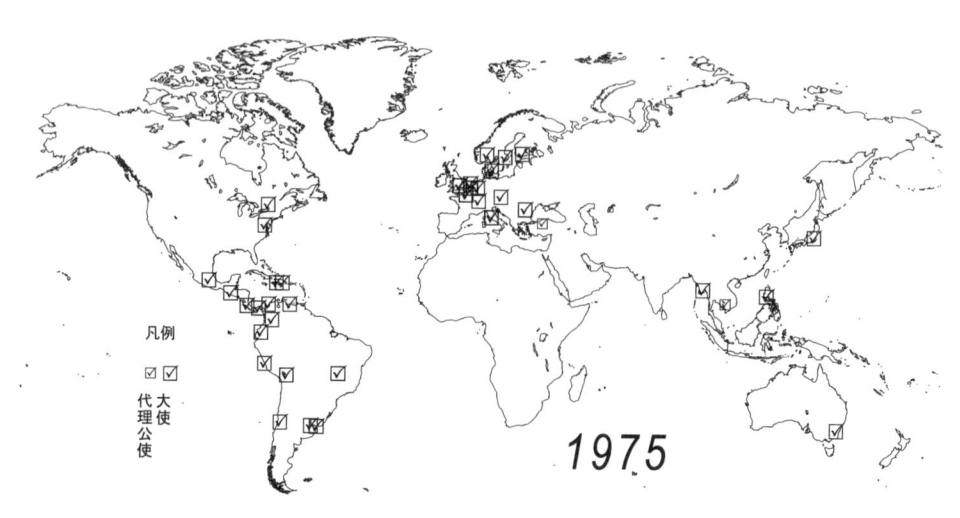

図11-5　1970年代、イスラエルに大使と代理大使を置いた国々
出所　「データについて」を参照。

●第11章　アフリカの新生

「全面的アパルトヘイト」に対する戦いでも外交が使われた。差別は異人種が同じところに住んでいるから起こるのであり、自治区にアフリカ系を集めて居住させれば差別はなくなる、というのがこの政策のレトリックであった。自治区はバントゥースタン、ホームランド、バントゥー・ホームランドと呼ばれた(506)。白人の妄想は広がり、自治区を独立させてしまえば南アフリカの職場で働くアフリカ系は外国人労働者になって、差別待遇はもはや非難されずに外国人管理の一環と強弁できる、と身勝手な論理が構築された。そして実際に1976年のトランスカイを手始めに、幾つかのバントゥースタンが「独立」した。それらの市民はパスポートを持って南アフリカ共和国に「入国」しなければならなくなった。

OAUは加盟国にバントゥースタンの国家承認を禁じ、国連総会と非同盟諸国首脳会議は国家承認の自制を呼びかけた。幸いにもバントゥースタンを承認する国は現れず、それらは民主化後に解体された。では、これらの「国」に大使館はなかったのかといえば、あったようである。それは南アフリカの大使館であった。当然、南アフリカはバントゥースタンを承認していた。他方、バントゥースタンの側も、例えばトランスカイは在プレトリア大使館や在ナタール領事館を置いていた。南アフリカとの外交関係の断絶さえ、主権国家の隣国レソトより広大なこの存在はやってのけた。結果的には、南アフリカからの援助がなくなって経済的な従属をトランスカイは身に染みて感じることになり、関係は再開された。この事件に対しては、独立国であることを世界に示し、諸外国の国家承認を呼び込む意図があったとの見方もある。しかし皮肉にも、傀儡であることが再確認されただけに終わった(507)。

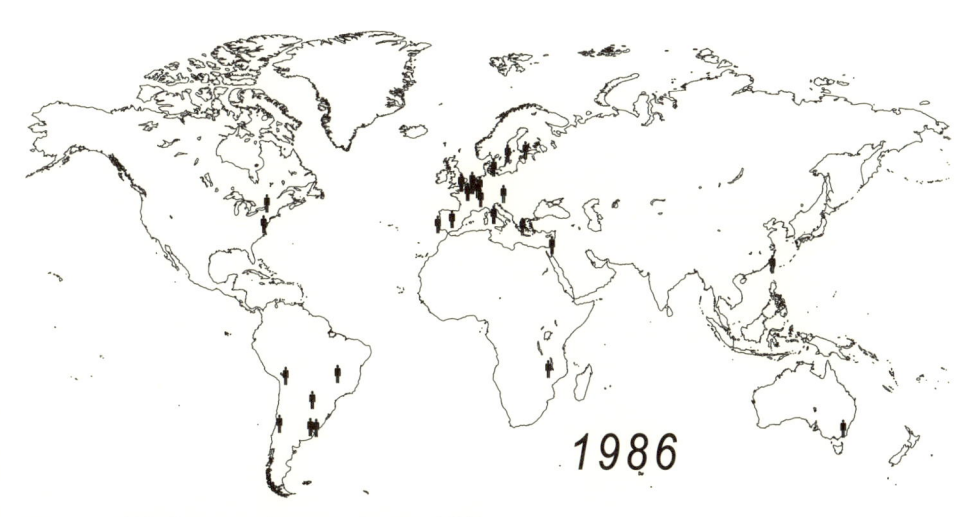

図11—6　冷戦末期における南アフリカ共和国の大使館
出所　「データについて」を参照。

1980年代になると、南アフリカは完全に包囲された。ポルトガル植民地はなくなり、南ローデシアは白人支配を脱してジンバブエとして独立した。その後、これらは反アパルトヘイトの急先鋒となり、フロントライン（前線）諸国と呼ばれた。それらに設けられたアフリカ民族会議（ANC）の諸拠点は南アフリカ軍に襲撃された。

　図11—6に見えるように、西側諸国の多数は南アフリカとの外交関係を維持したものの、経済制裁によって白人政権を追い詰めた。ついに南アフリカは民主化の決意をし、コモンウェルスにも復帰した。この総仕上げとしてネルソン・マンデラが大統領に就任したのは1994年であった (508)。

破綻国家──紛争・貧困・抑圧下の大使館

　冷戦の終結で、独裁政権に対する東西陣営の支援は中断された。政権の正統性がない国や国民の統合が不十分な国では内戦が始まった。こうした国家の体をなさない国は破綻国家と呼ばれるようになった。それらでは大使館も紛争の荒波に晒された。

　リベリアでは首都モンロビアと外部との交通が遮断された。合衆国の大使館には、数千人の合衆国や第三国の市民が避難した。ヘリコプターが軍艦と大使館付設のバスケットコートとの間を往復し、避難民を救出した。VOA、平和部隊、USAID、USISの施設は略奪された (509)。

　ソマリアでは、米軍ヘリコプターが降り立ったのは付設ゴルフ場であった。そのときには既に略奪された他国の大使館もあった。ソマリ人の現地職員は本省の命令で救出対象から外され、武装勢力が大使館を陥落させたとき殺害されてしまった。約2年後、米軍は「平和を強制する」為、ソマリアに再上陸した。UH-60ヘリコプター、愛称ブラックホークは墜落し、特殊部隊の兵士十数名が惨殺されて米軍は撤退した (510)。

　エチオピアでは、親ソ政権が崩壊間際にあった。アディスアベバのイスラエル大使館の周りには、2万2千人のユダヤ教信者が押し寄せていた。大使館では食糧を配給し、ユダヤ人学校を運営し、シナゴーグを建てた。政権は信者にイスラエルへの「帰還」を許可する代わりに、イスラエルから援助を得ようと企んだ。反乱軍が首都を制圧する直前になって、ようやく、ユダヤ系エチオピア人に対する移住の許可が下りた。この「ソロモン作戦」によって、25時間で14200人が空輸された。首都の支配者が交代した混乱のさなか、旧政権を支持したジンバブエ、北朝鮮、そしてキューバの大使館は襲撃されたという (511)。

　しかし、本当にスキャンダラスであったのは、何十万人も虐殺されたルワンダ紛争における諸外国の行動であった。大使館がなかった訳でもなかった。それにも拘わらず、国連を含めてどの国も「早期警戒」と「予防行動」の役割を果たさなかった。フランスに至っては、虐殺したフツ族旧政権側に少なからぬ便宜を図り、ルワンダ人の心にわだかまりを残した。この虐殺を題材に「ホテル・ルワンダ」という映画が制作されたが、それは大使館にできなかったツチ族の保護という偉業を外資系ホテルの一管理人がやり抜いた実話をもとにした。

　二十一世紀に入り、紛争も一時ほどではなくなった。コモディティ価格の上昇によって、輸出品の売値も前世紀末の最悪期ほど悪くない。しかし、アフリカが世界の助けを借りなければ

ならないことは変わりない。国連の平和維持活動（PKO）がこれまで最も多く派遣されてきたのはサブサハラである。最貧国とされる後発開発途上国（LDC）の50か国中、34か国がアフリカにある。

　外交も対外依存が明らかである。各国の首都にいるのはフランス、合衆国、エジプト、中国、ロシアの外交官である。これらは、いわずと知れた援助のドナー（供与国）、国連安保理の常任理事国、そしてアラブの大国である。ようやく次にナイジェリアがくる。首都は、ラゴスが国土の南西に寄り過ぎているということで、ほぼ中央のアブジャに遷都された。日本大使館を始め、各国の大使館も次々とアブジャに移転を済ませている (512)。2007年まで、このアフリカの地域大国にはオルシェグン・オバサンジョという有名な大統領がいた。しかし今や、ナイジェリアの富の源泉である石油関連施設にはゲリラの襲撃が後を絶たない。油田地帯がかつて分離独立を企てたビアフラ共和国の故地であることを想起すれば、問題の根深さが分かる。

　グローバリゼーションに背を向け、一時代前の社会主義を髣髴とさせる政策を取る国もある。かつての南ローデシアは世界遺産となった遺跡のグレート・ジンバブエにちなみ、ジンバブエと改称した。1990年代末、白人農場の接収をロバート・G・ムガベ大統領は決行した。補償の資金を彼は西側諸国に求めたものの拒否された。関係悪化を反映して、空港で外交封印袋を開くよう命じられたことを理由に、イギリスは高等弁務官を一時帰国させたことがあった。ジンバブエは2003年、コモンウェルスを脱退し、送受する使節の名称は高等弁務官から大使に切り替わったものの、外交関係そのものは続いている。在ハラレ・イギリス大使館サイトのトップページに、2008年の大統領選挙で振るわれた暴力に対してゴードン・ブラウン首相が声明した憂慮の念が掲載されたことがあった。大使館が公然と接受国を非難するのは異例である。

　しかし、西側は善意だけでなく、私利私欲から注文を付けているのも事実である。非同盟諸国との付き合いは、この点でアフリカにとって有意義であったのであり、脱植民地化と反アパルトヘイトに果たした非同盟の貢献は計りしれない。現在でも、キューバ、北朝鮮、インドの大使館が多いのはその名残である。

　アフリカ諸国同士の友好も重要である。OAUは2002年、アフリカ連合（AU）に衣替えした。この枠組みは、アフリカ開発の為の新パートナーシップ（NEPAD）に見られるように、地域特有の問題に対する取り組みに適している。これまで西側の価値として反発を示してきた民主主義やグッド・ガバナンスを掲げるといった自己改革の意識も見受けられる。

　唯一のAU非加盟国であるモロッコについて、触れない訳にいかない。OAUの時代に、西サハラ問題が理由でモロッコは脱退した。元々西サハラはスペイン領であったが、既に独立運動があったにも拘わらず、民族自決の原則に従わないで、モロッコとモーリタニアが分割してしまったのである。独立を求めた人々は、サハラ・アラブ民主共和国の誕生を宣言した。その後、モーリタニアが放棄した領土の一定地域を支配し、OAUへの加盟を果たした。西サハラ自由正常住民投票支持協会のサイトによると、アルジェリア、アンゴラ、コスタリカ、キューバ、エチオピア、ギニアビサウ、ハイチ、メキシコ、モザンビーク、ナイジェリア、パナマ、南アフリカ、タンザニア、ユーゴスラビア（ママ）に大使館があることになっている (513)。南アフ

表11−3　現代のアフリカにおける外交使節の派遣・接受状況（2006年）

注　●（大使級）＝4点、◎（全権公使級）＝3点、△（弁理公使級）＝2点、×（代理大公使級）＝1点。
　　域外の派遣国は一部省略する。「データについて」を参照。

									派遣国																											
																		非アフリカ																		
エリトリア	ジブチ	スワジランド	レソト	カーボベルデ	ギニアビサウ	サントメプリンシペ	モーリシャス	アフリカ小計	フランス	アメリカ合衆国	エジプト	中国	ロシア	ドイツ	キューバ	北朝鮮	イギリス	教皇庁	リビア	アルジェリア	イタリア	スペイン	日本	オランダ	インド	ベルギー	モロッコ	ポルトガル	スーダン	イスラエル	韓国	チュニジア	台湾	非アフリカ小計	総計
●		●	●				×	115	●	●	●	●	●	●	●	●	●	●	●	●	●	●	●	●	●	×	●	●	●	●	●	●	●	292	407
								92	●	●	●	●	●	●	●	●	●	×	●	●	●	●	●	●	●	●	●	●	●	●	●	●	●	211	303
×	●		●					137	●	×	●	●	●	×	●	●	●	●	●	●	●	●	●	●	●	●	●	●	●	●	●	●	●	157	294
●	●	●	●					56	●	●	●	●	●	●	●	●	●	●	●	●	●	●	●	●	●	●	●	●	●	●	●	●	●	199	255
				●	●			62	●	●	●	●	●	●	●	●	●	●	●	●	●	●	●	●	●	●	●	●	●	●	●	●	●	161	223
								44	●	●	●	●	●	●	●	●	●	●	●	●	●	●	●	●	●	●	●	●	●		●	●		166	210
			●		●			64	●	●	●	●	●	●	●	●	●	●	×	●	●	●	●	●	●	●	●	●						106	170
								68	●	●	●	●	●	●	●	●	●	●	●	●	●	●	●	●	●									92	160
								52	●	●	●	●	●	●	●	●	●	●	●	●	●	●	●	●	●	●				●				105	157
								45	●	×	●	●	●	●	●	●	●	●	●	●	●	●	●	●	●	●	●	●						101	146
								56	●	●	●	●	●	●	●	●	●	●	●	●	●	●	●	●	●	×	●	●						86	144
						●		64	●	●	●	●	●	●	●	●	●	●	●	●	●	●		●	●	●	●							76	140
								48	●	●	●	●	●	●	●	●	●	●	●	●	●	●	●	●	●									88	136
	●							34	●	●	●	●	●	●	●	●	●	●	●	●	●	●	●	●			●							102	136
								30	●	●	●	●	●	●	●	●	×	●	●	●	●	●		●	●			●				×		84	114
								25	●	●	●	×	●	●	●	●	●	●	●	●	●	●	●	●	●	●	●							87	112
								40	●	●	●	●	●	●	×	×	●	●	●	●	●	●	●	●	●		●							69	109
								32	●	●	●	●		●	●	●	●	●	●	●	●	●	●	●							●			61	93
				●				29	●	●	●	●	●		●	●	●	●	●	●		●		●										62	91
								28	●	●	●			●	●	●	●	●			●	●	●	●							●			60	88
								28	●	●	●		●	●	●		●	●	●		●	●												40	68
								13	●	●	●	●	●	●	●	●	●	●		●	●	●	●	●		●					●			52	65
						●		8	●	●	●	●		●	●	●	×	●	●	●		●		●										55	63
								12	●		●		●	●	●	●	●	●	●	●	●			●										49	61
●								12	●	●	●	●			●	●	●	●		●		●						●						48	60
								32	●	●	●	●		●			●	×				●				×								27	59
	●							4	●	●	●	●	●		●	●	●		●			●						●		●				52	56
								12	●	●	●				●	●	●			●	●		●					×						41	53
								9	●	●	●	●			●	●	●	●	●				●											44	53
								10	●	●	●				●	●					●	●									●			36	46
								17	●	×	●	●					●	●									●							29	46
								8	●	●	●	●			●		●		●					●										36	44
								17	●		●	●					●	×			●	●	●											25	42
								9	●	●	●	●				●	●	●	●															32	41
								16	●	●	●	●					●		×															25	41
								8	●	×	●	●			●										●									33	41
								8	●	●	●			●		●		●									●							32	40
								16		●	●		●		●																		●	24	40
								13	●		●		●	●												×					●			25	38
								12	●			●	×	●							●							●						21	33
								12	●				●	●	×																●			17	29
								4		●				●		●								×								●		21	25
								12													●										●			12	24
								0		●		●	●											●										24	24
								8	●																									8	16
								4		●		●																●			●			12	16
								0		●		●																						8	8
13	12	12	8	8	8	4	5		156	152	148	148	141	117	104	97	96	96	91	78	76	72	69	65	64	61	58	52	50	48	44	37	20		

307

リカ外務省のサイトで在プレトリア大使館のメール・アカウントを見付け、そこへ質問を送ってみたが、返事はこなかった。

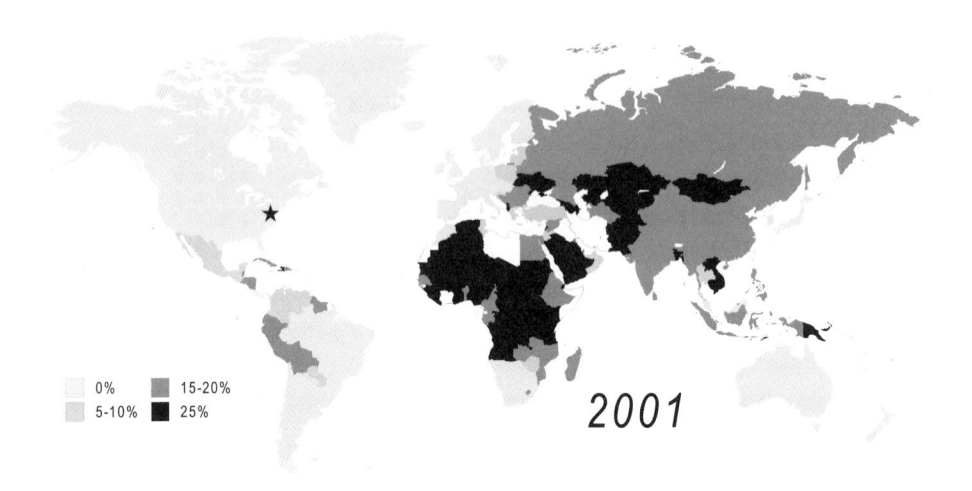

図11―7　駐在地別に見た合衆国国務省職員の本給に加算される困難地手当の割合
出所　次をもとに作成。United States General Accounting Office, *Staffing Shortfalls and Ineffective Assignment System: Compromise Diplomatic Readiness at Hardship Posts* (Darby: Diane Publishing, n.d.), appendix V, pp. 47-54.

　気候だけは、乗り越えられないものかもしれない。寒暖や湿潤が体質に合わないというだけでなく、蚊が媒介するマラリアのような風土病がある。また、HIV／AIDSの感染率が高く、平均余命は短い。サブサハラにおける日本の在外公館には、2006年8月には16人の医務官が駐在していた。これは公館の数よりわずかに少ないだけであり、4館から5館に1人しか医務官がいない米州やヨーロッパより、かなり割り増しであった。最初に医務官が派遣されたのはナイジェリアであったともいう。西アフリカでは、ハマターンという砂ぼこりでも外交官は苦労する (514)。
　ほかにも、強盗や殺人といった治安や、宗教、買い物、戦争、人権抑圧など、外国人の悩みは尽きない。合衆国の国務省職員が世界各地に赴任するとき、本給に加算される困難地手当の割合を図11―7に示す。熱帯では概して高率の手当が付く。手当が付かないシンガポールとパナマは例外である。アフリカにも、平和、繁栄、民主主義が一刻も早く定着してほしい。前進の余地はあるはずである。

第12章　教皇庁・極小国

教皇庁——世界最小国家は仮の姿

　教皇庁は約十億人のカトリック教徒の信仰を集め、精神的影響力は絶大である。その本質は教皇を頂点とする宗教組織の中枢であるが、バチカン市国という主権国家でもある。その主権はサンピエトロ大聖堂と隣接する敷地のわずか0.44平方キロメートルしか及ばないものの、世界最小国家は壮大な外交を展開している。

　教皇の外交使節団は世俗国家のそれと幾つかの相違点がある。まず、特別な肩書を持っている。教皇大使（nuncio）と教皇公使（internuncio）はそれぞれ大使と公使と同格である。かつては枢機卿でなければなれない教皇特使（legatus a latere）という階級があり、フランスの宮廷では特命大使に優る格式を備えていた（515）。"legate"はウィーン外交使節席次規則にも記載されて大使・教皇大使と同格とされた。ナポレオンの宮廷に対してはカプララ枢機卿がこの職に任じられていたものの、その後、廃れて例を見ない。また、「教皇代表」と訳される"apostolic delegate"というものがあるが、正式な外交使節には数えられない。彼らは派遣先のカトリック教団との連絡の為遣わされる聖職者である。

　さらに、外交団長に教皇大使が必ず就任するのが慣行となっているカトリック国がある。しかし、非カトリック国はそこまで教皇庁に義理立てする必要がない。そこでわざわざ"pro-nuncio"という呼称を使い、"nuncio"との区別を明瞭にして外交団長を指定席にしないことがある。これは、かつてカトリック国にしか派遣されなかった"nuncio"が非カトリック国に派遣されるようになった変化の産物である。

　国籍についても例外がある。通常の外交使節団長は派遣する国の国民でなければならないが、バチカン市国の国籍は教皇の外交使節の条件でない。主権国家というのはあくまで仮の姿に過ぎない教皇庁では、信仰の方が国家への忠誠心より重要である。それゆえ大司教の役職が教皇大使には必要である。例えば、日本人神父が教皇庁の外交官として第三国に赴任しようとしたことがあったが、バチカン市国の国籍は持っていなかったので日本政府は二重国籍かどうかの観点では問題ないとしたことがあった。他国も信仰に配慮して、カトリック信者を意識的に在教皇庁使節団に入れることがある（516）。バチカンが外交シーンでむしろ「聖座」（Holy See）と呼ばれることが多いのはこうした事情によるかもしれない。

　以上のように、教皇庁は外交の例外である。とはいえ、決して亜流という訳でない。早くも五世紀に教皇レオ一世はビザンティン帝国に常駐代表を送った。近代的な常駐代表としては十五世紀にベネツィアに駐在した者が最初かもしれない。その後、スペイン、フランス、神聖ローマ帝国などと派遣対象は増加した（517）。接受する立場としての「ローマの町は、席次争いの最大の舞台」であり、カスティリャとアラゴンの使節が上位を譲らなかった記録が十五世紀にあり、十八世紀に至っても格式の高い派遣先とされ続けた。宗教改革後は教皇による「破門」の威力は衰えても、バチカン市国では首相にあたる国務長官が外交を担当し、在外公館や特使を通じて各国政府に働きかけている。「20万の人間を従えているかに扱われよ」というナポレオンの戒めは適切であり、ヨシフ・スターリンの「幾つの師団を教皇は持っているというのか」という軽侮は夜郎自大も甚だしい（518）。

とはいえ、道は平坦なものでなかった。特にフランス革命は唐突に、反教権主義を政治の場に持ち込んだ。十分の一税・聖職者俸給・補助金は廃止、学校での宗教教育は禁止、修道院やイエズス会は弾圧、と徹底的な無宗教化が企てられた。この態度は後年、社会主義思想によって継承され、冷戦後まで教会と国家の関係についてはコンセンサスができなかった。既にプロテスタンティズムやガリカニズム（教会独立主義）などと敵対していた教皇至上主義（ウルトラモンタニズム）は、まさに四面楚歌の状態になった。

表 12—1　教皇庁における外交的地位

順位	国	1820	1830	1840	1850	1860	1870	1880	1890	1900	1910	1920	1930	1940	得点
1	スペイン	◎	●	●	●	●	●	●	●	●	●	●	●	●	47
2	フランス	●	●	●	●	●	●	●	●	●	●	●	●	●	44
3	オーストリア（・ハンガリー）	●	●	●	◎	●	●	●	●	●	●	×	◎	◎	42
3	ポルトガル	●	●	●	◎	◎	◎	◎	◎	◎	◎	◎	●	●	42
5	バイエルン	◎	◎	◎	◎	◎	◎	◎	◎	◎	◎	◎	◎	◎	36
6	ドイツ（プロイセン）	◎	△	×			◎	◎	◎	◎	◎	◎	◎	◎	35
6	ベルギー			◎	●	△	◎	◎	◎	◎	◎	◎	◎	◎	35
8	ブラジル		×	×	◎	×	△	◎	◎	◎	◎	●	●	◎	32
9	ロシア	◎	◎	◎						△	◎	◎			23
10	ペルー					×		◎	×	◎	◎	◎	◎	●	22
11	オランダ	◎	●	◎	◎	△						◎			21
11	ニカラグア					◎	◎	◎	◎	◎	◎				21
11	ボリビア					×	◎	◎	◎	◎	◎		●		21
11	モナコ					×	△	◎	◎	◎	◎		◎	◎	21
15	チリ				◎			◎		◎	◎	◎	◎	◎	20
16	イタリア（サルディニア）		◎	◎	◎	×							●	●	18
16	コロンビア			×						◎	◎	◎	◎	◎	18
18	アルゼンチン					◎					◎	◎	◎	◎	17
18	エクアドル			×		△	△	◎	◎	◎				◎	17
20	両シチリア	◎	◎	◎	◎										15
21	ドミニカ共和国							△		◎		◎	◎		14
22	コスタリカ				△	△	△	◎	◎						13
23	トスカーナ		●	●	△	△									12
24	イギリス											◎	◎	◎	9
24	グアテマラ					◎	◎							◎	9
24	ハイチ									◎				◎	9
24	ベネズエラ						◎					◎	◎		9
28	サンマリノ			×		×							◎	◎	8
28	パルマ			●	●										8
30	ポーランド											◎	●		7
30	メキシコ			◎	×										7
30	ルーマニア												◎	●	7
30	ルッカ		●	◎											7
以下略															

注　●（大使級）＝4点、◎（全権公使級）＝3点、△（弁理公使級）＝2点、×（代理大公使級）＝1点。「データについて」を参照。

こうしたなか戦前の聖座における席次では**表12—1**に見えるように、「カトリック王」の称号を許されたスペイン、「キリスト教王」のフランス、元「神聖」ローマ帝国皇帝にして「使徒王」のオーストリア・ハンガリー、「信心深い王」のポルトガルといったカトリック大国が上位を占めた。これら4国への使節団が伝統的に一級教皇大使館と呼ばれ、枢機卿が任じられた。ポルトガルがこの特権を二十年越しで勝ち取ったのは1730年のことであった (519)。バイエルン、モナコ、両シチリア、トスカーナ、サンマリノ、パルマ、ルッカのようなドイツとイタリアの小国が名を連ねたのも興味深い。政教分離があたりまえとは考えられていなかった時代、カトリック人口の多い国は国家と教会との関係をコンコルダート（政教条約）で調節し、政治・社会を安定化させようとした。それに対し、イギリス、米国、日本、中国等の非カトリック諸国は意識的に距離を置いた。下手に教皇庁と接近して、国内勢力の反発を招くことの方が怖かったからである。イギリスはフィレンツェ駐在の書記官がローマに常駐して教皇庁と連絡を取った。

プロイセンはプロテスタントが多数派であったものの、ポーランドやライン沿岸に多数のカトリック教徒が居住する為外交関係を維持した。ところが第一バチカン公会議で教皇の「不可謬性」（間違えることがないということ）が議決されると、教皇至上主義の強化にナショナリストは恐怖を感じた。ドイツ統一後、有名な文化闘争がオットー・フォン・ビスマルクのもと行われたが、これはバチカンのソフトパワーに対する防衛の一環であったとされる (520)。何の措置も講じなければ、バイエルンなどカトリックが優勢な新領土や、カトリック政党の中央党が教皇への忠誠を強め、ドイツの一体性が脅かされかねなかった。ビスマルクが推した枢機卿の駐聖座使節就任が拒否されたのをきっかけに、外交使節団の交換は1872年から1882年頃まで途絶した。

政教のいさかいはどこでも外交関係に反映するようで、スペインとの1840年の断絶はカルリスタ戦争時のイサベル二世による反教権主義に伴うものであろうし、二十世紀初頭のフランスとの断絶は、1905年に通過した「教会と国家の分離に関する法律」で頂点に達したフランスの世俗主義と関係があろう。カトリック教徒の多いラテンアメリカ諸国からの外交使節団が意外に少ないのも、同地域における慢性的な自由派と保守派の党争が影響したに違いない。またロシアとの十九世紀後半の断絶は、ポーランド人のナショナリズムがカトリック信仰を拠り所としないようにツァーリが先手を打ったことによる (521)。

ご存じのように教皇庁の領土はイタリアに囲まれている。そのイタリアとの断絶は**表12—1**では1860年から1920年までの長きに亘る。統一の主体として期待された教皇は1848年にローマから逃げ、同地にはローマ共和国が成立した。共和国はフランスに倒されて教皇は帰還できたものの、次第に教皇はイタリア統一を阻害するものとしてナショナリストに認識されるようになった。ついに1860年には、教皇領の北東部ウンブリア、マルケ、ロマーニャといった地域がサルディニア王国に奪われ、これらは翌年のイタリア王国成立とともにその領土となった。それまで教皇領はイタリア中部の広大な地を占め、アドリア海に望む港町アンコナ、その近くの巡礼地ロレート、ポー川沿岸のフェッラーラなどに外国領事が駐在していた。さらに普仏戦争でローマを守っていたフランス軍が撤退すると、残存していた「永遠の都」

とその周辺もイタリアに接収された。ローマの外港で多くの領事がいたチビタベッキアも一緒に奪われた (522)。教皇庁は世界の公道である海への出口を失い、ピウス九世は「バチカンの捕囚」となった。

　こうして教皇庁は世俗国家であることをやめたにも拘わらず、外交使節団は送迎され続けた。バチカンの外交的重要性を奪う為、イタリアはローマ接収後に聖職者しか聖座への使節に任命しないよう他国に働きかけた。ドイツ使節への枢機卿の任命に教皇庁がアグレマンを与えなかったのはこのときであった。それでもバチカン自体、二十世紀の初め、外交活動を抑制して教皇大使を送らないことを検討したという。教皇庁が派遣した外交使節団の数も1860年以降は下り坂であった。これには単にドイツ・イタリア諸領邦の独立が奪われたことのみによるのでなく、東方正教会国やアジアの新参国とバチカンが関係を結べず、社会主義が躍進した影響が大きかった。とはいえ、第一次世界大戦でポーランドやチェコスロバキアのような新カトリック国が誕生したことは、ひとすじの光であった。その頃一級教皇大使館の旧習は廃され、カトリック国の教皇公使館が相次ぎ教皇大使館に昇格した。こうしたバチカン外交の再興時代には、日本さえ公使の派遣を検討したという (523)。時代の流れがヨーロッパ文明に引きこもることを教皇庁に許さなくなってきた。

　世俗国家の終焉に伴う不安定な状態は、バチカン市国の主権をイタリアが承認したラテラノ協定により解消された。協定では、世界最小の国家を存立させる様々な工夫が凝らされた。バチカン市は狭いので、各国の大使館や公使館を建設する敷地がない。そこでイタリア国内でも外交上の特権免除が認められることになった。また、イタリアの敵国であっても教皇庁がそれと通信し、外交使節団を交換する権利は認められた。

　他方で、中立の義務をバチカン市国はラテラノ協定で負うことになった。これにより第二次大戦では奇妙なことが起きた。戦時はなかなか外交まで手がまわらず在外公館が減少するのが普通である。しかし、教皇庁は敵対する両陣営による外交戦の舞台となり、双方からの使節が続々と到着した。*Almanach de Gotha* の1939年版と1944年版を見比べると、後者には日米というこれまで有り得なかった国が並んでいる。米側のマイロン・C・テーラーは上院の承認を経た訳でなく正式の大使でなかったものの、社交上はその名称の使用を許され、1940年2月、教皇に拝謁した。同国国務省の正史には、彼のアシスタント、ハロルド・H・ティットマンの名が正式の代理大使として記録されている。他方、日本の原田健参事官の信任状捧呈は1942年5月であるから、米国に対抗する為の任命であることは明白である。さらに、それに抗してか同年には中華民国からの公使が到着した。戦中そして占領期に至るまで、バチカンは日本にとって数少ない中立国であった。神父を通じてアメリカ合衆国戦略情報局の工作員から和平案がもたらされたこともあった。戦後、日本に外交権のなかった時代、帰国しそびれた日本人外交官がそのまま教皇庁に「居候」させてもらったり、神父が昭和天皇から教皇への手紙を預かったり、とついついその真相は何であったかを勘ぐってしまうような出来事が度々起きた (524)。

凡例

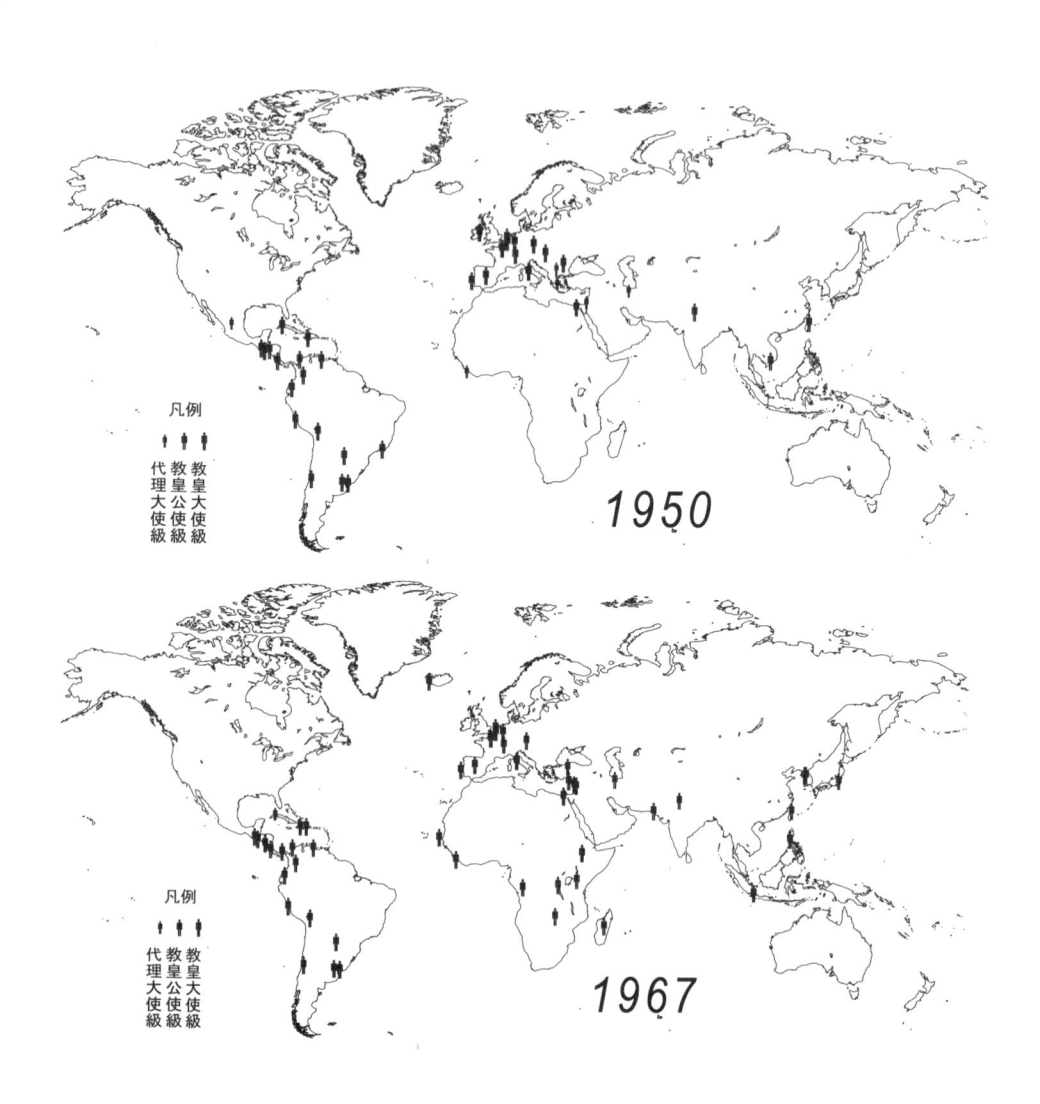

教皇大使級
教皇公使級
代理大使級

1950

凡例

教皇大使級
教皇公使級
代理大使級

1967

●第12章　教皇庁・極小国

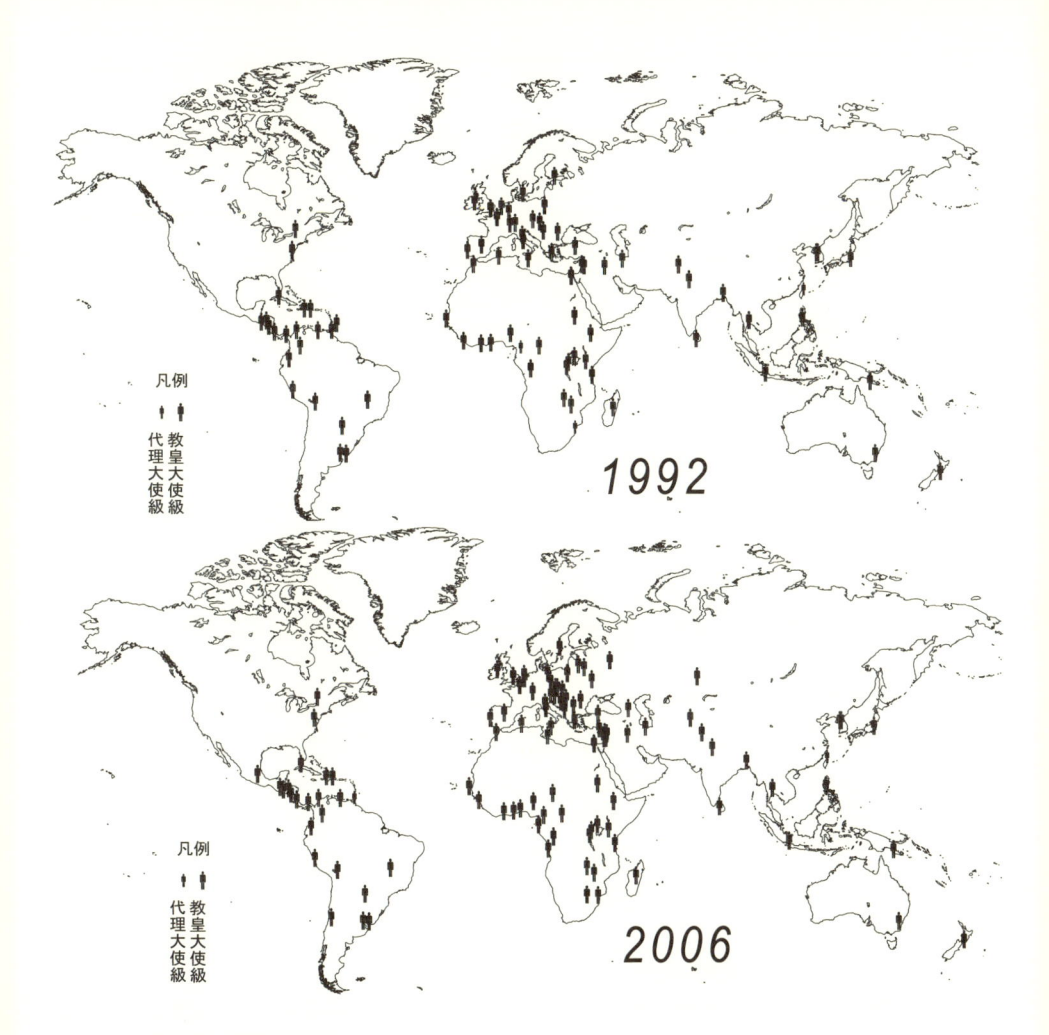

図12—1　教皇庁の外交使節団の変遷
出所　「データについて」を参照。

　戦争直後の 1950 年では**図 12—1** に見えるように、インドや台湾のような例外はあるものの、基本的に教皇庁の外交関係はカトリック諸国とのそれに限られた。フィリピンには教皇使節がいたことは地図に見えないが、日本人戦犯の死刑執行回避に力を尽くした。彼はマニラにあった日本の在外事務所と連絡を取ることができた。1967 年には注目すべき変化が起きている。日本が教皇公使を、韓国が教皇大使を接受しているのが見える。今では日本でも教皇大使が認証されている。東京都千代田区三番町に所在する教皇大使館の表札には「ローマ法王庁大使館」と書かれている。教会側は「法王」でなく「教皇」を使っているので、本書でもそうし

ている (525)。また、レバノン、シリア、イランのような中東諸国にも在外公館が散見されるようになった。かつてヨーロッパの植民地であったがゆえに宣教師が入ったサブサハラに教皇大使がいるのは当然としても、ヨーロッパ文明の殻を破ろうとするカトリックの勢いが如実に読み取れる。

　第二バチカン公会議は1962年から1965年にかけて開かれ、カトリックは信仰一致（エキュメニズム）に向け歴史的な歩み寄りをした。信仰一致運動とはカトリック、プロテスタント、東方正教などキリスト教の諸宗派間で一致点を探っていこうとする運動であり、ともすれば激化しがちであった対立は緩和の方向に向かった。

　ヨハネス・パウルス二世は1978年に教皇となると、精神的影響力を遺憾なく発揮した。彼は故郷のポーランドを1979年に訪れ、社会主義体制のもと息苦しさに耐えかねていた国民に変化の息吹が近いことを予感させた。自主管理労組「連帯」はヤルゼルスキ政権の戒厳令により違法化されたものの、ポーランドに投げかけられた教皇の影は連帯、政府、ソ連のすべてに性急な行動を控えさせた。彼の存在感は、ポーランド始め東ヨーロッパの共産主義諸国に教皇大使がいないことなど無関係にした。

　こうした成果は教皇自身の思想如何に拘わらず、平和や自由のイメージと教皇庁を結び付けることになった。アメリカ合衆国が初めてバチカンに大使を派遣したのは1984年になってからである。冷戦終結とともに旧ソ連を含めた東方へとバチカンの外交関係は拡大した。

　2006年の地図を見ると、アラブのイスラム諸国と東アジアの社会主義諸国が教皇庁の活動の空白地域ということに気付く。ヨハネス・パウルス二世はイランのハタミ大統領とともに「文明間の対話」を試みたものの、大統領の任期が切れて所期の成果を収めることはできなかった。しかし、バチカンの掲げる福音の使命は人道主義と通ずるところが少なくなく、NGOの活動では宗教・宗派・無神論の別なく協力が行われることは珍しくない。他方、中絶などの社会問題では教会は保守派として防戦に立たされることもある。

聖ヨハネ騎士団（マルタ騎士団）——国連にもオブザーバー

　聖ヨハネ騎士団と教皇庁の外交上の決定的な相違は何かと聞かれるとなかなか難しい。本部がローマ市の「なか」にあるのは同じであり、ともに独立したヒエラルヒーを持つキリスト教組織である。国連のホームページを見ると総会に参加するオブザーバーという点で両者は共通するが、教皇庁の方は「非加盟国」という扱いであるのに対し、マルタ騎士団は赤十字国際委員会などとともに「存在」と記載されている。主な年鑑類でも聖ヨハネ騎士団の代表部を「大使館」に認定しているものは見あたらない。おそらく決定的な相違は領土の有無にある。しかし、戦前の *Almanach de Gotha* におけるように、かつて聖ヨハネ騎士団の外交関係は正式なものと捉えられていた。

　聖ヨハネ騎士団は1798年、ナポレオンによってマルタ島から放逐され、シチリアのカターニアや教皇領のフェッラーラを転々としたのち1834年、ローマに本部を定めて今日に至る。オーストリアにはナチス・ドイツに併合されるまで常に特命全権公使が派遣されていた。第二

次大戦後を通じて外交関係は増加の一途であったのであろう。2009 年 1 月現在、同騎士団の サイトでは 102 か国と外交関係を持つことになっている (526)。

秘密結社のように好奇の目で見られかねない団体であるが、使命の中心である医療活動は連綿と続けられていることを強調しておく。

ルクセンブルク、リヒテンシュタイン、モナコ、サンマリノ、アンドラ——外交権復活の傾向

ヨーロッパの極小国には、中世の都市国家や封建領主が統一の波に取り残されたものが多い。ほとんどはどこかの国民国家に吸収されたものであるが、それらは辺境にあったが為に延命したのである。ここではそのあたりの経緯はおいて、外交関係に集中したい。

ルクセンブルクは歴史的に「ドイツ」であった。ウィーン体制下においてもドイツ連合に属す西部国境の要衝であり、もし侵略されれば共同防衛に加わる立場にあった。ウィーン会議はこの国にもう一つの属性を与えた。すなわちオランダとの同君連合であり、政治的にはオランダに従属しなければならなかった。それゆえ、十九世紀の前半、ルクセンブルクは独自の外交使節団は送らず、総領事をアムステルダムに置いただけであった。後半になるとパリとベルリン、そしてやがてブリュッセルに代理公使が派遣されるようになった。1890 年、オランダで女王が即位すると、ルクセンブルクの法は女性の大公を認めなかった為に、血統はナッサウ家のなかでもオランダ王室（オットー系）から遠いバルラム系へと移った。オランダとの同君連合は解消され、自律性が増した。こうしてフランス、ドイツ、ベルギーの弁理公使・代理公使がルクセンブルクに駐在し、その他の駐蘭公使もルクセンブルクまで別途、信任状を捧呈しにいくようになった。それでも、外交・領事官のいない外国の地では、オランダの官吏が事務を肩代わりすることを約束した 1880 年の交換公文が生きていた。

さらなる転機になったのは第一次大戦であった。戦時中、ルクセンブルクはドイツに占領されたにも拘わらず、オランダは中立を維持した。つまり、地政学的事情から、オランダとルクセンブルクとは戦略的利害が完全に一致する訳でないことが明らかになった。これに対し、戦勝国のベルギーは大国扱いされ、戦後もドイツへの防壁の役割を期待された。こうしてベルギーとの統合をルクセンブルクは志向するようになり、1921 年にはルクセンブルクの領事官が不在の土地ではベルギーが利益保護国となることが取り決められた。外国も、ハーグでなくブリュッセルの公使館にルクセンブルクを兼轄させるようになった。1930 年には、ルクセンブルクはオランダ、イギリス、ワシントンに代理公使を配置し、領事官の派遣も増加した。

ルクセンブルクは、過去には国際連盟の加盟国であり、現在は国連加盟国である。何よりもヨーロッパ統合の当初からの参加国である。国の規模から見れば積極的な外交を展開しているといってよい。在外大使館も国内の外国大使館も実館はともに 20 程度である。

リヒテンシュタインは十九世紀にはドイツ連合の構成国であり、国民はドイツ語を母語とすることではルクセンブルクと相通じる。それにも拘わらず、比較的のどかな国際環境であったことが歴史を分けた。第一次大戦以前に外交使節団と領事官の交換を外国と行っていた形跡はない。1919 年の取り決めでスイスが同国の国外利益を保護することになり、現在の外交関係

も基本的にはこの取り決めにより規定されている。スイスには継続的にリヒテンシュタインに外交使節団を送り、その他の外国はチューリッヒの総領事館にリヒテンシュタインでの事務を管轄させることが多いようである。1920年には国が小さ過ぎるとして国際連盟への加盟を断られたことがあった。しかし、1990年の国連加盟はリヒテンシュタインの対外関係を根本的に変化させたかもしれない。既に同国はオーストリア、ベルギー、ドイツ、スイス、合衆国に大使館を持つ。

モナコは世界で2番目に狭い国である。有名なリゾート地であるので昔から外国領事館は多く、また外国都市に領事を任命することにも積極的であった。外交権をフランスに委ねてきたにも拘わらず、十九世紀には同国だけでなくベルギー、スペイン、オーストリア・ハンガリー、イタリア、教皇庁に外交使節団を置いた。リヒテンシュタインと同様、連盟加盟を却下されたものの、1993年に国連加盟を果たした。つまり最小の国連加盟国ということになる。フランスとの関係も近年、緩和され、外交権は拡大されたという (527)。

サンマリノは現存する最古の共和国である。かつては教皇領、今はイタリアに囲まれ、それらの保護下に置かれてきた。それゆえフランスを加えたこれら諸国のほかに外交関係はほとんどなかった。連盟に加盟を拒否されたものの、国連には1992年に加盟した。

アンドラはフランス大統領とスペインの一司教との共同主権のもとにある。しかし、1993年に制定された憲法により独立国になり、国連にも加盟した。この年までは大使交換は皆無であったと思われるが、既に二国間外交は始められている (528)。

ハワイ王国——商人外交官の国

ハワイが合衆国50番目の州になったのは1959年と比較的、最近である。1898年にハワイ共和国が併合されてからそのときまで半世紀以上が経っていた。王国として独立していた時代のハワイは国際政治に多大な影響を与えたという訳でないが、植民地化の道程を知るにはよい例であり、また日本とも浅からぬ仲であったので一節を割きたい。

十九世紀、ハワイ諸島はアジアと米州を行き交う船の中継地であった。それは太平洋の捕鯨基地であったことでも有名であり、また、砂糖とパイナップルの生産は今日まで続けられている。そのような土地であるから、王国末には合衆国、イタリア、チリ、ドイツ、スウェーデン、デンマーク、ペルー、ベルギー、オランダ、オーストリア・ハンガリー、メキシコ、日本が（総）領事を、スペイン、ロシア、イギリスが副領事を任命した。なお中国の代理領事もいたが、自国からの移民を保護する任務を帯びていたであろうことは想像に難くない。この点では日本の総領事も同じであった。

水、薪、石炭を補給する為、商船ばかりか軍艦も寄港した。大洋の孤島は地中海のマルタや大西洋のアソレスの例を挙げるまでもなく高い戦略的価値を持つ。英米だけでなく、タヒチを支配するフランスまでもがハワイを属領にしようと食指を動かした。しかし開発が比較的進んでいたのと王室が開明的であったことが幸いし、しばらくは植民地化から免れた。ジェームズ・クック船長以来のイギリスの優位が続いていたなら、ブルネイ、マレー、ザンジバル、マスカッ

トといった専制的なスルタン国のように徐々に外交権は奪われながらも、王室自体は現在まで存続できていたかもしれない。しかし、そうした漸進的な植民地化に合衆国が手を染めていなかったことが運命を左右した。

　外交関係からも諸国間の競争は確認できる。英仏は弁務官を送り込んでハワイを格下扱いしたのに対し、合衆国は弁理公使の任命に1863年踏み切った。その後、ポルトガルの代理公使が着任し、日本の総領事が「外交事務官」の資格をハワイ政府に認められた。合衆国の使節は1889年、特命全権公使に昇進した。つまりホノルルの外交団長は常に合衆国であったことになる。こうした独占は植民地化への定番コースであった。

　十九世紀後半の王、カラカウアはその危険性をよく認識し、ナショナリズムを高揚させようとした。特に1881年の世界一周旅行は国運を賭けたものであった。途中、日本では彼の愛娘と皇族の山階宮定麿王との縁談が明治天皇に持ちかけられた。他のアジアとヨーロッパでの宮廷でも、王室外交は積極的に展開された (529)。

　しかし、王にできることには限界があった。いや、ハワイ自体の限界であったといってよい。やや時代を遡って日本では幕末のことである。ユージン・M・バン・リードという者が来日した。彼は、カメハメハ五世によって総領事に任命されたから、両国間の条約を結びたいと幕府に申し出た。条約交渉の全権を与える信任状がないと幕府が保留していたところ、その信任状とともに全権公使の信任状までもが手配されてきた。しかし、バン・リードが現役の一商人でしかないことは横浜では知れ渡っており、高位の外交使節に不適当であるとして幕府は彼の願いを合衆国の公使を通して諦めさせた。合衆国公使にとってもバン・リードの動きは驚愕であった。なぜなら全権公使は弁理公使である自分より上席であったからである (530)。彼が認証されていたら、維新後まで長きに亘り滞日した彼が外交団長となり、ハワイが東京で首位を占める外国になっていたかもしれない。よく考えれば、日本では偉人の列に並ぶハリスも一介の商人であった。しかし、合衆国の威信がペリーの黒船来航により響き渡っていた点がバン・リードと違っていた。ハワイには残念ながらそれが欠如しており、幕府にとってはどうしても筋のよくない人事であった。

　小国に対する嘲笑は美しいものでない。しかし、ハワイについては国力にそぐわない外交を展開した為に、広く外国から顰蹙を買っていたと判断せざるを得ない。そのチリ、ペルー、プロイセンに駐在した代理公使達は、バルパライソ、カリャオ、シュテッティンといった港町の総領事が兼任していた。1878年には、ロンドンにも代理公使を置こうとしてイギリス臣民をその任に着けようとしたものの、イギリス政府に拒否されてしまった。その8年後にも、ハワイはイギリス人を代理公使に任命したが、そのときの条件はハワイへの帰化であった (531)。自国民を自国への外交使節として認証しないという慣行を保守的なイギリス政府は守り通したのである。ハワイは明らかに背伸びしていた。

　独立国にふさわしい外交官を持たなかったのは人材の欠乏もあろうが、最大の理由は財政事情であったと思われる。百名ほどの外交官・領事官を1890年にハワイは外国に駐在させていたが、彼らにあてられた予算の少なくとも4割以上は駐米公使と駐サンフランシスコ総領事

の 2 名に対する俸給であった。おそらく大半の領事官は無給か手数料収入のみの名誉領事官であったろう。それでも旅行中のカラカウア王の前にヨーロッパ人達は門前市をなしたと世界一周旅行記の著者ウィリアム・N・アームストロングはいう。金モールをあしらった領事の制服はパーティなど社交の場ではセレブの印である。領事を長年、務めれば、功労が認められて勲章をガサガサ揺らす未来さえ夢でない (532)。そうなれば立派に宮廷人の仲間入りである。こうした下心は制服はともかく、称号や勲章では現代も変わらなかったりする。

　ハワイ併合は帝国主義の一エピソードである。1893 年に白人のクーデターにより王国が倒され、併合への道が探られた。戦略的観点から合衆国の海軍軍人マハンはそれを強く支持した (533)。このような風潮のなか、増大する日本人移民への恐怖感が高まり、新たに成立した共和国から日本人が上陸を拒否されるという神州丸事件が起きた。日本は保護と賠償請求の為に軍艦浪速を派遣した。当時の島村久総領事は弁理公使にも任じられ、外交上の立場は強化された (534)。国際紛争が植民地化への最後の一押しになることはその後、サモアやモロッコで繰り返されることになる。しかしハワイについて決定的であったのは米西戦争であった。合衆国海軍はマニラを攻撃し、シーレーン上に位置するハワイはますます重要になった。こうして 1898 年 7 月に大統領が併合条約の批准書に署名し、8 月 12 日の併合式をもってハワイとあらゆる国との外交関係は終了した。

小島嶼国──市町村規模の国家も

　小島嶼国（しょうとうしょこく）とは「小島の国」のことである。それらの集まりである AOSIS（小島嶼国連合）の加盟国は 39 か国（2009 年 1 月）に上り、近年は温暖化に伴う海面上昇との関係でしばしば話題になる。パプアニューギニアのような日本よりも面積が広い国や、キューバのように人口一千万人を超える国がそのなかには含まれる。第二次大戦後に独立した旧植民地と国連信託統治領が圧倒的に多い。それらが接受した外交使節団の数は 図 12−2 の通りである。最大はキューバの 83 で、それにシンガポールの 54 が次ぐ。ナウル、ツバル、クック諸島、ニウエは記載が見付からなかったので 0 と数える。

　人口が少ない小島嶼国は極小国でもある。ナウルとツバルの人口は約 1 万人、パラオのそれは 2 万人と日本の自治体でいえば「町」くらいの規模、6 万人のマーシャル諸島や 10 万人のミクロネシア連邦は「市」の規模である。以前、アメリカ合衆国が信託統治した国々は防衛と経済を自己負担するのは無理なので、自由連合協定を合衆国と結び援助を受けている。これらミクロネシア諸国は外交権を制限されず、地図に見えるように外国公館も設置されている。

　同様の事情で東カリブ 6 か国は 1960 年代、イギリスの法律によって「提携国家」とされた。しかし、こちらは完全な外交権を与えられなかった。現在、提携関係は解消されて独立国となったものの、規模の小ささをイギリスの助力以外で補わなければならなくなった。その為の機構が 6 か国に英領のモントセラトを加えた東カリブ諸国機構（OECS）であり、1981 年に設立された。それらはカナダに共同で 1 名の高等弁務官を派遣し、互いの主権を支えあっている。類似の趣旨のものとしてコモンウェルスのニューヨーク事務所がある。この施設のおかげで、10

小島嶼国にアフリカ西岸のガンビアを加えたコモンウェルス 11 加盟国の大使達が、ニューヨークの高家賃を気にかけず国連外交に励むことが可能になっている。費用の 90 パーセントはオーストラリア、カナダ、イギリス、ニュージーランドの負担によるという (535)。このように、コモンウェルスの大国は国際政治で極小国との友好をあてにでき、極小国は大国の援助によって主権国家の外形を獲得している。これが「帝国」の現在形である。

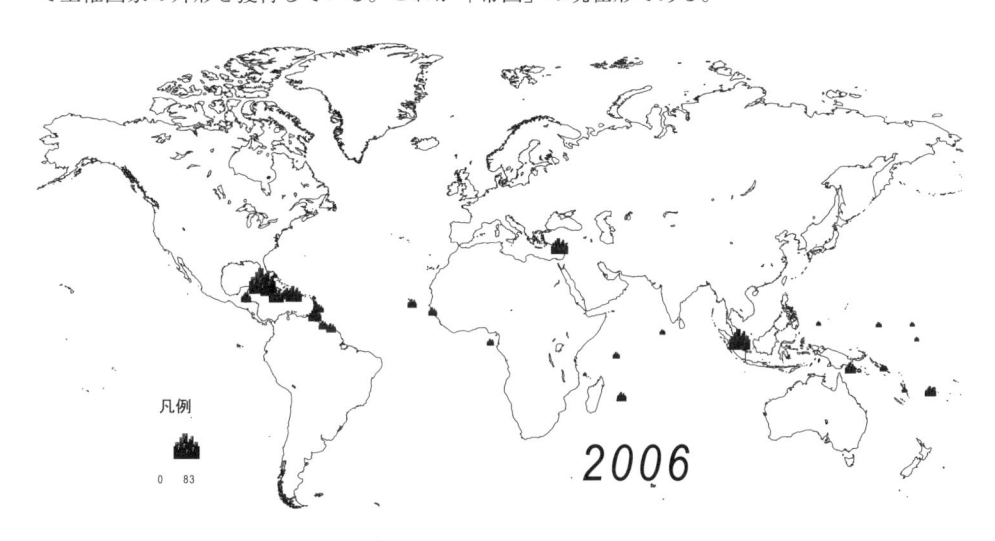

図12―2　AOSIS諸国の外交使節団接受数
出所　「データについて」を参照。

　小島嶼国のなかには、規模は小さくても、伝統ある歴史を持つ国がある。トンガは往年のハワイを髣髴とさせる王国である。それは十九世紀後半には立憲君主制であったものの、イギリスと条約を結んで保護国となった。王室が現在も存続するのは、イギリスの植民地支配が事務官兼領事による間接統治であったおかげである。トンガは 1970 年、コモンウェルス内で独立し、1999 年、国連加盟を果たした (536)。

　最後に、小島嶼国に代表を送るのはどのような国であるかを見て本章を締めたい。AOSIS 加盟国のうち接受している外交使節団が 1 以上 10 未満の 21 か国について、それらに代理大使以上を派遣している国を調査した（**表12―2**）。結果はショッキングである。イギリス、フランス、アメリカ合衆国のような植民地大国のプレゼンスは低下し、地元のニュージーランド、ベネズエラ、オーストラリアが勢力を伸ばしている。ベネズエラがカリブ海に強い影響力を持つのは以前からのことであるが、オーストラリア中心の太平洋諸島フォーラムによる安全保障活動の拡大には目覚ましいものがある。

　さらに鮮烈な動きは、極小国を戦場にした中台の角逐である。小島嶼国では、今や中国が外交使節団の最多派遣国である。財政力のない極小国は足もとを見透かされている。中国から台

湾へ、または、台湾から中国へ、という切り替えは珍しくない。有名なのは太平洋に浮かぶキリバスの事件である。2003年、中国は初の有人宇宙飛行に成功した。このとき使われたのはキリバスに置かれた衛星追跡基地であった。ところが、台湾がキリバスと外交関係を結んだので、中国人は基地を破壊した。中華民国大使館の開設は翌年であった (537)。

表 12—2　小島嶼国への外交使節派遣国

派遣国	1992年	2006年
中国	5	13
ベネズエラ	7	7
台湾	4	7
キューバ	2	6
オーストラリア	5	6
アメリカ合衆国	7	6
ニュージーランド	4	5
フランス	6	5
日本	1	3
イギリス	8	3
ブラジル	2	3
ロシア	3	2
スウェーデン	4	0
その他	24	18

出所　データについて参照。

結論

　以上、大使館や領事館といった在外公館について述べた。それらは確かに歴史に影響を与えてきた。対面の接触を要する国家間のコミュニケーションはなお絶えないので、将来もしばらく在外公館はなくならないであろう。

　国民国家システムのもとでの外交関係は、ナショナリズムと国際主義の結節点である。外交使節団は国家そのものの象徴である。各国はそれを通じて力を得ることができる。ときには建築の設計に趣向を凝らして相手国民に感銘を与えようとする（ボザールやインターナショナル・スタイル）。

　威信が高い国、すなわち世界の多くの地域で影響力を持つ国は、多数の在外公館を持っている。国連安保理の常任理事国のような大国や援助資金が豊富な国の首都には、外国の使節団が集まってくる。

　外交関係の相手国が少ないとき、その国は植民地化されたり保護国化されたりするリスクが高い。それゆえに、主権を主張する存在は無理をしてでも他国に使節団を置こうとする（民兵外交、トレント号事件、常駐代表部、PLO、二国論）。劣等と認識された民族には外交関係は樹立されない。しかし、この場合でも領事関係には存在の余地がある。過激な行動をする「ならず者国家」はしばしば断交される。テロリストは外国公館を暴力に晒すことで、国家そのものを侮辱しようとする（国際テロリズム、テロ支援国家、インマン報告書）。

　外交使節団は二国間の友好関係をも象徴する。ある国の首都に駐在する外交団は最小の国際社会であると見なされる。外交団は、接受国が国際紛争に巻き込まれたときの潜在的な仲介者である。逆に、接受国が派遣国間の紛争に対して仲介を買って出ることもある。このように、在外公館には紛争の顕在化を予防する効果が期待される（積極中立主義）。接受国として外国の公館を保護する義務を果たさず侮辱を放置する国は、国際社会での信頼が失墜し、自ら危機に瀕することになる。しかし、外交団は強力過ぎても現地政府の権威を脅かし、別の問題を引き起こす（義和団事件と在北京外交団）。

　外交使節団が働きかける対象は相手政府に限られない。特に民主国では世論が政策を作るので、一般国民へのパブリック・ディプロマシーが重要である（ソフトパワー）。

　領事関係は社会と社会との絆であり、国際化のバロメータである。それは本来、力でなく利益を増進させる手段である。在留外国人にとって現地における自国の領事機関は、生命線といえるほどに強力な生活援護であるときもあれば、最低限の職務だけを果たす名誉領事官であることもある（砲艦外交、ナショナリスト経済学、カサブランカ事件、領事館警察）。

歴史

　二十世紀前半までの旧外交では、国際社会における国家の威信が変化するに従って、大使、公使、代理公使の階級は見直された（ウィーン外交使節席次規則、ウィーン外交関係条約）。

帝国主義の時代には、小国は植民地に転落するか、主権国家としての地位を固めるかに二分した。この結果、中間的な弁理公使級及び代理公使級が減少して全権公使級が増加した。領事機関の治外法権は拡大されて、接受国の主権は蝕まれた（領事裁判権、租界）。傀儡国家では、外交使節または場合によっては総領事が当地における事実上の最高権力者になった（総領事兼外交事務官、駐満大使兼関東軍司令官）。

　植民地時代の親密な関係を独立後も旧宗主国と旧植民地の間で存続させる努力もなされた。例えば使節の名称に大使のような外交上のものでなく、高等弁務官のような独自の符牒を使うことによってである（コモンウェルス）。

　世界革命を標榜する政権は、既成の外交慣行を否定する。外交団は革命国家にとって旧体制の象徴であるので、使節団やその長の名称を変えることで新秩序の象徴としようとされる場合がある（ソ連全権代表、人民事務所書記）。在外公館は世界革命の手段として特別な任務を与えられる。そうした活動は陰謀と見なされ接受国による摘発の対象になる（コミンテルン、文化大革命）。

　全体主義国家は他国の在外公館の規模と活動を制限する。特に領事機関の設置は困難になる（鉄のカーテン、竹のカーテン）。

　第一次大戦後、外交使節の階級はインフレーションの傾向を示した。二十世紀後半、それらが大使に一本化される過程は完了した。原因は小国のナショナリズムが大国との差別を許さなかったことにあった。他方で、外交官の出自はかつての貴族から庶民へと民主化した。使節団長の階級が一本化されても、公使、参事官、書記官といった職階には国際的な協働を円滑にする機能が残されている（欧州連合）。

対本国関係

　在外公館と本国との関係では、交通・通信手段の進歩によって本国による統制が強化されている（メッセンジャー、電信、ホットライン）。特に首脳外交の増加は、常駐使節団の役割を裏方のそれへと変えている。

　公館の入居者は外務省職員と駐在武官だけでなく、諜報関係を含むあらゆる政府の所掌事務の担当者へと多元化が進んだ。外政が本国の最高意思決定者によって一元化されないとき、国家の存続を脅かす危機を招く確率は高まる。しかし、国によっては、外政が必ずしも大使館レベルで一元化されないこともある（アタッシェ、武官府、KGB、CIA、財務班）。

戦争・利益保護

　戦時には、外交関係は断絶する。交戦国は国際情勢を観察し、交渉の機会を探る為、中立国の公館を強化する。それゆえ、中立国の外交的地位は上昇する。領事関係には交戦国間でも断絶されない事例がある（クリミア戦争）。接受国と断交中の国から国民の保護を委託された第三国は、利益代表部を設置する。その機能は領事機関と同じである。利益を保護されている国の官吏が利益代表部の職員として勤務する場合さえある（ハバナ、ワシントンDC）。

●結論

外交ネットワークの諸パターン

　大公使館がどのように分布しているかを見ることによって、国際システムの構造が記述できる。そうした外交ネットワークのパターンは、富士山型、ピラミッド型、スポーク型、山脈型、地滑り型、平皿型、渓谷型に分類できる。

　第二次大戦以前では、大国と小国を峻別する富士山型の秩序が安定的であった。それは外交使節の階級を巡る国際規範により維持された（大使交換）。

　ピラミッド型秩序は、極めて強力な一個の超大国を頂点として出現するものの、国民国家システムの原理に反する為、短命または局地的に終わる（ナポレオン、棍棒外交、エジプト・イギリス同盟条約、大東亜共栄圏）。

　スポーク型は、小国が外交の対象を特定の一国に過剰依存するパターンである。その地域の覇権を握る国は複数のスポークのハブになることが少なくない。小国といえども、主権国家は対外関係を拡大して独立の維持に努めるものである。しかし、独立国として当然の国力を備えていない国はスポーク型の外交パターンを取らざるを得ない。この為、周辺諸国の好意がなくなるといったちょっとした攪乱により、この型の秩序は崩壊する。スポーク型も一時的な現象で終わりやすい（ドイツ連合、モンロー・ドクトリン）。

　山脈型は、戦時の両陣営が中立国を媒介として対向する構図である。グローバルな規模では、第一次大戦と第二次大戦において現れた。実際には、それぞれにおいて同盟連合諸国と連合国が外交戦では圧勝しており、山並みは均整が取れない姿であった（第一次大戦、第二次大戦）。

　旧外交の富士山型秩序は、アメリカ合衆国が中小国との大使交換に先鞭を付けて崩壊した（連合国共同宣言、ヤルタ体制、対等なパートナーシップ）。この地滑り型は中小国同士が大使を交換し始めると、直ちに大使交換を標準とする平皿型の秩序にとって替わられた。使節団の席次は、もはや外交団長職と着任の日付によって順位付けられるに過ぎなくなった。しかし、外交関係の平皿化は国際関係全体の平皿化は意味せず、国連、同盟、首脳会議、核武装などを通じた地位の上昇を諸国は試みる（現代）。

　イデオロギーと人種差別は不倶戴天のライバル関係を引き起こす。こうしたとき、外交関係さえ拒否されることがある。それは国際社会に入った渓谷型のヒビである。拒否は時として、「敵」に対してばかりでなく「敵の味方」に対しても拡大される（ボリシェビキ、ファシズム、ハルシュタイン・ドクトリン、イスラエル、反アパルトヘイト）。

国際連合・国家連合

　国際連合をはじめとする国家連合は、領土及び独立の保障によって、極小国を温存する。国家が増加することで、各国における外交団の規模は拡大する（ドイツ連合、連携国家、自由連合協定）。

　安保理を歴史的な観点で見れば、帝国主義時代に国際紛争を処理する為大国の首都で行われた首脳・大使会議が、ニューヨークの国連に一本化されたと見なすことができる。外交使節の階級は平皿型になったものの、安保理における五大国の支配は新たな不平等をもたらした（ベルリン会議、ハーグ会議、パンアメリカン連合、パリ大使会議、ASEAN常任委員会議）。

データについて

基本的に本書のデータは、

戦前：
Almanach de Gotha（Gotha: Justus Perthes）．

戦後：
Remy Hefter, ed., *The World Diplomatic Directory and World Diplomatic Biography, 1950* (London: The World Diplomatic Directory, [1950]).

The Europa World Year Book (London: Routledge (formerly Europa Publications)).

Michael Jackisch, ed., *World Guide to Foreign Services: A Directory of Ministries of Foreign Affairs, Embassies, Consulates, High Commissions, Missions, Legations, Delegations and Representatives* (Weissensberg: World Guides Internationale Publikationen GmbH, 1986).

The World Directory of Diplomatic Representation, 1st ed. (London: Europa Publications , 1992).

Who's Who in International Affairs, 2007 (London: Routledge, 2006).

によった。「データについて」を参照、と指示された図・表・グラフはいずれもこれらの情報に依拠して作成された。

　Almanach de Gotha は、ヨーロッパ貴族の系譜を網羅する名鑑としても知られた外交官必携の年鑑であった。早くも維新直後の 1872 年に日本の外交官もこれを入手していたくらいである (538)。出版地のゴータ（ドイツ）がソ連軍に占領されるまでは最も権威ある外交年鑑であった。*The Europa World Year Book* は各国政治・経済の基本情報を載せ、1950 年代にはスタンダードな参考書として定着した。世の百科事典には、これを引き写した節がある記事が散見されるほどである。

　こうして筆者は 10 年ごとの情報を、1820 年～1940 年、1950 年、1967 年、1992 年、2006 年についてデータベース化した。その手順には問題点がない訳でない。まず、資料の年についてであるが、*Gotha* の出版は年によって、記載の当年である場合もあれば前年である場合もある。本書の「年」は資料の「○×年版」の「○×」であるので実は前年の情報であることは少なくない。*Who's Who in International Affairs, 2007* だけは、「前言」の日付が前年 9 月であり、さすがに 2007 年の情報として扱えなかったので、2006 年のデータとした。データベース化した以外の年については、必要に応じて *Almanach de Gotha* か *The Europa World Year Book* を参照した。

　データベース化に際してのその他の問題としては、古い版の *Gotha* では外交使節の任地が常駐地なのか兼任地なのか分からず推測しなければならなかったことが挙げられる。ほかにも、外交使節単位の *Gotha* と公館単位の *Europa World Year Book* との整合性の問題がある。後者では、

たとえある国に大使館があったことになっていても、そこに大使がいたのか代理大使がいたのかあるいは閉鎖されていたのか分からないからである。

　実は同じ資料を利用したデータベースと研究が合衆国には既にある。「戦争相関」プロジェクトで高名なJ・デイビッド・シンガーとメルビン・スモールによる「国家の外交的重要性」の研究である (539)。彼らは収集されたデータをもとに国家の外交的地位を指数化・序列化し、また本書でも言及した階級のインフレーションなども指摘している。

　しかし、本書のデータは彼らのデータセットを流用したものでない。特に*Gotha*のデータを入力するにあたっては、前年と翌年の全データも合わせて入力し、正確さに細心の注意を払った。また、シンガーとスモールは弁理公使を全権公使に吸収して同一と見なしたものの、本書は別個の階級として記録した (540)。何より大きい相違は、領事官についての情報がシンガーとスモールにはないことである。ほかにも、*Gotha*の兼轄関係を詳細に入力したとの自負が本書にはある。

注

(1) Kenneth N. Waltz, *Theory of International Politics* (New York: McGraw Hill, 1979), pp. 95-97.
(2) Daniela Erigo, ed., *Politics and Diplomacy in Early Modern Italy: The Structure of Diplomatic Practice, 1450-1800*, translated by Adrian Belton (Cambridge: Cambridge University Press, 1999), pp. 25-48; and Ernest Mason Satow, *Satow's Guide to Diplomatic Practice*, edited by Lord Gore-Booth and Desmond Pakenham, 5th. ed. (London: Longman, 1979), pp. 4-5.
(3) Raymond A. Jones, *The British Diplomatic Service, 1815-1914* (Gerrards Cross: Colin Smythe, 1983), pp. 97-98.
(4) Ernest Satow, *A Guide to Diplomatic Practice*, 2nd ed., vol. I (London: Longmans, Green and Co., 1922), pp. 22-24.
(5) Satow, *Satow's Guide to Diplomatic Practice*, 5th. ed., pp. 21-25.
(6) Yves Lemoine, *La Diplomatie française pendant la révolution* (Paris: Editions Michel de Maule, 1989), pp. 52-54, 70, 176.
(7) クレメンス・W・L・メッテルニヒ『メッテルニヒの回想録』安斎和雄、安藤俊次、貴田晃、菅原猛訳、恒文社、1994年、331〜338ページ；アンドレ・マルロー『ナポレオン自伝』小宮正弘訳、朝日新聞社、2004年、295、360ページ。
(8) Satow, *Satow's Guide to Diplomatic Practice*, 5th. ed., p. 87.
(9) Ibid., pp. 84-85；［フランソワ・ド・］カリエール『外交談判法』岩波書店、47、181ページ。
(10) 川崎晴朗『幕末の駐日外交官・領事官』雄松堂出版、1988年、35ページ。
(11) メッテルニヒ『メッテルニヒの回想録』159〜161ページ；and Satow, *Satow's Guide to Diplomatic Practice*, 5th. ed., p. 30.
(12) Lamar Cecil, *The German Diplomatic Service, 1871-1914* (Princeton: Princeton University Press, 1976), pp. 165-166.
(13) Alexander William Kinglake, *The Invasion of the Crimea: Its Origin and an Account of Its Progress down to the Death of Lord Raglan*, vol. I (Edinburgh: William Blackwood and Sons, 1868), pp. 345-362.
(14) Satow, *Satow's Guide to Diplomatic Practice*, 5th. ed., p. 213.
(15) Jones, *The British Diplomatic Service, 1815-1914*, pp. 118, 138.
(16) Ibid., p. 174.
(17) Mai'a K. Davis Cross, *The European Diplomatic Corps: Diplomats and International Cooperation from Westphalia to Maastricht* (Basingstoke: Palgrave Macmillan, 2007), pp. 85-86.
(18) カリエール『外交談判法』144ページ。
(19) H・ニコルソン『外交』斎藤真、深谷満雄訳、東京大学出版会、1968年、54ページ；Cecil, *The German Diplomatic Service, 1871-1914*, pp. 22-23, 31, 33-41.
(20) Chevalier Jacques Ruzette, *J.-B. Nothomb* (Bruxelles: La Renaissance du livre, 1946), pp. 109-129.
(21) 永井良和『フランス官僚エリートの源流』芦書房、1991年、106〜107、228、231〜235ページ；マルロー『ナポレオン自伝』204ページ。
(22) Keith Hamilton and Richard Langhorne, *The Practice of Diplomacy: Its Evolution, Theory and Administration* (London: Routledge, 1995), p. 171; and Jones, *The British Diplomatic Service, 1815-1914*, pp. 7-8, 13-14, 16-17, 20, 97, 147.
(23) 阿川尚之『マサチューセッツ通り2520番地』講談社、2006年、152〜153ページ；U・アレクシス・ジョンソン『ジョンソン米大使の日本回想』増田弘訳、草思社、105ページ。

(24) F. Borel, *De l'Origine et des fonctions des consuls* (Saint Pétersbourg: Chez A. Pluchart, 1807), pp. 10-24.
(25) W・ハース『ベル・エポック』菊盛英夫訳、岩波書店、1985年、236ページ； and Maxine Feifer, *Tourism in History: From Imperial Rome to the Present* (New York: Stein and Day, 1985), pp. 167-168.
(26) Norman Angell, *The Great Illusion: A Study of the Relation of Military Power in Nations to Their Economic and Social Advantage, 1911* (New York: Garland Publishing, 1972),
(27) Joseph S. Nye, Jr., *Soft Power: The Means to Success in World Politics* (New York: PubulicAffairs, 2004), pp. 99-125.
(28) 次を見よ。ニコルソン『外交』216～218ページ。
(29) Hamilton and Langhorne, *The Practice of Diplomacy: Its Evolution, Theory and Administration*, p. 118.
(30) Gerhard P. Pink, *The Conference of Ambassadors, Paris, 1920-1930* (Geneva: Geneva Research Centre, 1942), pp. 3, 40-46.
(31) 外務省百年史編纂委員会編『外務省の百年』上、原書房、1967年、955～956ページ；芳沢謙吉『外交六十年』中央公論社、1990年、102～103ページ。
(32) 若槻礼次郎『欧洲に使して』実業之日本社、1931年、116～120ページ。
(33) See, for example, Halford J. Mackinder, "The Geographical Pivot of History," in Halford J. Mackinder, *Democratic Ideals and Reality*, with additional papers (New York: W. W. Norton, 1962).
(34) クリストファー・アンドルー、オレク・ゴルジエフスキー『KGBの内幕』上、福島正光訳、文芸春秋、1993年、42～58ページ。
(35) 外務省のサイト（http://www.mofa.go.jp/mofaj/annai/honsho/shiryo/qa/meiji_02.html）。
(36) ［カール・フォン・］クラウゼヴィッツ『戦争論』上、篠田英雄訳、岩波書店、1968年、58ページ；Satow, *Satow's Guide to Diplomatic Practice*, 5th. ed., p. 3.
(37) William McHenry Franklin, *Protection of Foreign Interests: A Study in Diplomatic and Consular Practice* (Washington, D.C.: United States Government Printing Office, 1946), pp. 89-90.
(38) Satow, *Satow's Guide to Diplomatic Practice*, 5th. ed., p. 83.
(39) Arnold J. Toynbee, ed., *Survey of International Affairs, 1924* (London : Oxford University Press, 1928), pp. 493-495.
(40) C. Martin Wilbur and Julie Lien-ying How, *Missionaries of Revolution: Soviet Advisers and Nationalist China* (Cambridge: Harvard University Press, 1989), pp. 1, 5.
(41) Arnold Toynbee, ed., *Survey of International Affairs, 1927* (London: Oxford University Press, 1929), pp. 226-271.
(42) アンドルー、ゴルジエフスキー『KGBの内幕』上、83～100ページ。
(43) 同、80～82ページ。
(44) H. W. Brands, *Inside the Cold War: Loy Henderson and the Rise of the American Empire, 1918-1961* (New York: Oxford University Press, 1991), pp. 44-45.
(45) アダム・B・ウラム『膨張と共存――ソヴェト外交史1』鈴木博信訳、サイマル出版会、1974年、197～198、346ページ；エフ・イ・コジェヴニコフ『ソヴィエト国際法』日刊労働通信社訳、日刊労働通信社、1962年、393～394ページ；and Satow, *Statow's Guide to Diplomatic Practice*, 5th. ed., p. 77.
(46) 赤松良子『うるわしのウルグアイ』平凡社、1990年、47ページ。
(47) Satow, *Satow's Guide to Diplomatic Practice*, 5th. ed., p. 73.
(48) Ibid., p. 213.
(49) ジョンソン『ジョンソン米大使の日本回想』60～61ページ；モハメド・ヘイカル『ナセル　その波乱の記録』朝日新聞外報部訳、朝日新聞社、1972年、358ページ。
(50) 金山政英『誰も書かなかったバチカン』サンケイ出版、1980年、78～80ページ。
(51) B・フリーマントル『KGB』新庄哲夫訳、新潮社、1983年、230～236ページ；武田龍夫『北欧の外交』東

海大学出版会、1998年、45～59ページ。
(52) Lorna Lloyd, *Diplomacy with a Difference: The Commonwealth of High Commissioner, 1880-2006* (Leiden: Martinus Nijhoff, 2007), pp. 73-74.
(53) A・J・[ライダー](Ryder)『ドイツ政治・外交史Ⅲ』高橋通敏訳、新有堂、1983年、246ページ。
(54) Regine Low, *The German Ambassador's Residence in London* (Cambridge: John Adamson, 1993), p. 7; et Raymond Poidevin, *L'Allemagne et le monde du XXe siécle* (Paris: Masson, 1983), pp. 179, 189.
(55) Noble Frankland, *Documents on International Affairs, 1955* (London: Oxford University Press, 1958), pp. 251-254; et Poidevin, *L'Allemagne et le monde du XXe siécle*, p. 189.
(56) A/RES/1/31.
(57) 武田龍夫『北欧の外交』東海大学出版会、1998年、130ページ。
(58) Jones, *The British Diplomatic Service, 1815-1914*, pp. 98-101.
(59) Melvin Small and J. David Singer, "The Diplomatic Importance of States, 1816-1970: An Extension and Refinement of the Indicator," *World Politics*, vol. 25, no. 4. (July 1973): 584-585.
(60) Satow, *Satow's Guide to Diplomatic Practice*, 5th. ed., pp. 83, 91.
(61) 阿川『マサチューセッツ通り2520番地』30～31、75～76、78～79ページ；and Satow, *A Guide to Diplomatic Practice*, 2nd ed., vol. I, p. 356.
(62) Lloyd, *Diplomacy with a Difference: The Commonwealth of High Commissioner, 1880-2006*, pp. 19, 23, 32, 49.
(63) R. J. Moore, *Making the New Commonwealth* (Oxford: Clarendon Press, 1987), pp. 14-15.
(64) Satow, *Satow's Guide to Diplomatic Practice*, 5th. ed., p. 102.
(65) Lloyd, *Diplomacy with a Difference: The Commonwealth of High Commissioner, 1880-2006*, pp. 117-121, 129-131, 140, 158-159, 162-166.
(66) Ibid., pp. 195-201.
(67) Ibid., pp. 209-212, 218-219.
(68) Ibid., p. 219.
(69) Ibid., p. 279.
(70) Ibid., p. 184.
(71) アメリカ合衆国在英大使館のサイト（http://london.usembassy.gov/ukamb/tuttle007.html）；木村汎『英国診断　駐英大使の体験から』中央公論社、1998年、18ページ。
(72) アンドルー、ゴルジエフスキー『KGBの内幕』上、130～137ページ
(73) クリストファー・アンドルー、オレク・ゴルジエフスキー『KGBの内幕』下、福島正光訳、文芸春秋、1993年、128ページ；ジョージ・F・ケナン『ジョージ・F・ケナン回顧録――対ソ外交に生きて』下、奥畑稔訳、読売新聞社、1973年、130～131、136～138ページ；and Jane C. Loeffler, *The Architecture of Diplomacy: Building America's Embassies* (New York: Princeton Architectural Press, 1998), p. 248.
(74) アンドルー、ゴルジエフスキー『KGBの内幕』下、125ページ；ケナン『ジョージ・F・ケナン回顧録――対ソ外交に生きて』下、1973年、121～122、145～146ページ；フリーマントル『KGB』55～56ページ。
(75) カリエール『外交談判法』26ページ。
(76) アンドルー、ゴルジエフスキー『KGBの内幕』上、123～124ページ；アンドルー、ゴルジエフスキー『KGBの内幕』下、15～17、30～31ページ：[ユーリイ・センケヴィチ編]『KGBの世界都市ガイド』小川正邦訳、晶文社、2001年、124ページ。
(77) スタニスラフ・A・レフチェンコ『KGBの見た日本――レフチェンコ回想録』日本リーダーズダイジェスト社、1984年、87～88ページ。
(78) ズジスワフ・ルラッシュ『収容所――日本人に愛をこめて――』梶栗玄太郎、河西徹夫訳、世界日報社、

●注

1984年、227〜228ページ。

(79) ティエリ・ウォルトン『さらば、KGB——仏ソ情報戦争の内幕』時事通信社、1990年、316〜317ページ；海辺和彦『日本大使館付駐在武官』徳間書店、1993年、130〜144ページ。
(80) ウォルトン『さらば、KGB——仏ソ情報戦争の内幕』319ページ；フリーマントル『KGB』125ページ。
(81) 河東哲夫『外交官の仕事』草思社、2005年、43ページ；国際法事例研究会『外交・領事関係』慶応義塾大学出版会、1996年、23、103〜104、180〜181ページ。
(82) ウォルトン『さらば、KGB——仏ソ情報戦争の内幕』242〜243ページ；田中明彦『ワード・ポリティクス——グローバリゼーションの中の日本外交——』筑摩書房、2000年、133〜134ページ。
(83) ヘルムート・シュミット『ドイツ人と隣人たち』上、永井清彦、片岡哲史、三輪晴啓、内野隆司訳、岩波書店、1991年、3ページ；［ライダー］『ドイツ政治・外交史Ⅲ』309ページ。
(84) 外務省「東欧資料№七三——二　東独の外交関係設定状況」1973年2月20日。
(85) 吉岡在ベルリン総領事発外務大臣「東独への外交関係設定（内話）」1973年2月21日；吉岡在ベルリン総領事発外務大臣「東独との交渉上の参考情報」1973年4月5日。
(86) シュミット『ドイツ人と隣人たち』上、15〜25ページ。
(87) 在ポーランド・アメリカ合衆国大使館のサイト（http://poland.usembassy.gov/rurarz3.html）；ワシントンポスト社のサイト（http://www.washingtonpost.com/wp-dyn/content/article/2007/01/26/AR2007012601695_2.html）。
(88) リヒャルト・フォン・ヴァイツゼッカー『ヴァイツゼッカー回想録』永井清彦訳、岩波書店、1998年、258ページ；and Satow, *Satow's Guide to Diplomatic Practice*, 5th. ed., p. 213.
(89) 国際法事例研究会『外交・領事関係』52〜53ページ；ベルリン日独センターのサイト（http://www.jdzb.de/index.php?option=com_content&view=article&id=26&Itemid=13）。
(90) Loeffler, *The Architecture of Diplomacy: Building America's Embassies*, pp. 253-255.
(91) 外務省のサイト（http://www.mofa.go.jp/mofaj/area/kazakhstan/data.html）。
(92) A. Vercoutere, ed., *Annuaire du corps diplomatique, 2006* (Bruxelles: Annuaire du Corps Diplomatique, [2005?]).
(93) Cross, *The European Diplomatic Corps: Diplomats and International Cooperation from Westphalia to Maastricht*, p. 114.
(94) BBCのサイト（http://news.bbc.co.uk/onthisday/hi/dates/stories/february/2/newsid_2758000/2758163.stm; satow 237）。
(95) Tim Weiner, *Legacy of Ashes: The History of the CIA* (New York: Doubleday, 2007), pp. 473-474.
(96) アラン・ゴットリーブ『ワシントン村　大使は走る——体験的対米交渉の教訓』吉田健正訳、彩流社、1995年、11〜15ページ：and Patsy Guy Hammontree, *Shirley Temple Black: AS Bio-Bibliography* (Westport: Greenwood Press, 1998), pp. 153, 157-160, 163-164, 167-169, 181-186.
(97) William Barnes and John Heath Morgan, *The Foreign Service of the United States: Origins, Development, and Functions* (Washington, D.C.: Historical Office, Bureau of Public Affairs, Department of State, 1961), pp. 146-147.
(98) Ibid., pp. 10-25; and Beckles Willson, *America's Ambassadors to France, 1777-1927: A Narrative of Franco-American Diplomatic Relations* (New York: Frederick A. Stokes, 1928), pp. 1, 8-9.
(99) 外交研究教育協会（ADST）のサイト（http://www.usdiplomacy.org/exhibit/protecting.php）；and Loeffler, *The Architecture of Diplomacy: Building America's Embassies*, pp. 16-17.
(100) Barnes and Morgan, *The Foreign Service of the United Nations: Origins, Development, and Function*, pp. 16-17, 23-25.
(101) Jones, *The British Diplomatic Service, 1815-1914*, pp. 200-201.
(102) Ibid., p. 205.
(103) Gordon Ireland, *Boundaries, Possessions, and Conflicts in Central and North America and the Caribbean* (Cambridge:

(104) Thomas L. Harris and James A. Woodburn, *The Trent Affairs: Including a Review of English and American Relations at the Beginning of the Civil War* (Indianapolis: The Bowen-Merrill Company, 1896), pp. 79-115, 172.

(105) Milledge L. Bonham, Jr., *The British Consuls in the Confederacy* (New York: AMS Press, 1967), pp. 15-16, 20-47.

(106) Dexter Perkins, *A History of the Monroe Doctrine*, rev. ed. (Boston: Little Brown and Company, 1955), pp. 115-138.

(107) Ibid., pp. 154-155; and William Spence Robertson, *Hispanic-American Relations with the United States* (New York: Oxford University Press, 1923), pp. 147-149.

(108) Franklin, *Protection of Foreign Interests: A Study in Diplomatic and Consular Practice*, pp. 39-44.

(109) Strobe Talbott, "Globalization and Diplomacy: A Practitioner's Perspective," *Foreign Policy*, no. 108 (Fall 1997): 69-83.

(110) R. A. Humphreys, ed., *British Consular Reports on the Trade and Politics of Latin America, 1824-1826* (London: Offices of the Royal Historical Society, 1940), pp. x-xi, 26-27, 31-32, 91, 127-128, 275, 302.

(111) Charles Calvo, *Le Droit international: Théorique et pratique*, t. 1er, 5e ed. (Paris: Librairie nouvelle de Droit et de Jurisprudence, 1896), pp. 324-327; and J. Gallagher and R. Robinson, "The Imperialism of Free Trade," *The Economic History Review*, 2nd ser., vol. 6, no. 1 (August 1953): 1-15.

(112) 外務省百年史編纂委員会編『外務省の百年』下、原書房、1969年、1655ページ；在ブラジル日本大使館のサイト（http://www.br.emb-japan.go.jp/nihongo/guiabrasilia.htm）。

(113) Franklin, *Protection of Foreign Interests: A Study in Diplomatic and Consular Practice*, pp. 58-62.

(114) アンガス・マディソン『世界経済の成長史 1820～1992年』金森久雄監訳、政治経済研究会訳、東洋経済新報社、2000年、9ページ。

(115) Joseph G. Sullivan, "Embassies at Risk: Learning from Experience," in Joseph G. Sullivan, ed., *Embassies Under Siege: Personal Accounts by Diplomats on the Front Line* (Washington, D.C.: Brassey's, 1995), pp. 2-3.

(116) Barnes and Morgan, *The Foreign Service of the United States: Origins, Development, and Functions*, pp. 146-147; and Willson, *America's Ambassadors to France, 1777-1927: A Narrative of Franco-American Diplomatic Relations*, p. 347.

(117) Thomas D. Schoonover, *The United States in Central America, 1860-1911: Episodes of Social Imperialism and Imperial Rivalry in the World System* (Durham: Duke University Press, 1911), pp. 30-41；フリードリッヒ・リスト『経済学の国民的体系』小林昇訳、岩波書店、1970年、477～487ページ。

(118) Loeffler, *The Architecture of Diplomacy: Building America's Embassies*, pp.16-31.

(119) David W. Dent, *The Legacy of the Monroe Doctrine: A Reference Guide to U.S. Involvement in Latin America and the Caribbean* (Westport: Greenwood Press, 1999), pp. 57-58.

(120) カール・ボイド『盗まれた情報 ヒトラーの戦略情報と大島駐独大使』左近允尚敏訳、原書房、1999年、122ページ

(121) Dent, *The Legacy of the Monroe Doctrine: A Reference Guide to U.S. Involvement in Latin America And the Caribbean*, pp. 27-28.

(122) デイビッド・E・リリエンソール『リリエンソール日記 2』末田守、今井隆吉訳、みすず書房、1969年、253～254ページ。

(123) Pauline Innis, Mary Jane McCaffree, Richard M. Sand, *Protocol: The Complete Handbook of Diplomatic, Official and Social Usage* (Dallas: Durban House, 2002), p. 10.

(124) Loeffler, *The Architecture of Diplomacy: Building America's Embassies*, pp. 38-39, 45-50.

(125) 在リオデジャネイロ・アメリカ合衆国総領事館のサイト（http://brasilia.usembassy.gov/index.php?action=riomateria.php&id=1608&itemmenu=55）；and Loeffler, *The Architecture of Diplomacy: Building*

Amerca's Embassies, pp. 59-67.
(126) Ibid., pp.108-109.
(127) A/520/Rev. 15；アンドルー、ゴルジエフスキー『KGBの内幕』下、248ページ；Evan Luard, *A History of the United Nations*, vol. 1 (London: Macmillan, 1982), pp. 353-356; and John D. Marks, *The CIA and the Cult of Intelligence* (New York: Alfred A. Knopf, 1974), pp. 364-365.
(128) 国連インターナショナルスクール（UNIS）のサイト（http://www.unis.org/home.asp）。
(129) Hayward R. Alker, Jr., Bruce M. Russett, *World Politics in the General Assembly* (New Haven: Yale University Press, 1965).
(130) トーマス・フリードマン『フラット化する世界　経済の大転換と人間の未来』上、増補改訂版、伏見威蕃訳、日本経済新聞出版社、2008年、20～21ページ。
(131) Hans J. Morgenthau, *Politics Among Nations: The Struggle for Power and Peace* (New York: Alfred A. Knopf, 1948), pp. 425-430.
(132) ロバート・ケネディ『13日間　キューバ危機回顧録』毎日新聞社外信部訳、中央公論新社、2001年、97～98ページ。
(133) Weiner, *Legacy of Ashes: The History of the CIA*, pp. 94, 97-98.
(134) Ibid., pp. 98-103.
(135) "Minutes of the 1968 'Bissell Meating'" cited in Victor Marchetti and John D. Marks, *The CIA and the Cult of Intelligence* (New York: Alfred A. Knopf, 1974), p. 382; and ibid., pp. 44-46, 205-206, 340-341.
(136) "Minutes of the 1968 'Bissell Meating,'" pp. 387, 389.
(137) 有馬哲夫『原発・正力・CIA　機密文書で読む昭和裏面史』新潮社、2008年；有馬哲夫『日本テレビとCIA——発掘された「正力ファイル」』新潮社、2006年；"Minutes of the 1968 'Bissell Meating,'" p. 390; 渡辺靖『アメリカン・センター——アメリカの国際文化戦略』岩波書店、31～33、57～56；and Weiner, *Legacy of Ashes: The History of the CIA*, pp. 116-121.
(138) ライシャワーの陸軍諜報部での教育については次を参照。ボイド『盗まれた情報　ヒトラーの戦略情報と大島駐独大使』125ページ。Who's Who in CIAについては、パブリック・インフォメーション・リサーチのサイト（http://www.namebase.org/sources/AB.html）を参照。
(139) ジェームズ・R・リリー『チャイナ・ハンズ』西倉一喜訳、草思社、2006年、83～84、164、210ページ。
(140) Richard Gott, John Major, and Geoffrey Warner, eds. *Documents on International Affairs, 1960* (London: Oxford University Press, 1964), p. 618；レイセスター・コルトマン『カストロ』岡部広治訳、大月書店、2005年、210～212、216～217、222ページ。
(141) キューバ共和国対外関係省のサイト（http://embacu.cubaminrex.cu/Default.aspx?tabid=10037）；在キューバ・アメリカ合衆国利益代表部のサイト（http://havana.usinterestsection.gov/acs.html）；and Dent, *The Legacy of the Monroe Doctrine: A Reference Guide to U.S. Involvement in Latin America and the Caribbean*, p. 129.
(142) アンドルー、ゴルジエフスキー『KGBの内幕』下、148、205ページ；コルトマン『カストロ』238～240ページ。
(143) Satow, *Satow's Guide to Diplomatic Practice*, 5th. ed., p. 213.
(144) Dent, *The Legacy of the Monroe Doctrine: A Reference Guide to U.S. Involvement in Latin America and the Caribbean*, p. 128.
(145) アンドルー、ゴルジエフスキー『KGBの内幕』下、208ページ。
(146) コルトマン『カストロ』302ページ。
(147) Jonathan R. White, *Terrorism: An Introduction*, 2nd ed. (Belmont: Wadsworth, 1998), p. 9.

(148) BBCのサイト（http://news.bbc.co.uk/2/hi/africa/4774355.stm; http://news.bbc.co.uk/onthisday/hi/dates/stories/april/17/newsid_2488000/2488369.stm）；平田伊都子『カダフィ正伝』集英社、1990年、278～279ページ。
(149) 同、284～285ページ。
(150) 国際法事例研究会『外交・領事関係』24～25ページ；平田『カダフィ正伝』308、312ページ。
(151) アメリカ合衆国国務省のサイト（http://www.state.gov/p/nea/rls/rm/2006/66268.htm; http://www.state.gov/r/pa/prs/ps/2006/66243.htm; http://www.state.gov/secretary/rm/2006/66235.htm）。
(152) 佐久間平喜『ビルマ（ミャンマー）現代政治史』増補版、勁草書房、1993年、200ページ。
(153) 次の元在バーレーン大使館員の証言がある。砂川昌順『極秘司令――金賢姫拘束の真相』日本放送出版協会、2003年。
(154) Aidan Foster-Carter, "History," in Linn Daniel, ed., *The Far East and Australasia, 2005* (London: Europa Publications, 2004), pp. 540-541.
(155) グレン・S・フクシマ『日米経済摩擦の政治学』朝日新聞社、1992年、41～42ページ。
(156) Joseph S. Nye, Jr. and Robert O. Keohane, "Transnational Relations and World Politics: A Conclusion," in Robert O. Keohane and Joseph S. Nye, Jr., *Transnational Relations and World Politics* (Cambridge: Harvard University Press, 1972); and Nye and Keohane, "Transnational Relations and World Politics: An Introduction," in ibid.
(157) 伊藤隆編『佐藤栄作日記』朝日新聞社、1997年、377ページ。
(158) 池田優『駐日アメリカ大使』文芸春秋、2001年、127～128ページ；ジョンソン『ジョンソン米大使の日本回想』250～252、284～287ページ；ヘンリー・キッシンジャー『キッシンジャー秘録　第3巻　北京へ飛ぶ』斎藤弥三郎、小林正文、大朏人一、鈴木康雄訳、小学館、205～207ページ。
(159) ゴットリーブ『ワシントン村　大使は走る――体験的対米交渉の教訓』19～26、32～46ページ。
(160) Robert D. Putnam, "Diplomacy and Domestic Politics," *International Organization*, vol. 42, no. 3 (Summer 1988): 427-460.
(161) 例えば次を見よ。スティーヴン・ギル『地球政治の再構築――日米欧関係と世界秩序』遠藤誠治訳、朝日新聞社、1996年。
(162) 関岡英之『拒否できない日本――アメリカの日本改造が進んでいる』文芸春秋、2004年。
(163) Hamilton and Langhorne, *The Practice of Diplomacy: Its Evolution, Theory and Administration*, pp. 15-16.
(164) Jean-Louis Bocque-Grammont, Sinan Kuneralp et Frédéric Hitzel, *Représentants permanents de la France en Turquie (1536-1991) et de la Turquie en France (1797-1991)* (Istanbul: ISIS Yayimcilik, 1991), p. 2; and Hamilton and Langhorne, *The Practice of Diplomacy: Its Evolution, Theory and Administration*, pp. 7-38.
(165) マルロー『ナポレオン自伝』146ページ。
(166) Satow, *Satow's Guide to Diplomatic Practice*, 5th. ed., pp. 211-212.
(167) Kinglake, *The Invasion of the Crimea: Its Origin and an Account of Its Progress down to the Death of Lord Raglan*, vol. I, pp. 119-110.
(168) Douglas Porch, *The Conquest of Morocco* (New York: Alfred A. Knopf, 1983), pp. 18-22.
(169) Jones, *The British Diplomatic Service, 1815-1914*, p. 87; and Edmund Hornby, *An Autobiography* (London: Constable & Co. Ltd. [1928]), p. 144.
(170) カリエール『外交談判法』52ページ；and Satow, *Satow's Guide to Diplomatic Practice*, 5th. ed., p. 212.
(171) Jones, *The British Diplomatic Service, 1815-1914*, pp. 200-201.172; and Satow, *A Guide to Diplomatic Practice*, 2nd ed., vol. I, pp. 246-248.
(173) Porch, *The Conquest of Morocco*, p. 5.

(174) Ibid., pp. 8, 16.
(175) 今尾登『スエズ運河の研究』有斐閣、1957年、36〜37、52〜71、74〜78、89〜90ページ。
(176) 同、134〜136、248、257、259〜260ページ。
(177) 小林元『国際政治と中東問題』故小林元教授遺著刊行会、1964年、8〜9ページ。
(178) Hamilton and Langhorne, *The Practice of Diplomacy: Its Evolution, Theory and Administration*, p. 118.
(179) ヘイカル『ナセル その波乱の記録』34ページ。
(180) Brands, *Inside the Cold War: Loy Henderson and the Rise of the American Empire, 1918-1961*, pp. 116-117.
(181) Denise Folliot, ed., *Documents on International Affairs, 1951* (London: Oxford University Press, 1954), pp. 425-436.
(182) アンワル・エル・サダト『サダト自伝』朝日新聞外報部訳、1978年、139〜140ページ；ヘイカル『ナセル その波乱の記録』59ページ；モハメド・ヘイカル『サダト暗殺——孤独な「ファラオ」の悲劇』佐藤紀久夫訳、時事通信社、1983年、36ページ。
(183) 宮内庁のサイト（http://www.kunaicho.go.jp/dounittei/photo1/photo-200407-89.html）。
(184) ユルゲン・ハーバーマス『公共性の構造転換——市民社会の一カテゴリーについての探求』第2版、未来社、1994年、20ページ。
(185) David Hirst, *The Gun and the Olive Branch: The Roots of Violence in the Middle East* (New York: Thunder's Mouth Press-Nation Books, 2003), pp. 290-296.
(186) Folliot, ed., *Documents on International Affairs, 1951*, pp. 284-313；ヘイカル『ナセル その波乱の記録』108〜109ページ。
(187) 今尾『スエズ運河の研究』155〜156。
(188) Lloyd, *Diplomacy with a Difference: The Commonwealth of High Commissioner, 1880-2006*, p. 237.
(189) ガリア・ゴラン『冷戦下・ソ連の対中東戦略』木村申一、花田朋子、丸山功訳、第三書館、2001年、71〜73ページ；and Noble Frankland, ed., *Documents on International Affairs, 1956* (London: Oxford University Press, 1959), pp. 388-389.
(190) イギリス外務コモンウェルス省のサイト（http://ukinegypt.fco.gov.uk/en/our-offices-in-egypt/our-ambassador/residence）; and Satow, *Satow's Guide to Diplomatic Practice*, 5th. ed., p. 213.
(191) Yehoshua Freundlich, "A Soviet Outpost in Tel Aviv: The Soviet Legation in Israel, 1948-53," *Journal of Israeli History*, 22:1 (2003): 37-55.
(192) Satow, *Satow's Guide to Diplomatic Practice*, 5th. ed., p. 213；ヘイカル『ナセル その波乱の記録』360〜386ページ。
(193) E・M・プリマコフ『だれが湾岸戦争を望んだか——プリマコフ外交秘録』小林和男訳、日本放送出版協会、1991年、116、120ページ。
(194) 淡徳三郎『アルジェリア革命〜解放の歴史』刀江書院、1972年、138〜139、222〜224、262ページ。
(195) Frankland, ed., *Documents on International Affairs, 1956*, p. 692；フランス外務ヨーロッパ問題省のサイト（http://www.ambafrance-ma.org/ambassade/liste-ambassadeurs.cfm）。
(196) 宮治一雄『アフリカ現代史V』山川出版社、1978年、156ページ。
(197) ゴラン『冷戦下・ソ連の対中東戦略』354ページ。
(198) アシャー・ナイム『大使が語る ユダヤの生命力』佐藤邦宏訳、燦葉出版社、1999年、174ページ；モハメド・ヘイカル『イラン革命の内幕』佐藤紀久夫訳、時事通信社、1981年、152〜153、216ページ。
(199) ゴラン『冷戦下・ソ連の対中東戦略』393〜394、396、449ページ；ナイム『大使が語る ユダヤの生命力』141ページ；モハメド・ヘイカル『アラブの戦い』時事通信社外信部訳、時事通信社、1975年、69〜70ページ；シドニー・D・ベイリー『中東和平と国際連合』木村申二訳、第三書館、1992年、81ページ；ジョ

ン・J・ミアシャイマー、スティーヴン・M・ウォルト『イスラエル・ロビーとアメリカの外交政策』I、副島隆彦訳、2007年、219ページ；リー・クーンチョイ『七カ国目の駐日大使』伊藤雄次訳、サイマル出版会、1985年、46〜47ページ。

(200) バカル・アブデル・モネム『わが心のパレスチナ』関場理一訳、社会批評社、1991年、141〜148ページ。
(201) リー『七カ国目の駐日大使』58〜59ページ；ゴラン『冷戦下・ソ連の対中東戦略』115ページ。
(202) ヘイカル『アラブの戦い』14〜16、41〜43ページ。
(203) ヘイカル『サダト暗殺——孤独な「ファラオ」の悲劇』2ページ；モハメド・ヘイカル『アラブから見た湾岸戦争』和波雅子訳、時事通信社、1994年、83、116ページ；and *The Middle East and North Africa, 2002* (London: Europa Publications, 2001), pp. 279, 283.
(204) ビクター・オストロフスキー、クレア・ホイ『モサド情報員の告白』中山善之訳、TBSブリタニカ、1992年、337、419；ゴラン『冷戦下・ソ連の対中東戦略』183〜184ページ。
(205) Richard M. Gannon, "The Bombing of Embassy Beirut, 1983," in Sullivan, ed., *Embassies Under Siege: Personal Accounts by Diplomats on the Front Line*, pp. 88-95; and Weiner, *Legacy of Ashes: The History of the CIA*, pp. 389-392, 405-408.
(206) アメリカ科学者連盟のサイト（http://www.fas.org/irp/threat/inman/part12.htm）；Loeffler, *The Architecture of Diplomacy: Building America's Embassies*, pp. 225-226; and Sullivan, "Embassies at Risk: Learning from Experience," p. 4;
(207) エフライム・ハレヴィ『モサド前長官の証言「暗闇に身をおいて　中東現代史を変えた驚愕のインテリジェンス戦争』河野純治訳、光文社、2007年、251〜252ページ。
(208) ヘイカル『イラン革命の内幕』82ページ。
(209) Weiner, *Legacy of Ashes: The History of the CIA*, pp. 81-92.
(210) Brands, *Inside the Cold War: Loy Henderson and the Rise of the American Empire, 1918-1961*, pp. 281-286；マーク・ボウデン『ホメイニ師の賓客　イラン米大使館占拠事件と果てしなき相克』上、伏見威蕃訳、早川書房、2007年、15ページ。
(211) Weiner, *Legacy of Ashes: The History of the CIA*, p. 92；ヘイカル『イラン革命の内幕』88ページ。
(212) ゴラン『冷戦下・ソ連の対中東戦略』264ページ；最首公司『リビアの革命児カダフィ』ホーチキ出版、1973年、159ページ；ヘイカル『イラン革命の内幕』140、159〜166ページ。
(213) ゴラン『冷戦下・ソ連の対中東戦略』279ページ。
(214) Victor L. Tomseth, "Crisis after Crisis: Embassy Teheran, 1979," in Sullivan, ed., *Embassies Under Siege: Personal Accounts by Diplomats on the Front Line*, p. 41；ボウデン『ホメイニ師の賓客　イラン米大使館占拠事件と果てしなき相克』上、19〜26、28〜30、32ページ。
(215) Tomseth, "Crisis after Crisis: Embassy Teheran, 1979," p. 50；ボウデン『ホメイニ師の賓客　イラン米大使館占拠事件と果てしなき相克』上、131、195〜199ページ。
(216) Herbert G. Gannon, "Attack on the U.S. Embassy in Pakistan," in Sullivan, ed., *Embassies Under Siege: Personal Accounts by Diplomats on the Front Line*, pp. 71-87.
(217) ボウデン『ホメイニ師の賓客　イラン米大使館占拠事件と果てしなき相克』上、288〜289、401〜422ページ；マーク・ボウデン『ホメイニ師の賓客　イラン米大使館占拠事件と果てしなき相克』下、伏見威蕃訳、早川書房、2007年、70ページ。
(218) 同、182〜204、207、286ページ。
(219) グローバル・テロリズム・データベース（GTB）のサイト（http://www.start.umd.edu/data/gtd/）；ゴラン『冷戦下・ソ連の対中東戦略』282ページ。
(220) 『朝日新聞』2001年11月17日、朝刊；ボウデン『ホメイニ師の賓客　イラン米大使館占拠事件と果てし

●注

なき相克』下337〜340、368〜371、375〜378ページ。

(221) インデペンデント・ニューズ・アンド・メディア（INM）のサイト（http://www.independent.co.uk/opinion/commentators/rupert-cornwell-if-you-cant-talk-publicly-talk-in-secret-421914.html）；在ワシントン・イラン利益代表部のサイト（http://www.daftar.org/）。

(222) *The Middle East and North Africa, 2002* (London: Europa Publications, 2001), pp. 349, 352-353, 360-363.

(223) Murray Waas, "What Washington Gave Saddam for Christmas," Micah L. Sifry and Christopher Cerf, eds., *The Iraq War Reader: History, Documents, Opinions* (New York: Simon & Schuster, 2003), pp. 30-40.

(224) 加藤淳平『ホルムズ海峡の南――オマーン大使からの便り』朝日新聞社、1987年；ヘイカル『アラブから見た湾岸戦争』35ページ。

(225) 海辺『日本大使館付駐在武官』62ページ；and Tomseth, "Crisis After Crisis: Embassy Teheran, 1979," p. 38.

(226) "Glaspie Transcript," in Sifry and Cerf, eds., *The Iraq War Reader: History, Documents, Opinions*, pp. 61-71.

(227) ヘイカル『アラブから見た湾岸戦争』228ページ。

(228) ボブ・ウッドワード『司令官たち』石山鈴子、染田屋茂訳、文芸春秋、1991年、295〜341ページ。

(229) Barbara K. Bodine, "Saddam's Siege of Embassy Kuwait: A Personal Journal, 1990," in Sullivan, ed., *Embassies Under Siege: Personal Accounts by Diplomats on the Front Line*, pp 112-131.

(230) 加藤『ホルムズ海峡の南――オマーン大使からの便り』250、252ページ。

(231) アンドリュー・コバーン、パトリック・コバーン『灰の中から――サダム・フセインのイラク』神尾賢二訳、緑風出版、2008年、343〜344ページ。

(232) Weiner, *Legacy of Ashes: The History of the CIA*, pp. 493-494.

(233) Samuel P. Huntington, "The Clash of Civilizations?" *Foreign Affairs* 72 (Summer 1993): 22-49.

(234) ハレヴィ『モサド前長官の証言「暗闇に身をおいて　中東現代史を変えた驚愕のインテリジェンス戦争』143〜168ページ。

(235) 外務省のサイト（http://www.mofa.go.jp/mofaj/area/plo/data.html）；国際連合のサイト（http://www.un.org/entities/shtml）；モネム『わが心のパレスチナ』235〜237、250ページ。

(236) ハレヴィ『モサド前長官の証言「暗闇に身をおいて　中東現代史を変えた驚愕のインテリジェンス戦争』84〜89ページ。

(237) ボイス・オブ・アメリカ（VOA）のサイト（http://www.voanews.com/specialenglish/2008-08-12-voa2.cfm）。

(238) BBCのサイト（http://news.bbc.co.uk/2/hi/south_asia/7430721.stm）。

(239) アメリカ外務協会（AFSA）のサイト（http://www.afsa.org/fsj/feb02/johnston.cfm）。

(240) 坂野正高『近代中国政治外交史』岩波書店、1973年、214〜215ページ。

(241) 天津地域史研究会『天津――再生する都市のトポロジー』東方書店、1999年、112〜114ページ。

(242) ［F・L・ホークス・］ポット『上海史』土方定一、橋本八男訳、生活社、1940年、50〜55、97〜111、163〜166、198〜205ページ。

(243) 石射猪太郎『外交官の一生』改版、中央公論新社、2007年、244〜246ページ。

(244) 芳沢『外交六十年』28〜29、79；外務省百年史編纂委員会編『外務省の百年』上、原書房、1969年、232ページ。

(245) 入江寅次『邦人海外発展史』井田書店、1942年、下440〜441。

(246) 外務省百年史編纂委員会編『外務省の百年』上、1055〜1064ページ。

(247) 外務省百年史編纂委員会編『外務省の百年』下、1391〜1405ページ。

(248) 石射『外交官の一生』187ページ。

(249) ポール・クローデル『孤独な帝国 日本の一九二〇年代』奈良道子訳、草思社、1999年、27〜28ページ。
(250) ポット『上海史』450ページ。
(251) 同、428〜429ページ。
(252) 外務省編『日本外交文書』昭和期Ⅰ第1部第3巻、外務省、1993年、987〜1015ページ；同、昭和期Ⅰ第1部第5巻、外務省、1995年、1030〜1039ページ；同、昭和期Ⅱ第1部第3巻、外務省、2000年、108〜121ページ；同、昭和期Ⅱ第1部第4巻上、外務省、2006年、125〜142ページ。
(253) 平野健一郎「満州国承認問題」、外務省外交史料館日本外交史辞典編纂委員会編『新版 日本外交史辞典』山川出版社、1992年、966ページ；外務省編『日本外交年表並主要文書』下、原書房、1965年、72ページ。
(254) 杉原幸子、渡辺勝正『決断・命のビザ』第3版、2001年；平野「満州国承認問題」966ページ。
(255) 坂野『近代中国政治外交史』291〜292ページ。
(256) Chen Jian, *China's Road to the Korean War: The Making of the Sino-American Confrontation* (New York: Columbia University Press, 1994), pp. 34-45.
(257) Ibid., pp. 44-57.
(258) Ibid., pp. 59-61.
(259) Satow, *Satow's Guide to Diplomatic Practice*, 5th. ed., p. 83.
(260) Luard, *A History of the United Nations*, vol. 1, pp. 313-316.
(261) 大川周明『復興亜細亜の諸問題』中央公論社、1993年、50〜63ページ。
(262) Alan J. K. Sanders, "History," in Linn Daniel, ed., *The Far East and Australasia, 2005* (London: Europa Publications, 2004), p. 672.
(263) リリー『チャイナ・ハンズ』158ページ。
(264) 青山瑠妙「文化大革命と外交システム」、国分良成編『中国文化大革命再論』慶応義塾大学出版会、2003年、199〜201ページ；佐々淳行『香港領事動乱日誌 危機管理の原点』文芸春秋、1997年、49〜51ページ；Satow, *Satow's Guide to Diplomatic Practice*, 5th. ed., pp. 194-197；リリー『チャイナハンズ』96〜98ページ。
(265) 青山「文化大革命と外交システム」103ページ；アンドルー・ゴルジエフスキー『KGBの内幕』下、181ページ；ロング・ボウ・グループのサイト（http://www.morningsun.org/smash/pr8_1966.html）。
(266) リー『七カ国目の駐日大使』52〜55、183〜196、203〜208ページ。
(267) 人民日報社のサイト（http://j.peopledaily.com.cn/2001/12/25/jp20011225_12655.html）。
(268) 次を見よ。杉本信行『大地の咆哮 元上海総領事が見た中国』PHP研究所、2006年、129〜176ページ。
(269) 同、235〜240ページ。
(270) 株式会社サーチナのサイト（http://news.searchina.ne.jp/disp.cgi?y=2007&d=0113&f=keyword_0113_001.shtml）。序章の表0—1とはデータの出所が異なる。
(271) M. L. Manich Jumsal, *King Mongkut and Sir John Bowring* (Bangkok: Chalermnit, 1970), pp. 23-24.
(272) Ibid., pp. 27-28. 31.
(273) 石井米雄、吉川利治『日・タイ交流六〇〇年史』講談社、1987年、136〜137ページ。
(274) Jumsal, *King Mongkut and Sir John Bowring*, pp. 77-78. 111-126.
(275) Ibid., p. 24.
(276) 西野順治郎『日・タイ四百年史』新版増補版、時事通信社、1984年、68、70〜71ページ。
(277) 崔文衡『韓国をめぐる列強の角逐——19世紀末の国際関係』斉藤勇夫訳、彩流社、2008年、47〜48ページ。
(278) 外務省編『日本外交年表並主要文書』上、第5版、原書房、1978年、89ページ；外務省百年史編纂委員

会編『外務省の百年』下、1373〜1381、1511〜1513ページ；崔文衡『韓国をめぐる列強の角逐——19世紀末の国際関係』斉藤勇夫訳、彩流社、2008年、168〜189ページ；ブルース・カミングス『現代朝鮮の歴史——世界のなかの朝鮮——』横田安司、小林知子訳、明石書店、2003年、188〜199ページ。

(279) 崔『韓国をめぐる列強の角逐——19世紀末の国際関係』103ページ。
(280) 同、98ページ。
(281) 石射『外交官の一生』270ページ；西野『日・タイ四百年史』39〜43ページ。
(282) 芳沢『外交六十年』201〜240ページ。
(283) 西野『日・タイ四百年史』111ページ。
(284) 外務省百年史編纂委員会編『外務省の百年』下、684〜757ページ；西野『日・タイ四百年史』141〜142ページ。
(285) 同、133、140〜141ページ。
(286) 同、111〜114ページ。
(287) 石射『外交官の一生』465〜476ページ；西野『日・タイ四百年史』176〜177、191〜194、200、203ページ。
(288) Denise Folliot, ed., *Documents on International Affairs, 1949-1950* (London: Oxford University Press, 1953), pp. 579-587.
(289) 土生長穂『戦後世界政治と非同盟』大月書店、1980年、60、62ページ；Brands, *Inside the Cold War: Loy Henderson and the Rise of the American Empire, 1918-1961*, pp. 116-117; 和田春樹『朝鮮戦争全史』岩波書店、2002年、221ページ。
(290) M・ブリッチャー『インド現代史』張明雄訳、世界思想社、1968年、286ページ。
(291) Denise Folliot, ed., *Documents on International Affairs, 1954* (London: Oxford University Press, 1957), pp. 174-176.
(292) ジョン・ケネス・ガルブレイス『大使の日記』西野照太郎訳、河出書房新社、1973年、264〜278、411〜414、421〜424、506ページ。
(293) 岡倉古志郎、土生長穂編『非同盟運動基本文献集』新日本出版社、1979年、14〜16ページ；鹿島正裕『非同盟の論理——第三世界の戦後史』ティービーエス・ブリタニカ、1977年、215〜224ページ。
(294) 金日成『非同盟と国際共産主義運動』金日成主席著作翻訳委員会訳、チュチェ思想国際研究所、1980年、219〜229ページ；西川潤「解説」、同上書、237ページ；土生長穂『戦後世界政治と非同盟』19ページ。
(295) 外務省アジア局「昭和五四年度東アジア・大洋州地域大使会議議事録」1980年3月、44〜45ページ；and Aidan Foster-Carter, "History," in Linn Daniel, ed., *The Far East and Australasia, 2005* (London: Europa Publications, 2004), pp. 498, 501.
(296) 外務省アジア局「昭和五四年度東アジア・大洋州地域大使会議議事録」22〜23ページ。
(297) アレクサンドル・カズナチェフ『大使館はスパイだ』井上勇訳、時事通信社、1963年、131〜142ページ。
(298) トゥンク・アブドゥル・ラーマン・プトラ『ラーマン回想録』勁草書房、1987年、91〜101、157ページ。
(299) 外務省アジア局総務参事官室「第一四回アジア・太平洋地域公館長会議議事要録」未定稿、1965年5月、60〜71ページ；and Weiner, *Legacy of Ashes: The History of the CIA*, pp. 143-153.
(300) リー『七カ国目の駐日大使』288ページ；and Weiner, *Legacy of Ashes: The History of the CIA*, pp. 258-262.
(301) ラーマン『ラーマン回想録』202〜203ページ；松本三郎「ASEANの歴史およびその機構」、岡部達味編『ASEANをめぐる国際関係』日本国際問題研究所、1977年、1〜28ページ。
(302) リー『七カ国目の駐日大使』215〜266ページ。
(303) リー・クアンユー『リー・クアンユー回顧録』下、小牧利寿訳、日本経済新聞社、2000年、21ページ；

リー『七カ国目の駐日大使』41ページ。
- (304) 西野『日・タイ四百年史』222ページ；リー『七カ国目の駐日大使』269～273ページ。
- (305) Loeffler, *The Architecture of Diplomacy: Building America's Embassies*, pp. 189-192.
- (306) ラーマン『ラーマン回想録』169ページ；and Lloyd, *Diplomacy with a Difference: The Commonwealth of High Commissioner, 1880-2006*, pp. 224, 227.
- (307) 佐久間『ビルマ（ミャンマー）現代政治史』210～211、220～221ページ。
- (308) ノロドム・シアヌーク、バーナード・クリッシャー『私の国際交遊録――現代のカリスマとリーダーシップ』仙名紀訳、恒文社、1990年、29～30、86ページ。
- (309) 青山利勝『ラオス　インドシナ干渉国家の肖像』中央公論社、1995年、125～126ページ。
- (310) Elmer Plischket, *United States Diplomats and Their Missions: A Profile of American Diplomatic Emissaries since 1778* (Washington, D. C.: American Enterprise Institute for Public Policy Research, 1975), pp. 94-95.
- (311) 青山『ラオス　インドシナ緩衝国家の肖像』125～126ページ；and Weiner, *Legacy of Ashes: The History of the CIA*, pp. 211-212. 257.
- (312) 青山『ラオス　インドシナ干渉国家の肖像』129～131ページ；ドン・オーバードーファー『テト攻勢』鈴木主税訳、草思社、1973年、18～23、27～28、43～44ページ。
- (313) 在ベトナム・フランス大使館のサイト（http://www.ambafrance-vn.org/article.php3?id_article=332）；タイム社のサイト（http://www.time.com/time/magazine/article/0,9171,878048,00.html）；フランス外務省のサイト（https://pastel.diplomatie.gouv.fr/editorial/archives.gb/dossiers/140ministres.gb/rep5/chrono.html）。
- (314) Weiner, *Legacy of Ashes: The History of the CIA*, pp. 341-343.
- (315) 青山『ラオス　インドシナ干渉国家の肖像』132、194～206；and Martin Stuart-Fox, "History," in Daniel, ed., *The Far East and Australasia, 2005*, p. 586.
- (316) 佐藤宏「インドと東南アジアの国際関係――1980年代以降を中心に」、近藤則夫編『現代南アジアの国際関係』アジア経済研究所、1997年、204～205ページ；and Stuart-Fox, "History," in Daniel, ed., *The Far East and Australasia, 2005*, pp. 585-586.
- (317) ダン・オーバードーファー『二つのコリア　国際政治の中の朝鮮半島』菱木一美訳、共同通信社、2007年、56～59ページ；カミングス『現代朝鮮の歴史―世界のなかの朝鮮』597、614ページ；and Weiner, *Legacy of Ashes: The History of the CIA*, p. 303.
- (318) ロバート・S・マクナマラ『マクナマラ回顧録　ベトナムの悲劇と教訓』仲晃訳、共同通信社、1997年、78～128ページ。
- (319) 金『非同盟と国際共産主義運動』125～153ページ；シアヌーク、クリッシャー『私の国際交遊録――現代のカリスマとリーダーシップ』33ページ。
- (320) 有賀貞「アメリカ外交における人権」、有賀貞編『アメリカ外交と人権』日本国際問題研究所、1992年、8～12ページ。
- (321) オーバードーファー『二つのコリア　国際政治の中の朝鮮半島』56～59、61～62ページ；国際法事例研究会『外交・領事関係』63、70ページ；古野吉政「金大中事件の政治決着　主権放棄した日本政府」東方出版、2007年。
- (322) 金大中『金大中自伝』金淳鎬訳、千早書房、2000年、18～23、178、214～215ページ。
- (323) S・P・ハンチントン『第三の波――20世紀後半の民主化』坪郷實、中道寿一、藪野祐三訳、三嶺書房、1995年。
- (324) スターリング・シーグレーブ『マルコス王朝』早良哲夫、佐藤俊行訳、サイマル出版会、1988年、303～331ページ；and Michael Pinches, "History," in Daniel, ed., *The Far East and Australasia, 2005*, p. 996.

(325) Laura Summers, "History," rev. by Sorpong Peou, in ibid., p. 143; and Ruth Mcvey, "History," rev. by Patrick Jory, in ibid., pp. 1112-1113.
(326) Ralph Smith, "History," in ibid., pp. 1184, 1187-1189.
(327) 岡田晃房「辛いのは日本人も外国人もいっしょ　外国人力士を支えるハングリー精神と家族への思い」、『論座』153号、2008年2月、203〜204ページ；and Alan J. K. Sanders, "History," in Daniel, ed., *The Far East and Australasia, 2005*, p. 678.
(328) Robert Cribb, "History," in ibid., pp. 715-717；山口洋一『ミャンマーの実像　日本大使が見た親日国』勁草書房、1999年、18、98、131ページ。
(329) 外務省のサイト（http://www.mofa.go.jp/mofaj/area/china/shinyo/j_kankei.html；http://www.mofa.go.jp/mofaj/press/kaiken/gaisho/020704_s3.html）；ノルベルト・フォラツェン『北朝鮮を知りすぎた医者　脱北難民支援記』平野卿子訳、草思社、2003年、96ページ。
(330) Humayn Khan and G. Pathasarathy, *Diplomatic Divide* (New Delhi: Roli Books, 2004), pp. 16-17.
(331) Ibid., pp. 88-90.
(332) Joanne Maher, ed., *The Europa World Year Book, 2006*, vol. I (London: Europa Publications, 2006), pp. 2134-2135.
(333) James E. Taylor, "The Murder of Ambassador Dubs, Kabul, 1979," in Sullivan, ed., *Embassies Under Siege: Personal Accounts by Diplomats on the Front Line*, pp. 55-56, 59-60, 62-67.
(334) ゴラン『冷戦下・ソ連の対中東戦略』288、425ページ。
(335) Joanne Maher, ed., *The Europa World Year Book, 2006*, vol. I (London: Europa Publications, 2006), pp. 365-368.
(336) Ibid., pp. 368-371.
(337) インターナショナル・ヘラルド・トリビューン紙のサイト（http://www.iht.com/articles/2008/08/01/asia/01pstan.php）；Maher, ed., *The Europa World Year Book, 2006*, vol. I, p. 458; and Joanne Maher, ed., *The Europa World Year Book, 2006*, vol. II (London: Europa Publications, 2006), p. 3374.
(338) 岡倉天心『東洋の理想』講談社、1986年、17ページ。
(339) オーバードーファー『二つのコリア　国際政治の中の朝鮮半島』234〜235ページ；and Foster-Carter, "History," in Daniel, ed., *The Far East and Australasia, 2005*, p. 499.
(340) Ibid., p. 501.
(341) "History," in ibid., pp. 929-930.
(342) BBCのサイト（http://news.bbc.co.uk/2/hi/asia-pacific/6751133.htm）；and "History," in Daniel, ed., *The Far East and Australasia, 2005*, p. 869.
(343) 飯島勲『実録　小泉外交』日本経済新聞社、2007年、336〜339ページ。
(344) 函館市『函館市史』通説編第3巻、1019〜1022ページ；函館日米協会編『箱館開化と米国領事』北海道新聞社、1994年、18〜20ページ；ハリス『日本滞在記』下、坂田精一訳、岩波書店、1954年、128〜133ページ。
(345) 同、68ページ。
(346) 石井孝『日本開国史』吉川弘文館、1972年、283ページ。
(347) 川崎『幕末の駐日外交官・領事官』115ページ。
(348) ローレンス・オリファント「一八六一年の駐日英国公使館東禅寺襲撃事件」、中須賀哲朗編『英国公使館員の維新戦争見聞記』校倉書房、1974年、11、16〜21、24〜25。
(349) ）　同、28〜29；川崎晴朗『築地外国人居留地』雄松堂出版、2002年、133〜134ページ；川崎『幕末の駐日外交官・領事官』144〜146ページ。
(350) Raymond A. Jones, *The British Diplomatic Service, 1815-1914*, p. 209.

(351) 川崎『幕末の駐日外交官・領事官』69〜77ページ。
(352) 同、121、128ページ。
(353) アーネスト・サトウ『一外交官の見た明治維新』下、坂田精一訳、岩波書店、1960年、84〜94ページ。
(354) 外務省百年史編纂委員会編『外務省の百年』上、6〜7ページ。
(355) 川崎『築地外国人居留地』135ページ。
(356) Loeffler, *The Architecture of Diplomacy: Building America's Embassies*, pp. 25-27, 81-82, and figs. 5-8.
(357) ハリス『日本滞在記』下、134〜135ページ。
(358) 横浜開港資料館編『図説 横浜外国人居留地』有隣堂、1998、22〜23、26〜27ページ；影山好一郎「横浜外国人居留地の防衛——英国の軍事力行使をめぐって」、横浜対外関係史研究会、横浜開港資料館編『横浜英仏駐屯軍と外国人居留地』東京堂出版、1999年、150〜182ページ。
(359) 馬車道商店街協同組合のサイト（http://www.bashamichi.or.jp/jimukyoku/hajimete.html）。
(360) 洲脇一郎「居留地の組織と運営」、神戸外国人居留地研究会編『神戸と居留地』神戸新聞総合出版センター、2005年、51〜63ページ；土居晴夫『神戸居留地史話』リーブル出版、2007年、37〜38ページ。
(361) 川崎『築地外国人居留地』100〜101ページ。
(362) 名古屋市『大正昭和名古屋市史　商業編』下、名古屋市、1954年、266ページ。
(363) 在名古屋アメリカ合衆国領事館のサイト（http://nagoya.usconsulate.gov/wwwhn-history.html）；クローデル『孤独な帝国　日本の一九二〇年代』211〜212ページ；名古屋市『大正昭和名古屋市史　商業編』下、267ページ。
(364) サイアムガーデンのサイト（http://www.siamgarden.jp/building/index.html）。
(365) 伊藤勲『留学生教育と国際学友会における日本語教育並びに進学指導』近代文芸社、2000年、42ページ；西野『日・タイ四百年史』84ページ；名古屋市『大正昭和名古屋市史　商業編』下、269ページ。
(366) 外務省欧亜局東欧課『戦時日ソ交渉史』第1分冊、1966年、269〜273ページ。
(367) 清岡卓行「大連小景集」、清岡卓行『アカシヤの大連』講談社、1988年、260〜261ページ。
(368) 外務省調査部編『日米外交史』クレス出版、1992年、127〜137ページ；芳沢『外交六十年』62〜63ページ。
(369) 丸山幹治『副島種臣伯』大日社、1936年、206〜224ページ。
(370) 犬塚孝明「黎明期日本外交と鮫島尚信」、鮫島文書研究会編『鮫島尚信在欧外交書簡録』思文閣出版、2002年、560〜567ページ。
(371) 外務省百年史編纂委員会編『外務省の百年』上、70〜71ページ。
(372) 同、72〜75、212〜213、244、379〜381ページ。
(373) 同、365ページ。
(374) 同、488〜492ページ；外務省文書「欧米大国と特命全権大使交換一件」6.1.5 - 20。
(375) 同。
(376) アンドルー、ゴルジエフスキー『KGBの内幕』上、54ページ；外務省百年史編纂委員会編『外務省の百年』下、1320〜1328ページ。
(377) 日仏会館のサイト（http://www.mfjtokyo.or.jp/about/about_000.html; http://www.ifjkansai.or.jp/jp/index.html）；クローデル『孤独な帝国　日本の一九二〇年代』36〜40、84〜85、201〜207、216〜219、234〜235、278〜279、309〜316、364〜368ページ。
(378) 外務省百年史編纂委員会編『外務省の百年』上、365〜366ページ。
(379) 同、690〜691ページ。
(380) 張偉雄『文人外交官の明治日本——中国初代駐日公使の異文化体験』柏書房、1999年、47〜91、95〜124、139〜147ページ。

(381) 石射『外交官の一生』267〜268ページ；西野『日・タイ四百年史』39〜43、49〜50、60ページ；村田良平『村田良平回想録——祖国の再生を次世代に託して』下、ミネルヴァ書房、2008年、5ページ。
(382) クローデル『孤独な帝国 日本の一九二〇年代』164〜177ページ。
(383) 在日イタリア大使館のサイト（http://www.ambtokyo.esteri.it/Ambasciata_Tokyo/Menu/Ambasciata/La_sede/）。
(384) ジョセフ・C・グルー『滞日十年』下、石川欣一訳、毎日新聞社、1948年、225、237、243〜244、251ページ。
(385) エルヴィン・ヴィッケルト『戦時下のドイツ大使館 ある駐日外交官の証言』佐藤真知子訳、中央公論社、1998年、75〜77ページ；F・W・ディーキン、G・R・ストーリィ『ゾルゲ追跡』上、河合秀和訳、2003年、岩波書店、4、160ページ；F・W・ディーキン、G・R・ストーリィ『ゾルゲ追跡』下、河合秀和訳、2003年、岩波書店、3〜4、88〜91、105〜118ページ。
(386) 同、288〜289ページ。
(387) ヴィッケルト『戦時下のドイツ大使館 ある駐日外交官の証言』75〜77、108、136〜142ページ。
(388) グルー『滞日十年』下、269〜270、272ページ；参議院のサイト（http://www.sangiin.go.jp/japanese/san60/s60_shiryou/ketsugi/015-22.htm）。
(389) ジョンソン『ジョンソン米大使の日本回想』60〜61ページ。
(390) 同、66〜67ページ；外務省百年史編纂委員会編『外務省の百年』下、634ページ。
(391) ヴィッケルト『戦時下のドイツ大使館 ある駐日外交官の証言』162、179ページ；国立国会図書館のサイト(http://www.ndl.go.jp/scenery/column/german-embassy.html)。
(392) 外務省百年史編纂委員会編『外務省の百年』上、96ページ。
(393) 有磯逸郎［横山源之助］『海外活動之日本人』再版、松華堂、1906年、165〜166ページ。
(394) 外務省のサイト（http://www.mofa.go.jp/mofaj/annai/honsho/shiryo/qa/pdfs/0612.pdf）。．
(395) 入江『邦人海外発展史』上59、94〜95ページ。
(396) 同、上460〜468ページ。
(397) 同、上245〜279ページ。
(398) 同、上352〜377ページ。
(399) 有磯『海外活動之日本人』93ページ；入江『邦人海外発展史』下356ページ。
(400) 青木澄夫『アフリカに渡った日本人』時事通信社、1993年、40ページ；入江『邦人海外発展史』下211〜213、227〜230、236〜237ページ。
(401) 同、上236〜237、440、下422ページ。
(402) 同、下216、230〜231ページ。
(403) 同、上47〜50、上127〜128、133、下156〜161ページ；有磯『海外活動之日本人』第2付録3〜28ページ。
(404) 青木『アフリカに渡った日本人』148、180、216ページ；熊田忠雄『そこに日本人がいた！ 海を渡ったご先祖様たち』新潮社、2007年、95〜98ページ；吉田賢吉『南阿連邦史』富山房、1944年、568〜570、573ページ。
(405) 外務省百年史編纂委員会編『外務省の百年』上、692〜693ページ。
(406) 芳沢『外交六十年』468ページ。
(407) 大日方和雄『領事のしごと——国際人のサポーター』有信堂高文社、2005年、183、186ページ。
(408) 外務省百年史編纂委員会編『外務省の百年』上、245ページ。
(409) カリエール『外交談判法』65、137〜138ページ；村田良平『村田良平回想録』上、ミネルヴァ書房、2008年、88〜89ページ。
(410) 外務省アジア局総務参事官室「第6回アジア・太平洋地域公館長会議記録」上、1958年3月、222〜224

ページ；池井優『駐日アメリカ大使』文芸春秋、2001年、9〜10ページ；渡辺靖『アメリカン・センター――アメリカの国際文化戦略』岩波書店、2008年、151〜152ページ。

(411) 外務省のサイト（http://www.mofa.go.jp/Mofaj/Gaiko/bluebook/1967/s42-6-3.htm; http://www.mofa.go.jp/mofaj/press/kaiken/fuku/f_0811.html）。

(412) 阿川『マサチューセッツ通り2520番地』77〜99ページ；村田良平『なぜ外務省はダメになったか――甦れ、日本外交』扶桑社、2002年、306〜314ページ。

(413) 佐々『香港領事動乱日誌 危機管理の原点』29ページ。

(414) カリエール『外交談判法』65、90〜91ページ； and Jones, *The British Diplomatic Service, 1815-1914*, pp. 49-54.

(415) Cecil, *The German Diplomatic Service, 1871-1914*, pp. 130-138; and Hamilton and Langhorne, *The Practice of Diplomacy: Its Evolution, Theory and Administration*, pp. 119-122.

(416) 鈴木健二『在外武官物語』芙蓉書房、1979年、2、13〜14、19〜20、24〜25、59〜63ページ。

(417) 外務省百年史編纂委員会編『外務省の百年』下、385〜399、1433〜1434ページ；ボイド『盗まれた情報 ヒトラーの戦略情報と大島駐独大使』1〜2、14ページ。

(418) 外務省百年史編纂委員会編『外務省の百年』下、1431〜1433ページ；鈴木『在外武官物語』2、13〜14、19〜20、24〜25、33〜52、59〜63ページ。

(419) 外務省アジア局総務参事官室「第13回アジア・太平洋地域公館長会議議事要録」未定稿、1964年6月、101〜114ページ。

(420) 海辺『日本大使館付駐在武官』110〜112ページ；外務省百年史編纂委員会編『外務省の百年』下、891〜892ページ；鈴木『在外武官物語』22〜26、145、154〜156、166〜181ページ。

(421) 防衛庁防衛局調査課「平成15年度政策評価書（総合評価）」防衛庁、〔2004年？〕。

(422) カリエール『外交談判法』68〜70ページ；村田『なぜ外務省はダメになったか――甦れ、日本外交』287〜297ページ。

(423) 北村汎『英国診断 駐英大使の体験から』中央公論社、1998年、12〜15ページ。

(424) ウィリアム・シーボルト『日本占領外交の回想』野末賢三訳、朝日新聞社、1966年、33、44〜46、98〜99、122〜128、148〜152ページ。

(425) 同、44〜45、58〜59、99ページ。

(426) 外務省百年史編纂委員会編『外務省の百年』下、835ページ。

(427) 外務省アジア局総務参事官室「第7回アジア・太平洋地域公館長会議記録」上、1959年3月、120〜121ページ；外務省百年史編纂委員会編『外務省の百年』下、901ページ。

(428) 金東祚『韓日の和解』サイマル出版会、1993年、57、88、187、234〜235ページ。

(429) カミングス『現代朝鮮の歴史――世界のなかの朝鮮』275〜276ページ；共同通信社のサイト（http://www.47news.jp/CN/200412/CN2004120901003178.html）。

(430) 在日本大韓民国民団中央本部『図表で見る韓国民団50年の歩み』増補改訂版、五月書房、1998年、24〜25ページ；統一日報のサイト（http://www.onekoreanews.net/past/2007/200708/news-syakai02_070829.cfm）。

(431) 山田栄三『正伝 佐藤栄作』下、新潮社、1988年、156ページ。

(432) マイケル・R・アマコスト『友か敵か』読売新聞社、1996年、108ページ；外務省百年史編纂委員会編、『外務省の百年』下、939ページ。

(433) 毎日新聞社のサイト（http://showa.mainichi.jp/news/1961/11/post-9db2.html）。

(434) 新修名古屋市史編集委員会『新修 名古屋市史』第7巻、名古屋市、1998年、935〜936ページ；渡辺靖『アメリカン・センター――アメリカの国際文化戦略』岩波書店、2008年、31〜33、54〜56、116〜119

ページ。

(435) 外務省アジア局総務参事官室「第14回アジア・太平洋地域公館長会議議事要録」未定稿、1965年5月、153～167ページ。
(436) 入江昭編『ライシャワー大使日録』講談社、2003年、120ページ；渡辺『アメリカン・センター――アメリカの国際文化戦略』49～52、86～88ページ。
(437) 入江『ライシャワー大使日録』178、186、188ページ；国際法事例研究会『外交・領事関係』98ページ。
(438) ジョンソン『ジョンソン米大使の日本回想』140～145ページ。
(439) アマコスト『友か敵か』222～223ページ。
(440) 外務省百年史編纂委員会編『外務省の百年』下、1667ページ；村田『村田良平回想録』上、87～88ページ。
(441) 田村重信、豊島典雄、小枝義人『日華断交と日中国交正常化』南窓社、2000年、77ページ；外務省のサイト（http://www.mofa.go.jp/mofaj/area/taiwan/data.html）；中華民国行政院新聞局のサイト（http://www.taiwanembassy.org/JP/ct.asp?xItem=41500&CtNode=1447&mp=202&xp1=; http://www.mofa.gov.tw/webapp/ct.asp?xItem=11402&ctNode=102）。
(442) 吉田元夫「日越国交二七年史の若干の問題――一九七〇年代の問題を中心に」、木村汎、グエン・ズイ・ズン、古田元夫編『日本・ベトナム関係を学ぶ人のために』世界思想社、2000年、65～66ページ。
(443) 天木直人『マンデラの南アフリカ　アパルトヘイトに挑んだ外交官の手記』展望社、2004年、97～98ページ；伊ហ正之「アパルトヘイトの歴史」、日本AALA連帯委員会編『アパルトヘイト　南アフリカの現実』新日本出版社、1987年、50～51ページ；川端正久「南アフリカをめぐる政治」、同、88～89ページ；国際法事例研究会『外交・領事関係』19ページ。
(444) アンドルー・ゴルジエフスキー『KGBの内幕』下、130ページ；［センケヴィッチ編］『KGBの世界都市ガイド』302ページ。
(445) 大田昌秀『沖縄の帝王　高等弁務官』朝日新聞社、1996年、17～18、24～75ページ；我部政明『日米関係のなかの沖縄』三一書房、1996年、108～109、114～117、152～153、164～168、174～186ページ；衆議院のサイト（http://www.shugiin.go.jp/itdb_housei.nsf/html/houritsu/05819680501035.htm）。
(446) ラインハルト・ドリフテ『国連安保理と日本』吉田康彦訳、岩波書店、2000年、36ページ。
(447) A. F. K. Organski, *World Politics* (New York: Alfred A. Knopf, 1960), pp. 345-346.
(448) パトリシア・スタインホフ『死へのイデオロギー』木村由美子訳、岩波書店、2003年、80～81ページ。
(449) 海辺『日本大使館付駐在武官』70ページ；片倉邦雄『人質とともに生きて』毎日新聞社、1994年、93～96ページ。
(450) ラシード・M・S・アルリファイ『アラブの論理』坂井定雄訳、講談社、1991年。
(451) 海辺『日本大使館付駐在武官』26～32ページ；木戸寛幸「湾岸戦争後の中東諸国への医療支援をめぐって」、『国際看護』1991年4月号（http://www.carefriends.com/kido/inter/i1.html）；久家義之『大使館なんかいらない』幻冬舎、2001年、134～160ページ。
(452) 小倉英敬『封殺された対話　ペルー日本大使公邸占拠事件再考』平凡社、2000年、309～310ページ。
(453) 外務省「在ペルー日本大使公邸占拠事件調査委員会報告書」1997年6月、第Ⅰ部、50、54ページ；and Loeffler, *The Architecture of Diplomacy: Building America's Embassies*, p. 252.
(454) 外務省「在ペルー日本大使公邸占拠事件調査委員会報告書」1997年6月、第Ⅰ部、16、29、32、49～50、54～55ページ。
(455) 外務省「在ペルー日本大使公邸占拠事件調査委員会報告書」、「事件を振り返って（提言）」6ページ。
(456) 佐藤正久『イラク自衛隊「戦闘記」』講談社、2007年、19ページ。
(457) 奥克彦『イラク便り――復興人道支援221日の全記録』扶桑社、2003年、49～50、58ページ；共同通信社

のサイト（http://www.47news.jp/CN/200409/CN2004091001000755.html）。

(458) 鈴木宗男「外務省における特命全権大使の役割に関する質問主意書」（平成19年10月9日質問第103号）；鈴木宗男「外務省における特命全権大使の役割に関する再質問主意書」（平成19年10月30日質問第172号）；福田康夫「衆議院議員鈴木宗男君提出外務省における特命全権大使の役割に関する質問に対する答弁書」（平成19年10月19日内閣衆質168第103号）；福田康夫「衆議院議員鈴木宗男君提出外務省における特命全権大使の役割に関する再質問に対する答弁書」（平成19年11月9日内閣衆質168第172号）。

(459) 外務省のサイト（http://www.mofa.go.jp/mofaj/press/kaiken/fuku/f_0312.html）。

(460) 外務省のサイト（http://www.mofa.go.jp/mofaj/gaiko/jg_seisaku/j_gaiko_20.html; http://www.mofa.go.jp/mofaj/press/release/h19/12/1176849_818.html; http://www.mofa.go.jp/mofaj/press/release/h20/12/1185816_922.html）。

(461) 産経新聞社のサイト（http://sankei.jp.msn.com/politics/policy/071114/plc0711141750008-n2.htm）。

(462) 法務省入国管理局『出入国管理　平成20年版』2008年、2、5、18、20ページ。

(463) 国際法事例研究会『外交・領事関係』59ページ；在日オーストラリア大使館のサイト（http://www.australia.or.jp/seifu/embassy/history/）；在日スウェーデン大使館のサイト（http://www.swedenabroad.com/Page____4608.aspx）；人文社編集部編『古地図・現代図で歩く　戦前昭和東京散歩』人文社、2004年、45ページ。

(464) 法務省入国管理局「平成19年末現在における外国人登録者統計について」2008年6月（http://www.moj.go.jp/PRESS/080601-1.pdf）。

(465) 国際法事例研究会『外交・領事関係』165〜166ページ。

(466) 愛知県のサイト（http://www.pref.aichi.jp/0000007577.html）。

(467) William H. Worger, Nancy L. Clark, and Edward A. Alpers, *Africa and the West: A Documentary History from the Slave Trade to Independence* (Phoenix: The Oryx Press, 2001), pp. 118-122；高根務『ガーナ――混乱と希望の国』アジア経済研究所、2003年、27ページ；中村弘光『アフリカ現代史IV』第2版、山川出版社、1994年、21〜22、49ページ；吉田昌夫『アフリカ現代史II』第2版、山川出版社、1990年、20〜21ページ。

(468) Joseph K. Adjaye, *Diplomacy and Diplomats in Nineteenth Century Asante* (Trenton: Africa World Press), pp. 8, 124-131.

(469) Worger, Clark, and Alpers, *Africa and the West: A Documentary History from the Slave Trade to Independence*, pp. 136-139, 161-163；星昭、林晃史『アフリカ現代史I』山川出版社、1978年、113ページ。

(470) Worger, Clark, and Alpers, *Africa and the West: A Documentary History from the Slave Trade to Independence*, pp. 223-225.

(471) 吉田『アフリカ現代史II』39ページ。

(472) ニューヨークタイムズのサイト（http://query.nytimes.com/gst/abstract.html?res=9902E6DF143BEE33A2575BC2A9679C94679ED7CF）。

(473) ニューヨークタイムズのサイト（http://query.nytimes.com/gst/abstract.html?res=9906E5D7153EE333A2575BC0A9679C94679ED7CF）；吉田『南阿連邦史』251、291ページ。

(474) 同、357、367ページ。

(475) 南アフリカ外務省のサイト（http://www.dfa.gov.za/foreign/forrep/forj.htm）。

(476) F. A. Price, *Liberian Odyssey: By Hammock and Surfboad* (New York: Pageant Press, 1954), pp. 125-128.

(477) Edward O. Erhagbe, "African-Americans and the Defense of African States against European Imperial Conquest: Booker T. Washington's Diplomatic Efforts to Guarantee Liberia's Independence 1907-1911," *African Studies Review*, vol. 39, no. 1, (April, 1996): 55-65.

(478) F. P. Walters, *A History of the League of Nations* (London: Oxford University Press, 1952), pp. 662-663, 686-691.

●注

(479) ナセル『革命の哲学』西野照太郎訳、角川書店、1971年、70ページ。
(480) クワメ・エンクルマ『自由のための自由』野間寛二郎訳、理論社、1962年、162ページ。
(481) 小田英郎『アフリカ現代史Ⅲ』山川出版社、1986年、130～132ページ；中村弘光『アフリカ現代史Ⅳ』第2版、山川出版社、1994年、156ページ。
(482) エンクルマ『自由のための自由』221～227ページ；and David Rooney, *Kwame Nkrumah: Vision and Tragedy* (Accra: Sub-Saharan Publishers, 1988), p. 282.
(483) Ibid., pp. 290-291.
(484) Ibid., p. 302.
(485) 中村『アフリカ現代史Ⅳ』206ページ。
(486) 同、197ページ；室井義雄『ビアフラ戦争叢林に消えた共和国』山川出版社、2003年、166ページ。
(487) C・ホスキンズ『コンゴ独立史』土屋哲訳、みすず書房、1966年、195、210、233、259、277ページ。
(488) Richard Gott, John Major, and Geoffrey Warner, eds., *Documents on International Affairs, 1960* (London: Oxford University Press, 1964), pp. 337-338；中村『アフリカ現代史Ⅳ』231ページ；吉田『アフリカ現代史Ⅱ』250ページ。
(489) 中村『アフリカ現代史Ⅳ』232～233ページ。
(490) Barbet Schroeder, "General Idi Amin Dada: A Self Portrait, 2002" (The Criterion Collection); and "The Croesus of Crisis," *Time*, April 10, 1972.
(491) Europa Publications, ed., *Africa, South of the Sahara, 1976-1977* (London: Europa Publications, 1976), p. 933; Ian Frame, and Katharine Murison, eds., *Africa, South of the Sahara, 2005* (London: Europa Publications, 2004), p. 1196；吉田『アフリカ現代史Ⅱ』224ページ；and Lloyd, *Diplomacy with a Difference: The Commonwealth of High Commissioner, 1880-2006*, p. 239.
(492) フリーマントル『KGB』154ページ；最首『リビアの革命児カダフィ』115～117ページ。
(493) Robert V. Keeley, "Crisis Avoidance: Shutting Down Embassy Kampala, 1973," in Sullivan, ed., *Embassies Under Siege: Personal Accounts by Diplomats on the Front Line*, p. 13；最首『リビアの革命児カダフィ』118ページ。
(494) Keeley, "Crisis Avoidance: Shutting Down Embassy Kampala, 1973," p. 13.
(495) Ibid., pp. 14-33.
(496) 小田『アフリカ現代史Ⅲ』216～217、222ページ；平田『カダフィ正伝』308～310ページ。
(497) 塩尻和子『リビアを知るための六〇章』明石書店、2006年、93～94ページ。
(498) ヘイカル『イラン革命の内幕』160～162ページ。
(499) 中村『アフリカ現代史Ⅳ』238ページ。
(500) 小田『アフリカ現代史Ⅲ』252ページ；ヘイカル『イラン革命の内幕』162ページ。
(501) 吉田『アフリカ現代史Ⅱ』235ページ；and Lloyd, *Diplomacy with a Difference: The Commonwealth of High Commissioner, 1880-2006*, pp. 221-223.
(502) イギリス外務コモンウェルス省のサイト（http://ukinegypt.fco.gov.uk/en/our-offices-in-egypt/our-ambassador/residence）；梅津和郎『新アフリカ現代史――現代アフリカの民族主義と共産主義』泰流社、1987年、133ページ；中村『アフリカ現代史Ⅳ』231ページ；星、林『アフリカ現代史Ⅰ』223ページ；レオ・マテス『非同盟の論理――第三世界の戦後史』鹿島正裕訳、ティービーエス・ブリタニカ、1977年、376、381～390ページ、注28；吉田『アフリカ現代史Ⅱ』247～248ページ；and Lloyd, *Diplomacy with a Difference: The Commonwealth of High Commissioner, 1880-2006*, p. 238.
(503) 岡倉、土生編『非同盟運動基本文献集』140ページ。
(504) 同、150～151ページ。
(505) 池井優『オリンピックの政治学』丸善、1992年、151～152ページ。

(506) 星、林『アフリカ現代史Ⅰ』193～194ページ。
(507) 伊部正之「アパルトヘイトの歴史」53～55ページ；星、林『アフリカ現代史Ⅰ』247ページ；Roger J. Southall, *South Africa's Transkei: The Political Economy of an 'Independent' Bantustan* (New York: Monthly Review Press, 1983), pp. 247-280；南アフリカ司法省のサイト上の真実和解委員会と南アフリカ報道協会（SAPA）の記事（http://www.doj.gov.za/trc/hrvtrans/umtata/nxiweni.htm; and http://www.doj.gov.za/trc/media/1999/9904/s990415e.htm）。
(508) Lloyd, *Diplomacy with a Difference: The Commonwealth of High Commissioner, 1880-2006*, p. 281.
(509) Dennis C. Jett, "Evacuation During Civil War, Liberia, 1990," in Sullivan ed., *Embassies Under Siege: Personal Accounts by Diplomats on the Front Line*, pp. 136-145.
(510) James K. Bishop, "Escape from Mogadishu, 1991," in ibid., pp. 149-166.
(511) アシェル・ナイム『エチオピアのユダヤ人──イスラエル大使のソロモン作戦回想記』鈴木元子訳、明石書店、2005年；ナイム『大使が語る　ユダヤの生命力』170～172。
(512) 外務省のサイト（http://www.mofa.go.jp/mofaj/annai/zaigai/news/nigeria.html）。
(513) 西サハラ自由正常住民投票支持協会（ARSO）のサイト（http://www.arso.org/03-2.htm）。
(514) 浅井和子『民間大使ガーナへ行く』文芸社、2007年、37～38ページ；外務省のサイト（http://www.mofa.go.jp/mofaj/toko/medi/tantou.html）；室塚あや子『こちらナイジェリア・日本大使館医務室です』悠飛社、2003年、23、37ページ。
(515) カリエール『外交談判法』55～56ページ。
(516) 金山『誰も書かなかったバチカン』14～15、109～113ページ；国際法事例研究会『外交・領事関係』27～28ページ。
(517) Riccardo Fubini, "Diplomacy and Government in the Italian City-States of the Fifteenth Century, in Frigo, *Politics and Diplomacy in Early Modern Italy*, pp. 97, 99-101.
(518) カリエール『外交談判法』136ページ；Robert A. Graham, *Vatican Diplomacy* (Princeton: Princeton University Press, 1959), p. 101；マルロー『ナポレオン自伝』170ページ。
(519) Graham, *Vatican Diplomacy*, pp. 121-123.
(520) Lillian Parker Wallace, *The Papacy and European Diplomacy, 1869-1878* (Chapel Hill: The University of North Carolina Press, 1848), pp. 254-256.
(521) Graham, *Vatican Diplomacy*, pp. 68-69；半田元夫、今野国雄『教会史Ⅱ』山川出版社、1977年、361～362、404～406ページ。
(522) 金山『誰も書かなかったバチカン』204ページ。
(523) Graham, *Vatican Diplomacy*, pp. 33, 108-113；小林珍雄『法王庁』岩波書店、1966年、10ページ。
(524) 金山『誰も書かなかったバチカン』12～16、44～49、86～92ページ；Graham, *Vatican Diplomacy*, pp. 85, 326-334；徳本栄一郎『英国機密ファイルの昭和天皇』新潮社、2007年、166～173ページ。
(525) カトリック中央協議会のサイト（http://www.cbcj.catholic.jp/jpn/memo/pope.htm）；金山『誰も書かなかったバチカン』55～60ページ。
(526) 聖ヨハネ騎士団のサイト（http://www.orderofmalta.org/attdiplomatica.asp?idlingua=5）。
(527) 外務省のサイト（http://www.mofa.go.jp/mofaj/area/monaco/data.html）。
(528) 外務省のサイト（http://www.mofa.go.jp/mofaj/area/andorra/data.html）。
(529) William N. Armstrong, *Around the World with a King* (Honolulu: Mutual Publishing, 1995)（邦訳、ウィリアム・N・アームストロング『カラカウア王のニッポン仰天旅行記』荒俣宏、樋口あやこ訳、小学館、2000年）。
(530) 維新史学会編『幕末維新外交史料集成』第5巻、第一書房、1978年、27～52ページ。

(531) Satow, *Satow's Guide to Diplomatic Practice*, 5th. ed., p. 92.
(532) Armstrong, *Around the World with a King*, p. 248; and *Hawaiian Almanac and Annual for 1891: A Hand Book of Information on Interesting Matters Relating to the Hawaiian Islands* (Honolulu: Press Publishing Company Print, 1890), pp. 66, 162-163.
(533) アルフレッド・T・マハン『アルフレッド・T・マハン』麻田貞雄訳、第2版、研究社、1977年、86～102ページ。
(534) 山本英政『ハワイの日本人移民──人種差別事件が語る、もうひとつの移民像』明石書店、2005年、106ページ。
(535) 五十嵐正博『提携国家の研究──国連による非植民地化の一つの試み』風行社、1995年、309ページ；小林泉『アメリカ極秘文書と信託統治の終焉』東信堂、1994年、119～122ページ；東カリブ諸国機構（OECS）のサイト（http://www.oecs.org/ottawa/welcome.html）；コモンウェルスのサイト（http://www.thecommonwealth.org/Internal/168408/168417/168435/contacts/）。
(536) "History," in Daniel, ed., *The Far East and Australasia, 2005*, p. 938.
(537) Ibid., pp. 846.
(538) 鮫島文書研究会編『鮫島尚信在欧外交書簡録』299ページ。
(539) J. David Singer and Melvin Small, "The Composition and Status Ordering of the International System: 1815-1940," *World Politics*, vol. 18, no. 2 (January 1966): 236-282; and Small and Singer, "The Diplomatic Importance of States, 1816-1970: An Extension and Refinement of the Indicator": 577-599.
(540) Singer and Small, "The Composition and Status Ordering of the International System: 1815-1940": 253.

＊上掲のウェブサイトには2009年1月19日にアクセスした。

あとがき——学問的革命の哲学

　正直なところ、社会評論社の濱崎誉史朗氏から本書のお話を頂いたとき、筆者には荷が重いと思った。氏はインターネットにアップされた拙稿の題名に「外交・領事使節」に関するものがあるのを見て、大使館関係の書物の執筆者として目星を付けてこられたのである。

　しかし、その論文は統計データからまとめた図表ばかりのもので、とても商業的に成功するとは思えなかった。権威ある元大使の蘊蓄話や武勇談のほうがまだ一般人の興味を惹くと思えたのである。

　けれども筆を進めるうちに考えは一転してしまった。採用した事例とエピソードは史書、回想、研究書、文学作品、映画などから収集したパッチワークであるのは事実である。しかし、東西古今の出来事を統計データと照らし合わせると、確信をもって時代の趨勢と地理の影響を叙述できるようになった。やや大袈裟に言えば、一種の「大使館史観」を打ち立てることができたかもしれない。そして、なぜ、こういう本がなかったのであろう。実務家の体験談より国際事情がよく分かり、為になるではないか、と思うに至った。

　読者の需要に国際政治学が応えられていない原因の一端は学界の体質にありそうである。周知の通り学問の世界では、普通に「師匠」と「弟子」という言葉が使われる。それが暗示するのは伝統芸能の家元制との類似である。筆者は伝統芸能の素晴らしさを否定する者でない。それは深く道を究めた「本物」を見せてくれるからである。悪人はいない。

　しかし、学問はそれだけではいけないのである。「科学革命」とはトマス・クーンの用語であるが、まったく新たな概念体系をもつ新パラダイムの創造によって、これまで認識や理解ができなかった事象を地平線の此岸へと引き寄せるのが学問の務めであるからである。それは深さだけでなく義務として広さも具えなければならないのである。

　ところが殊に国際政治学では、学術誌も学会発表も伝統芸能である「通常科学」の座敷芸で埋めつくされている。それらは家元が弟子をお披露目する発表会とでもいおうか。こうした場では「革命」の芽は摘まれてしまう。いわゆる「タコツボ」は外部と対話をせずに単に拒絶するのである。日本に師匠はおらずとも、外国の教授を勝手に師と仰いで受け売りするのも同じことである。本当は助成金の問題もあるのであるが、将来の受給に差し障るといけないので、そこには矛は収めておく。言いたいことは、学界の表舞台に出るかどうかを決めるのは政治力であり、とくに伝統が日本では大手を振って歩いているということである。

　データを重視する本書は、かつて合衆国から輸入された行動科学のときと似た反応を呼ぶかもしれない。それは理性的というより情緒的なものであった。行動科学の是非はおくとして、むろん筆者はその再興を狙っている訳でない。行動科学のように「大数の法則」に依拠しながらサンプル調査を使って有意性検定をやっているのでなく、歴史の「一回性」の立場から全数調査に基づいて叙述しているのである。いや、むしろフェルナン・ブロデルの言葉を借りてこう言う方が正確であろう。一瞬の「事件」と世紀単位の「長期的持続」との中間的な時間概念

である数十年間の「変動局面」を主に扱ったのだ、と。

　ともかくも、めでたく本書は世に出ることができた。これは何より濱崎氏のお蔭であり、ひいては十年鳴かず飛ばずであった筆者をこれまで抱えて下さった愛知県立大学のお蔭である。知らず知らずのうちに氏と勤務先は革命の芽を育ててくれたことになる。今やそれが実を結び、衆人の前に供されて世の評価を待つ段になったのである。

　両親・弟・祖父母はじめ親族は最後まで筆者を信じ、味方になってくれた。盆も正月も表計算ソフトでデータ入力している変わり者に温かく接してくれた。革命家の心はこうして随分と癒えたのである。

　藤原健一氏には抜群のフットワークと写真の腕で、上京できない筆者を助けて頂いた。

　これらの皆様に深くお礼を申し上げたい。

　個人であれ、国家であれ、「ならず者」にも家族や友人がいる。学界とて、国際社会とて、より高次な人類社会の一部である。捨てる神あれば拾う神あり、との信念を述べて獲麟とする。

2009年度の新入生を迎える日に

木下郁夫

大使館国際関係史
在外公館の分布で読み解く世界情勢

2009 年 4 月 25 日初版第 1 刷発行

木下郁夫（きのした・いくお）

1971 年、東京都生まれ。2000 年、早稲田大学大学院政治学研究科博士後期課程を単位取得後退学し、愛知県立大学外国語学部専任講師。現在、准教授。専門は国際政治学。国際ガバナンス、国際仲裁、そして外交関係、特に在外公館を研究。メールアドレス：pfc02747@nifty.com

著者	木下郁夫
写真	藤原健一
図表 & 地図	木下郁夫＆濱崎誉史朗
編集 & 装幀	濱崎誉史朗
発行人	松田健二
発行所	株式会社 社会評論社 東京都文京区本郷 2-3-10 Tel 03-3814-3861 Fax. 03-3818-2808 http://www.shahyo.com
印刷 & 製本	株式会社技秀堂